Barber/Barker
Die Geschichte des Turniers

W0058479

Richard Barber
Juliet Barker

Die Geschichte des Turniers

Aus dem Englischen von Harald Ehrhardt

Artemis & Winkler

Die deutsche Bibliothek – CIP-Einheitsaufnahme
Ein Titeldatensatz für diese Publikation ist bei
Der Deutschen Bibliothek erhältlich.

© 2001 Patmos Verlag GmbH & Co. KG
Artemis & Winkler Verlag, Düssseldorf und Zürich
Alle Rechte, einschließlich derjenigen des auszugsweisen Abdrucks sowie der fotomechanischen und
elektronischen Wiedergabe, vorbehalten.
Umschlagmotiv: Turnier für König Artus.
Flämische Miniatur des 15. Jh. (Ausschnitt). Oxford Bodl. Libr., MS Douce, 383 F. 16.
Umschlaggestaltung: Groothuis & Consorten, Hamburg
Satz: Utesch GmbH, Hamburg
Druck und Bindung: Grafo S. A., E-Basauri
ISBN 3-538–07124-1
www.patmos.de

Inhalt

Geleitwort von Georges Duby 7

Einleitung 9

Erstes Kapitel
Die Anfänge des Turniers 21

Zweites Kapitel
Das Turnier in Westeuropa bis 1400 41

Drittes Kapitel
Das Turnier in Deutschland 67

Viertes Kapitel
Das Turnier in Italien, Spanien und anderen Ländern 94

Fünftes Kapitel
Das Turnier des ausgehenden Mittelalters und der Renaissance:
Höfisches Schauspiel, Pas d'armes und Zweikampfforderungen 127

Sechstes Kapitel
Die Gefahren des Turniers:
Geistliche Verdammung und öffentliche Unordnung 181

Siebtes Kapitel
Rüstungen und Waffen 196

Achtes Kapitel
Das Ereignis Turnier 212

Epilog 256

Danksagung 260

Anmerkungen 262

Ausgewählte Literatur 278

Abbildungsnachweis 279

Personenregister 280

Geleitwort von Georges Duby

Turniere werden zum ersten Mal in Frankreich, nördlich der Loire, gegen Ende des 11. Jahrhunderts erwähnt. Von da an verbreiteten sie sich rasch. In der Region um Paris, die lange Zeit die Hochburg des Turnierwesens bleiben sollte, erlebte dieser militärische Zeitvertreib einen außerordentlichen Erfolg in einer Zeit, da sich der gesamte Okzident in stürmischer Expansionsbewegung befand. Ist es die Ausdehnung dieser Woge, welche die kirchlichen Autoritäten so sehr beunruhigte, daß sie ab 1130 alle diejenigen mit dem Kirchenbann bedrohten, die sich dem Turnier hingaben? Dieses Spiel war wahrhaftig brutal, häufig sogar tödlich, und die Ritter, von denen die Kirche den rückhaltlosen Einsatz im guten Kampf, dem heiligen Krieg gegen die Ungläubigen, erwartete, gefährdeten bei diesem Spiel die Unversehrtheit ihres Körpers und gaben ihre Seele der Hoffahrt, der Grausamkeit und der Prahlerei preis.

Bei den frühen Turnieren stürmten an einem zuvor vereinbarten Tag zwei Ritterscharen, bisweilen aus weit entfernten Gegenden zusammengekommen, in vollem Galopp und mit Kriegsgeschrei auf offenem Gelände ohne besondere Begrenzungen aufeinander los. Dem allgemeinen Kampfgetümmel folgte die chaotische Auflösung, bis eine der Gruppen wankte, zusammenbrach, sich auflöste. Die versprengten Teile, in überstürzter Flucht, wurden sogleich von der gegnerischen Schar ausgeplündert, alles was sich ergreifen ließ, wurde als Beute genommen – Harnische, Pferde, Gefangene. So unterschied sich das Turnier von einer Schlacht allein durch die Intention: es war nicht vorgesehen, die Kernmannschaft des Gegners zu töten. Im übrigen: dieselbe Entschlossenheit, die Gegenpartei niederzuringen, dieselbe Beutelust, dieselbe Rohheit; jegliche Art von Hieben und Stichen, Tricks und Kriegslisten – alles war erlaubt. Und am Abend wurden die Preise an die Besten verteilt, die Wunden versorgt, Lösegelder bezahlt, Rüstungen geflickt; Sieger und Besiegte verschleuderten gemeinsam – zum Nutzen der in Scharen herbeigeeilten Händler, Spielleute, Spaßmacher und Dirnen – den ganzen Wert der errafften Beute, die gewaltige Menge Geldes, die in den Wechselfällen des Kampfes, im Verlauf des Tages, den Besitzer gewechselt hatte. Ein solches Spiel fügte sich zwanglos in eine gewalttätige, von Männern des Krieges dominierte Gesellschaft. Von den Herren der feudalen Fürstentümer bei ihren regelmäßigen Treffen an den Grenzen ihrer Territorien organisiert, wo sie Geschenke austauschten und die nächsten Eheschließungen besprachen, boten die Turniere Gelegenheit, frühe landsmannschaftliche Bindungen zu manifestieren, welche – beispielsweise – die Teilnehmer aus der Champagne dazu bewogen, den Rittern aus dem Poitou mit Missgunst und Verachtung zu begegnen. Offenkundig von praktischem Nutzen, namentlich für die jungen, ruhmsüchtigen Ritter (juvenes), die um ihren Eintritt in die ritterliche Welt konkurrierten, waren diese Wettkämpfe zugleich willkommene Kampfübungen, boten Gelegenheit, Tapferkeit öffentlich unter Beweis zu stellen, waren ein Mittel, Rangordnungen festzulegen und eröffneten eine Möglichkeit, sich in Zeiten der Waffenruhe abzureagieren.

Um die Wende vom 12. zum 13. Jahrhundert änderte sich der Stil der Turniere: das zeigt das vorliegende Buch sehr deutlich. Ohne an Rohheit zu verlieren, entwickelte sich das Turnier zur fundamentalen Stütze einer Kultur, eben der ritterlichen Kultur, die damit – gerade zur Hochblüte gelangt – ihre Unabhängigkeit gegenüber der Kultur der Geistlichen untermauerte und die dem Geburtsadel die Möglichkeit bot, sich deutlich von den übrigen Teilen der Gesellschaft zu unterscheiden und sich gegenüber sozialen Aufsteigern abzugrenzen, die ihnen ihre Privilegien streitig machen wollten. Von nun an übertraf der Anteil des Symbolischen den der militärischen Technik.

Seitdem war das Turnierwesen von einer fortschreitenden Verfeinerung und aufblühenden Theatralik geprägt. In dem Maße, wie sich das Ritual verkomplizierte, der Gebrauchswert des Harnischs hinter dem Übermaß an Emblemen und Verzierungen zurücktrat, veränderte sich auch die Szenerie: Zuschauertribünen wurden errichtet, der freie Massenkampf wich dem geregelten Zweikampf innerhalb eng begrenzter Schranken. Innerhalb der festlichen Inszenierungen fürstlicher Macht war das Turnier zum bevorzugten Rahmen politischer Demonstration geworden.

Deshalb – man vergisst es nur allzu oft – regte das Turnier am Ausgang des Mittelalters so nachhaltig die Produktion profaner Kunst an. Im schmuckreichen Gepränge der theatralischen *pas d'armes,* mit dessen Herstellung die berühmtesten Dekorationskünstler der Zeit betraut wurden, lässt sich nicht weniger kreatives Potential erkennen als im Bereich kirchlicher, liturgischer Prachtentfaltung. Die schönsten Beispiele sind auf den folgenden Seiten wiedergegeben, sie illustrieren und veranschaulichen den Text des Buches, in den die überall in Europa gesammelten reichen Quellen und Zeugnisse eingegangen sind. Das vorliegende Buch belegt somit eine kulturelle Gemeinsamkeit, aber auch Verschiedenheit in Bezug auf ein – nach seiner Funktion, seiner Beliebtheit, seiner Mobilisierungsfähigkeit und nach den umgesetzten materiellen Gütern – durchaus vergleichbares zeitgenössisches, ebenfalls gemeinschaftstiftendes Phänomen: die großen Sportwettkämpfe und Mannschaftsspiele der Gegenwart.

Georges Duby
Mitglied der Académie française
und des
Collège de France

Einleitung

Glanz und Prunk farbenfroher Feste boten schon immer eine willkommene Unterbrechung des eintönigen, grauen Alltags. Das Leben im Mittelalter war durchweg ärmer an Abwechslung, farbloser und härter als unser Leben heute; festliche Ereignisse erfuhren vor diesem Hintergrund deshalb eine umso größere Beachtung. Man stelle sich eine Welt vor, in der leuchtende Farben als Luxus galten, Musik nur auf Jahrmärkten, bei höfischen Festen oder ähnlichen Anlässen zu hören war, andere Zerstreuungen überhaupt nur selten geboten wurden, und dann allenfalls in den Städten; eine Welt, in der die Dunkelheit nach Einbruch der Nacht nur durch einen schwachen Lichtschimmer notdürftig durchbrochen wurde. Aber sogar noch heute, trotz eines Übermaßes an Reizen, kann uns ein Fest erfreuen und in den Bann ziehen. Auf den mittelalterlichen Zuschauer hingegen muss ein festliches Ereignis einen ungleich intensiveren und nachhaltigeren Eindruck gemacht haben.

Turniere waren im Mittelalter Kernstück vieler Feste – dieses Bild hat sich uns bis heute eingeprägt. Das Turnier vereinigte in sich das Spektakuläre, den aufregenden Kitzel eines gefährlichen, hochkomplizierten Sports sowie die dazugehörige begeisterte Verehrung der jeweiligen Champions. Hinzu kam ein idealistisches Element, denn Turniere gehörten zu den zentralen Erscheinungsformen des Rittertums; die Rolle der anwesenden Damen war es anzuspornen, zu bewundern und den Mut ihrer Ritter durch ihre Gegenwart zu stärken. Turniere auszurichten geriet im ausgehenden Mittelalter zu einem äußerst kostspieligen Unterfangen; das Turnier entwickelte sich zur exklusiven Rarität einer aristokratischen Welt und war in dieser Epoche zumeist an bedeutende staatliche oder dynastische Ereignisse geknüpft.

Das Turnier als prunkvolles Schauspiel in seiner vollendeten Form tritt uns beim großen Hoffest zu Brügge entgegen, das 1430 von Philipp dem Guten, Herzog von Burgund (in allem ein wahrhaftiger König – außer dem Titel nach) anlässlich seiner Vermählung mit Isabella von Portugal gegeben wurde. Die eigentliche Zeremonie fand in der nahe gelegenen Stadt Sluys statt. Am folgenden Tage hielt die neue Herzogin feierlichen Einzug in Brügge; dort hatte man eigens den alten Herzogspalast – dem Anlass entsprechend – durch einen gewaltigen Festsaal samt Küchen- und Vorratsräumen erweitert. Vor dem Palast thronte ein großer, hölzerner Löwe, eine Tatze ruhte auf einer Kanone, die andere auf einem Stein, aus dem sich Tag und Nacht roter und weißer Wein in ein Becken ergoss. Im Hof des Palastes sprudelten aus von Hirsch und Einhorn gehaltenen Flaschen Würzwein und Rosenwasser. Und im Festsaal selbst war eine Galerie mit Platz für sechzig Personen aufgebaut: für die Herolde, die die verschiedenen Abschnitte des Festes anzukündigen hatten sowie für Musikanten, die zum Tanz aufspielten. Der Raum war mit Tüchern ausgeschlagen, die das Wappenbild des Herzogs trugen: eine Kanone mit flammenden Kugeln. Auf einem Stück Rasen erhob sich mitten im Raum ein vergoldeter Baum, an dem die Wappen der verschiedenen herzoglichen Territorien, um das Wappen des Herzogs gruppiert, hingen.

Als die Herzogin in ihrer vergoldeten, von zwei Pferden getragenen Sänfte Einzug hielt, war die Menschenmenge so dicht gedrängt, dass es zwei Stunden dauerte, bis ihr ein Weg durch die mit zinnoberroten Tüchern geschmückten Straßen bis zum Herzogspalast gebahnt werden konnte. Dort wurde sie mit einer Fanfare aus sechsundsiebzig Trompeten begrüßt. Nach dem Gottesdienst versammelte man sich zu einem großes Festbankett. Ausführlich berichtet der herzogliche Herold Jean le Fèvre, wer an welchem Platze saß – überraschenderweise speiste der Herzog in seinen Privatgemächern, während die Herzogin an der Festtafel präsidierte –, und was aufgetischt wurde. Dabei erwähnt er insbesondere das auf einem Buffet angerichtete raffinierte Zuckerwerk: Frauenfiguren führen Einhörner mit dem herzoglichen Wappen auf ihren Überdecken; ein Wilder Mann steht auf den Mauern einer Burg, auf seinem Banner prangt das Wappen des Herzogs. Als Höhepunkt des Festmahls trug man eine riesige Pastete herein; daraus entstiegen ein als wildes Tier verkleideter Mann und ein blau gefärbter Widder mit vergoldeten Hörnern. Während des anschließenden Tanzes tauschten Damen und Ritter mehrmals ihre Kostüme; gegen Mitternacht wurde dann ein Turnier für den nächsten Tag angekündigt.

Das gesamte Turnier dauerte vom Montag bis zum folgenden Sonntag, Freitag war Ruhetag. Die ersten drei Tage gehörten den Einzelkämpfen, dem Tjost. Zu diesem Zweck war der Marktplatz in drei umzäunte Kampffelder aufgeteilt, jedes mit einer Mittelplanke versehen, die verhindern sollte, dass die Pferde miteinander kollidierten. Die Streiter teilten sich in zwei Mannschaften, die »von drinnen« und die »von draußen«, das heißt in Verteidiger und Angreifer. Am Ende eines jeden Turniertages erhielt der beste Ritter oder Knappe einer Mannschaft einen Preis: einen Edelstein oder ein goldenes Kettchen. Zuschauer und Teilnehmer entfalteten ihrerseits Pracht und Luxus. Jean le Fèvre bemerkt, dass sogar die Amtsleute und Bediensteten des Herzogs in unterschiedlichen Kostümen erschienen und dass die seidenen Gewänder mit Schmuck und Pelzwerk behangen waren. An jedem Abend wurde getanzt. Als Krönung all dieser Festlichkeiten verkündete Philipp der Gute die Gründung eines neuen Ritterordens, des Ordens vom »Goldenen Vlies«, der aus lediglich vierundzwanzig Rittern bestehen sollte. Diese Zahl bezog sich auf die legendäre Tafelrunde des Königs Artus sowie, ganz aktuell, auf den äußerst erfolgreichen englischen Hosenbandorden. Zu den Mitgliedern des neuen Ordens gehörten auch einige Ritter, die am genannten Turnier teilgenommen hatten.

Das Hoffest Philipps des Guten zu Brügge steht am Ende einer langen Tradition und fordert zu einer Menge faszinierender Fragen heraus: Wie konnte ein Scheingefecht zu einem regelrechten Sport werden? Wann entstand die Idee des Turniers? Gab es Regeln und Formalien? Welche Verbreitung hatte dieser Sport? Was wissen wir über Einzelheiten der Technik und Bewaffnung? Diese Fragen sind überraschend schwer zu beantworten. Erst in den letzten Jahren – mit dem erwachenden Interesse für Ethos und Wirklichkeit des Rittertums – beginnt die Forschung, auf einige der Fragen Antworten zu finden. Das vorliegende Buch nutzt diese Forschungsergebnisse, damit ein zusammenhängendes Bild des Turniers entstehen kann. Manche Schlussfolgerungen werden jedoch notwendigerweise einen vorläufigen Charakter haben müssen. Die mittelalterlichen Historiker beachteten das Turnier meist überhaupt nicht, es sei denn, sie waren – wie Jean le Fèvre – auch als

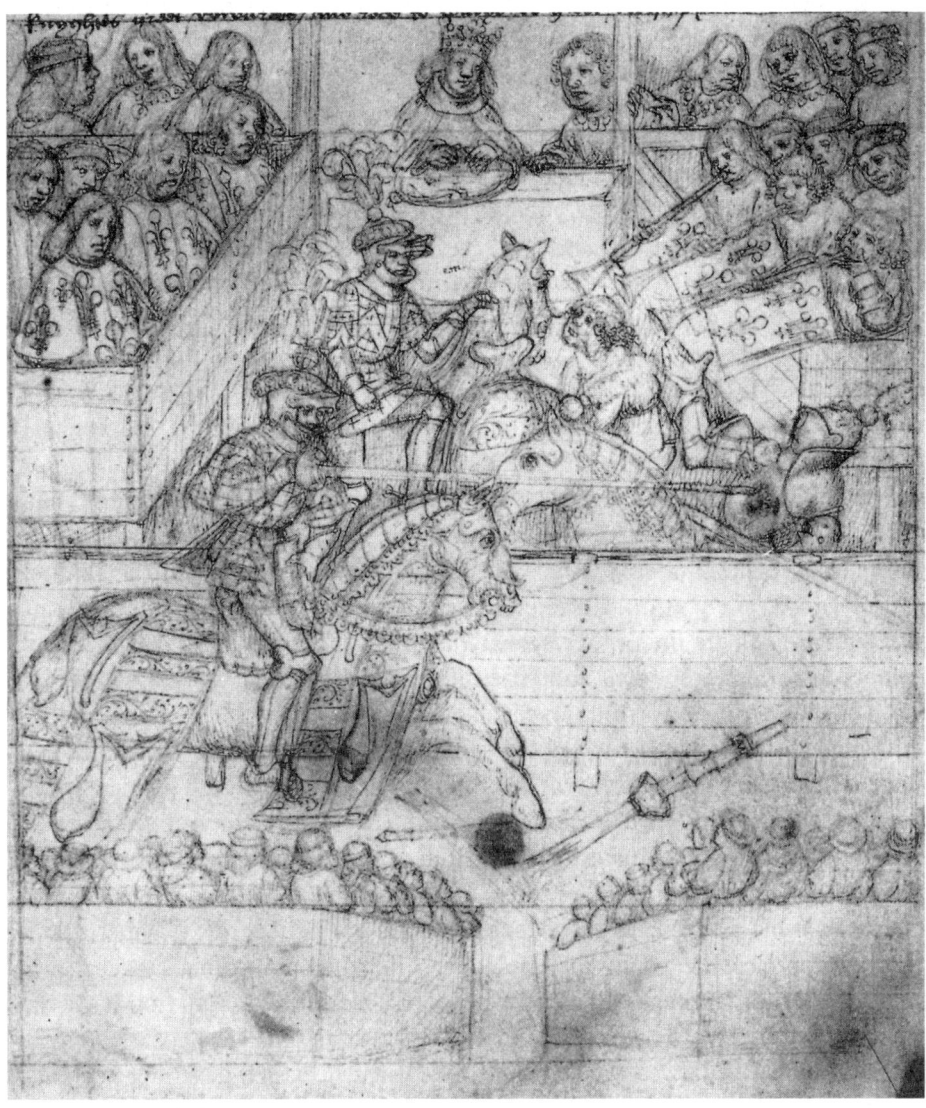

Richard Beauchamp, Earl von Warwick, tjostiert 1399 in Calais gegen Sir Colard Fynes.
(BL MS Cotton Julius E IV art.6.f.16)

11

Herolde tätig, oder notierten nur das Allernotwendigste, sodass wir auch nach dem geringsten Hinweis, dem entferntesten Beleg fahnden und alles zusammenklauben müssen, was nur immer auffindbar ist – in Rechnungsbüchern, Briefen, Randnotizen in Chroniken, aber auch – mit aller Vorsicht und nur als letztes Mittel – in den ritterlich-höfischen Vers- und Prosaromanen. Es ist gerade so, als müsste man die Geschichte des Fußballs allein nach den Schlagzeilen moderner Zeitungen schreiben: die Sportreportagen des Mittelalters (wenn sie denn existierten) sind in der Regel verloren gegangen.

Beginnen wir also mit der Definition der Begriffe. Im Bericht über die Festlichkeiten Philipps des Guten verwenden wir das Wort »Turnier« zur Beschreibung der Kampfspiele und überhaupt des gesamten Anlasses, weil dieses Wort dem modernen Leser als übergreifender Terminus vertraut ist. »Turnier« hat ursprünglich jedoch eine ganz spezielle technische Bedeutung und sollte deshalb auf die Ereignisse in Brüssel nicht angewendet werden. In einem »Turnier« traten die beiden Parteien wie auf einem richtigen Schlachtfeld gegeneinander an, in einem regelrechten allgemeinen Massenkampf, der auch *mêlée* (frz.; »Gemenge«, »Getümmel«) genannt wurde. Dies war die bei weitem gefährlichste Form des Sports, weshalb man sie auch immer seltener praktizierte. Als das Turnier im engeren Sinne allmählich verschwand, übertrug man das Wort – insbesondere in Deutschland – als Sammelbegriff auf alle Arten des ritterlichen Kampfsports. »Turnier« soll deshalb in diesem Buch als Oberbegriff verwendet werden. Der in englischen und französischen Chroniken der Periode 1100–1400 übliche Alternativbegriff ist *hastiludium* (vom Lateinischen *hasta*, »Speer«), wörtlich übersetzt »ein mit Speeren durchgeführtes (Kampf-)Spiel«. Dieses Wort kann auf alle Spielarten des Reiterkampfes angewendet werden, sei es auf Massen- oder auf Einzelkämpfe. Der Kampf zwischen zwei Gegnern, auch wenn diese jeweils einer anderen Turniermannschaft angehören, bezeichnete man im Französischen als *juste, joute* (aus lat. *iuxta*, »gegenüber«), das englische *joust* und das mittelhochdeutsche *tjost* (pl. *tjoste*) sind davon abgeleitet. Bis etwa 1400 werden solche Zweikämpfe gewöhnlich ohne die trennende Mittelbarriere ausgefochten. Unter »Schranken« versteht man die umfriedeten Areale, in denen Turniere oder Einzelkämpfe ausgefochten wurden. In der Anfangszeit des Turnierwesens waren solche Begrenzungen sehr weit gesteckt und keineswegs immer eindeutig festgelegt. Seit dem 13. Jahrhundert scheint indessen eine aus Zäunen bestehende Einfriedung allgemein üblich gewesen zu sein. Weiter unten sollen die differenzierten Bedeutungen dieser Fachbegriffe genauer untersucht werden. Über die technischen Besonderheiten des Sports hinaus ergeben sich aber noch weiter reichende Fragen: Welche gesellschaftliche Funktion hatte das Turnier? Welchen Platz hatte es in der Welt des Rittertums als Ganzes? Welches Ethos lag dem Turnierwesen zu Grunde? Wie verhielt es sich gegenüber den Gesetzen der Kirche und der jeweiligen weltlichen Herrschaften? Auch hier müssen wir einen kurzen Blick auf die Überlieferung werfen und einige der auftretenden

Begriffe näher bestimmen. Genauso, wie sich die äußeren Formen des Turniers vom schlachtähnlichen Massenturnier hin zum Einzelkampf bewegen, so verschieben sich seine sozialen Funktionen von einem militärisch geprägten Kampfspiel zu einem rein sportlichen Ereignis von nur geringem praktischen Nutzen. Vergleichbar wäre dies etwa mit der Entwicklung des modernen Segelsports: Es begann mit Wettfahrten zwischen Lastschiffen, wie sie in den 1660er-Jahren von Samuel Pepys, einem Offizier der englischen Flotte, beschrieben wurden. Daraus entwickelte sich ein Sport, der nichts mehr mit der kommerziellen Seite der Schifffahrt zu tun hatte: hochstilisiert, mit ausgeklügelten Regeln und außerordentlich kostspielig – dies durchaus gemeinsame Merkmale mit den großen Turnieren des 15. Jahrhunderts. Fragen wir nach der Rolle des Turniers in der Welt des Rittertums, so wird sich zeigen, wie sehr die Literatur ihren Einfluss auf das Turnierwesen ausübte und wie weitgehend die höfischen Ritterromane den Rahmen für zahlreiche Turnierveranstaltungen lieferten. In einigen Fällen ahmte das Leben die Kunst sogar noch genauer nach; die Theorie des Turniers jedenfalls ist eng mit literarischen Idealen verknüpft. Uns wird weiterhin die Wechselwirkung zwischen ritterlichem Standesbewusstsein und dem Turnier beschäftigen: gerade das Streben nach persönlichem Ruhm – und nicht nach einem Mannschaftssieg – erforderte die Identifizierbarkeit einer Einzelperson im Massenturnier und führte zur Herausbildung des Wappenwesens. Kirchliche und weltlich-staatliche Opposition gegen die gefährlichen und rohen Kämpfe der frühen Turnierzeit nimmt nach und nach ab, das Pendel schwingt zur anderen Seite, und jetzt ist der Fürst höchstpersönlich Schirmherr groß angelegter Turnierveranstaltungen.

Schließlich müssen wir noch das Turnier aus dem Blickwinkel des Teilnehmers betrachten. War das Turnier der Anfangszeit lediglich ein unverzichtbares Element militärischen Trainings und später dann eher ein obligatorisches gesellschaftliches Ritual, nachdem die unmittelbare militärische Funktion weggefallen war? Keineswegs: kein anderer Sport – außer Jagd und Falknerei – entfachte einen solchen Enthusiasmus. Turniere waren außerordentlich beliebt, wie häufig sie allerdings stattfanden, ist nur schwer abzuschätzen, wenn man berücksichtigt, dass nur die bedeutenden Turniere den Weg in die Quellen fanden. Gefördert durch jeweils günstige Bedingungen scheint es auch hier – wie bei jeder anderen Sportart auch – unvermittelte Ausbrüche besonderer Begeisterung gegeben zu haben: In den 1170er und 1180er-Jahren in Frankreich, in England unter Eduard I. und Eduard II. (13./14.Jahrhundert), in Kastilien unter Juan (Johann) II. (15.Jahrhundert) sowie am Hof der sächsischen Kurfürsten um die Mitte des 15. Jahrhunderts. Einige der großen weltlichen Ritterorden waren eng mit dem Turnierwesen verknüpft. Die ersten Orden dieser Art – der ungarische St. Georgsorden, der kastilische Bandaorden und der englische Hosenbandorden – hingen alle in der einen oder anderen Weise mit Turnieren zusammen. Auch die Turnierbegeisterung eines Einzelnen, wie im Falle Ulrichs von Liechtenstein im frühen 13. Jahrhundert, konnte zu einer

Ein Elfenbeinkamm mit einer Turnierszene (Tjost), Deutschland,15. Jahrhundert.
(Sammlung Jesús Bertran) (Foto MAS, Barcelona)

ganzen Serie ritterlicher Turnierkämpfe führen. Im 15. Jahrhundert ziehen Ritter von Spanien nach England oder von Burgund nach Spanien mit Forderungsbriefen an alle, die sich mit ihnen im Zweikampf messen wollen. Keineswegs jeder von ihnen erwarb sich Ruhm und Ehre: in satirischen Angriffen auf das Rittertum gehört die Figur des Ritters, der Geld und Gut im Turnier vertan hat, zum Standardrepertoire.

Turniere waren ein höchst komplizierter und auch ein höchst gefährlicher Sport. Wir wissen eigentlich recht wenig über Einzelheiten des Waffentrainings, aber für Ritter und Knappen unter achtzehn Jahren war es durchaus nicht üblich, an größeren Turnieren teilzunehmen. Die meisten Turnierteilnehmer hatten wohl lange Lehrjahre oder wirkliche Kriegserfahrung hinter sich. Ein kräftiges Zuchtpferd zu beherrschen und eine schwere Lanze zu handhaben, dazu noch in Sicht und Bewegung durch die Rüstung behindert, waren Fertigkeiten, die nur durch geduldiges Üben an Geräten wie der Stechpuppe (*quintan*) und dem Stechring erworben werden konnten. Gefahr gehörte zum Turnier. Es ist nicht ganz leicht festzustellen, wie gefährlich die Dinge wirklich waren, da wohl am ehesten der Turniertod eines berühmten Herrn in einer Chronik Erwähnung finden konnte. Vergleichbar wäre dies etwa mit dem Alpinismus oder dem Motorsport, die erst dann in die

Schlagzeilen geraten, wenn das mit ihnen verbundene ständige Risiko einmal zur Katastrophe geführt hat. Bei den Turnieren kam noch ein Erschwernis hinzu: neben der Gefahr eines Unfalls war immer Raum für Betrügereien, für die Verwendung scharfer statt stumpfer Waffen, aber auch ohne betrügerische Absichten konnte ein Ritter, wenn er in einem Massenturnier die Nerven verlor, mit Leichtigkeit seinen Gegner im Zorn töten – um seine Tat gleich darauf zu bereuen.

Dies allerdings hieße, auf der Schattenseite zu verweilen. Frühe Turniere waren ohne Zweifel rohe und gewalttätige Angelegenheiten, bei denen ein harter Schädel und ein starker Arm vonnöten waren. Das Tjostieren jedoch, der Zweikampf mit der Lanze, entwickelte sich zu einem Sport, bei dem das exakte körperliche Zusammenspiel zwischen Pferd und Reiter zum kalkulierten, aber spektakulären Zersplittern der Lanze führte. In der Tat scheint es das Problem vieler Turniere gewesen zu sein, dass eine gewisse aufgeregte Spannung fehlte: nur eine begrenzte Anzahl von Runden konnte nämlich pro Tag geritten werden, und häufig wurden wohl, wie beim Turnier in Brügge, nur einige wenige Lanzen gebrochen. Das bestätigen deutsche Zeugnisse des 16. Jahrhunderts, denn am Hofe Kaiser Maximilians I. rüstete man die Ritter mit von Sprungfedern zusammengehaltenen Schilden aus, die in mehrere Teile zersprangen, wenn sie an der richtigen Stelle getroffen

Das siebente der »zwölf Turniere vom Schäferbrunnen«; aus einem Manuskript des frühen 16. Jahrhunderts (Fotomas Index, London)

15

wurden – ein Versuch, dem Sport im Interesse der Zuschauer mehr Dynamik zu verleihen.

Sicherlich beeinflusste die Anwesenheit von Zuschauern in vielerlei Hinsicht die Tendenz zu Einzelkämpfen. Die ersten Belege für zuschauende Damen beim Turnier entstammen literarischen Quellen aus der Mitte des 12. Jahrhunderts; vor dem 13. Jahrhundert werden sie nur vereinzelt in historischen Quellen erwähnt. Das Aufkommen von Geschlechterwappen und die Funktion der Herolde weisen auf die Präsenz eines vielköpfigen und interessierten Publikums, das natürlich wissen wollte, wer die jeweiligen Ritter waren. Die Abkehr von der *mêlée*, dem »Turnier« im engeren Sinne, das sich ja nur unter Schwierigkeiten genau beobachten ließ, und die Hinwendung zum leichter überschaubaren Tjost war vielleicht die Folge einer besonderen Interessenlage des Publikums und wurde schließlich auch von den Rittern bevorzugt, die den Zuschauern, namentlich den Damen, imponieren wollten – und dabei sollten weder über die Identität der Teilnehmer noch über den Ausgang des Kampfes Unklarheit herrschen.

Die Entwicklung des alten Massenturniers zu einem hochstilisierten gesellschaftlichen Ereignis hing ebenfalls mit der Anwesenheit von Zuschauern zusammen. Die Massenturniere des 12. Jahrhunderts erforderten nur wenige Mindestregeln – worauf es ankam, war der Kampf. Im Gegensatz dazu bedeutete im späten 16. Jahrhundert der festlich-prunkvolle Anlass alles, der Kampf war reine Formalität. In Italien und Frankreich wurde der eigentliche Turnierkampf durch »Carroussels« oder Reiterballette ersetzt. Die am sorgfältigsten ausgearbeitete Form des eigentlichen Turniers wurde von René, Graf von Anjou und Titularkönig von Sizilien, in seiner Abhandlung über die Durchführung von Turnieren aus den 1450er-Jahren beschrieben: Die Vorbereitungen begannen Monate, sogar Jahre vorher mit der Übermittlung von Einladungen durch Herolde, die Turnierkämpfe selbst waren umrahmt von wohldurchdachten Zeremonien, Gastereien und Tanzvergnügungen. Man rechnete mit einer Dauer von einer Woche, wobei die Tjoste am Montag begannen. Das dabei entfaltete Gepränge zielte darauf, die Zuschauer mit einzubeziehen und die Attraktivität des Festes über den eigentlichen Wettkampf hinaus auszudehnen. Um diese Wirkung zu erreichen, eröffnete sich die Möglichkeit, das gesamte Festgeschehen als eine Art Drama zu gestalten, bei dem Ritter und Damen Rollen aus Ritterromanen übernahmen. Diese zuerst 1223 auf Zypern belegte Tradition ist ein machtvolles Element in der Geschichte des Turniers, ja, es überlebt die Epoche der Turniere und erscheint im 17. Jahrhundert in der Form höfischer Maskeraden.

Die wirklichen Enthusiasten aber konnte auch ein einwöchiges Turnierfest nicht befriedigen. Im späten 14. Jahrhundert kam eine neue Turniermode auf, bei der der Kampf so lange ausgedehnt werden konnte, wie es die Teilnehmer wünschten. Es handelt sich um den sogenannten *pas d'armes*, der später in Deutschland auch »Feldturnier« oder »Freiturnier« genannt wurde. Er geht auf Motive der Artusliteratur zurück, nach denen sich Ritter verpflichteten, einen bestimmten Ort – gewöhnlich eine Furt oder eine Brücke – solange im Rahmen von Einzelkämpfen zu verteidigen, bis sie selbst besiegt würden. Danach hatte der Sieger die gestellte Aufgabe zu übernehmen. Das früheste literarische Zeugnis dafür ist der Versroman »Yvain« des Chrétien de Troyes, geschrieben um 1170. In einem *pas d'armes* zog sich die Verteidigung indessen über eine festgesetzte Periode hin, und eine Niederlage bedeutete nicht die Unterwerfung unter den Sieger. Der berühmte *Passo Honroso* wurde im Jahre 1434 von Suero de Quiñones mit neun Mitstreitern an der Brücke von Orbigo in Nordspanien über eine Dauer von vierzehn Tagen vor dem Jakobstag (25. Juli) abgehalten – mit der erklärten Absicht, dreihundert Lanzen zu brechen. Würde ihnen das in der angegebenen Zeit nicht gelingen, wollten sie dort zwei weitere Wochen ausharren. Wirklich brachen sie dann auch 178 Lanzen in der Zeit zwischen dem 12. Juli und dem 9. August, und 69 Ritter waren gekommen, um sich mit ihnen im Zweikampf zu messen. Die Kämpfe währten nur etwa zwei Stunden pro Tag und waren wohl kaum dazu angetan, einen Zuschauer in besondere Spannung zu versetzen – von der ganzen Veranstaltung profitierten allein die teilnehmenden Ritter. Der Passo Honroso und anderen *pas d'armes* entfalteten nur wenig Gepränge, auch wenn sie von den Herolden genau begutachtet und dokumentiert wurden. Dies – und nicht so sehr die auf Außenwirkung bedachten zeremoniellen Turnierkämpfe – waren Turniere nach dem Geschmack der wahren Kenner.

Die Organisation eines Turniers war ein überaus schwieriges Unterfangen, nicht zuletzt auch die arbeitsintensive Ausfertigung der Ladungsbriefe – zu einer Zeit, da Kommunikation alles andere als leicht war. Eine Lösung des Problems scheint die Ankündigung des nächsten Turniers am Schluss eines gerade beendeten Turniers gewesen zu sein. Ein anderer, allein in Deutschland gewählter Weg, war die Turniergesellschaft. Diese Institution erscheint um die Mitte des 14. Jahrhunderts in Bayern und ist dort möglicherweise für die hohe Frequenz von Turnieren verantwortlich, während zur gleichen Zeit Turniere in Frankreich und England seltener geworden waren. Turniergesellschaften waren eigentlich permanente Turniermannschaften aus verschiedenen Regionen. Anstatt nun einzelne Ritter zum Turnier zu laden, konnte eine Gesellschaft die andere fordern. Auch bestand die Möglichkeit, sich einmal im Jahr zum Turnier zu treffen, wie es die Statuten der bayerischen Turniergesellschaften vorsehen.

Mit der fortschreitenden Formalisierung des Sports wuchs das Interesse an der Dokumentierung des Ereignisses. Vor 1400 sind lediglich zwei vollständige Werke über Turniere überliefert, beide in Versen und von Herolden verfasst. Im 15. Jahrhundert finden sich dann Prosaabhandlungen über die Organisation eines Turniers sowie sorgfältig illustrierte Bücher über Kämpfe zwischen einzelnen hochrangigen Persönlichkeiten. Besonders prächtig sind die Turnierauftritte der Kurfürsten von Sachsen gestaltet. Höhepunkt des Genres sind die Kupferstiche Hans Burgkmairs zu den Turnieren Maximilians I. In Familienchroniken ist stets etwas von dem Stolz über die Teilnahme an Turnieren spürbar, denn die ältesten Turnierberichte entstanden aus dem Bemühen heraus, die Geschichte eines bestimmten Adelshauses neu zu schreiben, damit auch die Vorfahren in die Turnieraktivitäten des Geschlechts einbezogen werden konnten. Es müssen noch mehr solcher Berichte existiert haben, so wie etwa die Notiz des Herren von Kronberg im Taunus über die Turnierfahrten seines Sohnes, die er am Schluss einer Sammlung von Rechtsakten der Familie aufführte. Die deutschen Turnierbücher blieben wegen ihrer reichen Illustrationen erhalten, andere Dokumente gleichen Inhalts sind dagegen verloren gegangen.

In der Regel war die Teilnahme an einem Turnier allein der Ritterschaft vorbehalten, und Belege für eine solchen Teilnahme galten als wertvolle Unterstützung für den Anspruch auf den Adelstitel. Die Verbindung zwischen Turnier und Ritterstatus erfuhr insbesondere in Deutschland die Einschränkung, dass nur würdige Ritter teilnehmen konnten. Auch wenn die Regeln über den Ausschluss von Rittern, die den ritterlichen Ehrenkodex gebrochen hatten, eher eine theoretische als eine praktische Qualität hatten, gibt es doch eindeutige Beispiele dafür, dass ehebrecherische Ritter mit Turnierverbot belegt wurden und obendrein mit einer tüchtigen Tracht Prügel rechnen mussten. Aber gerade in Deutschland gab es wiederum Turniere, an denen Stadtbürger ohne Ritterwürde teilnahmen. Nach den damaligen Vorstellungen waren sie schwerlich die geeigneten Kandidaten für die Welt des Rittertums.

Dies also sind die großen Themenkomplexe, mit denen wir uns auf den folgenden Seiten beschäftigen wollen. Bevor wir aber damit beginnen, dürfte es hilfreich sein, ein wenig mehr über die Quellen zu erfahren und über die Probleme, die sie mit sich bringen. Zunächst wurde versucht, so weit wie möglich allein mit historischen Quellen zu arbeiten, aber jeder historische Prosabericht ist zugleich ein Stück Literatur, und nirgendwo lässt sich die Grenze mit größerer Schwierigkeit bestimmen, als bei den drei frühen Hauptwerken über das Turnierwesen: *Die Geschichte von Guillaume le Maréchal*, *Das Turnier von Chauvency* und *Der Roman von Hem*. Alle drei wurden von Spielleuten oder Herolden geschrieben, die bei einigen oder allen erwähnten Ereignissen persönlich anwesend waren oder mit Augenzeugen gesprochen hatten. Gleichzeitig aber schrieben sie für Auftraggeber, denen an einer ganz bestimmten Sicht der Dinge gelegen war. Und was noch problematischer für uns ist: Sie schrieben für ein Publikum, dem man nicht erst die Grundregeln dieses Sports erklären musste. Während wir also eine ganze Menge über die Teilnehmer und ihre Tapferkeit (oder auch über das Fehlen derselben) erfahren, muss der eigentliche Ablauf des Turnierereignisses aus eher zufälligen Bemerkungen rekonstruiert werden. Für das 14. Jahrhundert ist mit den »Turnieren von St. Inglevert« (1390) nur eine einzige vollständige Turnierbeschreibung bewahrt. Erst im 15. Jahrhundert erhalten wir genaue Aufschlüsse über Turnierregeln, verfasst von Herolden oder anderen Kennern der Materie. Aus derselben

SABINARVM RAPTVS DVM CON-
fualia celebrantur. III.

Solennes Neptumne parat tibi lætus honores
Romulus, & fraudem callidus arte tegit.

Vndique ſpectatum veniunt iuuenesq́ ſenesq́,
Virgineoq́ nitent plena theatra choro.

In medio plauſu prædæ data ſigna, puellis
Inijciunt auidas Martia turba manus.

Sic quos ſpernebat generos vicinta diues,
En ſibi coniugium viq́ dolisq́ parant.

B 3   VICTI

Deutscher Kupferstich eines Turniers mit Musikbegleitung.
(Fotomas Index, London)

Zeit sind einige vollständige Beschreibungen, vor allem von *pas d'armes*, überliefert. Diesen späten Quellen gelingt es nur allzu leicht, unser Bild vom Turnierwesen
der Anfangszeit zu beeinflussen.

Unsere wichtigsten Informationen über Zwischenfälle bei Turnieren – Verletzungen zumeist oder auch Todesfälle –, stammen aus Chroniken. Der größte Teil
der mittelalterlichen Chroniken wurde von Mönchen geschrieben, die niemals an
Turnieren teilnehmen konnten und möglicherweise auch noch niemals eines gesehen hatten; Einzelheiten werden deshalb nur flüchtig gestreift. Sogar weltliche
Chroniken vor dem 15. Jahrhundert enthalten selten zusätzliche Details. Die chronikalischen Belege bestehen somit aus winzigen Informationssplittern. Desgleichen
finden sich in Rechtsquellen und Verwaltungsakten nur spärliche und weitver-
streute Auskünfte über Turniere. Die Rechtsquellen erwähnen meist nur Turnierverbote, während Rechnungsbücher hochinteressante Aufschlüsse über die Kosten

von Waffen, Rüstungen, Gewändern sowie über die Spezialanfertigung von Turnierharnischen gewähren. Die im gesamten Mittelalter ohnehin äußerst seltenen Privatbriefe erzählen wenig von persönlicher Einstellung gegenüber Turnieren oder von den vielfältigen praktischen Problemen, etwa die Beschaffung von Pferd und Rüstung, mit denen sich ein angehender Turnierkämpfer herumschlagen musste.

Memoiren, Biografien und Autobiografien des 15. Jahrhunderts liefern ein weitaus lebendigeres Bild der Turnierereignisse (auch wenn wir uns davor hüten müssen, alles für bare Münze zu nehmen). Überliefert sind zudem die mit Bedacht ausgefertigten Forderungsbriefe als Bestandteil der Turnieretikette sowie einige der literarischen »Drehbücher«, die das Turniergeschehen in einen romanhaften oder mythologischen Zusammenhang stellen. Dennoch haben wir ganz bewusst die mittelalterliche Romanliteratur als Quelle für das Turnierwesen nur am Rande benutzt, weil es durchaus denkbar ist, dass die von den Romanautoren erdachten Szenen später einfach in die Wirklichkeit umgesetzt wurden. Das klassische Beispiel dafür ist der in einem Roman des 13. Jahrhunderts in allen Einzelheiten beschriebene »Orden von der Tafelrunde«, der bis zum Anfang des 14. Jahrhunderts keine Parallele im wirklichen Leben hatte. Es wäre ohne weiteres möglich, eine Abhandlung über mittelalterliche Turniere allein auf der Basis der Romane zu schreiben – und es wäre vermutlich nicht einmal eine schlechte Arbeit geworden. Hier geht es jedoch in erster Linie um die Geschichte des Turniers, und hierzu lassen sich die Romane nur als Illustrierung der greifbaren Wirklichkeit heranziehen. Die Literatur hat, wie schon gesagt, zweifellos zahlreiche reale Turniere inspiriert und für andere den Rahmen abgegeben. Wir werden aufmerksam registrieren, wie das Leben die Kunst in diesem Sinne nachahmt – wir werden aber nicht unterstellen, dass die Kunst ein getreuer Spiegel der historischen Realität ist.

Wie auch im Rittertum insgesamt, ergibt sich bei der Geschichte des Turniers eine unübersehbare Spannung zwischen Vision und Wirklichkeit. Die in der Fantasie imaginierte Pracht von in der Sonne schimmernden heraldischen Farben – das Rot und Blau, das Silber und Gold –, der Mut und die Geschicklichkeit der Ritter, die liebevolle Zuneigung ihrer Damen – das alles kann sich rasch als eine öde Abfolge unbeholfener und missglückter Angriffsritte von ungeübten Rittern herausstellen, mitleidig begafft von einer Hand voll gelangweilter Zuschauer. Ähnlich wie das Rittertum geriet auch das Turnier zu einer Institution mit hoch gesteckten Idealen und Zielen. Wie es dazu kam und wie weit sich das reale Turnier diesen Ansprüchen näherte – das wollen wir versuchen, im Folgenden zu beschreiben. In jedem Falle war es eine faszinierende Suche, die uns vom einen Ende Europas zum anderen führte –, und unser Forschungsgegenstand erwies sich doch als weitaus reicher und vielfältiger, als wir zu Beginn vermutet hatten.

Erstes Kapitel

Die Anfänge des Turniers

Kriegsspiele und militärische Übungen sind so alt wie die Geschichte des Krieges selbst. Seit den Tagen der Spartaner und Römer wurden die Vorteile des von früher Jugend an betriebenen Waffentrainings, der militärischen Disziplin und der frühen Beherrschung der Kampf- und Waffentechniken klar erkannt. Das Beispiel der klassischen Welt, insbesondere das der Römer, wurde im Mittelalter stets gerühmt und als Vorbild betrachtet. So galten auch die Turniere als Weiterführung dieser Tradition militärischer Übungen.

Dennoch sind wir nicht in der Lage, auf die einfache Frage: »Wann wurde das erste Turnier abgehalten?« eine Antwort zu geben. Zu welchem Zeitpunkt Turniere aufkamen, ist unklar, zudem trugen die Chronisten dazu bei, die Anfänge des Turniers im Dunkel zu belassen, da sie eifrig bestrebt waren, ihren Herren und Auftraggebern einen möglichst frühen Nachweis einer Turnierteilnahme zu verschaffen. Die im Jahre 842 zur Feier eines Bündnisses zwischen Ludwig dem Deutschen und Karl dem Kahlen abgehaltenen Reiterspiele hielt man für den frühesten Beleg eines Turniers, obwohl deutlich wird, dass diese einfachen Reitermanöver – Anritt zweier Mannschaften gegeneinander, Umschwenken, abwechselnde Scheinflucht – nichts mit den typischen Kampfformen eines Turniers zu tun hatten.[1]

Sie werden in ähnlicher Weise beschrieben wie die Reiterspiele bei der Bestattung von Aeneas' Vater Anchises in der *Aeneis* des Vergil: »Gleich stark sprengen nach rechts und links auseinander die Trupps der/ drei Schwadronen und teilen sich so; zurück dann gerufen/ machen sie kehrt und greifen sich an mit feindlichen Waffen./ Andere Wendung beginnen sie dann und Wendung dagegen,/ widereinander gewandt, und wechselnd schlingen sie Kreis durch/ Kreis im Gefecht und führen ein Scheingefecht unter Waffen./ Bald geben flüchtend den Rücken sie bloß, bald wenden die Lanzen/ feindlich sie um, bald schließen sie Frieden und reiten im Gleichmaß.«[2] In seinem *Turnierbuch* von 1530 beschreibt der Herold Georg Rüxner die kunstvollen Turniere unter Heinrich dem Vogler zu Magdeburg im Jahre 938. Die überzeugenden Einzelheiten in seiner Auflistung der Teilnehmer und sein Regelwerk für die Durchführung der Veranstaltung werden durch den Anachronismus seiner Wortwahl getrübt, womit sich das ganze als ein Stück Heroldsliteratur des 15. und 16. Jahrhunderts herausstellt. Ähnliche Motive leiteten Lambert von Ardres, ein Chronist des frühen 13. Jahrhunderts, als er den Tod des Grafen Rudolf von Guînes einem Hinterhalt während eines Turniers im frühen 10. Jahrhundert anlastete.[3] Ein Turnier zu diesem frühen Zeitpunkt erscheint nicht glaubhaft, zumal sich in keiner zeitgenössischen Quelle Hinweise darauf finden, dass sich der Sport bereits zu jener Zeit entwickelt haben könnte.

Das Turnier scheint als eine besondere Form des Kriegsspiels irgendwo im nördlichen Frankreich gegen Ende des 11. Jahrhunderts entstanden zu sein. Eben zu dieser Zeit verbreitete sich auf den Schlachtfeldern eine neue Taktik, die weit reichende Folgen haben sollte: Es handelte sich um den Einsatz einer Reitertruppe, die als eigenständige taktische Einheit in der Lage war, einen exakt koordinierten Angriff mit »eingelegter Lanze« durchzuführen. Vorher gab es drei verschiedene Möglichkeiten, die Lanze – eine der wichtigsten Kriegswaffen überhaupt – zu führen: sie konnte als Speer gegen den Feind geschleudert werden, oder sie wurde als Stoßwaffe eingesetzt, mit der man entweder in der Haltung »über dem Arm« oder »unter dem Arm« auf den Gegner einstieß. Der Nachteil bei allen drei Verwendungsweisen bestand darin, dass die Waffe nach einem Stoß nur schwer wieder zurückgezogen werden konnte; der Krieger war in diesem Augenblick deshalb besonders verwundbar.

Im Gegensatz dazu wurde die »eingelegte« Lanze fest unter den rechten Arm geklemmt, so dass eine schwerere, längere und damit wirksamere Lanze benutzt werden konnte: das volle Gewicht von Ross und Mann lag hinter jedem Stoß. Zudem konnte der Kämpfer seinen Gegner auf größere Distanz halten und bot ihm so eine geringere Angriffsmöglichkeit. Die Lanze verblieb in den Händen des Ritters und konnte wenn nötig erneut benutzt werden – es sei denn, sie zerbrach beim Aufprall.

Die gebündelte Kraft einer mit eingelegter Lanze attackierenden Reiterabteilung reichte aus, um »ein Loch in die Mauern von Babylon« zu schlagen, wie es die byzantinische Prinzessin Anna Komnene formulierte, die während des Ersten Kreuzzuges als Augenzeugin die verheerende Wirkung eines solchen Angriffs miterlebte.[4] Die neue Taktik scheint in Nordfrankreich entstanden zu sein. Sie war nicht nur weitgehend verantwortlich für die militärischen Erfolge der »Franken« beim Ersten Kreuzzug, sondern auch für die Eroberungen der Normannen in so weit auseinander liegenden Gebieten wie Süditalien und England. Der »Teppich von Bayeux«, der so anschaulich die normannische Eroberung Englands nachzeichnet, scheint in seinen Bildern die Periode des Übergangs von der älteren Taktik des Lanzenkampfes zur jüngeren festgehalten zu haben, denn beide Einsatzarten erscheinen dort nebeneinander.

Damit die neue Taktik richtig angewendet werden konnte, waren Training und Praxis erforderlich. Aber noch mehr als das: da die größtmögliche Wirkung nur von einer bestimmten Anzahl von Rittern erzielt werden konnte, waren Training und praktische Übung in einem untereinander abgestimmten Verband nötig. Das Turnier erfüllte all diese Erfordernisse aufs Beste, und es ist sehr gut möglich, dass es auf Grund solcher Bedürfnisse entstanden ist.

Im ursprünglichen Sinne war das Turnier also eine *mêlée*, ein Massen- oder Gruppengefecht, das auf offenem Gelände über große Distanzen hin ausgefochten wurde und Flussläufe, Waldstücke, Weinfelder und Bauerngehöfte mit einschloss – all dies bot willkommene Gelegenheiten für Hinterhalt und Überraschungsangriff.

In den frühen Tagen des Turniers waren Grenzen nicht festgelegt, das Kampfgebiet wurde jedoch vage umrissen durch die Anbindung an zwei Städte: So rief man etwa Turniere aus »zwischen Gournai und Ressons«, oder »zwischen Anet und Sorel.«[5] Die einzigen offiziellen Begrenzungen waren eigens ausgewiesene, umzäunte Ruheplätze, wo sich die Ritter ausruhen oder sich von anderen unbehelligt zu neuem Kampf rüsten konnten.

Die verschiedenen teilnehmenden Rittermannschaften standen unter der Führung ihrer jeweiligen Gefolgsherren, die sie auch in der richtigen Schlacht anführten. Nicht selten kämpften bis zu zweihundert Ritter auf jeder Seite. In dieser frühen Periode gab es keinerlei Regeln, die das Turnier von einer wirklichen Schlacht hätte unterscheiden können. Es gab keine unzulässigen Schläge oder verbotenen Griffe, und selbst wenn, wäre da niemand gewesen, der die Regeln überwacht und durchgesetzt hätte. So war es ganz üblich, dass sich mehrere Ritter zusammenschlossen, um einen einzigen Turnierteilnehmer anzugreifen. In manchen Fällen wurden Kämpfer bedrängt, obwohl sie entscheidende Teile ihre Rüstung im Kampfgetümmel verloren hatten. Auch gab es Situationen, in der man jede verfügbare Waffe einsetzte – einschließlich Pfeil, Bogen und Armbrust. Die einzige Konzession an den sportlichen Charakter des Kampfes waren die Einrichtung der Ruheplätze sowie die Grundbedingung des Spiels: die gegnerischen Ritter nicht zu töten, sondern gefangen zu nehmen und gegen ein Lösegeld wieder freizulassen. Hier tritt uns also ein raues und beinahe regelloses Spiel entgegen, das so entschieden das Schlachtgetümmel nachvollzog, dass es häufig nicht vom Kampfspiel zu unterscheiden war – weit entfernt also von disziplinierten Kavallerieübungen zur Unterhaltung Ludwigs des Deutschen und Karls des Kahlen.

Da die Kampftechnik mit der eingelegten Lanze in der zweiten Hälfte des 11. Jahrhunderts eingeführt wurde, und es denkbar ist, dass das Turnier als Reaktion auf die Trainingsanforderungen dieser Technik entstand, müssen die spärlichen Turniererwähnungen vom Ende des 11. Jahrhunderts etwas genauer betrachtet werden. Der früheste Hinweis findet sich im Bericht des Gaufredus Malaterra über die Kriege der normannischen Abenteurer Robert Guiscard, Herzog von Kalabrien, und Roger, Graf von Sizilien: Bei einer Belagerung im Jahre 1062 turnierten die jungen Leute aus beiden Heeren, »begierig nach Ruhm«, unter den Mauern der Stadt; dabei wurde ein gewisser Arnold, der Schwager des Herzogs, getötet.[6] Gaufredus schrieb um 1100; selbst wenn sein Bericht für das Jahr 1062 anachronistisch gewesen sein sollte, müssen ihm Turnierkämpfe dieser Art um die Wende zum 12. Jahrhundert bekannt gewesen sein.

Der zweite, berühmtere Beleg erscheint in zwei Stadtchroniken von Tours. Zum Jahr 1066 berichtet die »Chronik der Abtei Saint Martin in Tours«: »Im siebenten Jahr des Kaisers Heinrich und im dritten Jahr König Philipps war eine verräterische Verschwörung in Angers, bei der Gottfried von Preuilly und andere Barone getötet wurden. Dieser Gottfried von Preuilly erfand die Turniere (*Hic Gaufridus de*

Pruliaco torneamenta invenit).« Eine gekürzte Notiz erscheint in der davon abge-
leiteten »Kurzen Chronik von Tours« zum Jahr 1062: »Gottfried von Preuilly, der
die Turniere erfand, wurde in Angers getötet.« Beide Chroniken kompilierte Péan
Gatineau, ein Kanoniker von St. Martin in Tours.[7] Unglücklicherweise – in Hinblick
auf die Frühgeschichte des Turniers – schrieb Péan Gatineau in den ersten beiden
Jahrzehnten des 13. Jahrhunderts (also einhundertfünfzig Jahre nach den von ihm
beschriebenen Ereignissen und rund einhundert Jahre nach Gaufredus Malaterra),
als der Sport bereits sehr populär geworden war. Seine zeitgenössischen Quellen
über den Verrat Gottfrieds von Preuilly und dessen Ermordung erwähnen das Turnier an keiner Stelle. Deshalb erscheint die Bemerkung, Gottfried von Preuilly habe
das Turnier erfunden, ohne jede Grundlage, es sei denn, Gatineau bezieht sich auf
umlaufende mündliche Überlieferungen.

Um 1200 nehmen die Hinweise auf Turniere zu, und die Quellen werden zuver-
lässiger. Die byzantinische Prinzessin Anna Komnene, die gewiss kein Interesse
hatte, die Urheberschaft des Turniersports für sich zu reklamieren, erzählt in ihrem
Geschichtswerk *Alexias*[8] eine äußerst faszinierende Anekdote: Ein französischer
Ritter, Teilnehmer am Ersten Kreuzzug, hatte sich in Gegenwart des byzantinischen Kaisers erdreistet, auf dem Kaiserthron Platz zu nehmen. Als man ihn wegen
dieses respektlosen Verhaltens zurechtwies, versetzte er trotzig und arrogant: »Ich
bin ein echter Franke und von edler Geburt. Eines weiß ich: an einer Wegekreuzung in dem Lande, in dem ich geboren bin, steht ein altes Heiligtum; dorthin
begibt sich jeder zum Kampf gerüstet, der sich einem Zweikampf stellen will; dort
betet er zu Gott um Beistand, und dort steht er und erwartet den Mann, der es wagt,
seine Herausforderung anzunehmen. An dieser Wegekreuzung habe ich lange Zeit
ausgeharrt und den Mann erwartet und herbeigewünscht, der kämpfen würde, aber
da war keiner, der es gewagt hätte.« Auch wenn diese Passage das Turnier nicht ausdrücklich nennt, enthält sie doch sämtliche Elemente des Spiels: Die Wegekreuzung, die Herausforderung und das unvermittelte Zusammentreffen – alles Motive
des fahrenden Rittertums in den Ritterromanen und den historischen *pas d'armes*.
Die Stelle scheint in der Tat ein sehr früher Beleg für jene besondere Form des
Sports zu sein, die man als »Suche nach Abenteuern« bezeichnete.[9]

Dass Turniere vermutlich bereits zur Zeit des Ersten Kreuzzugs bekannt waren,
wird von dem Chronisten Robert dem Mönch bestätigt, der notierte, dass die Kreuzfahrer ihre Ruhestunden mit dem Quintanstechen ausfüllten[10] (es handelt sich dabei um eine drehbare Puppe, die mit der Lanze in voller Karriere getroffen werden
muss) – eine Geschicklichkeitsübung für den Lanzenkampf, die sich seit Aufkommen des Turnierwesens großer Beliebtheit erfreute. Im Ersten Kreuzzug domi-
nierten die Franzosen (»Franken«), obwohl auch Kreuzfahrer aus anderen Ländern
teilnahmen. So ist es nicht ausgeschlossen, dass die Franzosen bei dieser Gelegenheit ihre neue Sportart den staunenden Standesgenossen vorführten. Dies könnte
die Verbreitung der Turnierbelege auch in anderen Regionen erklären.

Ein weiterer früher Hinweis auf Turniere stammt nicht aus chronikalischen Quellen, sondern aus der Urkundenliteratur. In einer Übereinkunft zwischen dem Grafen von Hennegau und der Stadt Valenciennes vom Jahre 1114 ging es unter anderem um die Bestrafung von Bürgern, die ihre persönlichen Streitigkeiten auch außerhalb des Stadtgebietes weiterführten, wenn sie – wie es hieß – zu Turnieren oder in Geschäften unterwegs waren.[11] Auch wenn die Echtheit des entsprechenden Paragrafen zweifelhaft ist, so passen die verschiedenen Elemente doch gut zusammen. Ein Gutteil der Belege über das Turnierwesen befasst sich nämlich mit dem Verbot oder mit der Kontrolle des Sports, um Beeinträchtigungen des öffentlichen Friedens zu verhindern. Obgleich Turniere als Privileg der Ritterschaft aufgefasst wurden, zählten in der Anfangszeit auch regelmäßig Stadtbürger zu den Teilnehmern, meist als nicht-berittene Begleitmannschaften der Ritter. So gab beispielsweise der Graf von Auxerre gegen Ende des Jahrhunderts den Bürgern von Rethel die verbriefte Zusicherung, sie in Kriegs- und Unruhezeiten nicht zu weit über die Grenzen der Grafschaft hinauszuführen, behielt sich aber das Recht vor, sie zu den Turnieren in Chablis oder Rougemont aufzubieten.[12]

Eine englische Urkunde von ca. 1125–1150 liefert ein recht frühes Beispiel für den Turnierdienst eines Vasallen: Osbert von Ardern überlässt Turchill Fundus eine Hufe Landes, damit ihm dieser seine bemalten Lanzen im Falle eines königlichen Heeresaufgebotes von London nach Northampton zu seinem Gut in Kinesbury trage. Darüberhinaus soll Turchill die Lanzen tragen und Osbert begleiten, wann immer er beabsichtigt, sich übers Meer (das heißt nach Frankreich) auf Turnierfahrt zu begeben.[13]

Etwa zur gleichen Zeit, zwischen 1125 und 1130, sind in den Chroniken Turniere gleich bündelweise belegt, und dies in verschiedenen Teilen Europas. Das Turnier muss also auch außerhalb Frankreichs eine wachsende Anhängerschaft gefunden haben. Galbert von Brügge berichtet, dass Graf Karl der Gute von Flandern, der im Jahre 1127 ermordet wurde, »Turniere in der Normandie und in Frankreich besuchte, und auch außerhalb des Königreiches, und so seine Ritter in Friedenszeiten in Übung hielt und dabei Ruhm und Ehre für sich selbst und sein Land mehrte.«[14]

Otto von Freising beschreibt in seinen Gesta Frederici zum Jahre 1127, wie die staufischen Herzöge Friedrich und Konrad, nachdem sie das von Lothar von Süpplingenburg belagerte Nürnberg entsetzt hatten, diesem bis Würzburg folgten und vor den Mauern der Stadt mit dessen Rittern ein »Kampfspiel« veranstalteten, »das man jetzt gewöhnlich Turnier nennt« (*tyrocinium, quod vulgo nunc turnoimentum dicitur*).[15]

Um 1130 hatte sich der Sport in einem Ausmaß verbreitet, dass er die Aufmerksamkeit der Kirche erregte. Bezeichnenderweise war die erste kirchenoffizielle Verlautbarung hierzu eine Verdammung. Das durfte kaum überraschen, da ja die Kirche in Europa eine Vorreiterrolle spielte bei dem Bemühen, die Gewalt in der Gesellschaft unter Kontrolle zu bringen und wenn möglich zu vermeiden. Die Gottesfriedens- und Landfriedensbewegungen hatten in mehr als einem Jahrhundert versucht, kriegerische Akte einzudämmen und die an der Kriegführung Unbeteiligten zu schützen. Regionale Synoden hatten jegliche Kampfhandlungen von Freitag bis Montag und an Feiertagen untersagt. Für die Durchsetzung dieser Bestimmungen sollten die Ritter der jeweiligen Region gewonnen werden, die damit als Vorkämpfer im Auftrag der Kirche aufgetreten wären. Ihr Einsatz wurde nachdrücklich unterstützt, indem man die Friedensbrecher mit Kirchenstrafen bedrohte. So war es unvermeidlich, dass sich die Kirche gegen das Kriegsspiel des Turniers wenden würde, und sie versuchte es auf ähnliche Weise wie im Falle des Krieges selbst. Der vom Konzil von Clermont 1130 verabschiedete neunte Kanon besagte: »Wir verbieten entschieden diese verabscheuungswürdigen Märkte oder Volksfeste, an denen sich Ritter zu versammeln pflegen, um ihre Kraft und Tollkühnheit zur Schau zu stellen, und bei denen der Tod von Männern sowie Gefahren für die Seele häufig vorkommen. Wer aber dabei getötet wird – und selbst wenn er bußfertig ist und die Sterbesakramente erbittet, und sie ihm nicht verweigert werden –, so soll er doch ein kirchliches Begräbnis nicht erhalten.«[16]

Obwohl der Sport immerhin eine solche Beliebtheit erreicht hatte, dass er kirchliche Aufmerksamkeit und Verbote auf sich zog, war er doch noch so neu, dass seine Terminologie außerhalb ritterlicher Kreise kaum eingebürgert war. Die unbeholfene Wendung »verabscheuungswürdige Märkte oder Volksfeste« (*nundinae vel feriae*) verwirrte auch noch spätere geistliche Kommentatoren wie etwa Raymund von Peñafort, der die Stelle damit zu erklären versuchte, dass ja dieselben Sünden auf Märkten wie auf Turnieren begangen würden.[17] Die Dinge lagen indessen einfacher: Märkte wurden häufig zusammen mit Turnieren abgehalten, denn die Ritter und ihr Gefolge benötigten Essen, Trinken, Kleidung und Waffen.

Der neunte Kanon des Konzils von Clermont wurde zwar auf dem zweiten Laterankonzil von 1139 wörtlich wiederholt und bekräftigt, desgleichen auf dem Konzil von Reims 1148[18], aber erst auf dem dritten Laterankonzil von 1179 formulierte man einen erklärenden Zusatz.[19]

Interessanterweise erscheint das gleiche Problem der Benennung des Sports auch in der ersten fiktionalen Turnierschilderung aus etwa dem gleichen Jahrzehnt wie das Konzil von Clermont. In seiner halbfiktionalen »Geschichte der Könige von Britannien« schildert Geoffrey von Monmouth die Ereignisse an König Artus' Hofversammlung zu Pfingsten folgendermaßen: »Zu dieser Zeit hatte Britannien ein so hohes Maß an Verfeinerung erreicht, dass es alle Königreiche an allgemeinem Wohlstand, reicher Ausstattung und höfischem Betragen all seiner Einwohner übertraf. Jeder Ritter im Lande, der in irgendeiner Weise berühmt für seine Tapferkeit geworden war, trug Waffenrock und Waffen mit den ihm zugehörigen Farben, und Frauen von höfischer Art trugen häufig die nämlichen Farben. Sie verschmähten es, ihre Liebe einem Manne zu schenken, der sich nicht dreimal in einem Kampf als tüchtig erwiesen hatte. Auf diese Weise wurden die Frauen keusch

Ritt zum Turnier, Illustration einer Abhandlung über Moral aus dem frühen 14. Jahrhundert; daher die lauernden Teufel, die die Seelen der im Turnier Getöteten ergreifen wollen. (BL MS Royal 19.C.I.f.204)

und tugendhaft, und die Ritter, um ihrer Liebe willen, noch wagemutiger. Gestärkt von Essen und Trinken, das sie genossen hatten, zogen sie auf das Feld vor der Stadt und teilten sich in Gruppen, bereit, sich in verschiedenen Spielen zu versuchen. Die Ritter verabredeten ein Scheingefecht und kämpften gegeneinander zu Pferde, während ihre Damen von der Stadtmauer aus zuschauten und sie durch ihr kokettes Betragen zu leidenschaftlicher Erregung anstachelten. Die anderen verbrachten, was vom Tag noch blieb, mit dem Abschnellen von Pfeil und Bogen, mit Speerwurf, mit dem Schleudern schwerer Steine und Felsbrocken, mit Würfelspiel oder einer Vielzahl anderer Spiele – und dies ohne jede Feindseligkeit. Wer in seinem Spiel gewonnen hatte, wurde darauf von Artus mit einem fürstlichen Preis belohnt. So verliefen auch die nächsten drei Tage.«[20]

Das Turnier und sein fiktionaler Anlass waren offensichtlich ein spontanes Arrangement. Es gab keine aufwendigen Vorbereitungen, und die Ritter scheinen die Dinge in Artus' Namen selbst organisiert zu haben. Bei Geoffrey von Monmouth werden zum ersten Mal zwei wesentliche Momente in der Entwicklung des Turniers erwähnt: die Anwesenheit von Damen und das Tragen von Wappen. Für ersteres findet sich kein substanzieller Beleg vor Ablauf weiterer fünfzig Jahre, während heraldische Zeichen auf Schilden in dieser frühen Zeit eher einen beliebigen als einen individuellen Bezug hatten.

Turniere fanden in dieser Periode wohl ohne besondere Vorbereitungsmaßnahmen statt. Schon ein bestimmtes Zusammentreffen von Ereignissen konnte Turnierkämpfe auslösen. Als die Leute König Stephans bei der Belagerung von Lincoln 1141 den Rittern des Earls Robert von Gloucester gegenüberstanden, begannen sie die Schlacht – wie Wilhelm von Malmesbury berichtet – »indem sie ein Vorspiel zur Schlacht vorführten, das sie ›Tjost‹ (*justam*) nannten, denn sie waren in dieser

Kunst geübt.«[21] Allerdings hatten sie hier den falschen Zeitpunkt gewählt, denn ihre weniger ritterlich eingestellten Opponenten ritten sie nieder und begannen ernsthaft mit der Schlacht. Das bedeutet nun nicht, dass die Leute des Königs ein Monopol auf diesen Sport gehabt hätten; bald danach, bei der Belagerung von Winchester, waren es die Leute des Earls, die täglich aus der Stadt herausritten, »um ritterliche Taten zu vollbringen.«[22]

Die turbulente Regierungszeit Stephans (1135–1154) scheint einen besonders heftigen Ausbruch des Turnierwesens erlebt zu haben. Neben dem bereits genannten Ereignis ist belegt, dass es im Jahre 1140 Earl Randulph von Chester mit nur drei Bewaffneten gelang, die Stadt Lincoln wieder dem König zu entreißen, weil die Besatzung ihre Posten verlassen hatte, um anderwärts an einem Kampfspiel teilzunehmen.[23] Der erste zuverlässig dokumentierte Unfall bei diesem Sport – Hugh Mortimer wurde bei einem Turnier in Worcester getötet – ereignete sich ebenfalls in König Stephans Regierungszeit.[24]

Wilhelm von Newburgh zufolge gab es einen besonderen Grund für die große Zahl von Turnieren in dieser Periode: In den Tagen Heinrichs I. und Heinrichs II. war das Turnier mit strengem königlichen Verbot belegt, und jeder, der den Sport ausüben wollte, musste sich aufs Festland begeben. Wegen des beschämend schwachen Regiments König Stephans indessen gab es praktisch keine Regierungsgewalt – und deshalb nahmen die Turniere zu.[25] Wilhelm von Newburgh erwähnt hier zum ersten Mal, was später geradezu zu einer Binsenweisheit werden sollte: dass es näm-

Ritter tjostieren mit leichten Lanzen und hohen Sätteln; aus einem Fragment einer französischen Handschrift des Lanzelotromans (13. Jahrhundert).
(Sammlung Deulofeu, Puigcerdà, Gerona) (Foto MAS, Barcelona)

28

lich eine eindeutige Wechselwirkung gab zwischen der Anzahl unerlaubter Turnieraktivitäten und dem Ausmaß obrigkeitlicher Kontrollmaßnahmen. In den Perioden schwacher Königsherrschaften, wie etwa unter Stephan, Heinrich II. und Johann in England, kam es immer häufiger zu Turnieren, und oft hatten sie einen ausgeprochen verschwörerischen Charakter.

Schon in den Jahren um 1140 wurde das Turnier als Deckmantel für Rebellion benutzt. Als Friedrich Barbarossa, bereits zum Ritter gegürtet »und nach dem Brauch in ritterlichen Spielen geübt«, in Bayern einfiel, um seinen Widersacher Heinrich von Wolfratshausen anzugreifen, »versammelten sich die Bayern und namentlich die Grafen und Edlen des genannten Grafen, als wollten sie einen Reiterkampf durchführen, den wir heute Turnier zu nennen pflegen (*velut tyrocinium celebraturi, quod modo nundinas vocare solemus*). Der rührige Jüngling (Friedrich Barbarossa) erschien dort überraschend und griff die Bayern, die ihn in Waffen vor den Toren erwarteten, mannhaft an, nicht zu Spiel, sondern zum ernsten Kampf.«[26]

Die Bewohner von Piacenza nutzten 1158 in ganz ähnlicher Weise die Gelegenheit, ihre Fehde mit Cremona fortzusetzen: Anlässlich der Reichsversammlung zu Roncaglia forderten sie die Cremoneser zu einem Kampf heraus, »den man jetzt gewöhnlich Turnier nennt.«[27] In beiden Fällen (wie in der Würzburg-Episode von 1127 und der Schlacht von Lincoln 1141) folgte darauf eine militärische Aktion: Lincoln war ein Scharmützel, Wolfratshausen das Vorspiel zu einer wirklichen Schlacht, und Roncaglia resultierte aus einer alten Feindschaft. Es ist auch daran zu erinnern, dass das Wort »torneo« im Spanischen lange Zeit ein rein kriegerischtaktisches Manöver bezeichnete, bis es im 13. Jahrhundert die Bedeutung »Turnier« in unserem Sinne annahm. Nun sollten diese Episoden nicht einfach als Beleg dafür abgetan werden, dass Turniere zu dieser Zeit nichts anderes als ein feindliches Aufeinandertreffen gewesen wären. Otto von Freising unterschied sehr wohl: »Nicht wie im Spiel«, sagt er, und setzt damit voraus, dass das Element des Spiels das charakteristische Unterscheidungsmerkmal des Turniers ist. Obwohl das Roncaglia-Turnier durchaus so etwas wie eine Privatfehde war, wäre es doch niemals vom Kaiser zugelassen worden, wenn man mit dem Ausbruch offener Feindseligkeiten hätte rechnen müssen, zumal es in Roncaglia darum ging, gerade solchen Friedensstörungen ein Ende zu setzen. Nicht zum letzten Mal, so scheint es, sollten hier alte Rechnungen unter dem Vorwand des Turniers beglichen werden.

Otto von Freisings seltsamer Ausdruck »nundinas« für »Turnier« in der Passage über Friedrich Barbarossas Einfall nach Bayern spiegelt eher die Terminologie des Turnierverbotes durch das Konzil von Clermont wieder, als den zeitgenössischen Sprachgebrauch in ritterlichen Kreisen. Bezeichnenderweise trägt erst auf dem dritten Laterankonzil von 1179 die Bekräftigung dieses Verbots von »nundinas vel ferias« schließlich den erläuternden Zusatz »die gewöhnlich Turniere (*torneamenta*) genannt werden.«[28]. Zu dieser Zeit war der Sport so populär geworden, dass seine Terminologie auch den nicht-ritterlichen Kreisen vertraut war. Es ist zudem auffällig, dass die 1170er-Jahre nicht nur eine deutliche Zunahme der Turnieraktivitäten erlebten, sondern auch das Aufkommen einer neuen Literaturgattung.

Die *chansons de geste* des frühen 12.Jahrhunderts – mit ihren stets wiederkehrenden, ermüdenden Schlacht- und Fehdeschilderungen und ihrer Betonung der Vasallentreue – bekamen in den 1170er-Jahren Konkurrenz seitens der neuen höfischen Ritterromane. Hier zeigt sich ein gänzlich neues Wertesystem: Im Mittelpunkt standen die höfische Minne und der Frauendienst, der diese Minne – im Rahmen höfischer Etikette – inspirierte. Das Turnier übernahm jetzt eine zentrale Rolle in dieser ritterlichen Literatur, denn im Turnier gewannen die Romanhelden ihre Damen, hier bewiesen sie Tapferkeit, märchenhafte Stärke und ihren Mut.

Die führende Dichterpersönlichkeit und der große Erneuerer der Gattung war Chrétien de Troyes, und es ist kein Zufall, dass gerade die Grafen Heinrich von Champagne und Philipp von Flandern als seine Mäzene auftraten: Beide waren begeisterte Anhänger und Förderer des Turniers. Die Bedeutung dieser Beziehung kann nicht hoch genug eingeschätzt werden, denn Heinrich von Champagne war mit der Tochter Eleonores von Aquitanien verheiratet, seine Schwäger waren Heinrich III. (der »junge König«), Gottfried von Bretagne und Richard I. Auch die Verwandten Eleonores förderten als großzügige Mäzene die höfische Literatur und den ritterlichen Sport. Der aus ihrer Umgebung stammende kleine Kreis miteinander verwandter, mächtiger, reicher und gebildeter junger Leute traf sich regelmäßig an den Turnierorten Nordfrankreichs und der Niederlande. Tagsüber übten sie sich im Gebrauch der Waffen, und abends versammelten sie sich ums Feuer und erzählten Geschichten. Arnold von Ardres, der ebenfalls zu diesem erlesenen Kreis gehörte, hatte einige Spielleute und ältere Ritter in seine Dienste genommen, jeder mit einem Spezialgebiet: Geschichten aus dem Heiligen Land, Artusromane und karolingische Chansons de geste.[29]

Förderung des ritterlichen Sports und Mäzenatentum höfischer Literatur gingen Hand in Hand. Da sich die Romanautoren natürlicherweise nach den Interessen des turnierenden Adels richteten, verweilten sie in ihren Erzählungen ausführlich bei diesem Sport und malten ihn in leuchtenden Farben aus. Dies vermehrte wiederum das Prestige des Turniers, denn es spielte ja eine entscheidende Rolle im Leben eines jeden Romanhelden. So entwickelte sich zwischen dem Turnierwesen und der höfischen Literatur eine Art Symbiose – eines nährte das andere und beförderte dabei ihre gemeinsame Entwicklung.

Diesem Zusammentreffen von Gleichgesinnten – der »junge König«, Heinrich von Champagne und Philipp von Flandern – ist es wohl zu verdanken, dass das Turnierwesen in den 1170er und 1180er-Jahren eine ausgesprochene Blütezeit erlebte. Will man den Biografien Arnolds von Ardres und des Guillaume le Maréchal (William the Marshal) Glauben schenken, wurden damals in der Region fast alle zwei Wochen Turniere abgehalten. Viele der Protagonisten waren gerade erst zum Ritter geschlagene junge Männer, zumeist die älteren Söhne aus Adelsfamilien, immer

Initiale mit tjostierenden Rittern; aus einem provenzalischen Manuskript der Gedichte des Troubadours Bertran de Born.
(Bibliothèque Nationale, MS 854 f.174v)

unterwegs mit einer Schar von Standesgenossen in ähnlicher Situation, um ritterliche Fertigkeiten zu erlernen. So begann, was später zu einer großen Tradition wurde: Eine vielleicht Monate, vielleicht Jahre während ritterliche Lehrzeit auf den Turnierplätzen Nordfrankreichs. Fast hundert Jahre später war diese Tradition noch lebendig, und junge Ritter, wie etwa Eduard I. von England, begaben sich auf eine zweijährige Turnierfahrt ins nördliche Frankreich, obwohl Turniere zu dieser Zeit nirgendwo mehr in Europa von den weltlichen Autoritäten verboten waren.[30]

Die 1170er und 1180er-Jahre scheinen also eine besonders glanzvolle Periode gewesen zu sein. Es traten damals auf den Turnieren einige herausragende Persönlichkeiten auf, deren literarisches Mäzenatentum sicherstellte, dass ihre Taten für die Nachwelt aufgezeichnet wurden. Die informativste und wichtigste dieser Aufzeichnungen ist die Biografie des Guillaume le Maréchal (William the Marshal), ein Ritter vergleichsweise bescheidener Herkunft, dessen Kühnheit bei Turnieren zuerst die Aufmerksamkeit des Königs erregte und ihn schließlich, freilich nur mittelbar, zum Regenten Englands während der Minderjährigkeit Heinrichs III. (des »jungen Königs«) machte. Guillaumes Karriere entsprach genau dem Stoff der Romane, und so geriet er schon zu Lebzeiten zur Legende. Wie von vielen anderen, wurde er auch von Philipp von Flandern umworben, der Guillaumes Fähigkeiten in den Turnierschranken schätzen gelernt hatte. Trotz finanziell attraktiver Angebote stand Guillaume jedoch loyal zum Jungen König Heinrich, dessen kriegerische Ausbildung in seine Hände gelegt worden war.

Guillaumes Turniertaten waren weit und breit berühmt. Bei seiner ersten Turnierfahrt nach Le Mans im Jahre 1167 – auf einem geliehenen Pferd und im Gefolge seines Herrn Wilhelm von Tancarville – gewann er viereinhalb Pferde für sich und ebenso viele für seine Knappen, dazu noch Packpferde und Ausrüstung.[31] Dieser Erfolg bewog ihn – angesichts seiner ansonsten geringen Zukunftsaussichten – zu einer pragmatischen, ja geschäftsmäßigen Haltung gegenüber seinen Turnieraktivitäten, die im vollständigen Gegensatz zum Idealismus turnierender Ritter in den Romanen stand. Es war Guillaumes Ziel, so viel Beute wie möglich zu machen – in Form von Lösegeldern, Pferden, Rüstungen. Er ging sogar so weit, eine Geschäftspartnerschaft mit einem anderen Ritter aus dem Gefolge des Jungen Königs einzugehen. Zwei Jahre lang zogen sie von Turnier zu Turnier, kämpften als Team und teilten ihre Gewinne. Ein königlicher Kanzlist hielt ihre Erfolge fest und notierte, dass sie in den zehn Monaten zwischen Pfingsten und der Fastenzeit im Frühjahr einhundertdrei Ritter gefangen genommen und ihre Pferde, Harnische und Gepäckstücke als Beute weggeführt hätten.[32] Für einen Ritter ohne Erbanspruch konnten Turniererfolge ein Mittel zur Vermögensbildung sein, ohne sich auf unstandesgemäße Handelsgeschäfte einlassen zu müssen –, und zudem konnte er dabei seinen Ruf als tüchtiger Ritter vorteilhaft unter Beweis stellen.

Das Turnier, wie es in der Geschichte von Guillaume le Maréchal geschildert wird, ist meilenweit von der Welt eines Chrétien de Troyes entfernt, sieht man einmal davon ab, dass die gleichen Ursprünge vorliegen. Im Folgenden nun Chrétiens Darstellung des Turniers zu Tenebroc in *Erec et Enide*:

»Einen Monat nach Pfingsten versammelt sich das Turnier und hebt an in der Ebene unterhalb von Tenebroc. Viele Wimpel flattern da, in Zinnoberrot, Blau und Weiß, und viele Schleier und Ärmelstücke, gegeben als Liebeszeichen. Viele Lanzen wurden da getragen, bemalt in Silber und Rot, andere in Gold und Blau, und noch viel mehr von anderer Art, einige gestreift, einige gepunktet … Das Feld ist gänzlich mit Waffen bedeckt. Die Mannschaften auf beiden Seiten erbeben, und beim Zusammenprall erhebt sich ein lautes Getöse und ein gewaltiges Krachen der berstenden Lanzen. Lanzen brechen und Schilde werden durchbohrt, Brünnen zerrissen und gespalten, Sättel geleert, Reiter taumeln, die Pferde schwitzen und schäumen. Alle zücken ihre Schwerter gegen jene, die niederstürzen. Einige springen auf, sich zu ergeben, andere zu ihrer Verteidigung.

Hoch auf weißem Ross kam Erec vor die Front der Kämpfer, um allein sich einem Zweikampf zu stellen, wenn er einen Gegner fände. Von der anderen Seite sprengte gegen ihn der hochmütige Ritter von der Heide auf einem irischen Ross, das ihn in wildem Lauf herantrug. Erec trifft den Schild, der dessen Brust bewehrt, mit solcher Wucht, dass er ihn von seinem Schlachtross stößt; er lässt ihn auf dem Kampfplatz liegen und sprengt davon … Alle, welche diesen Zweikampf sahen, waren sehr verwundert und sagten, dass der einen zu hohen Preis zahlen müsse, der sich mit einem so hervorragenden Ritter messen wollte.

Erec trachtete nicht danach, Ross und Reiter in seinen Besitz zu bringen, sondern gut zu tjostieren und seine Tapferkeit zu beweisen. Er lässt die gegnerischen Reihen vor ihm erzittern. Sein Heldenmut gibt allen Streitern an seiner Seite neue Kraft. Um seine Gegner noch mehr zu entmutigen, nahm er einige Pferde und einige Ritter an sich.«[33]

Im Gegensatz zu Chrétiens Darstellung sind die Turnierbeschreibungen in der Geschichte des Guillaume le Maréchal, die unter den mittelalterlichen Quellen noch zu den vollständigsten gehören, recht undifferenziert: Die Mannschaften stellen sich einander gegenüber auf; gewöhnlich präsentiert sich die eine Mannschaft in Disziplin und Ordnung, die andere in einem wirren Durcheinander, weil ihre Anführer um das Recht wetteifern, den ersten Streich zu führen. Wie zu erwarten, trägt die in geschlossener Front vorgehende Mannschaft den Sieg davon. Es ist die Kampftaktik eines geschlossenen Verbandes und nicht die Einzelleistung, die über den Sieg entscheidet. Da gibt es keine Minneabzeichen und Wappenbilder (außer bei einer einzigen Gelegenheit), auch keine zuschauenden Damen. Erecs uneigennützige Haltung, allein seine Tapferkeit unter Beweis zu stellen, wird von Guillaume und seinen Zeitgenossen keineswegs geteilt, die ja – wie wir gesehen haben – eher materielle Güter im Auge hatten. Zwar werden hervorragende Waffentaten und der Applaus für einen Turniererfolg durchaus geschätzt, Hauptziele bleiben jedoch Sieg und Beute.

Gegen Ende des 12. Jahrhunderts sind aus Nordfrankreich zahllose Beispiele für den nüchternen Pragmatismus von Turnierteilnehmern überliefert: Philipp von Flandern, die Blüte der Ritterschaft, ist sich nicht zu gut dafür, seine Leute so lange zurückzuhalten, bis die anderen Turnierteilnehmer allesamt erschöpft sind und so zu einer leichten Beute werden. Der Graf konnte nur bezwungen werden, nachdem Guillaume den Jungen König überzeugt hatte, die gleiche Taktik anzuwenden und damit den Spieß gegen den Flamen umzudrehen.[34] Als Guillaume einmal in einer Schänke saß, während in unmittelbarer Nähe ein Turnier stattfand, konnte er sich nicht zurückhalten, einen Turnierritter gefangen zu nehmen, der gerade vor ihm vom Pferd gefallen war und sich dabei ein Bein gebrochen hatte – obwohl er, Guillaume, an diesem Turnier überhaupt nicht beteiligt war.[35] Von Guillaume sind noch

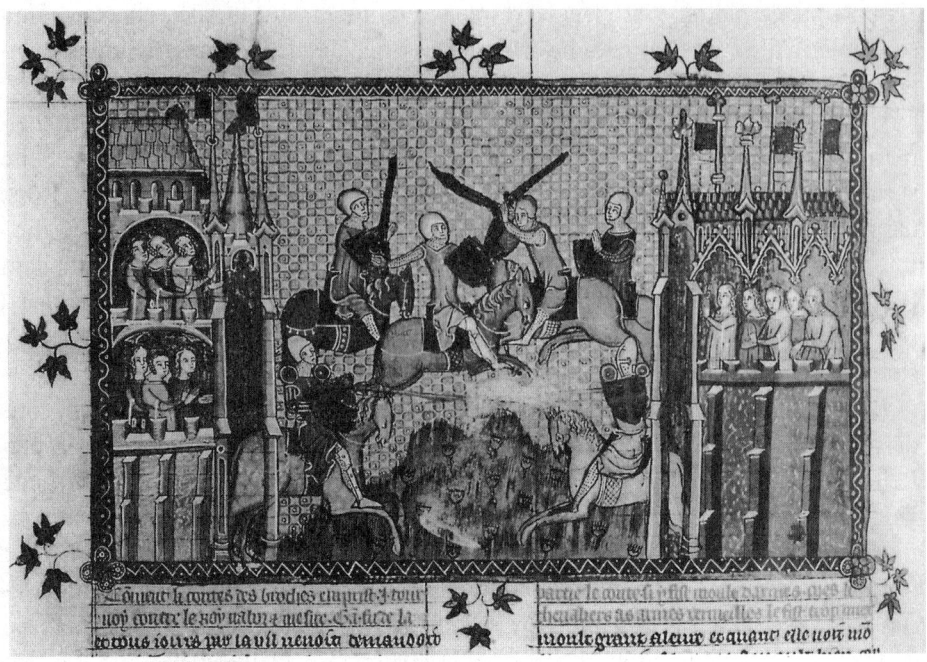

Turnierdarstellung in einem Artusroman: der Comte des Broches kämpft gegen König Nabor und Gawain. In dieser französischen Miniatur von 1344 sind beide Phasen einer mêlée, der Kampf mit Lanzen und mit Schwertern als parallele Vorgänge dargestellt.
(Bibliothèque Nationale, MS Fr 122 f.80v)

andere hübsche Geschichten überliefert: Einmal verlor er einen Gefangenen, den er gerade zu seinem Zelt führte, als dieser von einem hervorkragenden Regenrohr vom Pferd gestoßen wurde, ohne dass es Guillaume bemerkt hatte. Ein anderes Mal gewann er den Hauptpreis bei einem Turnier, war aber bei der Preisverleihung nicht aufzufinden. Schließlich entdeckte man ihn beim Schmied des Ortes; seinen behelmten Kopf hatte er auf einen Amboss gelegt, und der Schmied hämmerte gerade seinen verbeulten Helm so zurecht, dass er ihn wieder abnehmen konnte.[36] Solche Episoden sind lebensnaher – und humorvoller – als alle Schilderungen bei Chrétien de Troyes. Sie sind ein gutes Gegengewicht zur verfeinerten Atmosphäre der höfischen Versromane und überliefern ein weitaus realistischeres Bild von den Freuden und Leiden des Turniers.

Der Sport hatte demungeachtet eine durchaus ernsthafte Seite, die sogar vom Autor der »Geschichte des Guillaume le Maréchal« heruntergespielt oder gar übersehen wurde. Obwohl Regeln und Vorschriften, wenn überhaupt, nur in Ansätzen vorhanden waren, entwickelten sich entsprechende Gepflogenheiten rasch und wurden allgemein akzeptiert. So hing beispielsweise die Einteilung der Turniermannschaften gewöhnlich von der Heimatregion der Teilnehmer ab. Eine diesem Brauch zuwiderlaufende Zusammenstellung der Mannschaften konnte erhebliche

Verärgerung hervorrufen. Als sich Balduin von Hennegau bei einem Turnier zwischen den Orten Gourney und Resson 1169 den Franzosen anschloss (die sonst in der Minderzahl gewesen wären), anstatt sich mit seinesgleichen, also den Flamen, zusammenzutun, wurde Philipp von Flandern dermaßen zornig, dass er auf der Stelle mit allen Reitern und Fußsoldaten »wie im Krieg« angriff.[37] Eine regelwidrige Mannschaftsaufstellung konnte somit politische Konflikte heraufbeschwören, mit Auswirkungen über die Turnierschranken hinaus. Auch war es leicht, Fehden und Rachehandlungen auf dem Turnierplatz weiterzuführen: Ein Jahr nach dem eben geschilderten Zwischenfall begab sich Balduin zu einem anderen Turnier nach Trazegnies. Als er erfuhr, dass einer seiner Feinde auch zugegen sein würde, nahm er eine größere Zahl an Fußsoldaten mit als gewöhnlich, damit sie ihn beim Massenturnier beschützten.[38] Es ist leicht verständlich, dass solche Reibereien zu ernsthaften Konflikten führen konnten, zumal die Grenzen zwischen einem angemessenen Turnierverhalten und einer blutigen Schlacht fließend waren.

Die Landbevölkerung – und nicht nur sie – litt besonders unter der Unruhe und den Zerstörungen, die mit einem Turnier einhergingen. Den Turnierkämpfern in der Geschichte von Guillaume le Maréchal sind das Eigentum anderer im Turniergebiet vollkommen gleichgültig: Wein- und Obstgärten werden niedergetrampelt, Scheunen und Hofgebäude als Hinterhalt genutzt, und auch die Wege der bedauernswerten Dörfer im Turniergebiet dienen als Kampfbahn. Die Außenstehenden, auf deren Ländereien Turniere stattfanden, konnten so durchaus empfindliche finanzielle Verluste erleiden.

Ein anderes in der Geschichte von Guillaume le Maréchal ebenfalls heruntergespieltes Problem waren die Todesfälle bei Turnieren. Im Getümmel eines hitzigen Massenturniers – besonders, wenn reale Feindseligkeiten Hauptanlass des Turniers waren – konnten die Gefahren beträchtlich sein. Das 12. Jahrhundert hatte bereits eine stattliche Anzahl prominenter Turnieropfer gesehen, so unter anderem Graf Gottfried von Bretagne, Sohn Heinrichs II., der 1186 bei einem Turnier nahe Paris getötet wurde, sowie Herzog Leopold von Österreich, im Jahre 1194 zu Tode gekommen, nachdem sein Pferd auf ihn gestürzt war, »als er die Zeit mit kriegsähnlichen Übungen und Spielen zubrachte.«[39]

Es gab Bemühungen, solche Verluste an Leib und Leben zu vermeiden: Das kirchliche Verbot des Spiels erwies sich im Allgemeinen als unwirksam, da sich lokale Interessen über Weisungen aus Rom hinwegsetzten. Dennoch schärfte Erzbischof Wichmann von Magdeburg 1175 noch einmal das kirchliche Gebot ein, Turniertote zu exkommunizieren und ihnen das kirchliche Begräbnis zu verweigern, nachdem er erfahren hatte, dass Konrad, der Sohn des Markgrafen Dietrich von der Lausitz, bei einem Turnier in Österreich tödlich verwundet worden war. Auslöser dieser Maßnahme ist nicht allein der hohe Rang Konrads gewesen, sondern die Tatsache, dass diese »Pest von einem Sport«, wie der Chronist die Turniere nennt, bereits in diesem Jahr in Sachsen das Leben von sechzehn Rittern gekostet habe. Der

Erzbischof entsandte Boten nach Österreich, um sicherzugehen, dass Konrad kein kirchliches Begräbnis erhalten hatte, und weigerte sich, Milde zu zeigen, bevor nicht eindeutig erwiesen wäre, dass Konrad bereut und vor seinem Tod das Kreuz genommen hätte. Auch seine Familie musste auf heilige Reliquien schwören, »für immer von Turnieren zu lassen, auf ihren Territorien solche Veranstaltungen nicht zu dulden und ihre Hintersassen und Ritter mit allen Mitteln davon abzuhalten, an Turnieren teilzunehmen.«[40]

Erzbischof Wichmanns Initiative scheinen indessen isoliert dazustehen, in der Regel verlieh die Kirche ihren Verboten bei Turniertod keinen Nachdruck. Sie zog es vielmehr vor, noch lebende Turnierteilnehmer zu exkommunizieren und exemplarische Geschichten über die Vorteile einer Abkehr vom Turniersport zu verbreiten. In den 1150er-Jahren beispielsweise, reitet ein Ritter als Hauptmann einer Schar von Rittern nach Jülich im Rheinland zu einem Turnier. Er erfährt, seine Frau sei in seiner Abwesenheit gestorben; darauf schwört er dem Rittertum ab und wird Eremit.[41] Der achte Abt von Villers, einem Kloster in Brabant, hatte auf ähnliche Weise dem Turniersport und dem ritterlichen Leben den Rücken gekehrt: Auf dem Rückweg von einem Turnier in Worms werden er und seine Begleiter beim Anblick der lieblichen Landschaft dazu bewegt, der Eitelkeit dieser Welt zu entsagen. Sie geloben, fünf Jahre lang kein Turnier mehr zu besuchen und sich zu den »Wolfskutten des Klosters Himmerod« zu begeben, mit anderen Worten, das Mönchsgelübde bei den Brüdern im grauen Habit abzulegen.[42] Etwa zur gleichen Zeit hören wir von Graf Friedrich von Antvorden, er habe sich nach dem Tod seiner Gemahlin auf eine Pilgerreise begeben, in tiefer Reue über die vergeudete Zeit bei »Turnieren und Kriegsspielen«.[43] Solche erbaulichen Geschichten waren kaum dazu angetan, die Ritterschaft von Turnieren abzuhalten, und so musste eine effektivere Methode ersonnen werden, den Verboten Geltung zu verschaffen. Es lag auf der Hand, dass den weltlichen Autoritäten die Kontrolle über den Turniersport zufallen sollte.

In England wurde diese Aufgabe durch Richard I. »Löwenherz« glänzend gelöst, der 1194 im Wissen um die Gefahren des Turniers ein neuartiges und singuläres Dekret erließ: In eklatantem Widerspruch zum kirchlichen Turnierverbot formulierte er ein Lizenzsystem, das die rechtmäßige Durchführung von Turnieren auf englischem Boden zuließ. Interessanterweise galt das Dekret nicht für die ausländischen Besitzungen der Krone, wo Turniere bereits weit verbreitet waren. Richards Verordnung verdient es, etwas genauer betrachtet zu werden, denn es ist das einzige Dokument dieser Art und hatte weit reichende Auswirkungen auf die Entwicklung des Turniers in England.

Richard gehörte zu dem erlauchten, exklusiven Kreis von Patronen des Rittertums in Nordfrankreich, obgleich er vor seiner Thronbesteigung eher die Privatfehden bevorzugte, die im Herzogtum Aquitanien fast regelmäßig auf Turniere – an denen er nur äußerst selten teilnahm – folgten. Allein, Richard erkannte nicht nur die übermächtige Anziehungskraft des Turniers auf seine ritterlichen Vasallen, die in jedem Falle, mit oder ohne Erlaubnis, turniert hätten, sondern auch die Vorteile der Waffenübung in den Turnierschranken. Wilhelm von Newburgh drückt das so aus: »Der hochberühmte König Richard erkannte, dass die Franzosen im Kampf umso mutiger waren, je mehr sie geübt und unterwiesen waren; er wünschte daher, dass die Ritter seines Königreiches in ihren eigenen Ländern üben sollten, damit sie vom Turnieren die Kunst und die Gepflogenheiten des Krieges erlernten, so dass die Franzosen nicht Anlass hätten, die englischen Ritter als roh und ungeschickt zu verspotten.«[44]

Zu diesem Zweck erließ er ein Dekret, das fünf Plätze in England als offizielle Turnierorte benannte: zwischen Salisbury und Wilton (Wiltshire), Warwick und Kenilworth (Warwickshire), Stamford und Warinford (möglicherweise Suffolk), Brackley und Mixbury (Northamptonshire) sowie Blyth und Tickhill (Nottinghamshire). Jeder zum Turnieren aufgelegte Ritter konnte sich zu einem dieser Plätze begeben, nachdem er einen Berechtigungsschein in Form einer Urkunde für das geplante Turnier erworben hatte. Hierfür musste er einen Betrag von zehn Mark entrichten. Hinzu kam eine persönliche Lizenz, eine Gebühr, deren Höhe sich nach dem Rang des Ritters richtete, von zwanzig Mark für einen Earl bis zwei Mark für einen Ritter ohne Landbesitz. Es ist auffällig, dass unter dem Stand eines Ritters ohne Lehen niemand zum Turnier zugelassen wurde – Richard hätte gewiss keine Gelegenheit ausgelassen, jeden Interessenten mit einer Gebühr zu belegen –, und dass das Dekret ausländische Ritter von Turnieren in England ausschloss.[45]

Das Turnierdekret etablierte ein System, in welchem englische Ritter nach Recht und Gesetz (soweit es den Staat betraf) und in Frieden gegen andere einheimische Ritter turnieren konnten. Vielleicht beruhte der Ausschluss ausländischer Ritter auf der persönlichen Erfahrung Richards oder auch der seines Bruders, denn sie hatten in Nordfrankreich und den Niederlanden einen regelrechten »Turnierzirkus« kennen gelernt, der durchaus politischen Zündstoff in sich bergen konnte, wenn Ritter verschiedenster geografischer Herkunft aufeinander trafen. Das englische System war gewiss eine Möglichkeit, derlei potenzielle Konflikte von vornherein auszuschließen.

Die Wahl der fünf Turnierorte zeigt zudem das bewusste Bemühen, Zerstörungen in Grenzen zu halten. Da sich Turniere weit über offenes Gelände hinzogen, war es gewiss ein Vorteil, den Ort des Geschehens im Voraus festzulegen und dabei einen gehörigen Abstand zu solch verwundbaren Objekten wie Städten, Klöstern, Königsforsten zu halten. Offenkundig war Richard sehr an der Bewahrung seines Waldbesitzes interessiert, denn als Begründung für das Dekret wird in der Vorrede angegeben: »… dass unser Friede nicht gebrochen, die Amtsgewalt unseres Obersten Richters nicht bedroht werde und unsere königlichen Forsten unversehrt bleiben.«[46]

Die von allen zukünftigen Turnierteilnehmern zu schwörende Eidesformel enthielt Klauseln zur Garantie königlicher Vorrechte an Wald und Wildbret. Die fünf ausgewählten Turnierplätze waren mit Bedacht über das Land verteilt, um den Bedürfnissen der Ritterschaft Rechnung zu tragen. Auffällig ist jedoch, dass keine Plätze im Westen oder Norden Englands vorgesehen waren – beides Regionen mit vergleichsweise schwach ausgeprägter Königsmacht und daher in besonderem Maße verletzbar.

Das Dekret Richards wurde in klarer Kenntnis darüber erlassen, dass mit ihm ein Bruch des kirchlichen Turnierverbotes verbunden war. Es verfolgte den pragmatischen Zweck, wenigstens bis zu einem gewissen Grad Kontrolle über eine Sportbesessenheit auszuüben, die sich ohnehin nicht verhindern ließ. Darüberhinaus war das Dekret bestens geeignet, die königlichen Einkünfte zu erhöhen. Und schließlich konnte er mit der Lizensierung des Turniers nur gewinnen: Es mussten ja nicht nur Gebühren entrichtet werden, sondern bei einem Verstoß gegen das Dekret wurden auch gepfefferte Strafgelder erhoben. Finanzielle Überlegungen wogen bei Richard möglicherweise genauso schwer wie der Wunsch, den militärischen Ausbildungsstandard in seinem Königreich zu verbessern.

Richards Verordnung von 1194 blieb ohne Gegenstück. Obwohl die Grafen von Flandern, Hennegau, Champagne und alle übrigen den Sport förderten und ihn auch, ebenso wie Richard, persönlich ausübten, bemühten sie sich nicht, ihn zu legitimieren oder eine Kontrolle über ihn auszuüben. Auch die Könige von Frankreich erkannten nicht, welche Möglichkeit eine Lizensierung des Sports eröffnete

Ritter beim Fußkampf; aus dem Fragment einer französischen Handschrift des Lanzelotromans aus dem 13. Jahrhundert.
(Sammlung Deulofeu, Puigcerda, Gerona) (Foto MAS, Barcelona)

38

und blieben – mit verblüffender Erfolglosigkeit – dabei, Turnierverbote zusammen mit dem Verbot von Privatfehden zu erlassen. Es scheint zudem, dass bis zur Mitte des 14. Jahrhunderts kein französischer König nach seiner Krönung aktiv an einem Turnier teilgenommen hat. Erst der glücklose Johann II. (1350–1364) versuchte sich darin, um es dem als vollendeten Ritter berühmten Eduard III. gleichzutun. Ob diese Zurückhaltung der französischen Könige mit der angenommenen besonderen Beziehung zum Papsttum zusammenhängt, ist nicht recht klar; gewiss aber ist interessant, dass es ein Papst in Avignon war, der auf Ersuchen der französischen Prinzen im Jahre 1316 das Turnierverbot der Kirche aufhob und dass sich bald darauf die französischen Könige in der Lage sahen, höchstselbst in den Schranken des Turniers zu erscheinen.

Der einzigartige Charakter des Dekrets erlaubte den Turnieren in England eine andere Entwicklung als auf dem Kontinent. Allein die Tatsache, dass in England ein Turnier entweder gesetzlich oder ungesetzlich, erlaubt oder unerlaubt war, verlieh ihm ein besonderes Verhältnis zur Politik und wies damit ein Charakteristikum auf, das das englische Turnier von allen anderen unterschied. Auch dass es sich um eine dezidiert königliche Kontrolle des Sports handelte, versetzte die Könige in England in die Lage, ihre Turnierpatronage für weit reichende Propaganda zu nutzen. Englische Könige setzten mit der Teilnahme am Turniersport keineswegs ihre Königswürde aufs Spiel – bei einem Sport zumal, der ohne Ansehen der Person ausgeübt wurde. Jedenfalls vermehrten die englischen Könige damit ihr Ansehen als Ritter und gewannen internationale Anerkennung.

Am Ende des 12. Jahrhunderts hielt das Turnier seinen Einzug in das Reich der ritterlichen Mythologie. Keine höfische Minnelyrik, kein Versroman, keine Aventiure galt als vollständig ohne Turnierschilderung. Lediglich die Iberische Halbinsel scheint diesen Sport in der Frühphase nicht gekannt zu haben, zumindest gibt es keine entsprechende Überlieferung. Um 1200 turnierten Ritter regelmäßig in allen übrigen Teilen Europas, in Frankreich und in den Niederlanden, in Italien und

Das Quintanstechen; Randminiatur aus einem Psalter des 14. Jahrhunderts. Dreharm und Gegengewicht dieses beliebten Übungsgeräts für den Lanzenkampf sind exakt dargestellt.
(BL MS Facs 237, plXIX)

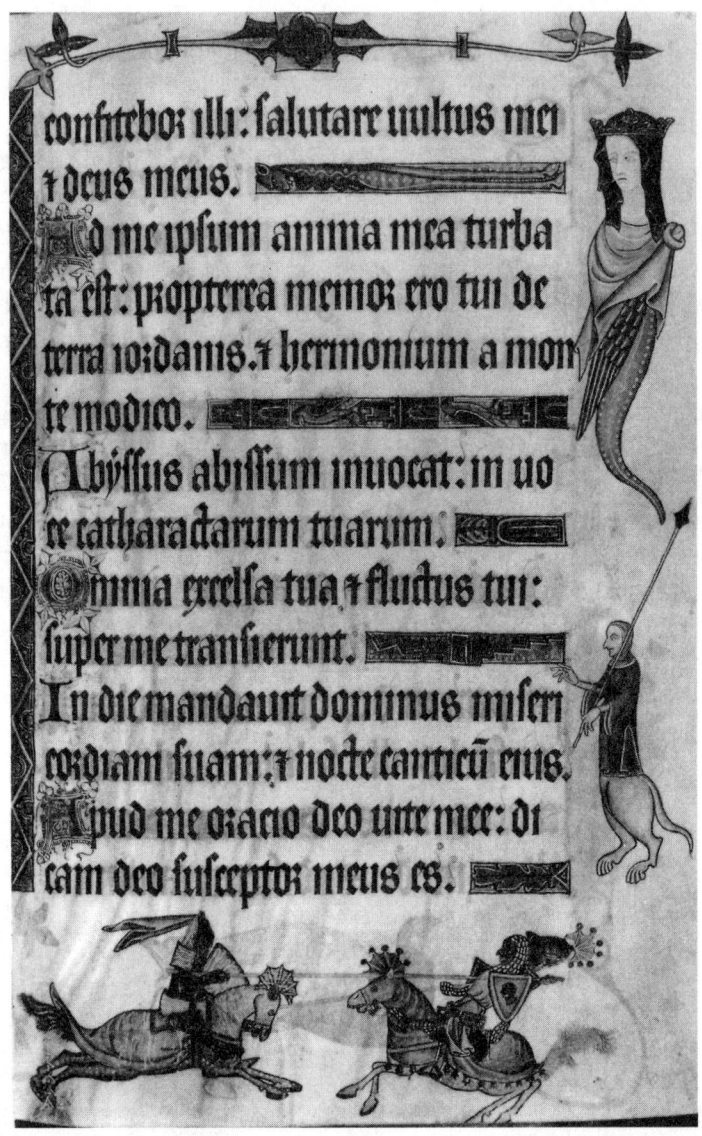

Eine Seite aus dem Luttrell-Psalter, ca. 1340; die Miniatur am unteren Ende der Seite zeigt einen Ritter, der einen Sarazenen besiegt: Die »Kostümturniere« Eduards III. dürften ähnlich ausgesehen haben. (BL MS Add 32130 f.82)

Deutschland, in England und bisweilen auch im Königreich Jerusalem der Kreuzfahrer. Auch wenn der Sport in den unterschiedlichen Regionen jeweils andere Formen herausbildete, blieben doch noch genügend Gemeinsamkeiten, dass es sich für turnierbegeisterte Ritter lohnte, von Land zu Land zu ziehen, um ihrem bevorzugten Zeitvertreib nachzugehen. Das Turnier war zu einem festen Bestandteil ritterlichen Lebens geworden.

Zweites Kapitel

Das Turnier in Westeuropa bis 1400

England

Auch wenn das Turnierwesen in Frankreich seinen Anfang nahm, ging die Initiative doch recht bald auf England über. Das Dekret Richards I. von 1194 zur Lizensierung der Turniere sicherte England eine Sonderstellung gegenüber seinen Nachbarn. Obwohl die Kirche weiterhin Turniere offiziell ablehnte, konnte man in England mit königlicher Erlaubnis an Turnieren teilnehmen. Und was noch wichtiger war: das Dekret erlaubte es den englischen Königen, den Sport in einer Weise zu kontrollieren und zu beeinflussen, wie es anderen Herrschern nirgendwo zugestanden wurde. Aus diesem Grunde erlangte das Turnierwesen in England ein weitaus stärkeres Gewicht und eine größere Bedeutung als in anderen Teilen Europas und erweckte deshalb bei den Chronisten größere Aufmerksamkeit.

Es war somit kein Zufall, dass die ersten dokumentierten Beispiele von Turnieraktivitäten im 13. Jahrhundert im Zusammenhang mit jener Adelsrevolte erscheinen, die zur Unterzeichnung der Magna Carta führte. Die rebellierenden Barone trafen sich bei Turnieren, um bei dieser Gelegenheit über ihre Klagen zu diskutieren und durch ihre bewaffnete Präsenz König Johann Ohneland unter Druck zu setzen.[1] Ein Turnier der Barone bei Stamford wurde verschoben und vor die Tore Londons nach Staines verlegt, da der König die Gelegenheit zur Rückeroberung Londons hätte ergreifen können.[2] Wir treffen die englischen Barone auch bei Turnieren gegen die französischen Ritter, die unter Kronprinz Ludwig zur Unterstützung ihrer Sache nach England gekommen waren. Interessanterweise erschienen die Teilnehmer an diesem Turnier »in lineis et levibus«, also in gepolsterter Turniermontur und nicht in Rüstungen, und sie benutzten leichte Lanzen an Stelle der schweren Kriegslanzen. Dies sind die klassischen Merkmale eines »Buhurt«, und es liegt daher nahe, dass es sich um ein freundschaftliches Treffen in Waffen handelte. Trotz all dieser Vorkehrungen wurde Gottfried von Mandeville, ein prominenter englischer Baron, dabei getötet.[3]

Als Johann starb, hinterließ er seinen minderjährigen Sohn als Thronerben. Die Regentschaft lag zunächst in Händen des Guillaume le Maréchal (Willam the Marshal), jener vertrauten Figur aus der Welt des Turniers und unterstand später dem Schutz des Papstes. Turniere waren als mögliche Unruhequellen strikt untersagt; königliche Verbote wurden in schöner Regelmäßigkeit erlassen, und obwohl nur einige wenige Turniere dem Verbot zum Trotz abgehalten wurden, folgten die Bestrafungen auf den Fuß. Der Earl von Aumâle, der 1219 rebelliert hatte, wurde noch im selben Jahr exkommuniziert, weil er bei einem verbotenen Turnier in Brackley dabei war[4]; die Ländereien von vier Rittern wurden zeitweise konfisziert, weil sie

1223 illegal zu Blyth turniert hatten[5], und etwa drei Jahre später wurde Matthew de Berghefelde angeklagt, einen ungesetzlichen »buhurdicio« in Berkshire abgehalten zu haben – die erste formelle Erwähnung des Buhurt in England.[6]

Als Heinrich III. die Herrschaft selbst übernahm, schien man ihn bedrängt zu haben, die Verbote zu lockern. 1228 bemühte er sich um eine päpstliche Erlaubnis für ein Turnier in Northampton, damit die Teilnehmer nicht exkommuniziert würden. Als dann das Turnier wirklich stattfinden konnte, befahl er den Rittern seines Hofhalts durch Sendschreiben, dort persönlich zu erscheinen.[7] Vier Jahre später bewilligte er Turniere in Dunstable, Brackley, Stamford und Blyth[8], im selben Jahr allerdings verbot er eine »Tafelrunde« an einem nicht näher genannten Ort – diese Turnierform ist hier zum ersten Mal belegt.[9] Die Rebellion Richard Marshals setzte seiner nachgiebigen Haltung ein Ende, und es folgte eine ganze Reihe von Turnierverboten. Die gegen den Willen des Königs veranstalteten Turniere litten indessen unter zügelloser Gewalt und offenen Feindseligkeiten. Ein Turnier zwischen »Northernes« und »Southernes« bei Blyth im Jahre 1237 artete zu einer regelrechten Schlacht aus, so dass der päpstliche Legat zur Beruhigung der Gemüter herbeigerufen werden musste. 1241 kamen in Hertfort bei einem zu Unrecht »fortunium« genannten Turnier Gilbert Marshal, Robert de Say und zahlreiche andere Ritter zu Tode. Den »Decknamen« wählte man vermutlich zur Umgehung des Verbots. Nach einem Turnier bei Haddington zwischen Engländern und Schotten im darauf folgenden Jahr ermordete Walter Biset den Earl von Atholl im Schlaf, weil ihn der Earl beim Turnier aus dem Sattel geworfen hatte.[10] Die Probleme kulminierten in einer Serie besonders verheerender Turniere, die aus den politisch motivierten Feindseligkeiten zwischen der englischen baronialen Partei und der französischen Hofpartei hervorgegangen waren. 1248 fiel man über Wilhelm von Valence her, den Halbbruder des Königs, und verprügelte ihn mit Keulen; im nächsten Jahr nahm er bei Brackley Rache und ließ William de Oddingeseles die gleiche Behandlung angedeihen. An eben diesem Turnier entschloss sich Earl Richard von Gloucester – entgegen seiner sonstigen Gewohnheit –, auf der Seite der Hofpartei zu kämpfen. Das werteten seine früheren Kampfgenossen als politische Entscheidung und als Verrat an seiner eigenen Partei.[11] Die zunächst aus der Gegnerschaft der beiden Parteien resultierenden Turniere trugen ihrerseits zur Verschärfung der Situation bei: so besiegten beispielsweise 1251 die Barone von Rochester die Hofpartei und schlugen sie in die Flucht, aber die Knappen der Barone versperrten den Fluchtweg und droschen mit Keulen auf die Fliehenden ein.[12] Sogar das harmlose Quintanspiel, bei dem es eigentlich nur um ein Stechen gegen eine drehbare Übungsvorrichtung ging und nicht um einen Kampf Mann gegen Mannn, konnte im Konflikt enden: so forderte einmal, zu seinem eigenen Schaden, das königliche Gefolge die Bürger von London zu diesem Geschicklichkeitsspiel heraus – und wurde besiegt.[13]

Lizensierte Turniere kamen in England erst wieder auf, als der Sohn Heinrichs

III., der spätere Eduard I., herangewachsen war. Seine Turnierkarriere begann in Blyth 1258 mit einem Buhurt in gepolsterter Kleidung und leichten Waffen. Trotz solcher Vorsichtsmaßnahmen wurden Wilhelm Langschwert und Robert de Quincey getötet, und Roger Bigod zog sich im Kampfgetümmel Verletzungen zu, die seine Leistungen im Turnier beeinträchtigten; Eduard selbst blieb unversehrt.[14] Seine Begeisterung für den Sport wuchs rasch und trotz des heraufziehenden Bürgerkrieges in den 1260er-Jahren waren dessen Protagonisten – Kronprinz Eduard, Richard Earl of Gloucester, Simon de Montfort und seine Söhne – auf den Turnierplätzen anzutreffen.[15] Eduards Sieg spiegelte sich im Erlass von 1267, demzufolge Turniere überall im Königreich erlaubt waren und vom Kronprinzen selbst, seinem Bruder Edmund und ihrem Vetter Heinrich von Almain garantiert wurden.[16]

Mit Eduards Thronbesteigung war die Zukunft des Turniers in England gesichert. Heinrich III. hatte kein persönliches Interesse am Turniersport gezeigt, Eduard dagegen ließ sich keine Gelegenheit zur Teilnahme entgehen. Turniere wurden in so großer Zahl abgehalten, dass hier nur die wichtigsten erwähnt werden können. Im Jahre 1278 richtete Eduard selbst in Windsor einen klassischen Buhurt aus[17]: Mit dem König nahmen achtunddreißig Ritter teil; sie trugen speziell dafür angefertigte Harnische aus *cuir bouilli*, das heißt aus gesottenem Leder, das fast so hart war wie Metall, nur wesentlich leichter. Man kämpfte mit Schwertern aus Walfischknochen sowie mit Holzschilden. Während der Bericht die Vorbereitung der Zurüstung zum Turnier recht ausführlich schildert, schweigt er sich über die Vorgänge auf dem Turnierplatz aus.

Eduards Siege über die Waliser wurden mit einer Demonstration ritterlicher Stärke gefeiert: 1284 gab es ein Tafelrundenturnier in Nefyn – die erste, von einem englischen König organisierte Veranstaltung dieses Typs –, und dasselbe Jahr erlebte ein glänzendes Turnier in Caernavon zur Feier der Geburt des Prinzen von Wales.[18] Die zahlreichen Turniere der Regierungszeit Eduards schlagen sich in den königlichen Haushaltsrechnungen nieder: neben anderen Eintragungen verzeichnen sie sechs Turniere, die Johann von Bretagne 1285–1286 besuchte und weitere sieben, an denen Johann von Brabant 1292–1293 beteiligt war; keines von ihnen ist in anderen Quellen erwähnt. Die beiden jungen Herren waren mit Töchtern Eduards verlobt – und ihre Ausgaben gingen natürlich auf seine Rechnung.[19]

Ein Dreifrontenkrieg und die Notwendigkeit, Ende der 1290er-Jahre Truppen in die Gascogne, nach Wales und Schottland zu senden, lähmten die Turnieraktivitäten, und zum ersten Mal sah sich Eduard gezwungen, Turniere nachdrücklich zu verbieten. Bei mindestens zwei Gelegenheiten wurden Ritter in Haft genommen und ihre Güter eingezogen, weil sie die Armee des Königs in Zeiten ohne Kampfhandlungen verlassen hatten, um in England Turniere zu besuchen.[20]

Gegen Ende der Regierungszeit Eduards wandten sich Ritter für gewöhnlich an den Königshof in der Hoffnung auf ritterliche und sportliche Führung und Förderung – dies war eine allein für England typische Erscheinung. Der vor Eduards

Thronbesteigung noch recht selten praktizierte Tjost, der Turnierkampf zwischen zwei Rittern, begann nach und nach das Massenturnier an Beliebtheit zu übertreffen. Vor allem aber erwies sich Eduard als der bedeutende Förderer des Tafelrundenturniers, dessen Neubelebung er ganz zu seiner eigenen Sache machte. Unter seiner Patronage gab es 1279 Tafelrunden in Kenilworth und Warwick, 1281 noch einmal in Warwick, in Nefyn 1284 sowie in Falkirk im Jahre 1302.[21] Ein anderes, nicht eindeutig zu datierendes Tafelrundenturnier anlässlich einer der beiden Hochzeiten Eduards beschreibt besonders eingehend ein zeitgenössischer niederländischer Chronist.[22] Durch seine Patronage ermutigte Eduard nicht nur zu einer differenzierten Entwicklung des Sports, er hatte auch die entscheidende Entdeckung gemacht, dass der Sport ein unschätzbares Potenzial zur Erhöhung seines politischen Prestiges darstellte – ein Entdeckung, welche die weitere Geschichte des Turniers nachdrücklich beeinflussen sollte.

Sein Sohn Eduard II. besaß nicht die ritterlichen Fertigkeiten seines Vaters und ließ es zu – ganz wie sein Großvater –, dass der Sport von Schirmherren gefördert wurde, die ihm selbst nicht unbedingt wohlgesonnen waren. Er erlaubte seinem Günstling, dem Gascogner Piers Gaveston, einige Turniere gegen die englischen Earls auszurichten, die jedoch dabei Niederlagen hinnehmen mussten und sich keineswegs erfreut über diese öffentliche Demütigung zeigten.[23] Im Jahre 1308 unternahm Eduard II. seinen ersten und einzigen Versuch, durch ein Turnier zu Kennington die Initiative zu ergreifen, indem er dort höchstpersönlich als »König des Grünen Waldes« auftrat; die Barone jedoch hielten sich auf Distanz, und seine Bemühungen waren umsonst. Eine der herausragenden ritterlichen Persönlichkeiten seiner Generation, Giles de Argentine, übernahm bei Steppney im folgenden Jahr dieselbe Rolle und lieferte sich mit allen Anwesenden erfolgreiche Zweikämpfe.[24]

Bevor die Barone ihre zahlreichen Beschwerden gegen Gaveston und seinen Anhang öffentlich auf dem Parlament vom April 1309 äußerten, versammelten sie sich zu einem Turnier bei Dunstable. Zu diesem Anlass wurde das früheste bezeugte englische Turnierbuch mit den Wappen von zweihundertneunundachtzig teilnehmenden Rittern angefertigt. Solche Turnierbücher waren zugleich Teilnehmerregister und wertvoller Nachweis für den Anspruch eines Ritters auf ein Wappen. Im gegebenen Fall sind politische Untertöne nicht auszuschließen.[25]

Drei Jahre später zogen die Earls, unter dem Vorwand eines Turniers, ein Heer zusammen, marschierten gegen Gaveston und töteten ihn.[26] Nach solchen Erfahrungen scheint sich Eduard II. entschlossen gegen jedwede Art von Kampfspielen gewendet zu haben: ein dichter und steter Strom von Turnierverboten verließ in der Folge seine Kanzlei. Nur einmal musste er wohl von seiner feindlichen Einstellung ablassen: 1323, auf Drängen seiner Brüder Edmund, Earl von Kent, und Thomas Earl von Norfolk: Er erlaubte einen Tjost in Lincoln sowie ein großangelegtes Massenturnier in Northampton, bei dem Geoffrey Scrope und drei weitere junge Männer in den Ritterstand erhoben wurden.[27]

Die Regierung Eduards III. begann – in Hinblick auf das Turnierwesen – mit großem Schwung. Roger Mortimer, Mentor des vierzehnjährigen Königs, war ein Turnierenthusiast und zelebrierte seinen Aufstieg zur Macht mit einer Reihe glänzender Turniere, die in den Tafelrunden von Ludlow und Wigmore gipfelten.[28] Eduard selbst feierte im Januar 1328 ein drei Wochen andauerndes Fest mit Tjost, Buhurt, Tanz und Gesang zu Ehren seiner Vermählung mit Philippa von Hennegau, die ihn in seinen ritterlichen Bestrebungen unterstützt zu haben schien. Nach ihrer Hochzeit war sie regelmäßig bei den zahllosen, unter seiner Patronage stehenden Turnieren zugegen, und ihre Anwesenheit auf der Zuschauertribüne verhalf dem Sport zu wachsendem Prestige und ermunterte andere Damen, es ihr gleichzutun. Zweifellos verlieh die Anwesenheit von Damen dem Ganzen einen besonderen Glanz und förderte jene Aspekte des Sports, die am meisten auf Publikumswirksamkeit abzielten. Es ist kein Zufall, dass in der Regierungszeit Eduards III. eine Zunahme des Schaugepränges zu beobachten ist: farbenprächtige Gewänder, Defilees der Teilnehmer, fantasievolle Themen, Rollenspiel und theatralische Szenerien gerieten im 14. Jahrhundert zu wesentlichen Bestandteilen von Tjost und Turnier.

Der Fall Mortimers und Eduards Rückkehr aus Frankreich (nachdem er Philipp VI. von Valois für die Unterstellung der Gascogne unter die englische Krone gehuldigt hatte) wurden mit einer Reihe kleinerer Turniere, genauer gesagt mit Tjosten, in Canterbury, Cheapside und Dartford (wo der König unter dem Banner des Wilhelm von Clinton ritt) begangen. Es existieren verhältnismäßig detaillierte Berichte über zwei andere Turnierereignisse des Jahres 1331 in London, die es verdienen, genauer betrachtet zu werden, denn sie zeigen, wie weit die Organisation solcher Veranstaltungen bereits gediehen war; zudem handelt es sich um typische Turnierformen dieser Periode. Am 16. Juni veranstaltete Robert Morley einen dreitägigen Tjost im Londoner Stadtviertel Steppney; zu Beginn der Festlichkeiten zogen die sechsundzwanzig Verteidiger und ihre Herausforderer – alle in gleichen Gewändern mit dem Abzeichen des Goldenen Pfeils – in einer Prozession durch die Straßen zur St.Pauls-Kathedrale, wo sie Opfergaben niederlegten, bevor sie sich zum Marktplatz begaben, den man für dieses Ereignis mit Plankenzäunen umgeben und mit einer Schicht Sand bedeckt hatte.[29] Drei Monate später, am 22.September, hielt ein weiterer Vertrauter Eduards, William Montacute, ein dreitägiges Turnierfest in Cheapside. Wieder war der Marktplatz umzäunt, und auch eine Tribüne für die Damen hatte man errichtet. Diese allerdings stürzte im Verlauf des Turniers ein und verursachte einige Verletzungen. Und wiederum begann alles mit einer prächtigen Prozession, bei der die als Tataren gewandeten Verteidiger jeweils von einer Jungfrau in entsprechendem Kleid durch die Straßen geführt wurden. Ein besonders interessanter Zug dieser Turniere war, dass Eduard III. alle kampfkräftigen Ritter seines Reiches herbeizitierte – vermutlich, um den Erfolg des Turnierfestes sicherzustellen. Dies war ungewöhnlich genug, um von den Chronisten vermerkt zu werden.[30]

Turnierszene aus der prächtig illuminierten Handschrift des Alexanderromans, vollendet von einem flämischen Schreiber im April 1344. Am Fuß der Seite erhalten Ritter vor dem Turnier ihre Helme aus der Hand ihrer Damen.
(Bodleian Library, MS 264 f. 101v)

Die Popularität dieser Art des Kampfspiels mit seiner ausgeklügelten szenischen Ausstattung und seiner Anziehungskraft auf die Zuschauer bedeutete den Abgesang auf das alte Massenturnier des mêlée-Typs. Dieses lebte aus der Notwendigkeit, den Bedingungen einer wirklichen Schlacht so nahe wir möglich zu kommen, damit die Ritter den Umgang mit ihren Waffen trainieren und praktizieren konnten. Der Tjost, der ritterliche Zweikampf zu Pferde mit Lanze und Schwert, erfüllte die gleichen Anforderungen, gewann jedoch an Attraktivität, weil er wegen der geringeren Anzahl beteiligter Ritter erheblich sicherer war. Außerdem wurde zugleich die Eitelkeit der Ritter angesprochen, weil sich der Kampfesmut des Turnierstreiters dem Zuschauer gegenüber deutlicher ins Bild setzen ließ. In dieser Periode hören wir nur von einigen wenigen Turnieren alten Typs: eines ist in der zweiten Wappenrolle von Dunstable (1334) belegt, ein anderes 1342, ebenfalls in Dunstable, als zweihundertundreißig Ritter den Erfolg ihres schottischen Feldzugs mit einem großen Turnier feierten. Dies war das letzte dokumentierte englische Massenturnier.[31]

Das alte Massenturnier verschwand, und diejenigen Ritter, welche die Rohheit des Sports und die Gefahren des Massenkampfes bevorzugten, suchten die Befriedigung dieses Kitzels auf einem anderen Gebiet. Der nahezu ununterbrochene Krieg zwischen England und Frankreich sowie zwischen England und Schottland ließ eine neue Spielart des Sports entstehen: Turnierkämpfe zwischen den feindlichen Fronten, die die Zeitgenossen gewöhnlich als »feindlichen Kampf« oder als »Kriegsturnier« bezeichneten.

Zum ersten Mal begegnet uns diese Turnierform in der Folge aufflackernder Feindseligkeiten zwischen England und Schottland. Kriegsturniere zwischen englischen und schottischen Rittern wurden bei den Belagerungen von Cupar, Perth und Alnwick Castle ausgefochten; im letzten Fall gekennzeichnet als »großes Kriegsturnier mit abgesprochenen Bedingungen.«[32] Im Jahre 1341 hielt der als eifriger Turnierstreiter in England berühmt gewordene Heinrich Earl von Derby zwei wichtige Grenzturniere ab: Das erste in Roxburgh, wo der Earl und drei Mitstreiter *à outrance* – mit scharfen Waffen – gegen eine gleichgroße Truppe unter der Führung des Schotten William Douglas antraten, der dabei den Tod fand.[33] Das zweite, etwas aufwendiger gestaltete Treffen, ist aus Berwick überliefert, als zwanzig englische Ritter zwanzig Schotten zu einem dreitägigen Tjost *à outrance* herausforderten. Es gab drei Tote und zahlreiche Verwundete, und ein englischer Ritter, Richard Talbot, wäre um ein Haar getötet worden, hätte er nicht – entgegen den Abmachungen – einen schützenden Harnisch getragen. In einem merkwürdig anmutenden Abschluss des durchaus feindlichen Kampfgeschehens überreichten die Herolde den besten Kämpfern auf jeder Seite einen Preis.[34]

Die erfolgreiche Beendigung des schottischen Feldzuges gab Anlass zu einer ganzen Serie sorgfältig gestalteter Turniere unter der Ägide des Königs. Höhepunkt war im Jahre 1342 ein auf zwei Wochen angesetztes Turnierfest in London, das überall in Europa angekündigt wurde und viele ausländische Ritter anzog, auch Ritter aus dem Hennegau, die auf der Seite des englischen Königs gekämpft hatten.[35] Im darauf folgenden Jahr – nach der Auseinandersetzung mit dem Papst wegen des »Statute of Provisors« (Verordnung gegen die päpstliche Ernennung von Geistlichen) – veranstaltete Robert Morley, Ritter aus dem königlichen Hofhalt, ein dreitägiges Turnier in Smithfield, bei dem er selbst den Papst spielte, und seine zwölf Mitstreiter als Kardinäle erschienen.[36] 1344 erhielt Earl Heinrich von Derby das königliche Privileg, einmal im Jahr Turniere in Lincoln abhalten zu dürfen. Er war das Haupt einer Gruppe von Rittern, die das Vorrecht genossen, seinen Nachfolger wählen zu dürfen.[37]

Eduards triumphale Rückkehr vom Calais-Feldzug beging man mit Festlichkeiten, bei denen der König und der in Frankreich zu Ruhm gekommene Schwarze Prinz Eduard, Sohn Eduards III., eine prominente Rolle spielten. Die königliche Kleiderkammer lieferte fantastische Kostüme für Tjoste in Reading, Eltham, Windsor, Lichfield, Bury St.Edmunds und Canterbury, mit denen nicht nur der König ausgestattet wurde, sondern auch sein Hofstaat, seine Spielleute, die Königin und ihre Hofdamen sowie – und dies war vielleicht besonders aufsehenerregend – der in Gefangenschaft geratene französische und schottische Adel, unter ihnen der König von Schottland.[38] Ereignisse wie dieses erinnerten nicht nur an die kriegerischen Erfolge Eduards III. – immerhin wurden die Kriegsgefangenen öffentlich präsentiert –, sondern förderten in hohem Maße seinen internationalen Ruf als Ritter. Zehn Jahre später hatte er Gelegenheit, die gleiche Prozedur noch einmal zu wiederholen, nur mit noch größerem Ruhm und größerem Jubel, denn unter den Gefangenen befanden sich diesmal nicht nur der König von Schottland, sondern auch der König von Frankreich. Die letzten Siege Eduards feierte man mit Turnieren in Smithfield im Juni, mit einem ungewöhnlichen, nächtlichen Turnier im Fackelschein in Bristol und 1358 mit einer prächtigen Tafelrunde in Windsor, die Eduard durch Herolde in Frankreich, Deutschland, Brabant, Flandern und Schottland hatte ankündigen lassen. Alles zusammen kostete 36 Pfund.[39]

Das Tafelrundenturnier in Windsor war besonders gut geeignet, seine Kriegserfolge in Frankreich herauszustellen, denn genau mit einem solchen Turnier hatte Eduard 1344 den Calais-Feldzug einleiten lassen. Eduards erste große Tafelrunde war in diesem Jahr in Windsor veranstaltet worden; man hatte sie überall im eigenen Land und im Ausland ausgerufen; sie ging über drei Tage, und der König stellte sich selbst an die Spitze der Verteidiger. Über dreihundert Ritter und dreihundert Damen waren anwesend, aber nicht die Größe machte dieses Turnier so bemerkenswert, sondern die Tatsache, dass man es zum ersten mal in Europa unternahm, einen auf Dauer angelegten weltlichen Ritterorden zu gründen. In direkter Nachahmung des französischen Versromans *Perceforest* aus dem 13. Jahrhundert überredete der König die besten Turnierkämpfer, sich zu einer »Bruderschaft des Rittertums« zusammenzuschließen und ließ sofort Unterkünfte für die Tafelrunde in Schloss Windsor errichten.[40] Die Bautätigkeit musste jedoch nach einigen Jahren eingestellt werden, weil man das Geld dringender in Frankreich brauchte. Immerhin war aber ein wichtiger Präzedenzfall für das gesamte Rittertum geschaffen worden. Eduards Ruhm hatte sich bei diesem Ausflug in die Welt der Ritterromane sichtlich erhöht.

Nach den glanzvollen Turnierfesten im Gefolge der englischen Siege in Frankreich waren Kampfspiele in Eduards späteren Jahren verhältnismäßig selten. Dennoch gab es einige bemerkenswerte Turniere, wenn auch freilich in unregelmäßigen Abständen: Bei der Vermählung zwischen John of Gaunt mit Blanche von Lancaster behauptete sich der König mit seinen Söhnen und neunzehn anderen adligen Rittern – in der Amtstracht des Bürgermeisters und der Ratsherren von London – gegen alle anderen Opponenten. 1362 tjostierten sieben Ritter als die Sieben Todsünden gegen alle Angreifer – sehr zum frommen Schrecken der Chronisten.[41] Im April desselben Jahres veranstaltete der König in Smithfield ein fünftägiges Stechen, zu dem zahlreiche Ritter erschienen – einige sogar aus Spanien, Zypern und Armenien.[42] Die letzten belegten Turniere der Regierungszeit Eduards wurden 1375 in London abgehalten; den Ablauf der Veranstaltung bestimmte jedoch

Von Eduard III. veranstaltete Tjoste zu Ehren der Gräfin von Salisbury im Jahre 1342,
bei denen John Beaumont getötet wurde; aus einer Handschrift der Chronik Froissarts (15. Jahrhundert).
(Bodleian Library, MS Laud Misc. 653 f.5)

49

inzwischen seine Mätresse Alice Perrers, die sich wegen ihres Verhältnisses mit dem mittlerweise reichlich senilen König damit brüstete, dass sie als »Frau Sonne« auftrat (die Sonne war Eduards persönliches Abzeichen), und die Turnierstreiter in einer feierlichen Prozession zum Kampfplatz führte. Das Turnier dauerte sieben Tage.

Unter Eduard III. standen Kampfspiele aller Art in voller Blüte. Turniere dienten im eigenen Land zuallererst der Unterhaltung der Zuschauer und wurden bei jeder sich bietenden Gelegenheit vom König und seinem Hof unterstützt. Geburten in der Königsfamilie, Vermählungen, persönliche Siegesfeiern gaben ebenso Anlass für den ritterlichen Sport wie bestimmte politische Erfolge. Durch eigenes Beispiel und großzügige Förderung machte Eduard III. das Tjostieren mit scharfen Waffen zu einem Monopol seines Hofes. Auf der anderen Seite scheint er sich im Interesse der Ritter für die Kriegsturniere zwischen Rittern kriegsführender Parteien stark gemacht zu haben. Wenn solche Treffen in gebührender Weise organisiert wurden, schadeten sie keineswegs der Schlagkraft seine Truppe, sondern förderten eher deren Kampfmoral.

Nach dem gewaltigen Einsatz Eduards III. für das Turnierwesen wäre durchaus zu erwarten gewesen, dass die Regierungszeit Richards II. (1377–1399) ein solch hohes Niveau nicht mehr hätte erreichen können. Überraschenderweise aber erwies sich Richard als ein ebenso freigebiger Förderer des Rittertums wie sein Großvater. Zu dieser Zeit wandte sich die Ritterschaft wie selbstverständlich wegen der Turnierpatronage an den Königshof. Es ist Richards Verdienst, dass er bei all seinen politischen Problemen die Patronage der Turniere niemals in die Verfügungsgewalt Heinrich Bolingbrokes (des späteren Heinrich IV.) übergehen ließ, obwohl dieser eine gute Begabung und eine große Liebe zu dem Sport erkennen ließ.

Noch als Kind war Richard zum ersten Mal bei einem Stechen in der Great Hall zu Windsor dabei, freilich nur in passiver Rolle als Empfänger einer Herausforderung durch einen als Dame verkleideten Knappen.[43] Turnierkämpfe in geschlossenen Räumen waren notwendigerweise von kleinerem Zuschnitt als Turniere auf dem Marktplatz von London, dennoch entwickelten sie sich zu einer durchaus beliebten Form des Sports. Die Veranstaltung in der Great Hall war eine der ersten dieser Art in England. Anlässlich der Vermählung Richards mit Anna von Böhmen und ihrer Krönung gab es 1382 ein sieben Tage währendes Turnier in Westminster. Vier Jahre später war Smithfield Schauplatz eines zweitägigen Stechens, an dem Richards Bilddevise, die Sonne, gezeigt wurde.[44]

Die wiederauflebenden Feindseligkeiten mit Schottland führten zu einer Reihe von Ersuchen an den König um die Genehmigung von »Waffengängen« gegen verschiedene namentlich genannte und ungenannte schottische Ritter. 1386 bekam Thomas Clifford die Generallizenz für solche »Waffengänge« in den Schottischen Grenzmarken; 1392 erhielt Earl Johann von Huntingdon die gleiche Lizenz für das Gebiet um Berwick, und 1393 wurde vier englischen und vier schottischen Rittern gestattet, in Carlisle ein »Kriegsstechen« durchzuführen.[45] Das berühmteste dieser

Gefechte fand nicht im Grenzgebiet statt sondern auf der London Bridge, was ein Höchstmaß an Publizität sicherte. Vier Schotten unter Führung David Lindsays tjostierten gegen vier Engländer, im ersten Durchgang mit scharfen Lanzen, im zweiten dann abgesessen mit dem Dolch. Obwohl die englischen Ritter unterlagen, belohnte Richard die triumphierenden Schotten mit kostbaren Geschenken.[46] Drei Jahre später, 1393, erscheinen drei schottische Lords in London, um diesen Sieg zu wiederholen, aber diesmal hatten die Engländer ihre Revanche und waren Sieger des Tages.[47]

Die vielleicht denkwürdigsten Waffenspiele Richards waren die Tjoste vom Oktober 1390. Im Parlament verkündet und auf dem Festland proklamiert, nahmen die Grafen von St.Pol und Ostrevant, der Herzog von Geldern und zahlreiche Engländer teil. Unter Führung des Königs zogen in einem Umzug zwanzig Ritter, versehen mit dem Abzeichen des Weißen Hirschen, der ersten öffentlichen Präsentation von Richards berühmtestem Emblem, durch die Straßen Londons vom Tower bis nach Smithfield. Ihnen folgten sechzehn Knappen mit dem Abzeichen des Silbernen Greifs. Jede Turniermannschaft verteidigte den Turnierplatz gegen alle übrigen Kämpfer, die besten wurden mit Preisen bedacht.[48] Acht Jahre später versuchte Richard mit einem Turnierfest in Windsor an diesen Erfolg anzuknüpfen. Vierzig Ritter und vierzig Knappen, alle mit dem Emblem des Weißen Falken, sollten sich mit den anderen Teilnehmern im Zweikampf messen. Allerdings – so Froissard – blieben die meisten Adligen wegen ihrer wachsenden Feindschaft mit dem König diesem Turnier fern.

Absetzung und Ermordung Richards II. markieren den rapiden Niedergang des englischen Turnierwesens. Trotz seiner eigenen bemerkenswerten Turniererfolge als Earl von Derby, scheint sich der Nachfolger Richards II., Heinrich IV., nach seiner Krönung nur selten mit dem Sport abgegeben zu haben. Ein von Anhängern Richards II. geplanter Mordkomplott gegen ihn und seine Söhne bei Turnieren in Windsor schlug fehl[49], hat aber wohl Spuren hinterlassen. Die Höflichkeit gebot es, dass es Turniere beim Besuch des deutschen Kaisers gab. Richard Beauchamp, Earl von Warwick, tjostierte für seine Braut Johanna von Navarra bei ihrer Krönung gegen alle anwesenden Turnierstreiter – wie es ihm als Konnetabel von England nach altem Brauch zustand. Auch beim Besuch des byzantinischen Kaisers Manuel Komnenos wurden Turniere veranstaltet – die ungewöhnlichen Herausforderungen bei dieser Gelegenheit sind überliefert.[50]

Wenn es auch in der Regierungszeit Heinrichs IV. nur wenige vom Königshof ausgehende Turniere gab, bestand doch kein Mangel an grenznahen Kriegsturnieren. Englische Ritter trafen weiterhin mit ihren schottischen und französischen Gegnern zu Kriegsturnieren an den Grenzen zusammen, und Turnierforderungen gingen ständig über den Kanal hin und her. Das bemerkenswerteste dieser Treffen wurde in London zwischen vier Schotten unter dem Earl von Mar und vier Engländern unter dem Earl von Kent inszeniert.[51]

Die Turnierpatronage Heinrichs IV. war wenig planvoll und alles andere als engagiert; unter Heinrich V. war sie dagegen überhaupt nicht vorhanden. Nachdem er den Krieg gegen Frankreich wieder aufgenommen hatte, hielt er ritterliche sportliche Aktivitäten für unnötig, solange sich die Gelegenheit zu wirklichen Kämpfen auf dem Schlachtfeld bot. Er missbilligte jede Form von Kampfspiel, die von seiner Sache hätte ablenken können, obwohl seine Gesandten am französischen Hof mit Zweikämpfen *à outrance* zwischen französischen und portugiesischen Rittern unterhalten wurden.[52] Heinrichs Ansichten über Turniere kamen 1420 deutlich zum Ausdruck, als die Franzosen nach seiner Vermählung mit Katharina von Frankreich die üblichen Festturniere vorschlugen. Heinrich erwiderte unnachgiebig, die Ritter hätten Gelegenheit, ihre Tapferkeit besser bei der Belagerung von Sens unter Beweis zu stellen, wo sie für eine lohnende Sache nach Herzenslust tjostieren und turnieren könnten.[53]

Heinrichs ausschließliche Betonung der ernsthaften Kriegsführung und seine entschiedene Ablehnung des Kampfspiels überhaupt spiegelt die verbreitete Auffassung wieder, dass der militärische Sport für den Frieden tauge, im Krieg dagegen eher vom Ziel ablenke. Seine Opposition jedenfalls bedeutete das vorläufige Ende des Turniersports in England, denn ohne königliche Patronage waren Turniere nicht durchführbar. Andere ergriffen stattdessen die Initiative, namentlich die Spanier. Zunächst aber wenden wir uns der Geschichte des Turnierwesens in Frankreich zu.

Frankreich

In Frankreich lassen sich die gleichen Entwicklungsmuster erkennen wie in England. Das groß angelegte mêlée-Turnier dominierte im 12. und noch in weiten Teilen des 13. Jahrhunderts, verlor aber seine Popularität, als der kleinräumigere Tjost gegen Ende des 13. Jahrhunderts aufkam. Ähnlich wuchs auch das Bedürfnis nach Unterhaltung für die Zuschauer – eine zunehmend verfeinerte Ausstattung und entsprechende Prachtentfaltung waren die Folge.

Der größte Unterschied zwischen England und Frankreich bestand darin, dass die englischen Könige seit dem Ende des 12. Jahrhunderts entscheidend darauf einwirken konnten, ob Turnieraktivitäten zunahmen oder ob sie unterdrückt wurden. Dagegen waren in Frankreich die Interessen des Königs – zumindest zu Beginn der Turnierperiode – ganz und gar unmaßgeblich. Die französischen Könige hatten keine effektive Handhabe, gegen Turniere einzuschreiten, denn ihnen fehlte eine Entsprechung zum Dekret Richards I. von 1194 oder zu Eduards I. »Statutes of Armes« von 1292, welches ebenfalls das Turnierwesen regelte. Die französischen Könige bekundeten eine äußerste Zurückhaltung bei der persönlichen Teilnahme an jeder Art militärischen Sports. Es galt offenkundig als unschicklich für einen gesalbten König, eventuell Schläge einstecken zu müssen oder – noch schlimmer – von seinen Vasallen vom Pferd gestoßen zu werden. Obgleich einige französische

Könige in ihren jungen Jahren an Turnieren teilnahmen, dauerte es doch bis zur Mitte des 14. Jahrhunderts, bis ein französischer König selbst in den Turnierschranken auftrat.

Unwillig oder unfähig an dem Sport teilzunehmen, vergaben die Könige von Frankreich die Chance, sich mit ihren ritterlichen Vasallen zu identifizieren und versäumten so die Gelegenheit, Turniere für königliche Propagandazwecke zu nutzen. Die Turnierpatronage lag deshalb in Händen einzelner Magnaten, so dass es im 13. Jahrhundert kein wirkliches Zentrum für den Sport gab. Turnierbelege sind deshalb in Frankreich selten und weit verstreut.

Im Jahre 1209 musste Prinz Ludwig seinem Vater versprechen, sich niemals an einem Turnierkampf zu beteiligen. Allerdings wurde ihm erlaubt, unter der Bedingung dabei zuzuschauen, dass er lediglich einen leichten Harnisch und einen *chapel de fer*, den einfachen Eisenhut der Fußsoldaten, trug. In dieser Rüstung wäre er vor unbeabsichtigten Schlägen geschützt falls das Turnier die Schranken durchbrechen sollte, sie würde ihn aber nicht dazu verleiten, selbst in Aktion zu treten. Irgendwann vor 1258 wurde der Herr von Nesle angeklagt, weil er die Bürger von Noyon an einen Ort nahe Beaulieu befohlen und sie gezwungen habe, für ein Turnier Umfriedungen aufzustellen und Gräben auszuheben.[54]

1260 verbot Ludwig IX. im Zuge seiner Kreuzzugsvorbereitungen alle Turniere in seinem Königreich.[55] Dieses Verbot kann indessen nur geringe Wirkung gezeitigt haben, denn gerade in diesem Jahr verließ Kronprinz Eduard England, um sich auf eine Turnierfahrt ins nördliche Frankreich zu begeben, die dann zwei Jahre dauern sollte.[56] Zehn Jahre nachdem er Frankreich verlassen hatte, unterbrach Eduard seine Heimreise vom Heiligen Land, um in Chalons gegen den Herzog von Burgund zu turnieren. Das Turnier wurde mit scharfen Waffen ausgetragen, auch war eine große Zahl von Fußsoldaten anwesend. Als der Herzog versuchte, Eduard mit einem Griff um den Nacken vom Pferd zu ziehen (ein Griff, der nach den damaligen Turnierregeln nicht verboten war), geriet man dermaßen in Rage, dass das Turnier in ein ernsthaftes Gefecht umschlug, in das auch die Fußsoldaten mit ihren Armbrüsten eingriffen.[57]

Einige Jahre später, im Jahre 1278, fand das am besten dokumentierte französische Turnier in Le Hem in der Picardie statt; es war ein spektakuläres arthurianisches Fest, ausgerichtet von den Herren von Longueval und Bazentin. Die »Dame Courtoisie« eröffnete die Veranstaltung, den Vorsitz führte eine »Königin Guinevere«. Alle teilnehmenden Ritter mussten von einem Fräulein begleitet sein, ganz wie die fahrenden Ritter in den Romanen. Für sie hatte man ein großartiges Szenario vorbereitet: Sieben Ritter traten auf, um sich der »Königin« zu unterwerfen, denn sie waren alle von einem »Löwenritter« im Kampf besiegt worden. Daraufhin erschien der Löwenritter selbst und hielt triumphalen Einzug, begleitet von den Damen der »Königin«, die er vermutlich errettet hatte. Er führte einen leibhaftigen Löwen mit sich.

Anlass für die zweitägigen Turnierkämpfe war dann die öffentliche Züchtigung einer jungen Dame, die auf Geheiß ihres Geliebten wegen ihrer Behauptung bestraft wurde, die Ritter Guineveres könnten als die besten der Welt gelten. Daraufhin verteidigten einige Ritter die Ansicht der Dame. Das komplexe Arrangement bezog sich nicht allein auf die Ritter, sondern auch auf die Damen und Zuschauer; jeder hatte so eine entsprechende Rolle zu spielen. Die gesamte Anlage der Veranstaltung war eindeutig arthurianisch und ganz bewusst eine Nachahmung der Artusliteratur, bis hin zu einem Possenreißer, der den Part des Herrn Kaye geben musste.

Das Turnierfest von Le Hem wurde trotz des Turnierverbots Ludwigs IX. veranstaltet, und deshalb wohl verzichtete man auf ein Massenturnier am dritten Tag, wie es der gängigen Struktur solcher Turnierereignisse eigentlich entsprochen hätte. Das königliche Verbot erklärt auch die umfängliche Anklagerede zu Beginn der Dichtung über das Turnierfest (*Le Roman du Hem*), die von einem Spielmann namens Sarrasin verfasst wurde. Er beklagt darin, Ludwigs Verbot habe all die französischen Spielleute, Herolde, Waffenschmiede, Sattler, Krämer ihres Lebensunterhalts beraubt, weil ihr Gewerbe ja von den Turnieren abhängig sei.[58] Weiterhin ist interessant, dass Robert von Artois, der die Starrolle des Löwenritters spielte, 1278 wegen seiner Teilnahme an Turnieren exkommuniziert wurde, desgleichen noch einmal 1279, weil er rückfällig und damit eidbrüchig geworden war.[59]

Ein anderes wichtiges Turnier ist 1278 in Compiègne belegt; es galt immerhin als so bedeutend, dass das Ergebnis in einer Wappenrolle festgehalten wurde. Angeführt sind zahlreiche ausländische Ritter, auch ein englisches Kontingent unter Führung des Earls von Gloucester.[60] 1280 erneuerte Philipp III. das Verbot von Massenturnieren und Einzelkämpfen. Es handelte sich aber wohl nur um ein zeitweiliges Verbot. Das zweite große, gut dokumentierte Turnierereignis fand dann auch in Chauvency statt, das gerade außerhalb der Gerichtsbarkeit des Königs von Frankreich gelegen war. Dort veranstaltete 1285 Ludwig von Looz, Graf von Chiny, in der Flussaue von Chauvency ein einwöchentliches Turnierfest. Am Montag und am Dienstag gab es Einzelkämpfe; die Tjoste am Mittwoch wurden abgesagt, weil ein Ritter verletzt worden war und zu befürchten stand, dass die Kämpfe zu einem Risiko werden könnten. Höhepunkt des Festes war ein Massenturnier am Donnerstag. Die französischen Gäste hatten beim Bruder des Grafen von Chauvency Quartier genommen, während der Graf von Luxemburg mit seinen Leuten sowie die Ritter aus Flandern, Hennegau und Ruy auf der gräflichen Burg Montmédy wenige Kilometer östlich von Chauvency wohnten. Aus dieser Aufteilung der Unterkünfte ergab sich ganz natürlich die Mannschaftsaufstellung für die Turnierkämpfe. Arthurianische oder sonstige theatralische Elemente gab es bei diesem Fest nicht – dennoch wurden die Ereignisse dieser Woche von Jacques Bretel in einer Versdichtung festgehalten.[61]

Tjost des 13. Jahrhunderts.
(Bibliothèque Nationale, MS 145 f.40v)

Selbstverständlich war bei keinem dieser großen Ereignisse der König von Frankreich anwesend. Man hoffte aber, dass König Eduard I. von England in Begleitung von Rittern das Turnier von Le Hem besuchen würde. 1296 erließ Philipp IV. ein Dekret, das zu Kriegszeiten Privatfehden, Duelle, Turniere, Tjoste und alle Reiterzüge (*equitaciones*) untersagte – mit anderen Worten, jegliche Ansammlung bewaffneter Männer.[62] In den nächsten Jahren wiederholte er diese Verbote immer wieder und bediente sich dabei ähnlicher Formulierungen wie sie die englischen Könige seit fast einem Jahrhundert ebenfalls benutzten. Im Jahre 1304 befahl er die Beschlagnahmung aller Pferde, Waffen und Ausrüstung derjenigen Adligen, die sich entgegen seinem Verbot auf Turniere begeben hatten und untersagte jedem bei Todesstrafe, Ritte zum Turnier durch Gewährung von Unterkunft, Verpflegung und Waren zu unterstützen.[63] Auch dieses Verbot wurde mehrmals im Laufe des Jahres wiederholt und darüberhinaus auch in den Jahren 1305 und 1311.[64] 1312 verbot er innerhalb und außerhalb des Königreiches für drei Wochen alle Turniere, Tjoste, *tupineis* und sonstige bewaffnete Aktivitäten. In diesem Falle war allerdings die Absicht, seinem eigenen großen Hoffest zu Ehren der Schwertleite seiner drei Söhne die größtmögliche Aufmerksamkeit zu sichern.[65] Am 5. Oktober 1314 erging ein erneutes Turnierverbot, denn der König plante einen Kreuzzug, und man argumentierte, Turniere könnten das Projekt verzögern und forderten in Krisenzeiten nicht zu rechtfertigende Verluste an Ross und Mann. Sein Nachfolger Philipp V. erneuerte am 1. April 1316 das Verbot aus denselben Gründen.[66]

Fünf Monate später hob Papst Johannes XXII., der unter französischer Ägide den päpstlichen Stuhl bestiegen hatte und wegen des Schismas nicht in Rom, sondern in Avignon residierte, das seit 1130 gültige kirchliche Turnierverbot wieder auf.[67] Turnierkämpfer wurden nun nicht mehr mit der Exkommunizierung und der Verweigerung eines kirchlichen Begräbnisses bedroht, wenn sie bei der Ausübung des Sports zu Tode kamen. Turnierverbote durchzusetzen lag jetzt ausschließlich in

Ritter beim Turnierzweikampf; aus Jacques Bretels Dichtung Das Turnier von Chauvency
(Handschrift des 14. Jahrhunderts).
(Bodleian Library, MS Douce 308, f. 114)

Händen der weltlichen Autoritäten. Nachdem das offizielle und umfassende kirchliche Turnierverbot weggefallen war, konnten die Könige von Frankreich auch als Patrone der Turniere auftreten und sogar – zum ersten Mal überhaupt – an ihnen teilnehmen.

Im Jahre 1329 tjostierte Philipp IV. in Amiens anlässlich der Huldigung seiner Person durch Eduard III. von England. Im darauf folgenden Jahr veranstaltete die Bürgerschaft von Paris ein Tafelrundenturnier, das auch von Bürgern der Grafschaft Flandern besucht wurde. Die flandrischen Städte blickten bereits auf eine längere Turniertradition zurück. Zwei Jahre später, 1332, besuchten die Bürgerschaftsvorsteher der Grafschaft Hennegau und der Stadt Valenciennes ein zweites, von den Pariser Bürgern ausgerichtetes Tafelrundenturnier.

Der Kriegsausbruch gegen England förderte die Verbreitung der so genannten »feindlichen Treffen«, die sich – wie wir gesehen haben – in Spannungszeiten vor allem in den Grenzgebieten abspielten. Ein typisches Gefecht dieser Art ereignete sich 1343, als der englische Ritter Thomas Colville einen Fluss durchwatete und im Zweikampf einen französischen Ritter tötete, der ihn vom vermeintlich sicheren anderen Flussufer zum Tjost herausgefordert hatte. Im Jahre 1344 befand es Philipp VI. für nötig, eine französische Version des Tafelrundenturniers aufzulegen in

Konkurrenz zur »Rundtafel« Eduards III., die Ritter aus allen Teilen Europas angezogen und für die englische Sache gewonnen hatte. Philipps Version richtete sich vornehmlich an deutsche und italienische Ritter. Während der englischen Belagerung von Calais ergaben sich allein aus der Präsenz der gegnerischen Armeen tagtäglich ganze Serien von Tjosten in Kriegswaffen. Dabei wurden zwei besonders spektakuläre Gefechte dieser Art offiziell arrangiert.

Im Jahre 1351 kämpften bei Ploermel in der Bretagne dreißig französische Ritter gegen dreißig englische bei freier Wahl der Waffen. Dabei wurden sechs französische und neun englische Ritter getötet, einige starben später an ihren Wunden. Nach dem Chronisten Jean le Bel hatten die englischen Ritter die Zweikämpfe zu Ehren ihrer jeweiligen Damen gefordert. Dies scheint aber eher eine romantische Umdeutung gewesen zu sein. Die Herausforderung ergab sich aus der Konfrontation zweier gegnerischer Abteilungen, die zu den beiden um die Bretagne kämpfenden Kriegsparteien gehörten. Was aber wie ein typisch ritterlicher Kampf aussah, war ein Gefecht zu Fuß – und die meisten Kämpfer waren Söldner.[68]

Der »Kampf der Dreißig« erlangte hohe Berühmtheit und inspirierte möglicherweise ein ähnliches Treffen, das sich im darauf folgenden Jahr im Grenzgebiet zur Gascogne abspielte: Zwanzig französische Ritter forderten zwanzig Gascogner,

Ein Massenturnier (melée) mit Schwertern; aus Jacques Bretels Dichtung Das Turnier von Chauvency (Handschrift des 14. Jahrhunderts).
(Bodleian Library, MS Douce 308, f. 131)

57

Parteigänger der Engländer, zu einem Kampf auf Leben und Tod heraus. Auch dabei gab es zahlreiche Opfer.[69] In Nachahmung dieses Gefechts kämpften 1382 in Rennes, also dreißig Jahre später, fünfzehn englische gegen fünfzehn französische Ritter.[70]

Noch alltäglicher scheinen Tjoste bei Belagerungen gewesen zu sein, wie etwa bei der von Rennes: Der junge Bertrand du Guesclin kämpfte drei Runden mit Lanzen, drei mit Streitäxten und drei mit Dolchen gegen den englischen Junker Nicholas Dagworth. Beide fochten mit Erbitterung, ohne sich jedoch Schaden zuzufügen. Das Ganze wurde von beiden Heeren mit großem Ergötzen verfolgt.[71] Ähnliche Forderungskämpfe gab es bei der Expedition des Earls von Buckingham nach Frankreich im Jahre 1380 mit Zweikämpfen in Vannes, Château Josselin und Montenoir. 1387 tjostierte der Neffe des Captal de Buch in drei »Kriegsturnieren« mit scharfen Waffen gegen einen auf englischer Seite kämpfenden Gascogner in Bordeaux. Im folgenden Jahr focht ein französischer Ritter je fünf Runden mit Lanze, Schwert, Dolch und Axt gegen einen englischen Ritter aus dem Gefolge des landflüchtigen Herzogs von Irland.[72]

Im selben Jahr 1388 unternahmen vier französische Ritter eine gänzlich ungewöhnliche Reise zum englischen Parlament und forderten dort zu Zweikämpfen mit scharfen Waffen in Calais heraus. Der König erlaubte Lord John Beaumont und Piers Courtenay die Reise nach Calais, wo sie mit ihren Kämpfen die englische Ehre verteidigten.[73]

Für Piers Courtenay bedeutete dieses Ereignis vermutlich den Anfang einer Turnierkarriere im nördlichen Frankreich. 1389 tjostierte er in Paris in Anwesenheit des Königs, der den Kampf nach bereits einem Durchgang beendete. Gegen den ausdrücklichen Befehl des Königs tjostierte Courtenay in Calais mit scharfen Waffen gegen den Herren von Clary und wurde dabei an der Schulter schwer verletzt.[74] Er war dann immerhin so weit genesen, dass er sich zusammen mit Richard II. für drei französische Ritter verwenden konnte – Boucicaut, de Roye, de Sempy –, die mit Billigung Karls VI. ein sechzig Tage dauerndes Turnierfest in St.Inglevert, im Grenzgebiet von Calais, proklamiert hatten: Es sollte das berühmteste französische Turnier des 14. Jahrhunderts werden.In dem Forderungsbrief mit den Einzelheiten des Turnierablaufs boten die »Verteidiger« an, den Kampfplatz vom nächstfolgenden 20. Mai an dreißig Tagen besetzt zu halten, »und gemäß ihrem Gelöbnis allen Rittern, Knappen und Edelleuten, aus welchem Land sie auch kommen mögen, fünf Kampfrunden zu liefern mit scharfer oder stumpfer Lanze ... oder beidem.« Die Herausforderer sollten am Tag vor dem Kampf einen »Kriegsschild« oder einen »Friedensschild« berühren, um ihre Bereitschaft zum Kampf anzuzeigen und zu erklären, mit welcher Lanze sie kämpfen wollten. Die Forderungsbriefe wurden in einem weiten Umkreis bekannt gemacht und entfachten in England besondere Begeisterung, da im Krieg gegen Frankreich gerade eine einjährige Waffenruhe herrschte und die jüngeren Ritter vor Kampfeseifer brannten. Gegen hundert eng-

Piers Courtenay tjostiert mit Guy de la Tremouille; aus der Chronik Froissarts.
(BL MS Harley 4379 f.19v)

lische Ritter und Knappen folgten der Herausforderung und überquerten den Kanal, noch viel mehr traten als Zuschauer die Reise an. Um die vierzig Ritter kamen aus anderen Ländern. Als das Turnier schließlich beginnen sollte, betrug die Anzahl der Kämpfer freilich nur noch neunundreißig, und die gesamte Veranstaltung dauerte lediglich vier Tage, vom 21. Mai bis zum 24. Mai. Es gab keine ernsthaften Verletzungen, obwohl die meisten englischen Ritter mit scharfen Waffen tjostierten. Die Zweikämpfe selbst galten als erstklassig, denn so mancher Ritter wurde aus dem Sattel gehoben, bekam den Helm vom Kopf geschlagen, und viele Lanzen splitterten. Als die Engländer am Abend des 14. Mai das Turnier verließen, erschien kein neuer Herausforderer mehr in den Schranken, obwohl die drei Ritter – wie in ihrem Forderungsbrief versichert – noch bis Mitte Juni auf dem Platz ausharrten.[75] In einer Verfügung vom 13. Mai gewährte Karl VI. den drei »Verteidigern« sechstausend Francs, und es heißt, er habe die Kämpfe inkognito als Zuschauer verfolgt.[76] Nach Ablauf der dreißig Tage kehrten die drei mit Ruhm bedeckt nach Frankreich zurück und legten in der Kirche zu Boulogne im Triumph ihre Waffen nieder.[77]

Im Jahre 1389 lud der Königshof selbst zu zwei berühmt gewordenen Turnieren ein. Das Turnier von 1389 in St. Denis wurde – so der Chronist von St. Denis – nach der Krönung der Gemahlin Karls VI., Elisabeth von Bayern-Ingolstadt, abgehalten, um »machtvolle Freundschaften zu stiften und die Gunst der Fremden zu gewinnen.« Dies allerdings beeindruckte das Volk überhaupt nicht. Es murrte darüber – zweifellos mit Blick auf die entsprechenden Steuern –, weil solche Lustbarkeiten der Majestät des Königs abträglich wären.[78] Karl selbst gehörte zu den dreißig Rittern, die eine gleichgroße Anzahl von »Verteidigern« zum Kampf herausforderten; letztere trugen die königliche Bilddevise: die strahlende Sonne. Danach folgte ein dreitägiges Turnier: Am ersten Tag, so erzählt Froissart, »war es wegen der großen Zahl der Ritter fast unmöglich, zu einem vollen Schlag auszuholen, und der Staub war so lästig, dass dies die Schwierigkeiten der Ritter noch erhöhte.« Als am nächsten Tag die Knappen miteinander fochten, waren zweihundert Wasserträger aufgeboten, um den Turnierplatz mit Wasser zu besprengen, aber »trotz all ihrer Anstrengungen gab es doch Staub zur Genüge.« Die von den Tribünen zuschauenden Damen besorgten jeden Abend gemeinsam mit den Herolden die Zumessung der Preise. Am Freitag, nach Beendigung des Hauptturniers, erschienen die Ritter in der aus Holz eigens angefertigten Halle und ritten drinnen noch zwei Stunden lang mit Lanzen gegeneinander an.[79] Auch wenn Froissarts Bericht nahe legt, es könnte sich am ersten Tag um eine mêlée gehandelt haben, ist es doch wahrscheinlicher, dass es ein Vielzahl gleichzeitig stattfindender Zweikämpfe waren. Ähnliches beobachtete auch der spanische Ritter Pero Niño, als er sich zwanzig Jahre später in Paris aufhielt: »Weder gibt es jemanden, der als Verteidiger den Kampfplatz hält, noch gibt es Tjoste von Mann zu Mann durch ernannte Kämpfer; vielmehr greift jeder jeden an, gerade wie es ihm gefällt. Alle sind Angreifer; zehn oder zwanzig oder dreißig oder mehr stellen sich auf einer Seite auf und ebenso viele auf der anderen. Sobald einer seine Lanze ergreift, nimmt sogleich der andere die seine; und nicht nur einer tritt gegen ihn an, sondern in ihrem großen Eifer geschieht es, dass zwei oder drei gemeinsam auf den losgehen, der sich zum Kampf bereitgestellt hat – keineswegs eingedenk ihres höfischen Anstands.«[80]

Etwas vom Glanz dieses Festes vermittelt der Bericht des Herzogs von Burgund: Sein Sohn, der Graf von Nevers, hatte gerade mit dem Turnieren angefangen und war vor Jahresfrist zum ersten Mal in den Turnierschranken aufgetreten. Er schenkte der Demoiselle de la Rivière, Tochter eines Kanzlers Karls VI., einen Diamantring, weil sie ihn auf den Turnierplatz geleitet hatte. Das Gold, das nach dem Fest vom Wams des Herzogs genommen wurde, erzielte einen Preis von eintausend Francs. Man verbrauchte über fünftausend Straußenfedern, eine davon prangte auf der Biberfellhaube, die der Herzog beim Einzug in die Schranken trug; sie war mit feinster indischer Seide gefüttert und mit einem Silberbesatz sowie drei Pfauenfedern geschmückt. Bewahrt ist eine detaillierte Aufstellung von Gewändern der Söhne mit aufwendigen Stickereien, die eigens für den Einzug der Königin angefertigt wurden, und bewahrt sind auch die sechsundzwanzig mit dem Sonnenemblem geschmückten Turnierharnische, welche die beiden Söhne und ihre vierundzwanzig Begleiter trugen.[81] Umrahmt von Turnieren und anderen Festlichkeiten war auch die Erhebung Ludwigs und Karls von Anjou in den Ritterstand: man errichtete eine Festhalle aus Holz, die Umzäunung des Turnierplatzes war mit bemalten Leintüchern bespannt, die Zuschauer saßen auf einer großen Tribüne. Die Tjoste begannen am Tag nach der feierlichen Erhebungszeremonie. Renaud de Roye, berühmt seit den Turnieren von St. Inglevert, gehörte zur Truppe der zweiundzwanzig »Verteidiger«. Sie erschienen alle in den gleichen Gewändern, und wer

Ein schön gearbeiteter Sattelbogen aus Elfenbein mit einer realistischen Darstellung tjostierender Ritter im leichten Turnierharnisch der Zeit (13. Jahrhundert).
(Musée du Louvre OA 3361; Foto: Musées Nationaux, Paris)

antrat, den Platz gegen die jeweiligen Herausforderer zu verteidigen, wurde von einer Dame in grünem Kleid hereingeleitet.

So erfreute sich Frankreich am Ausgang des 14. Jahrhunderts einer ähnlichen Vielfalt von Turnierformen wie England. Einmal gab es die tödlichen Kriegsturniere, dann die zunehmend vom Königshof ausgehenden Turniere mit stumpfen Waffen (*à plaisance*) mit all den dazugehörigen Ritualen und dem festlichen Gepränge. Das Massenturnier verschwand im frühen 14. Jahrhundert, auch wenn der Hundertjährige Krieg denjenigen genügend Anregung und Motivation lieferte, die Ruhm und Unterhaltung in den Turnierschranken suchten.

Die Niederlande

In den Niederlanden, bestehend aus den Grafschaften Flandern, Hennegau und Brabant, entwickelte sich das Turnierwesen nach ähnlichen Mustern wie in England und Frankreich – allerdings mit einem gewichtigen Unterschied: Turniere waren in dieser vergleichsweise stark urban geprägten Region nicht allein die Domäne der ritterlich-adligen Bevölkerungsschicht, sondern auch die Bürger der Städte und Marktflecken organisierten Turniere und traten als Turnierkämpfer auf. Das soll jedoch nicht heißen, dass der Adel nur eine untergeordnete Rolle gespielt hätte, ganz im Gegenteil: immerhin gehörten die Grafen von Flandern vom 12. bis zum 14. Jahrhundert zu den bedeutendsten Mäzenen des Rittertums. Aber sie – wie auch ihre adligen Vasallen – lebten in Städten, so dass die besondere Form des städtischen Marktplatzturniers – in England und Frankreich erst im 14. Jahrhundert belegt – in den Niederlanden bereits viel früher Mode war.

Eines der frühesten belegten Tafelrundenturniere fand 1235 im flandrischen Hesdin statt. Es kamen zahlreiche Barone aus Flandern und Ritter aus entfernteren Gegenden. Unter dem Eindruck der dortigen Kreuzzugspredigten nahmen viele Turnierteilnehmer das Kreuz, so auch der Herzog von Burgund und die Grafen von Chalons, Nevers und Bretagne.[82] Aus den *Dits et Contes* des Balduin (Baudoin) von Condé, ein Spielmann, der zwischen 1240 und 1280 am Hof der Grafen von Hennegau schrieb, geht hervor, dass zu dieser Zeit eine bereits hoch entwickelte Turnierorganisation existierte. Auch wenn sich ein Gutteil des Werkes mit Klagen über den Hochmut, die Gier und die Verworfenheit der Herolde befasst – die natürlichen Feinde der Spielleute, denn beide Gruppen konkurrierten um die Freigebigkeit ihrer Herren – wirft es doch ein Licht auf die Formalien des Turniers: man kämpfte auf umzäunten Turnierplätzen und bediente sich der Herolde für die notwendigen Ankündigungen.[83]

Die Niederlande hatten durchaus mit den gleichen Problemen zu kämpfen, die das Turnierwesen auch anderswo mit sich brachte. Im Jahre 1284 lagen die Bürger von Douai und Lille im Streit. Als Douai sein jährliches Frühjahrsturnier veranstaltete, weigerte sich die Stadt, für die beiden Teilnehmer aus Lille entsprechende

Opponenten aufzustellen – in eklatantem Widerspruch zur gängigen Praxis. Nach der Intervention des anwesenden Grafen von Flandern wurden dann zwar die Opponenten benannt, aber um die Ehre aller Anwesenden zu retten, musste er am Ende doch einen seiner Knappen vorschicken, damit die Herren aus Lille ihren Kampf bekamen. Dies beruhigte jedoch die Gemüter keineswegs, sondern hatte natürlich gegenteilige Wirkung: die gesamte Mannschaft aus Lille verließ am nächsten Tag die Stadt in heller Empörung.[84]

Einer der bekanntesten Zwischenfälle ereignete sich nicht wegen Feindschaft oder Rivalität zwischen den turnierenden Parteien: 1294 lud der Herzog von Bar zu einer »Tafelrunde« in Bar-sur-Aube anlässlich seiner Vermählung mit der Tochter Eduards I. von England. Herzog Johann von Brabant, gleichfalls mit einer Tochter Eduards I. verheiratet und ausgestattet mit Erfahrungen aus über siebzig Turnieren in England, Frankreich, Deutschland, den Niederlanden und weiter entfernten Ländern, wurde beim ersten Treffen von einem französischen Ritter getötet.[85] Dieser Unglücksfall unterstreicht noch einmal die allgegenwärtige Gefahr beim Turnier, und dies sogar bei hochkarätigen Anlässen mit allen nur erdenklichen Sicherheitsvorkehrungen.

Im Jahre 1300 war Brügge der Schauplatz für Tjoste vor der Gildenhalle zu Ehren Philipps des Schönen von Frankreich. Es tjostierten viele englische und deutsche Ritter, und die französische Königin beklagte im Scherz, sie sei von tausend Königinnen umgeben – gemeint waren die Damen unter den Zuschauern, die die Königinnenrolle beim Turnier spielten. Ein anderes Turnier in Mons 1310 zog ebenfalls viele ausländische Ritter an, unter ihnen Hugh Despenser und Robert d'Enghien aus England. Es liegt kein Chronikbericht darüber vor, wir beziehen unsere Kenntnisse aus der Wappenrolle, die eigens zur Erinnerung an diesen Anlass angefertigte wurde.[86] 1327 verließ Herzog Johann von Hennegau England, trotz mancher Versuche, ihn zum Bleiben zu bewegen, um, begleitet von fünfzehn englischen Rittern, in Condé an einem Turnier teilzunehmen.[87]

Zu dieser Zeit jedenfalls werden die Berichte über städtische Feste umfangreicher und zahlreicher. Das festlich-prunkvolle und theatralische Element ist dabei, in Anlehnung an die Romanliteratur und an ritterliche Traditionen, überall anzutreffen: So tjostierten 1326 neun Bürger aus dem Hennegau in Gestalt der »Neun guten Helden«, der Repräsentanten ritterlicher Tugenden und ritterlicher Tapferkeit.[88] 1330–1331 veranstalteten einunddreißig Bürger von Tournai/Doornik eine ausgeklügelte »Tafelrunde«: jeder von ihnen war als einer der einunddreißig Könige aus der Zeit des Königs Artus gekleidet und trug dessen Waffen und Rüstung. Im Jahr zuvor hatten sie eine Tafelrundengesellschaft gegründet und Einladungen zu dem Fest verschickt, denen vierzehn Städte Folge leisteten, darunter Valenciennes, Paris, Brügge, Amiens und Sluys. Die Besuchergruppen der einzelnen Städte wurden vor den Toren Tournais empfangen und zu ihren Herbergen geleitet. Die Turnierteilnehmer zogen in einer eindrucksvollen Prozession zum Marktplatz, wo

Tjostierende Ritter und ein zweifacher Sturz; die Ritter auf der rechten Seite tragen kunstvolle Helmzierden; die Lanzen liegen zerbrochen am Boden; aus dem Alexanderroman, datiert 1344. (Bodleian Library, MS 264 f.113)

dann tjostiert wurde. Den Turnierpreis, einen goldenen Geier, gewann Jean de Sottenghien, und das Ganze klang mit einem Festbankett, vom Bürger Jakob von Corbry gestiftet, im Rathaus aus.

Im selben Jahr verwendeten die Bürger von Valenciennes die romanhaften Elemente in spektakulärer Detailtreue für ihr eigenes Turnierfest. Nicht nur geleiteten junge Damen die Turnierritter an goldenen Stricken durch die Straßen zum Marktplatz, sondern sie wurden auch angeführt von einer Burg, »die sich durch kunstreiche Vorrichtungen wunderbar bewegte.« Auf der Burg, wohl der Stützpunkt für einige der »Verteidiger«, standen vier Engel mit kleinen Kindern an der Hand, und über ihnen thronte die allegorische Figur des Liebesgottes. Andere Gäste folgten einer Burg mit einem Eremiten, sieben Feen und einer Vorrichtung zur Freilassung lebender Vögel.[89]

Vielleicht das bedeutendste Fest dieser Art war der »Roys de l'Espinette« (»Der Dornenkönig«) oder »L'Epervier d'Or« (»Der goldene Sperber«). Es wurde spätestens seit 1278 jedes Jahr in Lille veranstaltet, detaillierte Berichte darüber stammen jedoch erst aus dem 14. Jahrhundert.[90] Im Jahre 1335 etwa besuchten Ritter aus Valenciennes das Fest. Ihre Gewänder waren scharlachrot, und sie führten drei lebende Schwäne mit sich – ein Bildrätsel zum Namen ihrer Stadt Valenciennes, abgeleitet von »Val aux Cygnes« (»Schwanental«). Sie überreichten dem »roi d'espinette« – wohl der Turniersieger des Vorjahres – ein Modell der Stadt mit flankierenden Türmen, auf denen Standarten mit dem Wappen der Stadt aufgepflanzt waren. Den Turnierpreis gewann Jakob Grebert, ein Bürger aus Valenciennes; im Triumph wurde er von vier jungen Damen hinausgeleitet.[91] Philipp IV. von Frankreich anerkannte die Bedeutung des jährlichen Festes in Lille, da er es 1338 von seinem Turnierverbot ausnahm.[92] Dort als Turniersieger hervorzugehen, bedeutete hohes öffentliches Ansehen, und der siegreiche Ritter wurde häufig auch von seiner Heimatstadt geehrt: So erhielt im Jahre 1352 Michiel Anguille aus Ypern von seinen Mitbürgern eine Gebinde Rheinwein als Belohnung.[93] Hauptpreis des Festes war ein goldener Dorn, möglicherweise ein Symbol für die Dornenkrone Christi. Das Fest war aber auch in der literarischen Tradition der Romane verankert und

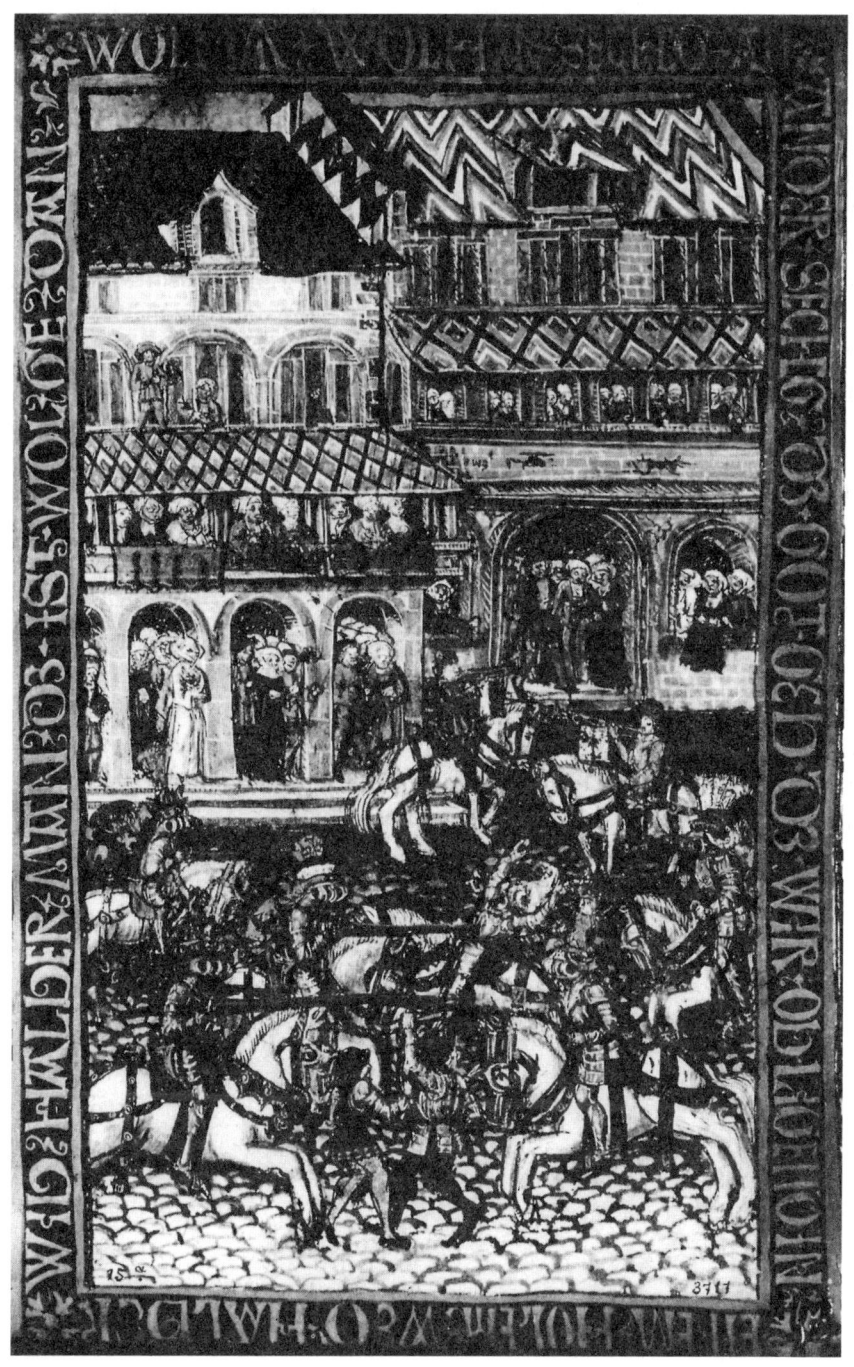

Massenturnier (mêlée) auf einem Marktplatz; der kolorierte Stich aus dem 16. Jahrhundert zeigt das Turnier Leopolds von Österreich in Zofingen 1381.
(Bürgerbibliothek, Luzern: Diebold Schilling, Luzernerchronik, 1513) (Foto: Schweizerisches Landesmuseum, Zürich)

65

wurde bisweilen sogar »Fest des Herrn der Freude« genannt, ein direkter Bezug auf Chrétien de Troyes' Roman »Erec et Enide« aus dem 12.Jahrhundert. Wie auch bei anderen Stadtfesten, legte man großen Wert auf den Umzug der Turnierritter durch die Straßen der Stadt hin zum Turnierplatz. Dabei ging es jedoch nicht nur um das Präsentieren fantasievoller Festkostüme wie eher in Frankreich und England, sondern der Bürgerstolz der jeweils beteiligten Städte übertraf sich an Einfallsreichtum bei der Erfindung verblüffender mechanischer Effekte und Vorrichtungen. Der beim Fest präsidierende »Roys de l'Espinette« wurde während seines Amtsjahres in hohen Ehren gehalten; im Triumph ritt er vor Beginn der Kämpfe zu seiner feierlichen Krönung. Das Fest dauerte insgesamt bis zu zwei Wochen.[94] Zu einer bestimmten Periode des 14. Jahrhunderts wurde der neue »Dornenkönig« von seinem Vorgänger in aller Form eingesetzt, so dass hier Ansätze eines ritterlichen Ordens erkennbar werden.[95]

Die im öffentlichen Leben der Niederlande so wichtigen städtischen Feste hatten keine Parallelen in England oder Frankreich, allenfalls ansatzweise in Paris. Das Bemerkenswerte bei diesen Festen war, dass sie kontinuierlich, Jahr für Jahr, vom Ende des 13. Jahrhunderts an durchgeführt wurden. Die Kosten trug die Stadt, bisweilen gemeinsam mit prominenten Bürgern. Unterschiede hinsichtlich der sozialen Stellung der Turnierteilnehmer spielten dabei keine Rolle. Bürger erhielten ohne weiteres das Recht, Waffen und Rüstungen zu tragen – auch wenn das normalerweise als ein eifersüchtig gehütetes Privileg der adligen Rittergesellschaft angesehen wurde –, und sie tjostierten in den Schranken ohne Ansehen des Standes gegen die Mitglieder des erblichen Adels. Gewiss hatten solche Feste eher einen lokalen Charakter – ausländische Ritter beteiligten sich daran nur ausnahmsweise –, aber sie dokumentieren eine in Europa einmalige Kontinuität des Festes und des öffentlichen Schauspiels.

Drittes Kapitel

Das Turnier in Deutschland

Wir haben gesehen, dass Turniere in Deutschland bereits um die Mitte des 12. Jahrhunderts bekannt waren und 1175 auch Österreich erreicht hatten. Indessen bleiben Belege über Turniere östlich des Rheins bis in die 1220er-Jahre hinein spärlich. Im Jahre 1225 hören wir von einem Turnier zur Feier einer erfolgreich beendeten Belagerung, als Ludwig von Thüringen die Burg Lebus bei Frankfurt an der Oder einnahm: »… die Soldaten beschlossen einmütig, eine Art Turnier, Tjost genannt, abzuhalten, und es fand statt am 16. August.«[1] In allen deutschen Turnierberichten dieser Zeit dominieren die Einzelkämpfe, aber dies hängt vermutlich eher mit den Zufällen der Überlieferung zusammen als mit einer tatsächlichen Vorliebe der Deutschen für diese Turnierform. Im Jahre 1227 verkündete der thüringische Ritter Waltmann von Setenstete, er wolle bei Merseburg einen »fores«[2] (die deutsche Bezeichnung für eine Art Tafelrundenturnier) abhalten, zu welchem er ein hübsches Mädchen mitbringen würde. In Nachahmung eines vertrauten Musters aus den Ritterromanen wollte er es in drei Durchgängen (*ziost*) mit jedem Herausforderer aufnehmen. Sollte er unterliegen, würde der Sieger das Mädchen erhalten und dazu noch Waffen und Ausrüstung. Er erreichte den als »fores« bezeichneten Platz unversehrt, obwohl er auf dem Wege dorthin zahlreiche Herausforderungen von Rittern zu bestehen hatte. An dem »fores« gab es dann wohl einen Festakt, und der Ritter kehrte mit seiner Gefährtin im Triumph nach Hause zurück.[3]

Ulrich von Liechtenstein

Ebenfalls literarische Vorbilder waren ausschlaggebend bei der Karriere eines besonders berühmt gewordenen Turnierkämpfers: Ulrich von Liechtenstein. Sein Bericht über seine Fahrten im Zusammenhang mit zwei groß angelegten Turnierforderungen ist einer der Klassiker der Turnierliteratur. Handelt es sich dabei aber um Geschichte in literarischer Form oder um Literatur mit einem Anflug von Geschichte? Die Dichtung über seine Abenteuer trägt den Titel »Frauendienst«[4] und erzählt, wie er sich im Verlangen nach einer Dame, die unnachgiebig Ulrichs ritterlichen Annäherungsversuchen widerstanden hatte, ihr zu Ehren und zu Ehren aller Frauen auf eine Reise – die »Venusfahrt« – begab, um ihr seine Würde und seine Hingabe zu beweisen. Nachdem er eingehende Vorbereitungen getroffen hatte, brach er am 25. April 1226 von Venedig aus auf, zog nach Tirol und beendete seine Fahrt einen Monat später in Wien und hatte da, nach seinem eigenen Bericht, 307 Lanzen mit seinen Herausforderern gebrochen und 271 Ringe solchen Rittern gegeben, die eine Lanze an ihm hatten brechen können.

Während der gesamten Fahrt war er als »Frau Venus« verkleidet – bei den Kämpfen selbst und auch außerhalb der Kämpfe –, und er behauptete, niemand habe seine Kostümierung durchschaut. Dennoch hatten viele seiner Abenteuer durchaus komödiantische Züge, und obwohl sein Inkognito ein Geheimnis sein mochte, wird doch jedermann gewusst haben, dass er ein verkleideter Ritter war: In Villach ging er in Frauenkleidung zur Messe und musste selbst einräumen, dass sein Auftreten zu großem Gelächter geführt hatte.[5] Es ist dieser fließende Übergang zwischen Realität, romanhafter Fiktion und höfisch-groteskem Maskenspiel, der so schwer zu entschlüsseln ist. Aus den zwanziger Jahren des 13. Jahrhunderts gibt es klare Belege, dass Turniere in einem literarischen Rahmen stattfanden, möglicherweise auch in Kostümierungen, wie etwa 1223 im Falle der Ritter am Hof zu Zypern, die »die bretonischen Abenteuer und Artus' Tafelrunde nachahmten«; die Fahrt Waltmanns von Setenstete unterlag der gleichen Motivation, und Ulrich sollte später über seine eigene »Artusfahrt« von 1240 berichten. Es ist nicht leicht, all diese keineswegs miteinander in Verbindung stehenden Episoden als rein literarische Werke abzutun, die man fälschlicherweise für historisch gehalten hätte, und es ist auch nicht realistisch, nach zusätzlichen Belegen von anderer Seite zu fragen, bevor wir akzeptieren, dass Ulrichs Fahrt wenigstens eine gewisse reale Grundlage hatte: Sogar im Spätmittelalter beschränkt sich unsere Kenntnis über ein spektakuläres Turnier häufig nur auf eine einzige Quelle, und manche Chronisten scheinen ganz bewusst vermieden zu haben, irgendwelche Turnierereignisse zu erwähnen.

Im Anfangsteil seiner Dichtung erzählt Ulrich von einem großen Turnier bei einem diplomatischen Treffen in Friesach am 12. Mai 1224. Als sich die Ritter zu den Verhandlungen zwischen dem Markgrafen von Istrien und dem Herzog von Kärnten versammelten, schlugen Ulrich und sein Bruder Dietmar vor, ein Turnier zu veranstalten. Die Begeisterung war darüber so groß, dass die Verhandlungen unterbrochen wurden, bis ein richtiges Turnier abgehalten werden konnte. Erst als die Spiele beendet waren, wurden die Gespräche fortgesetzt. Ulrich beschreibt die einzelnen Tjoste sehr detailliert und gibt für jeden Ritter auch das zugehörige Wappen an. Das Turnier wird in keiner zeitgenössischen Quelle erwähnt, aber da von der politischen Seite der Zusammenkunft überhaupt nur kurze Berichte vorliegen, darf dieser Umstand kaum überraschen. Wir können vielmehr auf ähnliche diplomatische Ereignisse seit dem ausgehenden 13. Jahrhundert hinweisen, bei denen politische verhandlungen ebenfalls von Turnieren begleitet wurden.[6]

Faktische Basis seines Berichts

Ulrichs Bericht über seine Fahrt, so scheint es, basiert zweifellos auf Fakten. Indessen muss nicht jede Einzelheit für bare Münze genommen werden – das gilt auch für die weit mehr dem Realen verpflichtete Lebensbeschreibung des Guil-

Tristans Vater Rivalon wird bei einem Turnier verwundet; Version der Tristangeschichte eines deutschen Künstlers von ca. 1240.
(München, Bayerische Staatsbibliothek, MS Cgm 51, 10v)

laume le Maréchal. Ulrichs Verserzählung wurde gleichermaßen zur Unterhaltung wie zur Schilderung seiner Taten geschrieben: da finden wir Satire, Selbstironie und – durchgängig – das gänzlich literarische Thema der unerfüllten höfischen Minne. Wir werden uns Ulrichs Geschichte wieder zuwenden, wenn es um die verschiedenen von ihm beschriebenen Aspekte des Turniers geht. Im Hinblick auf die Geschichte des Turnierwesens sollte sein Bericht als Beleg für die große Begeisterung sowohl für den Tjost wie auch für das Massenturnier gewertet werden, auch wenn eine Unterscheidung zwischen beiden nicht immer klar getroffen wird: In Neustadt soll ein Turnier in zwei Wochen stattfinden; die bereits versammelten Ritter überbrücken die Zeit bis dahin mit einer Art »erweitertem Tjost«: sechs Verteidiger kämpfen gegen sechzehn Ritter; es sollte eigentlich Mann gegen Mann gekämpft werden, aber häufig kamen zwei Angreifer auf einen einzigen Verteidiger, und was dabei herauskam, war einer mêlée nicht unähnlich. Ulrich behauptet, es seien über hundert Lanzen gebrochen worden.[7]

Die Durchführung eines Turniers scheint etwas ausgefeilter gewesen zu sein als in den Tagen des Guillaume le Maréchal: Auch wenn der »Kreis«, von dem Ulrich spricht, nicht mehr als aus einer Hand voll Zuschauer bestanden haben mag, so erwähnt er doch, dass in Neustadt zwei Tore zum Kampfplatz führten und dass jedermann zu Beginn des Turniers genügend Abstand zum anderen hielt.[8] Zur Eröffnung der Turniere gab es bei einigen Gelegenheiten Defilées der Teilnehmer: Für das herausragende Turnier in Neunkirchen ließ er eigens drei Banner anfertigen; Musikanten begleiteten ihren Einzug und spielten auf Flöten; Knappen trugen die Lanzen, und ein gutes Hundert Ritter folgten den Bannern zu Pferde.[9] Die Musikanten schienen auch während des Tjostierens aufgespielt zu haben, denn an einer Stelle bemerkt Ulrich, der Kampflärm sei so groß gewesen, dass er die Musik übertönt habe.[10] Für Korneuburg 1227 beschreibt Ulrich einen Vorbeimarsch mit Hornisten, einem Banner sowie seine Rüstung, die Stück für Stück in dem Umzug mitgeführt wurde.[11]

Anwesenheit von Damen

Mit der Anwesenheit von Damen beim Turnier verhält es sich problematischer. In Tarvisio, wo der Signore der Stadt Turniere verboten hatte, gewann er die Damen der Stadt dazu, eine vorübergehende Aussetzung des Verbots zu erwirken, sodass Meinhard von Görz und Leutfried von Eppenstein die Erlaubnis erhielten, mit ihnen zu tjostieren – auf einer Brücke mitten in der Stadt. Sie musste zuerst von der Menge der Neugierigen geräumt werden, die sich überall in den Gassen drängten, bevor man mit dem Tjostieren beginnen konnte.[12] Immer wieder wird behauptet, die Ritter tjostierten vor allem deshalb, um die Liebe ihrer Dame zu gewinnen, aber da Ulrich mit seiner »Venusfahrt« offenkundig keinen Eindruck auf seine hartherzige Favoritin machte und beim Aufbruch zu seiner »Artusfahrt« der Gunst seiner Dame bereits sicher ist, widerspricht die Geschichte selbst dem Ethos, das der Autor so getreulich verkündet. Gewiss bieten die von Ulrich beschriebenen Einzelkämpfe dem Ritter weitaus mehr Gelegenheit, auf sich aufmerksam zu machen, als bei dem allgemeinen Kampfgetümmel zur Zeit des Guillaume le Maréchal. Die von Ulrich auf seiner »Venusfahrt« versprochenen Ringe für alle, die eine Lanze an ihm brachen, galten – so hat man den Eindruck – als Leistungsabzeichen ebenso viel wie der Eindruck, den sie auf das andere Geschlecht machen würden. Bei der »Artusfahrt« ist die Herausforderung bedeutender, und die Belohnung zielt allein auf die Ehre ab: Wem es gelingt, drei Lanzen zu brechen, wird Mitglied der Tafelrunde und erhält einen ihm gemäßen Beinamen.[13] Die wahren Enthusiasten des Sports waren höchstwahrscheinlich die Ritter selbst – und wohl kaum die Zuschauer auf den Rängen.

Wie zuverlässig ist Ulrichs Erzählung?

Wenn aber die gesamte Erzählung von literarischen Erzählungen verhüllt und mit einem wenig glaubhaften Humor gewürzt war, wie zuverlässig ist sie dann? Wie bewerten wir eine Szene wie diese: Ulrich sitzt im Bade, ein Page tritt ein und bietet

Einer der wenigen erhaltenen Schilde des 13. Jahrhunderts, aus dem Besitz Konrads von Thüringen, ca. 1240; eine solche hochwertige Arbeit würde besser zu einem Turnierschild als zu einem Kriegsschild passen, der Verwendungszweck ist jedoch unbekannt.
(Universitätsmuseum Marburg; Foto: Marburg)

schöne Frauenkleider an, Ulrich ruft zwei Gefährten herein, die ihn mit Rosenblättern überschütten? Das klingt doch sehr nach ritterlichem Unfug. Indessen ist Ulrichs Beschreibung seiner Beziehung zu seiner Dame im Ton sehr viel literarischer. Was wir sagen können ist, dass die Namen und Orte genuin genug sind und dass es nicht wenige Züge gibt, die ein Autor, der allein aus seiner Fantasie heraus arbei-

Aus der Manessischen Handschrift (Gr. Heidelberger Liederhandschrift): Erbitterter Kampf und Helme mit groteske Zier.
(UB Heidelberg, MS Cod.pal.germ 848, 42v, 192v)

tet, nur schwerlich hätte erfinden können. In Tarvisio gab es wegen einer Belagerung zunächt keine Tjoste, weil die Ritter anderweitig beschäftigt waren.[14] Da sind noch andere Momente, die zu unwahrscheinlich sind, als dass sie hätten erfunden werden können: an einer Stelle stiehlt sich Ulrich davon, um drei Tage mit seiner Frau zu verbringen und beschreibt die Freude, mit ihr zusammen gewesen zu sein – eine merkwürdige Episode in einer Dichtung, mit der er die Gunst einer anderen Dame gewinnen will.[15] Bei einer anderen Gelegenheit weigert sich Ulrich mit einem Ritter im Mönchshabit zu tjostieren, auch wenn wir sehen werden, dass dies keineswegs ein ungewöhnliches Turnierkostüm war. Erst nach Bitten anderer Ritter willigt er schließlich ein und ist dann doch sehr erfreut, dem »Mönch« einen tiefen Fall bereitet zu haben.[16] Bisweilen gerät die Dichtung zu einer Auflistung erfolgreicher und erfolgloser Ritter, als ob der Schreiber lediglich aus ihrem Zusammenhang herausgelöste Notizen eingearbeitet hätte. Die letzten Seiten der »Artusfahrt«, als das geplante Abschlussturnier erst verschoben und dann von Herzog Friedrich von Österreich verboten wurde, beenden die Fahrt mit einem entschieden pessimistischen Ton – ein Schluss, den ein allein dem Literarischen verpflichteter Autor vermutlich nicht gewählt hätte.[17] Auch wenn wir also nicht so recht der prächtigen Schilderung Ulrichs von Liechtenstein vertrauen können, die uns die fast ein Jahrhundert später entstandene Manessische Handschrift bewahrt hat, wie er mit prangendem Helm, bekrönt mit einem Bild der Venus, vor den bewundern-

Aspekte des Turniers im frühen 14. Jahrhundert; aus der Manessischen Handschrift, ca. 1300–1350.
Links oben: Fußkampf mit Schwertern.
Links unten: ein vom Sattel gestoßener Ritter wird von Damen und Musikanten beobachtet.
Rechts oben: Ein Massenturnier.
Unten rechts: Reiterkampf mit Schwertern (MS Cod. pal.germ 848, ff. 197v, 321v, 26v, 61v).

73

den Damen paradiert, so ist sein Bericht doch eine absolut zuverlässige Quelle für das Turnier seiner Zeit.

Für das ausgehende 13. Jahrhundert liegen uns nur eine Hand voll Notizen über Turniere in Deutschland vor, im Gegensatz zu dem reichen Material, das uns Ulrichs Erzählung bietet. Einige davon befassen sich mit Unglücksfällen: das berühmteste dieser Turniere ist das von Neuss 1241, an dem ein Priester versucht haben soll, die Ritter von ihren Turnierkämpfen abzuhalten; bei dem nachfolgenden Treffen erstickten sechzig Ritter und Knappen in den aufgewirbelten Staubwolken, wie Alberich von Troisfontaines berichtet, der behauptete, dass Dämonen in Gestalt von Geiern und Krähen über ihren Köpfen kreisten und die Überlebenden in Angst und Schrecken versetzten. Eine andere Quelle gibt den Blutzoll mit 80 Toten an und sagt, die Ritter seien plötzlich in Wahnsinn verfallen.[18] Zwei Mitglieder einer Familie kamen durch Erstickung bei Turnieren in Straßburg um; ihr Tod wurde 1279 von Chronisten erwähnt, weil Lantefry von Landerpach genau dreißig Jahre nach seinem Vater in derselben Stadt und auf die gleiche Weise den Tod fand.[19] Zu Merseburg im Jahre 1268 notiert der örtliche Chronist, dass nicht nur Markgraf Johann von Brandenburg in einem Turnier getötet wurde, sondern dass auch ein weiterer Ritter mit seinem Knappen auf der Heimreise von diesem Turnier ertrank.[20]

Nordhausen 1263/67

Chronisten mit weniger Sinn für die schwerwiegenden moralischen Fragen angesichts der Verderbtheit des Turnier berichten von glücklicheren Momenten, wie etwa von dem spektakulären Turnier oder »fores«, das von Markgraf Heinrich von Meißen und dem Landgrafen von Thüringen 1263 oder 1267 abgehalten wurde. Heinrich ließ einen »wunderbar schönen Wald aus grünen Bäumen« außerhalb der Stadt errichten, unter denen sich ein Baum mit goldenen und silbernen Blättern befand. Eine große Zahl erlauchter Herren versammelte sich zum Turnier, »einige von Tapferkeit beseelt, andere von Liebe«, und wenn einer von ihnen einen Speer mit seinem Gegner brach, wurde er mit einem silbernen Blatt von jenem Baume belohnt. Gelang es ihm, seinen Gegner vom Pferd zu stoßen, erhielt er ein goldenes Blatt.[21] Dieses verschwenderische Fest markiert eine Veränderung der Haltung gegenüber dem Turnier, da es ein frühes Beispiel für ein Turnierfest unter königlicher oder fürstlicher Patronage darstellt: der Chronist bemerkt, es sei ein Schauspiel »eines Kaisers würdig« gewesen, und selbst wenn man berücksichtigt, dass er die Ereignisse hundert Jahre später beschreibt, weist die Art, wie sich der Markgraf als unbestreitbar treibende Kraft des Turniers profiliert und wie er es zur Inszenierung seines eigenen Reichtums weidlich einsetzt, bereits auf die kunstvoll ausgearbeiteten königlichen Turnierfeste des späten Mittelalters, die sich weit von dem persönlichen Enthusiasmus eines Ulrich von Liechtenstein und seinesgleichen entfernt haben. Die sorgfältig gestaltete Szenerie und die Andeutung eines »Programms« gehören zu der neuen Form des Turniers: es ist durchorganisiert und in hohem Maße formal gestaltet.

Kadolt von Wehing

Etwa zur selben Zeit erhalten wir einen unmittelbaren Eindruck von ritterlicher Turnierbeteiligung in Österreich in einer Briefsammlung aus Laa bei Wien. Die Briefe haben einen recht formalen Charakter und könnten als Vorlage für die Abfassung von Briefen gedient haben. Die Personen und Ereignisse scheinen jedoch weitgehend der Wirklichkeit zu entsprechen. Sie betreffen Kadolt von Wehing, Hauptmann der Garnison von Laa. Er wird darin zu einem Turnier bei St.Pölten geladen und erwidert, es sei eine so kurzfristige Einladung, dass er die nötigen Vorbereitungen nicht treffen könne, aber da er seine Freunde nicht im Stich lassen wolle, werde er dennoch erscheinen, um die Herausforderer nicht wegen seiner Abwesenheit gewinnen zu lassen.[22] Bei einer anderen Gelegenheit bittet Kadolt um die Verschiebung eines Prozesstermins, bis er und seine Leute von einem Turnier in Kärnten zurückgekehrt seien.[23] Als er zu einem Turnier in Eggenburg gegen kürzlich in den Ritterstand erhobene Ritter aus Wien eingeladen wird, antwortet er, er werde trotz einer Verletzung seiner Achselhöhle kommen, um seine Waffenkunst unter Beweis zu stellen.[24] Ein anders Mal schreibt Kadolt an einen Ritter aus Znaím in Mähren, etwa sechzig Meilen von Laa entfernt, er solle zu einem Turnier in Wien kommen und schlägt vor, er könne seine Pferde bei ihm für einige Tage unterstellen, damit sie sich in guter Verfassung zu dem Turnier begeben könnten.[25] Hier sind wir wieder in der Welt Ulrichs von Liechtenstein, in der Welt von Ritterpersönlichkeiten mit Vergnügen am Tjostieren und die jede Gelegenheit dazu ergreifen, trotz der Schwierigkeiten des täglichen Lebens. In dieser Zeit begegnen wir in Wien noch anderen Turnierenthusiasten: Am 5.Dezember 1279 tjostierte der achzigjährige Otto von Haslowe mit seinem Urenkel Hugo Tuers, der an diesem Tag von Rudolf von Habsburg zu Ritter erhoben worden war.[26]

Magdeburg 1282

Eine der merkwürdigsten Turniergeschichten ist uns einige Jahre später, 1281–1282 aus Sachsen überliefert: hier scheint es, dass die örtlichen Turnieranhänger die neuen Formen des Turniers zu imitieren versuchten. Nach dem Stadtchronisten von Magdeburg[27], Brun von Schönebeck, veranstaltete der Konstabler der Stadt – »er war ein gelehrter Mann« – ein kurzweiliges Unterhaltungsspiel. Er »veranstaltete einen Gral«, sandte höfische Briefe nach Goslar, Hildesheim, Braunschweig und andere Orte und lud alle nach Magdeburg ein, die ritterliche Fertigkeiten üben wollten. Er und die anderen Konstabler der Stadt hatten eine schöne Frau von zweifelhaftem Ruf an der Hand, die sie »Frau Feie« nannten und die als

Preis für den Turniersieger versprochen wurde. Das nun erweckte große Begeisterung in den umliegenden Städten, und die verschiedenen Abordnungen, jede in ihren eigenen Farben, strömten herbei. Der »Gral« wurde auf den Feuchtwiesen außerhalb der Stadt aufgestellt, und zwei der Konstabler nahmen darin ihre Plätze ein; davor stand ein Baum mit den Schilden der Konstabler. Die Herausforderer ritten heran, berührten mit ihrer Lanze eines der Schilde, und der jeweilige Schildinhaber trat heraus, um mit dem Herausforderer zu tjostieren. Das Ende von allem war indessen ein regelrechter Anti-Klimax; »ein alter Kaufmann aus Goslar« gewann die Hand der »Frau Feie«, heiratete sie mit einer guten Mitgift und brachte sie dazu, ihren anrüchigen Lebenswandel aufzugeben. Der Chronist notiert, dass »ein ganzen Buch in deutscher Sprache darüber verfasst wurde« und dass Brun von Schönebeck einige Bücher in Deutsch schrieb, darunter theologische Abhandlungen und viele gute Gedichte. War die ganze Episode also eher eine literarische Übung, vielleicht sogar eine Satire über ritterliche Aspirationen der jungen Leute der Stadt? Der enttäuschende Ausgang könnte durchaus als Satire durchgehen: indessen lenkt der Chronist zu Beginn seiner Beschreibung die Aufmerksamkeit auf die Regularien der Magdeburger Pfingstspiele mit »Roland, Schildeckenboom (ein Schilderbaum), Tafelrunden und anderer Kurzweil«, und dies scheint in der Tat eine weiter entwickelte und spektakulärere Version des üblichen Turnierereignisses gewesen zu sein. Die Begeisterung der Magdeburger Bürger für Turniere bestätigen Zinnfiguren, die man im alten Marktplatz gefunden hat und die genau aus der Zeit des genannten Turnierfestes stammen. Sie stellen turnierende Ritter dar und können durchaus allegorische Figuren sein, die sich auf eine solche Gelegenheit beziehen. So können wir dem alten Kaufmann, der seine ungleiche Gefährtin nach Hause führte, getrost seinen unangefochtenen Platz auf der Liste der Turnierhelden zubilligen.

Hoftage

Im ausgehenden 13.Jahrundert waren Turniere eine alltägliche Erscheinung bei offiziellen oder gesellschaftlichen Zusammenkünften an fürstlichen Hoftagen. Im Dezember 1290 weilte Rudolf von Habsburg in Nürnberg zu Verhandlungen mit den Reichsürsten. »Neben anderen Dingen, die sie dort taten, beteiligten sich die Edlen des Hofes, wie es Brauch ist am Königshof, an heftigen Tjosten, während ihnen das Volk zuschaute.«[28] Ludwig, Sohn des Herzogs von Bayern, bestand darauf, »entgegen fürstlicher Art«, daran teilzunehmen, obgleich seine Freunde versuchten, ihn davon abzuhalten. Er befahl, sein Streitross zu zäumen und seine Rüstung herbeizuschaffen. Da er keinen Gegner gleichen Ranges finden konnte, forderte er einen Adelsmann aus Hohenlohe, der sich zunächst aus Respekt vor dem Herzog der Forderung verweigerte; Ludwig aber blieb hartnäckig und schließlich rannten beide gegeneinander an. Zwei oder drei Runden wurden geritten, wobei der

Hohenloher seine Lanze nach unten richtete, um Ludwig zu verschonen. Am Ende jedoch, sei es, weil seine Kampfeslust angestachelt war oder weil man es von ihm verlangte, führte er seine Lanze fest und traf den Herzog an seinem Nackenpanzer, durchbohrte diesen und verursachte eine tödliche Wunde. Als man die Lanze herauszog, stellte man fest, dass sie eine geschärfte Spitze hatte, »der nichts widerstehen konnte, sondern die durch alles hindurchging«. Unter Verdacht des Verrats floh der Hohenloher, und Ludwig starb einige Tage darauf.

Diese Episode unterstreicht zwei Aspekte des Turnierkampfes und zugleich dessen Verankerung am Königshof: die stets gegenwärtige Gefahr sowie die soziale Herkunft der Turnierkämpfer. Offenkundig war es für Fürsten nicht üblich zu tjostieren, obwohl es viele taten, wie wir sehen werden; es war vielmehr eine Betätigung für Männer, die auch wirklich in Schlachten kämpften, und nicht für ihre Befehlshaber. Die Sache selbst erforderte einen organisatorischen und finanziellen Aufwand, der die Mittel eines Einzelnen dieses Ranges überstieg. Anstatt nun auf die Launen fürstlicher Gunst zu warten, bildeten sie zu diesem Zwecke Turniergesellschaften, deren älteste wohl auf die 1270er-Jahre zurückgeht. Basel war berühmt für seine kleine aber engagierte, bei Turnieren auftretende Gruppe von Rittern – nach einer Quelle waren es »fünfzig oder mehr«[29]. Es liegen Berichte vor von Turnieren in Basel 1266, in Basel und dem nahe gelegen Hagenau, wo 1292 ein Baseler Ritter seinen Turniergegner tötete, sowie in Basel im Jahr 1300; auch kann an Mariä Geburt ein reguläres Turnier in Basel stattgefunden haben.[30] Weitaus interessanter als diese vereinzelten Berichte ist die Nachricht über die Formierung zweier rivalisierender Rittergesellschaften, die einen unter dem Banner eines großen, weißen Sterns in rotem Feld (die *Sterner*), die anderen mit einem grünen Papagei in weißem Feld (die *Psitticher*). Über ihre Formierung berichtet eingehend ein späterer Chronist im Zusammenhang mit Turnieren, aber bei den turbulenten politischen Verhältnissen im mittelalterlichen Basel gerieten ihre Aktivitäten rasch in den Sog offener Fehden und privater kriegerischer Auseinandersetzungen.

Kaiserliche Turniere und bürgerlicher Tjost

Im 14. Jahrhundert scheinen sich deutsche Turniere in zwei unterschiedliche Stränge geteilt zu haben: auf der einen Seite in Verbindung mit aristokratischen und imperialen Anlässen, dynastischen Hochzeiten, kaiserlichen Taufen, Reichstagen, auf der anderen Seite in Verbindung mit regulären, oft jährlichen, von den Städten organisierten Ereignissen. Der Unterschied mag realer gewesen sein, als es den Anschein hat, denn häufig turnierte der regionale Adel auf dem Marktplatz, während die Bürgermeister und Kaufleute zuschauten. Auf der aristokratischen Seite beging 1310 Kaiser Heinrich VII. in Speyer die Vermählung seines Sohnes Johann mit Elisabeth von Böhmen mit prächtigen Feiern, gefolgt von einem Turnier, bei dem die böhmischen Ritter die Bewunderung der Zuschauer damit erregten, dass sie mit längeren und dickeren Lanzen kämpfen, als die rheinischen Ritter gewöhnt waren. Wann immer ein Böhme in den Turnierschranken erschien, riefen die Zuschauer »Hier kommt ein Böhme! Hier kommt ein Böhme!«, und jeder, der unvorsichtig genug war, ihn zum Kampf herauszufordern, lernte schnell, dass die Wucht eines böhmischen Angriffs genügte, eine ihrer fürchterlichen Lanzen zu zersplittern.

Der Chronist Matthias von Neuenburg erwähnte bemerkenswerte Turniere in Basel 1315 und Baden 1319, aber mit nur gerade soviel Einzelheiten, dass unsere Neugierde zwar geweckt, nicht aber befriedigt werden kann. Im Mai 1315 wurde zu Basel ein kaiserliches Hoffest größten Ausmaßes abgehalten: man beging die Doppelhochzeit von Friedrich von Österreich, einer der Rivalen um den Kaisertitel, sowie seines Bruders Leopold. Zur Untermauerung der Ansprüche Friedrichs werden die kaiserlichen Insignien in aller Ausführlichkeit geschildert, aber die Worte des Chronisten versiegen, wenn es um Waffentaten bei den Turnieren geht. Lediglich die Unfälle notiert er: Der Graf von Katzenelnbogen wurde von einem elsässischen Ritter tödlich verwundet, sein Leichnam, begleitet von weinenden Frauen der Stadt, wurde zum Rhein hinunter getragen, von wo er nach Hause überführt wurde. Während der Turniere brach eine der Zuschauertribünen zusammen, und einige Damen trugen Verletzungen davon, außerdem gingen in dem anschließenden Durcheinander zahlreiche Schmuckstücke »verloren«.[31] Auch bei dem großen Hoffest in Baden, das Leopold vier Jahre später anlässlich der Vermählung seiner Schwester gab, werden Tribünen und andere »Vorrichtungen für Schaustücke« erwähnt. Dabei könnte es sich durchaus um nächtliche Turnierkämpfe gehandelt haben, denn zwölf Kandelaber mit Kerzen so groß, dass ein Mann kaum ihrer zwölf tragen konnte, wurden zu diesem Anlass aufgestellt.[32]

Johann von Böhmen

Jeder auf seinen Ruhm bedachte Fürst, so scheint es jetzt, musste Turniere als Sinnbild für seinen Rang und Reichtum veranstalten. Allerdings war es nicht immer leicht, ein solches Ereignis auf die Beine zu stellen, wie der junge König Johann von Böhmen aus dem Hause Luxemburg im Jahre 1319 erfahren musste, als er und andere böhmische Ritter einen »Artushof« ankündigten, zu dessen Anlass man eigens Zuschauertribünen auf dem Marktplatz zu Prag aufstellte: allein, niemand außerhalb Prags folgte der Einladung, so dass die »Verteidiger« miteinander tjostieren mussten.[33] Zwei Jahre später gab es in Prag zur Fastnacht ein anderes großes Turnier, und wiederum scheinen keine Fremden dabei gewesen zu sein. Die böhmischen Ritter jedoch fochten eifrig gegeneinander, und als König Johann in die Schranken ritt, wurde er sogleich durch einem Lanzenstoß vom Pferd geschleudert und geriet unter die Hufe der Pferde. Endlich wurde er, ohnmächtig und mit Schmutz besudelt, von den Dienern in Sicherheit gebracht, während einige dem König feindlich gesonnene Zuschauer seinem Missgeschick applaudierten.[34]

Gleichwohl blieb die Turnierbegeisterung Johanns von Böhmen ungebrochen, und auch wenn er die Spiele wohl nicht mehr in Prag abhielt, ging er doch an anderen europäischen Höfen seinem Lieblingssport nach. Nachdem er 1324 ein hohes Lösegeld von Herzog Friedrich von Österreich erhalten hatte, veranstaltete er in Cambrai zu Ehren der Vermählung des französischen Königs Karl IV. (Charles le Bel) mit Johanna von Evreux ein Turnierfest, an dem Herren, Ritter und Knappen wertvolle Geschenke erhielten.[35] Berichte über seine Taten waren weit verbreitet, und immer wüstere Geschichten machten die Runde: so soll er in einem Jahr vom Atlantik bis zur östlichen Grenze Polens gereist sein und überall bei Turnieren als Kämpfer aufgetreten sein; ein anderes Mal soll er einen Ritter bei einem Turnier in Burgund getötet haben.[36] Ein anderer Chronist behauptet, die Wahl seiner zweiten Gattin, Beatrix, Tochter des Herzogs von Bourbon, sei durch ihre Vorliebe für Turniere befördert worden; immer wenn er siegreich war, überreichte sie ihm prächtige Geschenke. Bei den Tjosten anlässlich ihrer Hochzeit im Jahre 1335 wurde er schwer verwundet, und da die Turniere in Frankreich verboten waren, wurden die anderen Teilnehmer in Arrest genommen. Nur Johanns persönlicher Intervention bei König Philip VI. von Frankreich war es zu verdanken, dass sie freigelassen wurden.[37]

Johanns Sohn Karl wurde als Karl IV. Kaiser und wird gewöhnlich als berechnender und kluger Staatsmann beschrieben, der nur wenig Zeit für ritterliche Spiele verschwendet habe. Allerdings gibt es einige Anzeichen für das Gegenteil: Neuenburg jedenfall glaubte, er sei aus demselben Holze wie sein Vater gewesen. 1348 hielt sich Karl IV. in Schwaben auf, um Lehnseide entgegenzunehmen, und kam nach Rothenburg, wo gerade ein Turnier im Gange war. Der König beteiligte sich daran inkognito, indem er das Wappen Schildhards von Rechenberg trug, wurde aber von einem gewissen Ritter von Stein aus dem Sattel gestoßen. Der Ritter erkannte, dass es der König war und nahm sich sein Pferd, das der König für sechzig Markt wieder auslösen musste. Am nächsten Tag wurden die Helme ausgestellt, damit die beiden Turniermannschaften zusammengestellt werden konnten, aber ein Helm war ohne Helmzier. Die anderen Ritter glaubten, dieser Helm gehöre dem König und sagten das Turnier ab, weil sie fürchteten, dem König könne etwas passieren und die Schwaben könnten deshalb des Verrats bezichtigt werden.[38] Auch wenn Turniere bei seiner Krönung im Jahre 1347 nicht überliefert sind, gab es bei der Taufe seines Sohnes Wenzel in Nürnberg 1361 ausgedehnte Tjoste: »Nachdem das Kind die Taufe empfangen hatte, begannen die Herren mit ritterlichem Spiel, tjostierten mit stumpfen und scharfen Waffen, kämpften mit Schwertern und turnierten so, dass die Gassen mit Menschen angefüllt waren, und es war da auch ein Turnier vor der Stadt.«[39] 1376 finden wir Karl IV. bei einem Turnier in Lübeck, und im folgenden Jahr, als er und sein Sohn Wenzel zu einem offiziellen Besuch in Paris weilten, wurden überall im Lande Turniere abgehalten, wobei nicht ausgemacht ist, ob sie zu Ehren des kaiserlichen Zuges stattfanden oder weil der König gerade nicht anwesend war![40]

Städtische Turniere des 14. Jahrhunderts

Neben Turnieren zu staatlichen Anlässen oder mit Teilnehmern aus den höheren Adelsrängen lassen die deutschen Stadtchroniken erkennen, dass auch in den Städten regelmäßig Turniere veranstaltet wurden. Weil wir sie nur aus knappen Einträgen in den städtischen Kämmereirechnungen kennen, wissen wir nur wenig darüber, welche Personen daran teilnahmen. In Frankfurt setzen die Rechnungsbücher mit dem Jahr 1351 ein; bis 1358 sind sechs Turniere erwähnt, gefolgt von jährlichen Turnieren zwischen 1361 und 1369 und einer unterbrochenen Serie, etwa ein Turnier alle drei Jahre bis 1400.[41] In Köln enthalten die Rechnungsbücher von 1371 bis 1381 zwölf Gebührenzahlungen an eine Familie, deren Haus vom Rat der Stadt genutzt wurde, damit sich die Ratsmitglieder die Tjoste ansehen konnten. Aus einem anderen Eintrag geht hervor, dass Bogenschützen zum Schutz der Straßen während eines Turniers eingestellt wurden. Auf die Frage der öffentlichen Ordnung während eines Turniers kommen wir noch zurück.[42] Zwischen 1370 und 1440 gab es in München fast jedes Jahr Turniere; die Stadt zahlte für Aufbauten auf dem Turnierplatz und für Bogenschützen und Wächter auf den Türmen und Toren der Stadt. Hier erhalten wir auch einen Hinweis auf die Teilnehmer: Ein Turnier und Tjost wurden von den Söhnen Münchner Bürger irgendwann zwischen 1359 und 1364 abgehalten. 1371 waren der Herzog von Bayern und zahlreiche Edle zugegen, aber bei anderen Tjosten traten wohl nur Bürger auf. Für Göttingen ist die Beteiligung von Bürgern bei zwei Turnieren 1368 und 1370 belegt. Herzog Otto von Braunschweig war der Organisator des Turniers, aber der Rat der Stadt steuerte Wein und Verpflegung für ihn und seine Gäste bei; die wichtigsten der Gäste, darunter einige Grafen, wurden jeweils namentlich aufgeführt, zusammen mit etwa hundert weniger bedeutenden Personen, aber die Bemerkung über die Geschenke schließt: »… und da waren noch viele andere Ritter hier, die hier nicht schriftlich genannt sind und deren Namen in den gastgebenden Häusern nicht aufgeschrieben wurden. Die Herrin von Kleve war hier … und viel andere Damen, alle sehr liebreizend.« Den Turnierteilnehmern wurde Immunität von Samstag bis Mittwoch gewährt im Falle, sie wären einem Bürger Geld schuldig oder hätten einen von ihnen verletzt, und strenge Strafen wurden den Bürgern angedroht, die den Frieden verletzten.[43] Ähnliche Anordnungen wurden in Straßburg 1390 getroffen. Zusätzlich wurden die Preise für die Dauer des Turniers festgesetzt, und es gab Anweisungen, die eine künstliche Verknappung von Brot, Fleisch oder Fisch verhindern sollten. Dieselben Vorschriften wurden erneut 1408 erlassen mit zusätzlichen Regeln für das Betragen im Umfeld des Turnierplatzes und für die Sicherheit in der Stadt. Zu-

schauer oder unbewaffnete Personen durften sich nicht unter die eigentlichen Turnierteilnehmer mischen, und niemand durfte auf den Turnierplatz reiten ohne
Genehmigung des Magistrates. Nur fünf der Stadttore durften geöffnet werden,
jedes mit zwölf Bewaffneten besetzt, und nicht weniger als fünfhundert Mann
wurden auf dem Rossmarkt selbst, dem Turnierplatz postiert, zweihundert auf
jeder Seite und einhundert um die Begrenzungsbarrieren des eigentlichen Turnier-
feldes.[44]

Der schwarze Fastnachtsdienstag. Basel 1376

Solche Vorkehrungen waren zweifellos lebensnotwendig, freilich nicht immer erfolgreich. Im Basel des Jahres 1376 wurde die Notwendigkeit umfassender Vorsicht
seitens der Stadtbürger drastisch vor Augen geführt. Was später als »Schwarzer
Fastnachtsdienstag« bekannt wurde, begann mit einem Turnier Herzog Leopolds
III. von Österreich am Fastnachtsdienstag, einem traditionellen Tag für derlei Fes-
tivitäten. Die ganze Veranstaltung scheint schlecht organisiert gewesen zu sein:
Turnierkämpfer ritten zwischen den Zuschauern gegeneinander an und Lanzen
wurden in die Menge geschleudert; ob diese Attacke nun beabsichtigt war oder
nicht, sie wurde jedenfalls als vorsätzlich gedeutet, und die Stadtleute läuteten die
Kirchenglocken als Alarmsignal. Sie bewaffneten sich und liefen zur Burg, wo das
Turnier stattfinden sollte. Die Adligen wichen in die Häuser zurück, in denen sie
Quartier genommen hatten, aber sie wurden angegriffen, und einige hoch stehende
Personen wurden gefangen genommen, darunter auch Graf Rudolf von Habsburg
und fünf hochrangige Herren sowie viele Ritter und Knappen. Drei Knappen im
Dienste des Grafen von Freiburg wurden erschlagen. Herzog Leopold konnte flie-
hen, aber der Bischof von Chur und zwei Kanoniker aus Straßburg hatten weniger
Glück. Auf lange Sicht jedoch war es die Stadt, die leiden musste: obwohl der Rat
zwölf der Rädelsführer hinrichten ließ, erwirkte Leopold, dass die Stadt mit der
Reichsacht belegt wurde, und Basel musste um Frieden bitten.[45]

Leopold hatte ausgedehnten Besitz in Basel, und die Episode erinnert an die
Spannungen zwischen dem landbesitzenden Adel und den reichen und ehrgeizigen
Städtern, die eifersüchtig auf ihre Unabhängigkeit bedacht waren. Eher das Bewusstsein für Gefahren und eine zunehemende Formalisierung des Turnierwesens
als politische Veränderungen verhinderten nach 1376 die Wiederholung solcher
Zwischenfälle. So wurden 1433 in Speyer für ein Tjost mit scharfen Waffen zwischen Seyfried von Veningen und dem Herrn von Rechberg die inzwischen vertrauten Maßnahmen ergriffen: sogar ein Einzelkampf dieser Art galt – wegen des
großen Gefolges dieser Herren – als gefährlich, so dass sechshundert Mann bei dieser Gelegenheit in Bereitschaft gehalten wurden.[46] Obwohl der Herr von Rechberg
im vierten Anritt eine tödliche Wunde empfing, wurde der Friede nicht gebrochen.
Ein großes Turnier mit vielen Teilnehmern stellte fraglos eine weitaus ernsthaftere

Miniatur von 1403 aus einem deutschen Buch mit moralischen Erzählungen; die Ritter tragen raffiniert geschnittene Umhänge.
(Universitätsbibliothek Basel, MS A.N. III 17, folio 31)

Gefahr für Teilnehmer und Zuschauer dar: 1403 sollen in Darmstadt sechsundzwanzig Ritter wegen einer Fehde zwischen fränkischen und hessischen Rittern getötet worden sein.[47] Die Tendenz jedenfalls ging in Richtung Rücksichtnahme und Ordnung. Sogar Kleriker veranstalten jetzt offen Turniere, wie etwa 1387 in Borken, das vom Erzbischof von Mainz ausgerichtet wurde, in Andernach 1402 aus Anlass der Vermählung der Nichte des Bischofs von Köln, und 1466 in Köln, als Bischof Rupert von der Pfalz ein Turnier zu Ehren des böhmischen Ritters Leo von Rozmital gab. Wir hören auch mehr von längeren und kürzeren Reisen auf der Suche nach Turniergelegenheiten: Die Ritter von Ingolstadt kamen 1399 bei einer »Turnierfahrt« nach München, während 1436 in Wien eine der räumlich am weitesten gespannten Forderungen zwischen dem Spanier Fernando de Guevara und dem böhmischen Ritter Georg Vourapag ausgefochten wurde.[48]

Turniergesellschaften

Es war das goldene Zeitalter der Turniergesellschaften – die Begeisterung für Turniere war größer denn je. Ritterliche Gesellschaften der unterschiedlichsten Art gab es bereits seit Jahrhunderten, viele von ihnen den Kaufmannsgilden in den Städten nicht unähnlich, wurden sie doch ebenfalls zur gegenseitigen Unterstützung wie auch für gemeinsame religiöse Praxis ins Leben gerufen. Im Gegensatz zu den Gilden wissen wir verhältnismäßig wenig von ihnen, meist sind es nur die jeweiligen Namen. Wichtig ist, dass die Idee ritterlicher Bruderschaften durchaus geläufig war; so war es nur ein natürlicher Schritt zu Bruderschaften, deren Zweck allein in der Veranstaltung von Turnieren bestand. Die Besonderheit der Turniergesellschaften lag darin, dass sie außerhalb herrschaftlicher oder fürstlicher Patronage standen und demokratisch strukturiert waren: ihre Vorsteher wurden von den Mitgliedern gewählt und ihre Regularien beruhten auf dem gemeinsamen Konsens der Mitglieder.[49]

Um 1485 gab es nicht weniger als vierzehn solcher Gesellschaften; ihre Repräsentanten trafen sich in Heilbronn, um über eine Art Union der Turniergesellschaften zu diskutieren. Einzelgesellschaften hatten sich bereits im Lauf der Jahre vereinigt, und dieser Versuch der Vereinigung war ein Symptom für die Schwierigkeiten, denen alle Gesellschaften gegenüberstanden. Es war außerordentlich aufwendig, Turniere zu veranstalten, und da die Gesellschaften auf der Unabhängigkeit von den Fürsten bestanden, verließen sie sich lieber auf die eher bescheidenen Mittel und Möglichkeiten ihrer Mitglieder. Die in Heilbronn festgelegte Turnierordnung zielte auf die Vermeidung allzugroßen Aufwandes, zudem sollte lediglich ein allgemeines Turnier im Jahr abgehalten werden, um die Kosten niedrig zu halten. Aber genau dieser Zwang zur Bescheidenheit bedeutete auch den Niedergang der hoch gesteckten Absichten: dem Bedürfnis nach mehr Turnieren nachzukommen. Wenn die Turniergesellschaften dieses Bedürfnis aber nicht befriedigen konnten, würden sich ihre Mitglieder eher an die Fürstenhöfe wenden, die sich solche Veranstaltungen leisten konnten. Zwei Jahre nach der Übereinkunft von Heilbronn fand das letzte Turnier der vereinigten Turniergesellschaften statt.

Wir erhalten einen Einblick in die Welt einzelner Turnierenthusiasten, namentlich durch Briefe in den Archiven der fürstlichen Familien von Sachsen und Brandenburg. Die vielleicht intimste Äußerung dieser Art findet sich in den Dokumenten der Herren von Kronberg im Taunus, in denen ein stolzer Vater am Ende der Familienakten notiert:

»Mein ältester Sohn Philipp besuchte sein erstes Turnier in Wiesbaden am 5. Oktober 1410, danach in Mainz am 18. November und eine Woche später in Frankfurt, dann eines in Boppard zu Weihnachten und am darauf folgenden Osterfest in Mainz (1411) und eines in Worms zwei Wochen später. Dann ein Turnier in Würzburg drei Wochen nach Pfingsten und eines um Martini in Frankfurt, dann eines in Landau zwei Wochen nach Ostern (1412), eines in Heilbronn und in Wiesbaden auf Fastnacht (1413), im November in Boppard und im selben Monat in Worms.«[50]

Philipp wurde im April 1393 geboren und war somit siebzehn Jahre, als er in den Turnierschranken zu Wiesbaden auftrat. Sein Vater hatte allen Anlass, nicht nur auf seinen Sohn stolz zu sein, sondern auch auf seine eigene finanzielle Leistung, die es seinem Sohn ermöglichte, so regelmäßig zu turnieren. Uns liegen Briefe der Mitglieder des Hauses Jülich und Berg vor, in denen sie sich gegenseitig von den

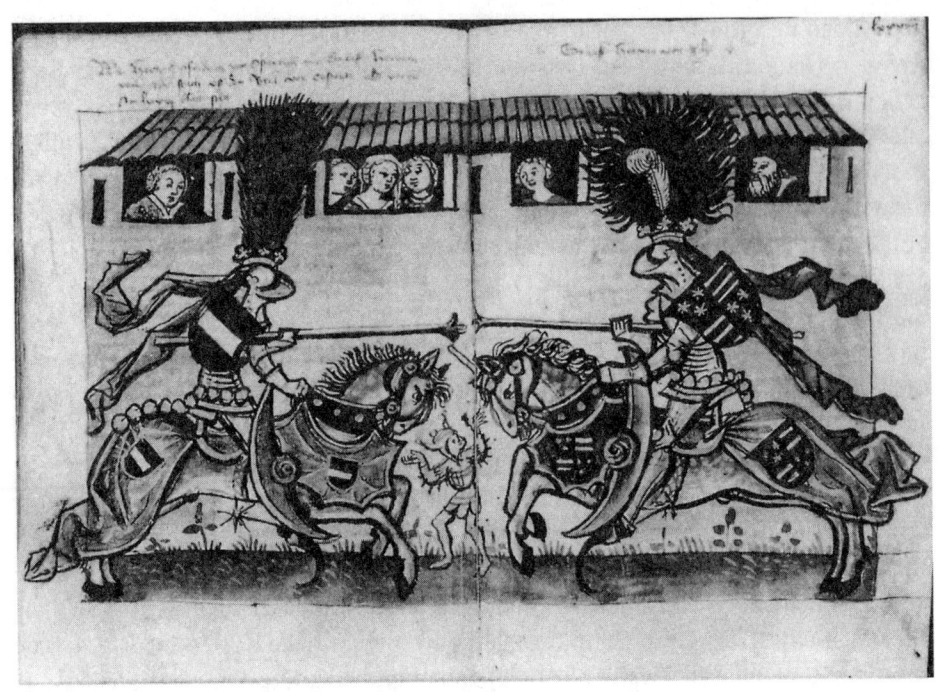

Herzog Friedrich von Österreich bei einem Gestech mit dem Grafen Hermann von Cilli während des Konzils zu Konstanz 1415; die Miniatur datiert von ca. 1470.
(Badische Landesbibliothek, Karlsruhe, Codex St.Georgen, 78–79)

Schwierigkeiten berichten, Ausrüstungen für die Turniere in den 1420er-Jahren zu bezahlen. Adolf von Berg musste sich für ein Turnier in Köln 1417 Pferde von seiner Schwägerin leihen und wurde seinerseits vom Pfalzgrafen Rupert um ein Darlehen für Pferde für ein Turnier in Kreuznach 1423 gebeten.[51] In den folgenden Jahren bat man ihn ständig um die Ausleihe von Pferden, und die meisten erhaltenen Briefe aus dieser Zeit befassen sich mit demselben Problem. Bitten um die Ausleihe von Harnischen sind weitaus seltener belegt, einfach, weil sie meist dem Körper des jeweiligen Trägers genau angepasst waren. Allgemein geht aus den Briefen hervor, dass sogar kleinere Turnierveranstaltungen ein hohes Maß an Organisation erforderten, auch sollten Einladungen zum Turnier in einer angemessenen Frist erfolgen: Wilhelm von Sachsen schreibt 1477, er freue sich über die Einladung zu einer Hochzeit, er könne aber an den Stechen nicht teilnehmen, »weil die Zeit für unsere Leute zu kurz ist, alle Vorbereitungen zu treffen.«[52]

Etwas seltsamer mutet das Ersuchen des Grafen von Württemberg an Albrecht von Brandenburg an, ihm Instruktionen zukommen zu lassen »auf unverfängliche und geheime Weise, die mir helfen, beim Stechen zu obsiegen«; leider ist der Brief beschädigt und der Kontext seiner Forderung verloren.[53] Möglicherweise steht die Aufforderung mit dem Verbot von Zaubersprüchen und magischen Briefen im Zu-

Gestech, Darstellung in einer deutschen Handschrift vom Ende des 14.Jahrhunderts. Zwei der Kämpfer haben als Schilde Renntartschen mit einem Ausschnitt zur Stützung des Speeres.
(Germanisches Nationalmuseum, Nürnberg, MS 998, Folio 226)

sammenhang, die sich in dieser Zeit bisweilen in den Regularien für Einzelherausforderungen finden. Jedenfalls wird in den Briefen die Begeisterung fürstlicher Häuser für Turniere deutlich; die Vorliebe des Brandenburgers für diesen ritterlichen Sport bestätigen auch Wilwolt von Schaumburg, ein berühmter Turnierkämpfer, der Mitte der 1470er-Jahre in Diensten Albrechts von Brandenburg stand, sowie Jörg von Ehingen, der 1455 Dienst bei Albrecht genommen hatte. Beide beschreiben, dass Tjost und Turnier eine übliche Erscheinung höfischen Lebens in Rothenburg, Freiburg und an anderen Orten waren.[54]

Schaffhausen 1430

Die deutschen Turniere des späten fünfzehnten Jahrhunderts waren in der Theorie allein den höchsten Rängen des Adels vorbehalten, insbesondere in Hinblick auf die Zulassung zu solchen Veranstaltungen. Nur solche, die für die männliche und weibliche Seite der Familie den Nachweis hoher Geburt – und zwar für vier Generationen (Vier-Ahnenprobe) – führen konnten, war es prinzipiell erlaubt teilzunehmen. Vorschriften dieser Art galten bereits in den späten 1430er-Jahren, als der spanische Diplomat Pero Tafur ein Turnier in Schaffhausen beobachtete und in seinem berühmten Reisebericht von 1454 schilderte:

»Ein großes Turnei wurde dort abgehalten, das die Edelleute in folgender Weise ausrichteten: Bestimmte Ritter versammelten sich und fertigten eine Aufstellung aller Adligen der Gegend an und beauftragten Schildmaler, die Wappen eines jeden aufzumalen, die sodann von Herolden von Haus zu Haus getragen wurden. Sie zeigten die Schilde vor und verkündeten, dass sich jeder Edelmann zu einem festgesetzten Tag einfinden solle, vollständig gerüstet mit Pferd und Waffen, um sich an dem Turnier zu beteiligen. Ihre Ankündigung richteten sie auch an alle vornehmen Damen jener Gegend. Darauf kamen die Edlen und ihre Damen auf eigene Kosten herbei, und als alle versammelt waren, traten die ältesten unter ihnen mit bestimmten Damen zusammen und hielten Rat und erfragten, ob jemand der Edelleute irgendeine Verfehlung begangen habe, ob jemand Frauen und Jungfrauen Gewalt und Unehren angetan habe oder ob einer das Gut eines Unmündigen genommen habe, der keinen Vormund hatte oder wer sich aus Habgier erniedrigt habe durch Vermählung mit einer Frau niedrigen Standes oder wer auf andere Weise seinen Stand verringert habe. Auf diese Art wurden die Verfehlungen eines jeden ans Licht gebracht, und wenn ein Missetäter ausfindig gemacht wurde, verfuhren sie folgendermaßen: Bestimmte Ritter wurden aufgeboten, und wenn so einer in den Schranken erschien, waren sie angewiesen, über ihn herzufallen, ihn mit Stöcken zu schlagen und ihn daraus zu vertreiben. War das getan, gingen die älteren Ritter und ihre Damen zu dem Übeltäter und bedeuteten ihm, warum er geprügelt worden war. Dann geleiteten sie ihn zurück und erlaubten ihm, seinen Platz bei den anderen Edelleuten im Turnei einzunehmen, so als wäre er von seinem Vergehen gereinigt und hätte seine Buße getan. Wenn aber einer sich weigert, dort (d. h. am Turnei) zu erscheinen, um dieser Züchtigung zu entgehen, so verurteilen sie ihn zu doppelter Strafe, und wenn er zum dritten Male nicht erscheint, so verkehren sie nicht mehr mit ihm und halten ihn nicht mehr für einen Edelmann, weil er sich geweigert hat, zum ritterlichen Spiel zu kommen. Das ist ein guter und würdiger Brauch, denn dabei erfährt jeder, wer Rittertum und hohe Abkunft beanspruchen kann, und solche, die sich niedriger Taten schuldig gemacht haben, erfahren Schimpf und Schande. Ich wurde gebeten, mich zu den anderen Edelleuten zu gesellen und war bei den Lustbarkeiten zugegen.«[55]

Tafur weist hin auf die deutliche Unterscheidung zwischen Einzelkämpfen –«alle können tjostieren und an jedwedem ritterlichen Spiel teilnehmen« – und dem eigentlichen Turnier, dessen Teilnehmerkreis streng begrenzt war. Diese Exklusivität scheint eine rein deutsche Erscheinung gewesen zu sein. Obwohl adlige Geburt auch anderswo bei Turnieren verlangt wurde, gab es – mit der öffentlichen Ausstellung von Helmen und Wappenschilden vor dem Turnier als strenge Probe aristokratischer Abstammung und ritterlichen Verhaltens – doch nirgends ein so deutliches Beharren auf Exklusivität. Der ausgesprochen aristokratische Charakter des deutschen Turnierwesens spiegelt sich auch in einer ganzen Serie von Büchern, in Manuskriptform oder als Druckwerke, aus dem Anfang des 16. Jahrhunderts wider. Es sind bei weitem die prächtigsten bildlichen Dokumentationen dieses ritterlichen Sports, die wir kennen. Angefangen mit den Turnierbüchern der Kurfürsten von Sachsen, eines davon wohl von Lucas Cranach d.Ä. ausgeführt[56], liegt eine ähnliche Kompilation von Hans Ostendorfer (1529) für Wilhelm IV. von Bayern vor.[57] Höhepunkt dieses Genres sind die triumphalen Bilder Hans Burgkmairs von den kaiserlichen Turnieren Kaiser Maximilians I. (1564–1576)[58], sowie die beiden ritterlichen Prosadichtungen *Freydal* und *Weisskunig*, in deren Mittelpunkt Maximilian selbst steht.

Die Turnierbücher der Kurfürsten von Sachsen sind nahezu vollständig auf den visuellen Effekt angelegt und bieten nur ein Minimum an Einzelheiten – die Namen der Kämpfer und das Datum des Treffens. Sie sind weitgehend fantasievolle Darstellungen der Turnierereignisse von den 1520er bis zu den 1560er-Jahren, auch gibt es nur spärliche Hinweise auf eine Veränderung der Mode auf diesen prächtig kolorierten Seiten: in den Manuskripten erscheint der Sport als ein archaisches Ritual raffiniert gewandter Ritter, die sich bei jeder Turniereröffnung zu einem kunstvoll-spektakulären Umzug formieren, bevor sie darangehen, ihre Opponenten – in einem Kaleidoskop mannigfaltiger Positionen – aus dem Sattel zu heben, vom dramatischen Sturz beider Ritter in einer Schauer splitternder Lanzen bis hin zur formellen Höflichkeit eines Treffens, bei dem die Tjostierer mit Absicht verfehlen. Im Gegensatz dazu erlauben Burgkmairs Bilder des Kaisers in den Schranken solche unwürdigen Szenen nicht: hier herrscht das Dekorative vor, selbst die Lanzen brechen sauber und ordentlich, und ein Zurücklehnen im Sattel ist der einzige Hinweis auf einen bevorstehenden Sturz vom Pferd. Burgkmairs Buch beginnt mit einem großartigen Aufzug der Ritter, die für die zwölf Variationen des Gestechs und für das »Feldturnier« (*pas d'armes* oder Freiturnier) trefflich ausgerüstet sind. Das rituelle Element wird noch stärker im Turnierbuch der Kraichgauer Ritterschaft von 1615 betont; es ist im Grunde die gedruckte Version einer Geschichte des Turnierwesens mit dem vollständigen, zum Teil erdachten, Wappenschmuck für jedes einzelne Turnier. Die formale Darstellung der jeweiligen Stechen erscheint geradezu unbedeutend neben der Flut liebevoll ausgeführter Wappen.[59]

Im frühen 15. Jahrhundert, mit dem Aufkommen der Turniergesellschaften, interessierten sich auch die Geschichtskundler für die Geschichte des Turnierwesens. Als im 13. Jahrhundert der Magdeburger Stadtchronist Hinweise auf ‚Kampfspiele‘ in der Zeit Heinrich des Voglers, der das Heilige Römische Reich von 919–936 regierte, fand, war er der Auffassung, Heinrich habe die Turniere als erster eingesetzt. Diese Geschichte wurde erneut in den 1430er-Jahren in einem Werk aufgegriffen, das vermutlich von Kaspar Schlick, dem Kanzler Kaiser Sigismunds, in Auftrag gegeben worden war: der unbekannte Autor dieser Turnierchronik wies dem Kaiser einen zentralen Platz in der Entwicklung des Turnierwesens zu und behauptete, Heinrich I. habe im Jahre 938 das erste Turnier in Deutschland veranstaltet – zwei Jahre nach seinem Tod –, und dies wurde als verlässliche Überlieferung bis ins 18. Jahrhundert hinein akzeptiert.[60] Berichte von historischen und fiktiven Turnieren wurden diesem Text angefügt, der damit zum Vorbild für die spätere antiquarischen Beschäftigungen mit dem Turnier wurde. Marx Wuersung brachte 1518 den ersten Abriss über die Urspünge des Turniers heraus, und Georg Rüxner (Rixner), ›Reichsherold Jerusalem‹, führt in seinem Buch sechsunddreißig »offizielle« Turniere zwischen 938 und 1487 auf; sein Buch erfuhr mehrere Auflagen und geriet zur anerkannten Pseudo-Historie des Rittersports.[61]

Aber neben den Fürsten und dem Kaiser gab es noch andere Turnierenthusiasten, und selbst wenn ihre Betätigungen von Herolden wie Rüxner nicht anerkannt wurden, gelang es ihnen doch, ihre Leistungen der Öffentlichkeit bekannt zu machen. Hans Burgkmairr verfertigte einen Bericht über die Hochzeitsfeierlichkeiten Katharina Fuggers im Jahre 1553[62], eines Mitglieds der großen Augsburger Bankiersfamilie; es war eine ziemlich bescheidene Veranstaltung von sieben Begegnungen mit je drei Durchritten. Verglichen damit ist das Turnierbuch des Patriziers Marx Walther aus Augsburg wesentlich lebendiger: seine Helmzier bestand offensichtlich aus drei Würsten am Spieß[63]; er schien ein erfahrener und angesehner Tjostierer gewesen zu sein, dem es gefiel, dem Dünkel der Adligen eine lange Nase zu machen. Eine der Illustrationen zeigt ein Lanzenturnier, das allgemein als Domäne des Adels galt.[64] Immerhin wurden Marx Walther und seine Mitstreiter von den Herzögen Christoph und Wolfgang von Bayern als würdige Konkurrenten beim Turnier anerkannt, denn 1452 forderten sie die Herzöge zu einem Gestech mit vier

*Kupferstiche von Lucas Cranach. Massenturnier auf einem Marktplatz: eine recht lockere Angelegenheit;
die Bürger stehen an eine einfache Begrenzung gelehnt und beobachten den Gang der Dinge.
Unten: Ein Ritterspiel nach Art des Massenturniers von 1509. Eine solche Veranstaltung war zu dieser
Zeit wohl eher eine Seltenheit.
(Bildarchiv Foto Marburg) (Radio Times Hulton Picture Library, London)*

Kämpfern auf jeder Seite, aus dem Marx Walther und seine Gefährten siegreich hervorgingen. In Marx Walthers Buch wird auch ein Fastnachtsturnier dokumentiert, bei dem die Tjostierer von Männern in Narrenkleidern umgeben sind[65], auch wird nicht ausgelassen, wie Marx – besonders eindrucksvoll – in den Fronhof zu Augsburg einreitet mit einem Knaben, »der was im vierzehenden iar«, auf dem Ende seiner dicken Lanze.[66]

Trotz dieser einzelnen Turnierfreunde war das Wiederaufleben groß angelegter Turniere nur kurzlebig: das letzte Turnier der Turniergesellschaften der »vier Lande« Rheinstrom, Schwaben, Franken und Bayern wurde 1487 in Worms abgehalten. Turniere und Stechen waren zunehmend den kaiserlichen und fürstlichen Höfen vorbehalten, an denen nur teilnehmen konnte, wer eingeladen wurde, obwohl städtische Turniere in Augsburg und an anderen Orten bis ins 16.Jahrhundert fortgeführt wurden. Die Idee einer unabhängigen Aristokratie, die ihre eigenen Angelegenheiten auf der Grundlage ritterlicher Normen regelte, blühte nur eine kurze Zeit, und doch haben die ritterlichen Unternehmungen Kaiser Maximilians, und nicht zuletzt sein Auftreten in den Turnierschranken, jener Renaissance ritterlichen Bewusstseins viel zu verdanken. Zusätzlich zu den bereits genannten Turnierbüchern sorgte Maximilian dafür, dass seine ritterliche Karriere – unter dem Deckmantel romanhafter Fiktion – auch im Druck der Nachwelt erhalten blieb.[67] Allein der *Theuerdank* (1517) liegt in der vollständigen Druckfassung vor, jedoch sind wenigstens die Holzstiche für den *Freydal* sowie Text und Abbildungen für den *Weisskunig* zum großen Teil erhalten. Am Hofe Maximilians erreichte das Ritterspiel eine nie da gewesene Vielfalt, insbesondere auf dem Gebiet des Fußkampfes, der bei früheren Turnieren nur eine untergeordnete Rolle gespielt hatte. Es handelte sich dabei um Zweikämpfe, bei denen die Kühnheit eines gedachten Helden-Königs gebührend herausgestellt werden konnte; sie standen aber auch in enger Verbindung zu einer gewandelten realen Kriegsführung, wie sie durch die dramatischen Siege des eidgenössischen Fußvolks, mit langen Piken bewaffnet, in den 1470er-Jahren eingeleitet wurde. Maximilians Aktivitäten in diesem Bereich führen uns weit über die Sphäre des eigentlichen Turniers hinaus in die Welt der Fußturniere des 16.Jahrhunderts und zugleich in die Geschichte des Duells. Seine Turniere sind eher orthodoxer Natur, obwohl sie mehr und mehr künstliche Apparaturen verwenden wie etwa mit Sprungfedern versehene Schilde, die in mehrere Teile zerspringen, wenn sie an der richtigen Stelle getroffen werden, oder hochspezialisierte Harnische. Des Kaisers eigene Begeisterung für den Turnierkampf lässt sich auch bei Heinrich VIII. von England und bei Franz II. von Frankreich beobachten – und dies verweist auf ein zentrales Interesse an militärischer Betätigung. Ein bezeichnendes Bild im *Weisskunig* zeigt den Kaiser als Kind beim Spiel mit kleinen Turnierfiguren. Damit soll vor Augen geführt werden, wie sehr seine gesamte Erziehung um den Gedanken des Rittertums kreiste.

Indessen, die Stellung des Turniers in der politischen und sozialen Wirklichkeit – wie auch immer Maximilians Auffassung darüber beschaffen gewesen sein mochte – hatte sich verändert. Wir sind tief in der Renaissance, in der Welt fürstlicher Erhabenheit, und ungeachtet der Betonung des Fußkampfes, entwickelten sich die Realitäten der Kriegsführung in ganz andere Richtungen. Es ist allein Maximilians persönliche Tüchtigkeit – »so gewandt mit der Lanze, dass kein ebenbürtiger Gegner in Deutschland oder anderswo aufzufinden war«[68] – die ihn fest in der mittelalterlichen Tradition verankert: er war bekannt dafür, mit Kriegsleuten bescheidener Herkunft zu tjostieren, nur um jemanden zu finden, der seiner Geschicklichkeit gewachsen war. Nach ihm gehören die deutschen Turniere weitgehend zur Sphäre des politischen Schauspiels, und damit verlassen wir Deutschland und wenden uns Italien und Spanien zu.

oben: Wilhelm IV. wird bei bei einem scharfen Gestech in München, Juli 1520, von seinem Bruder Ludwig aus dem Sattel gestoßen.
(München, Bayerische Staatsbibliothek, MS Cgm 1929, 22v-23)
unten: Herzog Heinrich von Sachsen wird 1498 in Innsbruck von Kaiser Maximilian besiegt.
(Friedrich Haenel, Der saechsischen Kurfürsten Turnierbücher. 1910)

91

Vier Arten des Fußkampfes, aus: Der Weisskunig, die romantische Darstellung der Jugendtaten Maximilians. Oben links: Zweikampf in voller Rüstung mit Schilden und Schwertern; oben rechts: Kampf in voller Rüstung mit Langspeeren.
Unten links: Kampf in voller Rüstung mit Hellebarden; unten rechts: Fechten mit Langschwertern.
(Aus: Jahrbuch der Kunsthistorischen Sammlungen 6, Wien 1888)

Ein aufsehenerregender Sturz vom Pferd inmitten splitternder Lanzen. Meliadus, Italien, ca. 1350
(BL MS Add 12228, 71v.)

Viertes Kapitel

Das Turnier in Italien, Spanien und anderen Ländern

Italien

Auf ein Problem der Frühgeschichte des Turniers sind wir bereits gestoßen. Gab es möglicherweise seit der Karolingerzeit oder gar seit der Spätantike eine gewachsene Tradition in der öffentlichen Zurschaustellung von Reitkunst – und folglich auch von Reiterspielen? Der einzige gesicherte Bericht darüber liegt uns in Nithards Beschreibung der Spiele vor, die zur Unterhaltung Ludwigs des Deutschen und Karls des Kahlen im Jahre 842 abgehalten wurden. Allerdings gibt es weitere Beispiele, bei denen wir nicht wissen können, ob es sich um ein richtiges Turnier handelte oder lediglich um Geschicklichkeitsübungen ohne wirkliches Kampfgeschehen. Dies nun trifft gerade für Italien zu, wo bei mittelalterlichen Festen paradierende Reiter zum gewohnten Bild gehört haben dürften. Der Terminus *hastiludium* wurde bei vielen Gelegenheiten in seiner ursprünglichen lateinischen Bedeutung »Speerspiel« durchaus wörtlich genommen. So etwa bei Ugo, Vizegraf von Pisa, der im 12. Jahrhundert sein Leben »hastorum ludis« zubrachte; dies aber hatte wohl eher etwas mit Reitkunst zu tun als mit Kriegsspielen. Wie Lorenz von Verona 1115 verzeichnet, folgte auf das »Speerspiel« als nächste Lieblingsbeschäftigung Ugos die »Hetzjagd mit Pferden« (*cursibus equorum*).[1]

1265 wurde Karl von Anjou bei seinem Einzug in Rom von Lanzenreitern empfangen, die komplizierte Reitermanöver ausführten; allerdings war das ganze Schauspiel der klassischen Tradition verpflichtet und nicht den zeitgenössischen Turnieren. Der Chronist Malaspina machte dabei kräftige Anleihen bei Vergils Schilderung der Reiterspiele beim Leichenbegängnis von Aeneas' Vater, die wir bereits erwähnt haben. Allein in Italien scheint sich diese Tradition über die karolingische Ära hinaus gehalten zu haben. Wir müssen deshalb sehr genau auf den Kontext eines jeden erwähnten »hastiludium« achten. Die Grenzen zwischen Buhurt (*béhourd*) und *hastiludium* waren erwiesenermaßen fließend, denn zwei Chronisten, die über Spiele und Volksbelustigungen auf dem zugefrorenen Po schrieben, benutzen die Wörter »bagordare« und »hastiludio discurrere« für ein und dieselbe Sache. Wenn aber Obizzo, Markgraf von Este, ein Auge bei einem *hastiludium* verliert, bei dem er »in Liebe zu einer bestimmten anwesenden Dame« kämpfte, dann können wir wohl sicher sein, dass wir es mit einem normalen Turnier zu tun haben.[2] Bei vielen Gelegenheiten gehörten Vorführungen von Reiterkunststücken und harmlosen Scheinkämpfen nach Art des Buhurts ohne Zweifel als Auftakt oder Begleitform zu Turnier und Tjost – eine genaue Abgrenzung gab es dabei nicht.

Die ersten, oben bereits behandelten Massenturniere und Tjoste auf italieni-schem Boden sind eng verknüpft mit der Anwesenheit von ausländischen Besu-chern: 1158 veranstaltete die Stadt Cremona ein Turnier zu Ehren Friedrich Bar-barossas; die Turniere in Venedig und Tirol während der Venusfahrt Ulrichs von Liechtenstein 1127 wurden ausschließlich zwischen dem deutschen Adel dieser Landschaften ausgetragen, italienische Namen erscheinen dabei nicht. Das erste rein italienische Turnier ist 1225 aus Siena überliefert. Darüber weiß der örtliche Chronist zu berichten: »Gherardo di Ragona, podestà (Hauptmann) von Siena, ver-anstaltete in seiner Amtszeit als Stadthauptmann ein schönes und vortreffliches Turnier, das auf der weiten und herrlichen Wiese vor der Porta Camollia stattfand, und unter all denen auf dem Kampfplatz, außer den drei unten genannten, gab es keinen, der nicht aus dem Sattel geworfen wurde von den ungestümen Rossen, die jene hatten. Und am Ende gewann Buonsignore von Arezzo das besagte Turnier. Aber dieses Turnier wurde für die Fremden abgehalten und nicht für die Bürger und Adligen von Siena. Der Preis, den der genannte Buonsignore von Arezzo gewann, war ein sehr wendiges Pferd mit Zaumzeug aus Seide sowie einen wertvollen Har-nisch, wie ihn ein rechter Mann tragen soll. Aliano, der Zweiter geworden war, be-kam einen Helm mit dem Wappen der Stadt Siena. Und Manette, der Dritte, wurde ein Schwert gegeben und stählerne Panzerhandschuhe. Manette war derjenige, der das Turnier ausrichtete, denn er war ein bedeutender Waffenschmied und Anführer von Soldaten, ein sehr reicher Mann. Er war beauftragt worden, das besagte Tur-nier auszurichten und erhielt dafür Geschenke, denn er stand in Diensten des Ghe-rardo di Raghona, unseres podestà, und Manette war sein Neffe.«[3]

Zwei Jahrzehnte später, 1242 und 1252, wird über Turniere vor der prächtigen Kulisse des Markusplatzes in Venedig berichtet. Das Turnier von 1252 veranstaltete man anlässlich der Wahl des neuen Dogen. Im Jahre 1272 forderten sechs Adlige aus dem Friaul die Venetianer an den drei Karnevalstagen vor dem Osterfasten – der traditionellen Turniersaison – zu Einzelkämpfen heraus. Es wurden einige Lan-zen gebrochen, einem Ritter schlug man den Helm herunter, und obwohl niemand aus dem Sattel geworfen wurde, galten die Tjoste doch als großer Erfolg: Der Sieg ging zwar an die Herausforderer aus dem Friaul, aber die Bürger von Venedig hat-ten sich ihrer Aufgabe mit Bravour entledigt.[4] Fünfzig Jahre später, 1322, gab es er-neut Tjoste auf dem Markusplatz, der zu diesem Anlass mit Fahnen, Wimpeln, Wap-penschilden und Malereien üppig geschmückt war. Der Doge präsidierte auf einem Balkon über dem Westportal von San Marco; die Kämpfe selbst entwickelten sich auf einem eingefriedeten Areal in der Mitte des Platzes, »damit die Leute nicht von den Pferden verletzt würden und so das Spiel besser vonstatten gehen könnte.«[5] Die Turniersieger belohnte man mit goldenen Krönchen und silbernen Gürteln. Offen-kundig erfreuten sich die Turniere bei den Venezianern größter Beliebtheit, weil sich die Obrigkeit im Jahre 1367 gezwungen sah, Tjoste oder andere Arten von Tur-nieren ohne Erlaubnis des Rats der Acht zu verbieten.[6]

Ohne Zweifel nahm die Zahl der Turniere im Italien des beginnenden 14. Jahrhunderts zu. Um 1310 verfasste Folgore di San Gimignano – sein Beiname bezieht sich auf seinen glanzvollen (folgorante) Lebensstil in dem kleinen toskanischen Städtchen San Gimignano – zwei Sonettzyklen, in denen er Turniere erwähnt. In seinen »Wochentagen« ist Donnerstag der Tag des Kampfes, »an jedem Donnerstag Turnier, Ritter tjostieren einer gegen den anderen; lasst den Kampf auf öffentlichem Platz stattfinden, fünfzig gegen fünfzig, hundert gegen hundert.«[7] Im Zyklus über die Monate dichtete er zum Monat Mai:

»Ich geb' dir Pferde für dein Spiel im Mai,
Und alle wohlgeübt für diesen Ritt,
Jedes fügsam, schnell und aufrecht, gute Rösser;
Mit Harnisch um die Brust und kleinen Glocken
An der Stirn, und Fähnlein schön und froh,
Feines Netzwerk, Satteldecken harren der Kämpfer,
Wappengeschmückt mit Schilden Eures Anrechts,
Rot, Silber, Gold, alle verschwimmend im hellen Mittag:
Und Speere sollen splittern, und schöner Lohn erhebe sich
Im frohen Tausch mit niederschwebenden Kränzen
Von Fenstern und Gesimsen in luftiger Höh';
Und zarte Jungfrau'n sollen mit Jünglingen und Knaben
Küssen sich auf Mund und Wangen;
Und beglückt sei jeder Tag mit freud'ger Liebe.«[8]

Bis zu einem gewissen Grad bestätigen die Chronisten den Dichter, denn zwischen 1320 und 1340 sind in Norditalien acht Turniere belegt: In Rimini gab es 1324 ein großes Fest anlässlich der Rittererhebung Pandolfo Malatestas und seiner Söhne; eintausendfünfhundert Spielleute sollen erschienen sein sowie der gesamte Adel und die Großen der Toskana, den Marken, der Romagna und beinahe der gesamten Lombardei.[9] 1328 zelebrierte Can Grande della Scala die Eroberung von Padua mit einem ähnlichen Fest, zu dem sich Spielleute aus aller Herren Länder versammelt hatten. »Es waren da liebreizende Damen, Tjoste und Turniere: kurz, es fehlte an nichts, die Festfreude vollkommen zu machen.«[10] 1329 hielt man Tjoste auf der Piazza Santa Croce zu Florenz, um das Ende des Krieges gegen Pistoia zu feiern. Die Kämpfe dauerten drei Tage, sechs Ritter spielten die Verteidiger: »Da gab es viele gute Schläge und aus dem Sattel gestoßene Ritter, und immer waren schöne Damen auf den Balkonen …«[11]

Die Vermählung des Marsilio di Carrara mit Beatrice de Corrigo zu Verona im Jahre 1338 gab ebenfalls Anlass für Turniere. In Bologna wurde 1339 ein Tjost, bei dem drei ganz in weiß gekleidete Ritter und sechs Knappen als Verteidiger auftraten, durch einen Zwischenfall unterbrochen, als Giovanni di Taddeo Pepoli, Sohn

Turnier vor der Minneburg; die Damen werfen den Rittern Kränze zu, wie im Gedicht des Folgore von San Gimignano. Spiegelkästchen aus Elfenbein, ca. 1400.
(Florenz, Museo del Bargello) (Photo Scala)

des Stadtherren von Bologna, verkleidet und ohne Wissen seines Vaters in die Schranken ritt. Als Taddeo di Pepoli gewahrte, was auf dem Turnierplatz vor sich ging, brach er das Turnier zunächst ab, ließ sich aber dann doch von den Bitten der anderen Tjostierer zum Einlenken bewegen. Drei Ritter übernahmen die Aufsicht über den weiteren Verlauf des Turniers, und ein Schreiber notierte die Schläge, die nach ihrem Urteil als Treffer gewertet werden sollten: Dies ist der früheste Beleg für eine Trefferzählung im Turnier.[12]

In Italien gab es keine der üblichen Spannungen zwischen landsässigem Adel und Bürgertum, selbst die reichsten und mächtigsten Herren waren stolz auf ihre Bürgerrechte. Wegen dieser besonderen Verhältnisse waren Turniere in Italien ein rein städtisches Phänomen, auch wenn die republikanischen und oligarchischen Stadtverfassungen häufig den Charakter fürstlich-aristokratischer Herrschaften annahmen. Die ausgeprägte Turnierbegeisterung einer einzelnen Herrscherfamilie wurde seit der Mitte des 14. Jahrhunderts zu einem ausschlaggebenden Faktor, wie es etwa an den Turnieren der Gonzaga von 1340, 1366 und 1360 zu Mantua deutlich wird.[13] Der »Grüne Graf« Amadeus VI. von Savoyen – einem Land mit ähnlich feudalen Strukturen wie im benachbarten Frankreich – war ein ebenso eifriger Turnierenthusiast wie sein etwas älterer Zeitgenosse, der »Schwarze Prinz«.

Das großartigste dieser Turnierereignisse – zu Bourg-en-Bresse an Weihnachten 1352 – sicherte dem Grafen, *beau et gracieux adolescent*, einen besonderen Platz unter den ritterlichen Figuren des Jahrhunderts:

»Als die Trompeten den Einzug der Kämpfer auf den Turnierplatz ankündigten, erschien der Graf an ihrer Spitze, strahlend, in grüner Seide und samtenem Gewand unter dem Harnisch, mit einer smaragdgrünen Feder auf der Zier seines silbernen Helmes; er ritt ein prächtiges Streitross mit reich verzierter Rossdecke in Silber und Grün. Hinter ihm zu Pferde elf seiner edelsten Ritter, ebenfalls in Grün gekleidet; alle wurden von anmutigen Damen auf den Kampfplatz geleitet; jede hielt ihren Streiter mit einem langen grünen Band gefangen, das am Zaum des Rosses befestigt war. Sodann ließen die Damen – auch sie in grünen Kleidern – ihre Ritter frei, und das Turnier begann. Als das Tjostieren für diesen Tag zu Ende ging, stiegen die Damen wiederum zum Kampfplatz hinab, um ihre Streiter erneut in »Gefangenschaft« zu nehmen und sie zum Schloss zurückzuführen. Danach hob im großen Saal das Festmahl an, während unterdessen jene mit goldenen Ringen oder Stäben belohnt wurden, die sich bei den Kraft- und Geschicklichkeitsproben dieses Tages als die Tüchtigsten erwiesen hatten.«[14]

Obwohl man jeweils andere Ritter zu Tagessiegern erklärte, bekam Amadeus den Gesamtsieg zugesprochen. Nach Darstellung der romantisierenden Chronisten des folgenden Jahrhunderts bot man dem Grafen als Preis alle drei Goldringe an und dazu die traditionellen Küsse der Damen, die den Preis überreichten. Er akzeptierte die Küsse, die Ringe aber sollten die Tagessieger erhalten – worauf diese den galanten Einspruch erhoben, sie hätten doch eher die Küsse vorgezogen. In den Rechnungsbüchern des gräflichen Haushalts wird dagegen prosaisch verzeichnet, über Weihnachten seien in Bourg 1460 Pferde versammelt gewesen. Mit großzügigen Geschenken, in Einzelfällen bis zu vierzig Florin, habe man die Spielleute und Herolde entlohnt. Die zu dieser Gelegenheit angeschaffte grüne Seide und alles Tuch wurde zur Anfertigung der künftigen gräflichen Livrée verwendet.[15] Zwei Jahre später gab Amadeus ein weiteres großes Weihnachtsturnier in Chambéry, vermutlich zur Feier der Beendigung des langwierigen und häufig unterbrochenen

Skizze einer lebhaften Turnierszene auf einer unteren Schicht des Pisanello-Freskos im Herzogspalast zu Mantua.
(Photo Scala)

Krieges gegen die Dauphins des Viennois. Dies waren die Höhepunkte einer langen Turniertradition am savoyardischen Hof – sie begann 1344 in Chambéry, setzte sich in der Regierungszeit Amadeus' VII., des »Roten Grafen«, fort und dauerte bis ins frühe 15. Jahrhundert. Der Rote Graf erntete den gleichen Turnierruhm wie sein Vater: Im Jahre 1383 brach er siebenundvierzig Lanzen in Einzelkämpfen mit dem Earl von Pembroke und einem anderen englischen Adligen. Unter seinem Sohn Amadeus VIII. gab es zwischen 1400 und 1412 fast jährlich ein Turnier, unter anderem zwei Turniere an Weihnachten und eines zur Hochzeit eines savoyardischen Adligen.[16] Auch wenn die Vermählung der Schwester des Grünen Grafen mit Galeazzo II. Visconti von Mailand im Jahre 1350 Anlass für eines dieser Turniere war, richtete Savoyen nicht so sehr seinen Blick nach Italien, sondern zunehmend nach Frankreich und dem Imperium, und auch die savoyardische Ritterschaft orientierte sich eher nach der französischen Mode als nach der italienischen.[17]

Die Visconti von Mailand strebten ebenfalls danach, ein Herrschergeschlecht von europäischem Rang zu werden, nicht zuletzt durch die 1368 geschlossene Ehe zwischen Lionel, dem Herzog von Clarence (Sohn Eduards III. von England), und der Tochter Galeazzos II.: Beim Hochzeitsturnier errang der Grüne Graf den Sieg. Möglicherweise mit Blick auf dieses Turnier versuchte der Papst, Lionel »von einem todbringenden Turnier, das er zu veranstalten beabsichtigte«, abzuhalten. Es scheint aber, dass sich diese päpstliche Intervention auf ein Turnier mit scharfen Waffen bezog. Galeazzos Bruder Bernabò gab ein glänzendes Fest nach Abschluss des Vertrages von Bologna im April 1364, bei dem die beiden Turniermannschaften in Weiß, respektive Grün gekleidet waren. Die Feierlichkeiten wurden am 7.April wegen des Todes eines Visconti unterbrochen, wurden aber nach zwei Tagen mit dem großen Schlussturnier zwischen beiden Mannschaften fortgesetzt.[18] Anlässlich der Erhebung des Giangaleazzo Visconti – der kunstsinnigste und glanzvollste der Dynastie – zum Herzog von Mailand, tjostierten nach der Zeremonie zweihundert Reiter, und mehr als vierhundert kämpften im Turnier des folgenden Tages.[19]

Auch die Gonzaga von Mantua und die Carreras von Padua betrachteten das Turnier als wichtiges Element ihres Hofzeremoniells, freilich in geringerem Umfang als bei den Viscontis. Tjoste zur Feier von Siegen, der Inthronisation eines Fürsten, von Hochzeiten, sind in den Jahren 1377, 1379, 1380 und 1392 belegt. In diesem letzen Jahr heirateten der Sohn des Francesco Novello da Carrara und die Tochter Franceso Gonzagas:

»Markgraf Albert von Ferrara proklamierte ein Turnier zu diesem Anlass, und viele Herren waren dazu eingeladen ..., und so kamen Franceso, Terzo und Jacomo da Carrara, Söhne des Fürsten (von Padua), und brachten fünfzig Turnierkämpfer mit. Als sie nach Ferrara kamen, wurden sie in Ehren vom Markgrafen und anderen Herren empfangen, und das Turnier begann; daran beteiligten sich die Fürsten und einige andere Edle, zweihundert Turniere insgesamt; den Preis des Turniers erhielt der Graf von Carrara. Danach gab es schöne Einzelkämpfe und Feste ...«[20]

Ein für das »Brückenspiel« (Giuoco di Ponte) ausgerüsteter Kämpfer.
(W. Heywood, From Palio to Ponte, London 1908)

Der örtliche Brauch schien zuerst das Massenturnier und danach die Tjoste vorgesehen zu haben; die gleiche Abfolge wurde auch bei der Vermählung des Francesco Novello da Carrara mit Taddea d'Este im Jahre 1377 eingehalten, und auch bei der Hochzeit des Giacomo da Carrara 1403 verfuhr man auf diese Weise.[21]

In den großen Handelsstädten war die *Signoria* oder die Alleinherrschaft eines Fürsten noch nicht etabliert. So hatten in Florenz, Siena und Perugia die Turniere noch kommunalen Charakter, während die aufwendigen und gut organisierten großen Turnierereignisse eher Sache der Fürsten waren, denn nur wer über ein zahlreiches Gefolge verfügte, war in der Lage, das Ganze auch als Schaugepränge aufzuziehen. In Siena, Perugia und Pisa treffen wir auf eine faszinierende Parallele zum Turnier: es sind Mannschaftskämpfe, die unter den Bezeichnungen *mazzascudo*, *ponte*, *battaglia de'sassi*, *elmora* und *pugna* bekannt waren. Wir haben es dabei offenkundig mit Fußturnieren zu tun, wie aus den frühen Belegen des *mazzascudo* in Pisa deutlich wird. Die Kämpfer waren mit Keule und Schild bewaffnet und gehörten jeweils zwei Mannschaften an, die sich aus eigens für diesen Zweck gebildeten Vereinigungen rekrutierten und bestimmten Stadtquartieren entstammten. Die Spiele fanden nur im Winter statt, also außerhalb der Feldzugssaison, und man trug sie aus auf einem mit Ketten abgetrennten, von Weihnachten bis Fastnachtsdienstag täglich bewachten Areal auf einem der Plätze Pisas; so konnte man sich zum Kampf herausfordern, wann immer man wollte. An Festtagen gab es einen allgemeinen Massenkampf, der immer viele Zuschauer anlockte. Man begann mit den

Einzelkämpfen; Liebende schmückten ihre Schilde mit dem Konterfei ihrer Liebsten und kämpften zu ihrer Ehre, bis der Massenkampf durch Trompetensignale angekündigt wurde. In einer späteren Version des Spiels, ausgetragen auf dem Ponte Vecchio zu Pisa, trugen die Mitspieler einen der Rüstung der Fußsoldaten nachempfundenen, freilich gut gepolsterten Harnisch. Beim *mazzascudo* oder »Keulenschild« bediente man sich einer einzigen Waffe für Angriff und Verteidigung, der so genannten *targone*, ein drachenförmiger, nach unten spitz zulaufender Schild, mit dem man zustoßen und parieren konnte.[22] Die *battaglia de'sassi*, der »Kampf mit Steinen« zu Perugia, verlief in gleicher Weise, nur dass sich hier noch zu den Kämpfern mit Keule und Schild die *lanciatori*, die Steinewerfer, hinzugesellten. Dieses Spiel war genauso gefährlich wie ein Massenturnier, und dessen Gegenstück, die *elmora* von Siena, wurde im Jahre 1291 verboten, nachdem zehn Adelsleute und zahlreiche andere bei einem solchen Spiel getötet worden waren. Danach kämpfte man in Siena nur noch mit den bloßen Fäusten und nannte das Spiel dementsprechend *pugna*.[23]

Diese Spiele, wenn man sie überhaupt so bezeichnen kann, scheinen typisch für Italien gewesen zu sein. Sie verdanken ihre Entstehung den jeweiligen lokalen Traditionen der Bürgermilizen sowie dem Fehlen einer feudalen Militärorganisation. Aus Pisa scheinen Turniere nicht belegt zu sein, und in Siena wurden nicht mehr als ein halbes Dutzend Tjoste abgehalten – dazu noch meist zu Ehren fürstlicher Besucher, wie im Falle des Gian Galeazzo Visconti, den man mit Tjosten unterhielt; dabei traten drei Mannschaften aus drei verschiedenen Stadtvierteln gegeneinander an.[24] Nur während der Alleinherrschaft von Braccio da Montone gab es in Perugia der Jahre 1416, 1417 und 1423 einige Turniere. Montone war von Turnieren begeistert und hinterließ nicht geringen Eindruck, als er sich 1420 bei einem Turnier in Florenz als Führer einer Schar von Turnierkämpfern hervortat.[25]

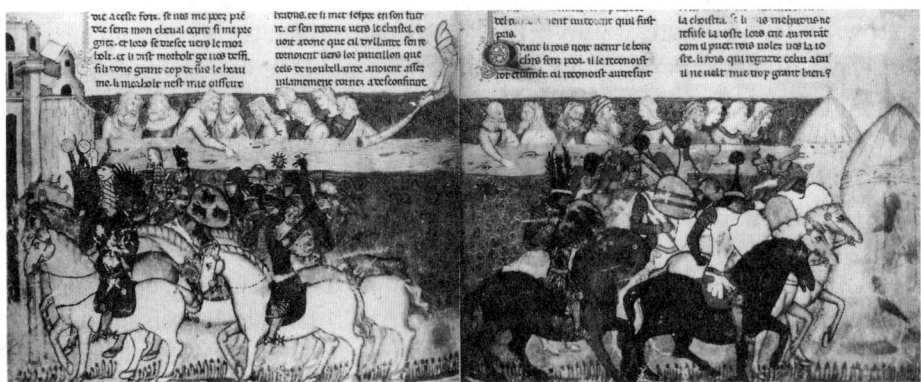

Das Signal zum Rückzug: Ritter verlassen den Kampfplatz am Ende des Turniertages. Meliadus, Italien, ca. 1350.
(BL MS Add 12228 f.170v-171)

Allein Florenz hatte unter den toskanischen Handelsstädten eine wirkliche Turniertradition aufzuweisen. Zwischen 1387 und dem Herrschaftsantritt des Lorenzo de'Medici im Jahre 1434 gab es mindestens ein Dutzend Turnierveranstaltungen. Diejenigen von 1392 und 1396 sind aus Rechnungsbüchern bekannt: 1392 wurden 100 Pfund an drei prominente Bürger zur Deckung der Kosten für ein Turnier ausgezahlt, das man »zur Ehre und Würde der Stadtgemeinde von Florenz« feierlich veranstaltet hatte; 1396 gab man 146 Florin aus, um die Helme derjenigen zu schmücken, »die bei den Tjosten dieses Monats für die Ehre und Erhabenheit der Stadtgemeinde von Florenz« die besten Kämpfe geliefert hatten. Der Chronist der drei Turniere vom Oktober und November 1406 legt zudem großen Wert auf die Turnierpreise: Am 24.Oktober kämpften die achtzehn Tjostierer auf der Piazza Santa Croce um einen Löwen aus vergoldetem Silber sowie um eine Samtkappe, und am 31.Oktober – nach der Rittergürtung von sechzig Knappen der Guelfenpartei – trotzten acht Tjostierer einem über der Piazza Santa Maria Novello niedergehenden Platzregen und tjostierten um einen Helm. Der Schreiber merkt an, der Turnierplatz sei »nicht überdacht« gewesen – ein Hinweis darauf, dass dies bisweilen der Fall war. Vier Wochen später fanden erneut Tjoste auf der Piazza Santa Croce statt – offenkundig ein traditioneller Turnierplatz –, aber die Turnierschranken waren außergewöhnlich ausgedehnt und umschlossen mit 125 x 60 Schritt fast den gesamten Platz. Es tjostierten vierzehn bis sechzehn Kämpfer, und die Preise waren ein Helm mit einem silbernen Drachenkopf sowie »ein Turnierhelm mit zwei goldenen Flügeln, versehen mit vielen grünen, weißen und roten Federn.« 1415 sollten auf der Piazza della Signoria »Sarazenen«, das heißt Stech- oder Quintanpuppen, »wie üblich« aufgestellt und Tjoste zum St.Barnabas-Tag (11. Juni) gehalten werden.

Die Turniere häuften sich insbesondere gegen Ende der unabhängigen Republik: Die guelfischen Hauptleute feierten 1419 die Eroberung von Pisa mit einem Stechen; 1420 besuchte, wie schon gesagt, Braccio da Montone die Stadt, und zwischen 1427 und 1429 wurden jährlich Turniere organisiert, wie uns Franceso di Franceso Giovanni mitteilt, dessen Bruder Giovanni offenbar ein Turnierexperte war: In den Tjosten vom Januar 1427 gewann Giovanni auf einem braunen Turnierpferd den ersten Preis. Francesco notiert, die Tjoste hätten »auf offenem Feld stattgefunden, ohne Pfosten (*stechato*) und Mittelbarrieren (*tenda*), was darauf hindeutet, dass man solche Vorkehrungen inzwischen als üblich ansah.[26]

Die florentinischen Turniere waren anscheinend allein Sache der Einwohner, dagegen treffen wir zur gleichen Zeit in Bologna auf gänzlich anders geartete Verhältnisse: Am Turnier von 1392, zum Abschluss des Feldzugs gegen Genua, beteiligten sich italienische und deutsche Söldnerführer, die zuerst mit Lanzen und dann mit orientalischen Krummsäbeln fochten. Es waren vierunddreißig Italiener und dreiunddreißig Deutsche; die Ehrenpreise des Tages gingen nach einem langen Kampf zu gleichen Teilen an beide Gruppen.[27] 1407 tjostierten sechs Bürger von Bologna und einige stadtfremde Söldner. Einer dieser Söldner gewann den vom päpstlichen Legaten überreichten Helm im Wert von 300 Dukaten.[28]

Mit dem Aufstieg der Medici in Florenz seit den 1430er-Jahren dominierte das Fürstenturnier; ein Turnier zu Mailand 1435 bezeugt anschaulich die Atmosphäre eines solchen Ereignisses: Filippo Visconti war gerade nach dem Sieg bei Pavia nach Mailand zurückgekehrt und führte König Alfons von Aragón, dessen Bruder und vierhundert aragonesische Adlige als Gefangene mit sich. Zur Feier seines Triumphes wurden Tjoste abgehalten. Nun war dem Herzog daran gelegen, dass einer seiner Männer als Erster den Preis des Tages gewinnen sollte. Doch als überlegener Sieger der ersten beiden Turniertage erwies sich Carlo Gonzaga; als der Herzog dies gegenüber seinen engsten Vertrauten beklagte, versetzte einer von ihnen: »Du hältst in deinem Kerker einen der besten Lanzenkämpfer Italiens gefangen, meinen Neffen Venturino Benzone; wenn du geruhst, ihn freizulassen, bin ich überzeugt, dass der Preis nicht aus deinem Reich davongetragen wird.« Venturino wurde vor den Fürsten gerufen und willigte ein, gegen alle Herausforderer anzutreten, bat sich aber eine kurze Ruhepause und ein gutes Pferd aus. Am folgenden Tag tjostierte Venturino gegen Carlo Gonzaga, und es gelang ihm beim letzten Durchgang, Gonzaga mit der schweren Turnierlanze am Helm zu treffen; Carlo und sein Pferd stürzten zu Boden, und Venturino wurde zur großen Freude des Herzogs zum Sieger erklärt. So erlangte der Fürst sein Prestige wieder und Venturino seine Freiheit.[29] Die Vorstellung, das persönliche Prestige des Herzogs sei an den Turniersieg eines seiner Untergebenen gebunden, ist etwas gänzlich Neues. Ein Herrscher des 14. Jahrhunderts wäre noch eher selbst in die Turnierschranken getreten, hätte aber der Nationalität des Turniersiegers kaum jene Bedeutung zugemessen. Die Gonzagas gehörten zu den leidenschaftlichsten Tjostierern dieser Zeit: Wir hören von Tjosten in Mantua 1410, 1463 und 1469, und sie erscheinen, wie schon gesagt, unter den Siegern oder Teilnehmern in Mailand sowie 1487 in Bologna. Federico Gonzaga weilte 1467 als Zuschauer beim Turnier zu Ferrara und sandte seiner Mutter einen detaillierten Bericht über die Ereignisse.[30]

Zunehmend geriet das Turnier in den Schatten des festlichen Anlasses und war dort lediglich ein Programmpunkt unter anderen. Wir können die sorgfältige Organisation eines solchen Festes bis zum Jahre 1364 zurückverfolgen, als in Venedig mit Vorführungen von Reitkunst und mit Tjosten die venezianische Rückeroberung Kretas gefeiert wurde. Festorganisator war Tommasio Bombasio aus Ferrara, den man eigens für dieses Fest engagiert hatte. Petrarca beschreibt einen Teil der Darbietungen, den »Lauf« und die Einzelkämpfe. Der »Lauf« war ein unbewaffneter mimischer Kampf, während die Tjoste nach üblicher Weise verliefen. Eine ganze Seite widmet er den wunderbaren Geschicklichkeitsproben des jungen venezianischen Adels während des »Laufes«, hält sich aber bei den Tjosten nicht weiter auf. Aus anderen Quellen wissen wir, dass der König von Zypern in den Schranken anzutreffen war, und dass der Gewinner des ersten Preises – eine goldene Krone – Pasqualin Minotto hieß. Die Inszenierung von Zweikämpfen war die passende Turnierform für eine solche Gelegenheit – der Ausgang des Kampfes schien dagegen von geringerer Bedeutung, es sei denn, es ereigneten sich ein Unfall oder sonst irgendein Missgeschick. Die ganze Szenerie, die ungeheure Menschenmenge, die Pracht der Wandbehänge und die vielen schönen Zuschauerinnen – all dies faszinierte Petrarca weit mehr als die Geschicke der Turnierkämpfer, obwohl er die Geschehnisse zwei Tage lang als Ehrengast zur Rechten des Dogen beobachten konnte.[31]

Ähnliche Betrachtungen treffen auf Turniere zu, die in Rom selbst von keinem geringern als einem Kardinal zur Karnevalssaison 1472 organisiert wurden. Kardinal Riario, der Neffe Papst Sixtus' IV. war berühmt für seine Verschwendungssucht, und diese Veranstaltung machte da keine Ausnahme. Die Tjostierer wurden als

Parade vor einem Turnier, aus einer spanischen Vergilhandschrift des 15. Jahrhunderts. (Universität Valencia) (Foto MAS, Barcelona)

105

»Kriegsleute« und »Hauptleute der Mannschaften« gekennzeichnet und stammten aus verschiedenen, mit dem Kardinal verbundenen Haushalten. Zu ihnen gehörte auch einer seiner Bediensteten, ein Deutscher mit Namen Merlin. Es wurden drei Turnierrichter ernannt; jeder Turnierer musste fünfzehn Treffer erzielen, um für einen Preis in Frage zu kommen. Die Tjoste dauerten drei Tage, danach folgte ein Massenturnier. Der hohen Geistlichkeit war die Teilnahme an einem Turnier offenbar nicht möglich, und da in Rom eine Turniertradition nicht existierte, war auch der römische Adel nicht hinreichend ausgerüstet, um selbst im Turnier aufzutreten. Stattdessen bediente man sich der Kriegsleute. Bemerkenswert ist aber doch, dass der Kardinal die Turnierkämpfe als wichtigen Teil eines großen Festes betrachtete. Spätere römische Feste tendierten eher zu den von Petrarca beschriebenen »Läufen« mit ihren rein mimischen Kämpfen – Riarios Tjoste scheinen die einzigen bezeugten wirklichen Kämpfe auf den römischen Turnierplätzen gewesen zu sein.[32] Aber auch in dieser Periode konnte das Turniergeschehen noch ernsthaft genug sein, wie die Episode von Pavia im Jahre 1453 beweist, als ein vom eben gekürten Rektor der Universität initiiertes Turnier zu einer Schlägerei zwischen Guelfen und Ghibellinen ausartete. Die Tjostierer waren Städter, und die in der Stadt anwesenden herzoglichen Beamten monierten, dass wenig vertrauenerweckende, mit Knüppeln bewaffnete Kerle auf dem Turnierplatz herumliefen – dies bedeute in jedem Falle Raufhändel. Der Preis, ein Stück Samttuch, wurde umsichtigerweise an je einen Tjostierer aus jeder Partei vergeben. Das hielt jedoch einen von ihnen nicht davon ab, seine Anhänger um sich zu scharen und zur Feier seines Sieges auf Pferden durch die Stadt zu sprengen. Am Ende machten in diesem mittelalterlichen Gegenstück zu den Fußballkrawallen unserer Zeit über tausend Bewaffnete in der Nacht die Straßen unsicher, denn der *podestà* der Stadt hatte nicht genügend Wachmannschaften zur Hand, die mit solchen Ausschreitungen hätten fertig werden können.[33] Wiederum ist bemerkenswert, dass die Tjostierer bei diesem gänzlich desorganisierten und unkontrollierten Ereignis Bürger waren und keine Aristokraten.

Dagegen präsentiert sich Florenz, in der zweiten Hälfte des 15. Jahrhunderts fest in der Hand der Medici, als Schauplatz großartiger Feste, zu denen immer auch Turniere gehörten. An Stelle des prügelnden Pöbels finden wir die fantasievollen Darstellungen der *jeunesse dorée*. Ein gewisser Bartolomeo Benci, eifrig bemüht um die Gunst seiner Dame, brachte ihr in der Nacht zum Fastnachtsdienstag 1473 ein ungewöhnliches Ständchen. Er und acht Gefährten, »prächtig gekleidet und auf Pferden mit neuen Schabracken brachen um ein Uhr in der Frühe von seinem Hause auf, jeder von ihnen mit dreißig Jünglingen zu Fuß und acht Jünglingen zu Pferd im Gefolge, diese in der Livrée ihrer Herren und mit Fackeln in den Händen. Sie führten einen Triumph der Liebe mit sich, dargestellt von Cupidos, die, mit Pfeil und Bogen bewaffnet, in grünem Laub gebettet waren; ein blutendes, von Flammen umlodertes Herz überragte alles.« Mechanische Vorrichtungen bewirkten, dass die

Der Monat Februar, dargestellt durch ein Turnier.
Fresko aus dem Castello del Buonconsiglio, Trient, Norditalien.
(Photo Scala)

Cupidos auf und nieder schwebten, »als ob sie lebendig wären.« Am Haus der Dame angekommen, ergriffen die Anführer ihre Lanzen und tjostierten unter ihrem Balkon, und so ging es reihum zu den Damen der anderen acht Gefährten, »sodass das Fest die ganze Nacht hindurch andauerte.« Benci war klug genug gewesen, für seine Serenaden und Tjoste eine offizielle Erlaubnis einzuholen, denn der Rat der Stadt hatte beschlossen, keine Strafe zu verhängen, falls etwa eine Person zu Tode kommen sollte.[34]

Das Turnier als Fürstentriumph begegnet uns in einem vier Jahre zuvor von den Medici veranstalteten Turnier. Es gehörte zu einer ganzen Serie florentinischer Turniere der 1460er und 1470er-Jahre: An Turnierbegeisterung übertrafen die Medicis die übrigen italienischen Fürstenhöfe bei weitem. In einem Gedicht des Angelo Poliziano werden die Tjoste des Giuliano di Piero de'Medici in hochklassischem

Renaissancestil gefeiert; zugleich liefert uns die Dichtung eine eingehende Beschreibung seines Auftritts, vermutlich auf eben demselben Turnier: Er ritt einen Grauschimmel mit Namen »Der Bär«, sein Schild zeigte im oberen Teil ein mit Perlen verziertes Medusenhaupt, welches jedoch bei den Kämpfen entzwei ging. Der Schild war auch sonst aufwendig gestaltet: mit Gold und Juwelen am Rande eingefasst, in der Mitte eine große Flamme mit funkelnden orientalischen Rubinen als Kohlen. Sein Umhang war besetzt mit Broschen und Schmuckgehängen, und seine kunstvolle seidene Kopfbedeckung schmückten zwei weiße Federn, ein Rubin, ein Diamant und drei Perlen. Andere Tjostierer erschienen mit nicht weniger als zwanzig Pfund Perlen an ihren Kostümen. Keiner dieser so gewandten Turnierteilnehmer gehört bezeichnenderweise später zu denen, die beim Kampf Lanzen gebrochen hätten – ihr Einzug ähnelte eher einer Schauparade.[35]

Die anderen italienischen Turnierbeschreibungen interessieren sich für die äußere Erscheinung der Kämpfer und ihre luxuriösen Gewänder, für die Rüstung und bisweilen für die gesamte Szenerie in gleichem Maße wie für den Ausgang der Kämpfe selbst. Anlässlich der Doppelhochzeit von Beatrice d'Este und Anna Sforza zu Mailand im Jahre 1491 werden die Kostüme detailliert beschrieben: Galeazzo Sanseverino beispielsweise ließ zehn Gäste als »Wilde Männer« auftreten, andere,

Ross und Reiter in fantastischer Verkleidung, möglicherweise Skizze für ein Turnierkostüm; Zeichnung Jacopo Bellinis.
(Jacopo Bellini, The Louvre sketchbook, Woodbridge 1986)

wie auch Galeazzo, ritten »Wilde Pferde«. »Wilde Männer« waren ein gewohntes Motiv bei mittelalterlichen Festen, in diesem Falle aber hatte sich Leonardo da Vinci an dem Entwurf der Kostüme beteiligt; sie mögen wohl deshalb einen ganz besonderen Anblick geboten haben. All diese Kostüme waren entweder aufwendig-überladen oder kunstvoll – oder beides; beliebt waren türkische Kostüme, und als Helmzierden verwendete man solche launischen Fantasiegebilde wie »ein Berg, vor dem ein unbekleideter Mann mit einem Brief und einem Buch in Händen steht, über seinem Haupt ein Stern.« Beim Turnier selbst glänzte Galeazzo, indem er in zwölf Durchgängen neun Lanzen brach, bei den restlichen drei Runden traf er zwar den Schild des Gegners, die Lanzen jedoch blieben unversehrt.[36]

Herzog Giangaleazzo Sforza von Mailand konnte mit Recht stolz auf sein Fest sein, und er behauptete, »dass auf dem Turnierplatz ebenso viele Lanzen gebrochen wurden wie bei allen italienischen Turnieren der letzten Jahre zusammen, und diese Lanzen waren nicht nur größer als gewöhnlich, sondern übertrafen die Vorstellungskraft all derjenigen, die es nicht mit eigenen Augen gesehen hatten.« Mit dieser vollmundigen Behauptung verlassen wir das italienische Turnierwesen und wenden unseren Blick nach Spanien.

Spanien

Die Frühgeschichte des Turniers in Spanien ist ein weitgehend unerforschtes Terrain. Trotz der besonderen Aufmerksamkeit, die man in Spanien der Heraldik, der Genealogie und der mittelalterlichen Geschichte überhaupt widmet, scheinen Turniere und Tjoste vor 1400 niemals ernsthaft wissenschaftlich behandelt worden zu sein. Ein Grund mag darin liegen, dass die ständigen Kriege gegen die Muslime und die Kämpfe zwischen den verschiedenen christlichen Königreichen wenig Interesse an Scheingefechten zu erwecken vermochten, da wirkliche Schlachten zu schlagen waren. Im Spanischen und Portugiesischen erscheinen die Wörter für »Turnier« und »Tjost« erst in der Mitte des 13. Jahrhunderts – sehr viel später als im übrigen Europa –, und Belege über Turniere vor 1300 finden sich überhaupt nur in solchen Regionen Spaniens, die Frankreich am nächsten liegen. Die Turniergeschichte auf der Iberischen Halbinsel ist eng verknüpft mit der Vorliebe einzelner Persönlichkeiten für diesen Sport.

Der früheste erhaltene Bericht über eine spanische Turnierbeteiligung kommt aus Aragón und ist in Muntaners Chronik über die Taten König Jakobs (Jaime) I. überliefert. Jakobs Vater hatte die Erbin von Montpellier geheiratet: »... aber im Laufe der Zeit verliebte sich der genannte Herr, König Peter, der noch jung war, in andere adlige Damen.« Eine von ihnen war eine Dame aus Montpellier, für die Peter der Überlieferung nach »Turniere und ritterliche Übungen abhielt, und er tat so viel, dass seine Liebe für alle offenkundig wurde.«[37] Endlich brachte man Peter mit List dazu, den zukünftigen Jakob I. zu zeugen, indem man ein Rendezvous mit der besagten Dame arrangierte, deren Stelle aber die Königin selbst einnahm. Das alles klingt wie eine wohlerdachte Geschichte, und angesichts der seltenen Erscheinung eines Turniers in Südfrankreich, können Peters Heldentaten in Montpellier zumindest ausgeschmückt sein. Gewiss aber gab es nicht lange danach auch Turniere in Aragón, denn die 1235 erlassenen Friedenstatuten verbieten sie bereits, und es ist wohl unwahrscheinlich, dass ein solches Edikt nur auf Grund der Möglichkeit zukünftiger Turniere erlassen wurde.[38]

Die Rechtsverordnungen (Fueros) bestätigen eigentlich das Fehlen eines wirklichen Turnierkonzepts, denn sie verbieten »freiwillige Turniere, es sei denn, sie finden im Krieg statt.«[39] Die Fueros von Aragón dokumentieren diese Sicht besonders deutlich, denn der Paragraf, in dem »torneo« erscheint, befasst sich ausschließlich mit Fragen der Kriegführung. Die spanischen Autoren benutzen das Wort im gleichen Sinne wie die Chronisten in Nordeuropa ein Jahrhundert zuvor: sie meinen ein Kleingefecht, ein Scharmützel im Zusammenhang mit wirklichen Kriegshandlungen. Diese Bedeutung erscheint auch in den *Siete Partidas*, dem Gesetzbuch Alfons' X. von Kastilien aus der Mitte des 13. Jahrhunderts: Alfons erklärt darin, dass ein *torneo* ein taktisches Manöver sei: der Ausfall von Verteidigern oder Belagerern einer Burg, nach dessen Beendigung sich beide Seiten umwenden (*tornanse*), um zu ihren jeweiligen Stützpunkten zurückzukehren – nicht zu verwechseln »mit solchen Turnieren (*torneamientos*), die von Leuten in einigen Ländern durchgeführt werden, nicht um sich gegenseitig zu töten, sondern damit sie nicht den Gebrauch der Waffen vergessen.« Die Fueros von Navarra gebrauchen in einer vergleichbaren Textstelle *torneamiento* im Sinne von *torneo*.[40] Aber bereits der nächstfolgende Paragraf in den Fueros von Aragón legt nahe, dass ritterliche Übungen in Spanien nicht gänzlich unbekannt waren, da er sich mit dem Buhurt befasst.[41]

Der erste authentische Beleg eines Turniers in Spanien scheint aus dem Jahre 1272 zu stammen, als Jakob I. mit Alfons X. in Valencia zusammentraf: In den *Cantigas de Santa Maria*[42], entstanden am Hof Alfons X., werden Turniere zum ersten Mal in spanischer Sprache genannt. Der Chronist Muntaner erzählt, bei diesem Treffen »konnte niemand den Schmuck der Häuser beschreiben, und auch nicht die Spiele und Belustigungen, die Tafelrunden, die Plätze für Tjoste zwischen kühnen Rittern, die Turniere, die ritterlichen Waffenübungen, die Galeeren und Kriegsschiffe, welche von Seeleuten auf Karren die *rambla* (Hauptstraße) entlanggezogen wurden, und auch nicht die Orangenschlacht.«[43]

Vergleicht man dies mit dem Bericht über Roger Mortimers Rundtafel zu Kenilworth im Jahre 1279, bei der Tjost und Turnier Teil ähnlich extravaganter Szenerien waren, so wird der internationale Charakter solcher Veranstaltungen offenkundig. Die Spanier waren mit ihren umfassenden Kontakten zu den französischen und englischen Fürstenhöfen durchaus mit den modischen Gepflogenheiten der Zeit vertraut, und so ist es eine vertretbare Vermutung, dass das spanische Turnierwesen allein wegen der Spärlichkeit der Quellen nur schwer nachzuzeichnen ist. Bei einem diplomatischen Treffen 1280 in Toulouse mit Philipp III. ließ Peter (Pedro) III., der Sohn Jakobs I., eine Drehpuppe (Quintan) aufstellen, und er und seine Ritter ritten mit Lanzen dagegen an.[44] Wir wissen jedoch, dass er noch als Thronanwärter einige Zeit am Hof des französischen Königs verbracht hatte. »Er blieb dort volle zwei Monate in Ausgelassenheit und Vergnügungen. Und er beteiligte sich an Turnieren, am Speerschleudern und an ritterlichen Übungen mit Rittern und Söhnen von Rittern, die ihn begleitet hatten, und mit vielen Grafen und Baronen, die ihr Können – aus Liebe zu ihm – gegen ihn einsetzten.«[45] Spanische Feste umfassten indessen nicht nur den turniermäßigen Einzelkampf; andere kriegerische Sportarten waren ebenso gebräuchlich, wie beispielsweise in Barcelona 1285, wo sich der König am Speerwurf beteiligte. Eine Woche lang, an jedem Nachmittag, gab es »kriegerische Übungen« und sportliche Aktivitäten. Zwei Jahre später, am Ende eines Feldzuges ohne nennenswerte Kampfhandlungen, »ordnete der König, als er sah, dass er nicht mit dem Feind kämpfen konnte, ein Turnier an: zweihundert auf der Seite von En Gisbert de Castellnau und zweihundert auf der Seite des Vizegrafen Rocabertí, diese waren die Anführer der beiden Scharen. Und daraus wurde das schönste Fest, und man vollbrachte die besten Waffentaten, wie sie in keinem Turnier je gesehen wurden seit den Tagen des Königs Artus. Sobald dies vorüber war, kehrte der König nach Barcelona zurück; und jeden Tag waren Rundtafeln und Turniere und Kampfübungen und Tjoste und anderer Zeitvertreib zu sehen, und alle im Lande gingen von einer Kurzweil zur anderen, von einem Tanzvergnügen zum anderen.«[46]

Zu seiner Verlobung mit Eleonore, der ältesten Tochter Eduards I., trafen sich im selben Jahr die beiden Könige auf der Île d'Oléron vor der Küste der Gascogne; zu den sportlichen Spielen gehörten Messerwerfen und Tjoste. Der Chronist betrachtet beides als gleichwertig, und auch anlässlich der *cortes*, der Ständeversammlung, von Barcelona des Jahres 1291 werden beide Sportarten erwähnt[47], während ein Autor aus dem nördlichen Europa die Tjoste ohne Zweifel als den weitaus wichtigeren Teil angesehen hätte.

Muntaner liefert uns einen detaillierten Bericht über ein Tafelrundenturnier, das im selben Jahr von dem aragonesischen Admiral Roger de Luria veranstaltet wurde, zu dessen glänzender Karriere auch der Sieg über die sizilianische Flotte gehörte – jener Sieg, der schließlich zur Eroberung Sizilien durch Aragón führte. Es war ein Fest, das jedem Vergleich mit einem beliebigen europäischen Fest des 13. Jahrhunderts standhalten konnte. Roger de Luria ließ Turnierschranken und Zuschauertribünen errichten, und am einen Ende des Turnierplatzes ein hölzernes Kastell, »von welchem er zum Kampf ausziehen wollte, wenn sich ein Ritter näherte. Und am ersten Tag der Tafelrunde wünschte nur er allein das Kastell gegen jeden zu halten, der eine Lanze brechen wollte.« Jakob I. und Sancho IV. von Kastilien befanden sich unter den Zuschauern sowie Herren aus dem gesamten christlichen Spanien und aus der fernen Gascogne. Der erste Herausforderer war Ritter Berenguer de Anguera aus dem Hofhalt des Königs von Kastilien; der Zusammenprall war so heftig, dass die Lanze des Admirals in Stücke zerbrach, der Helm Berenguers herabgeschleudert und sein Gesicht verletzt wurde. Darüber zeigten sich die Könige sehr bestürzt, und obwohl die Verletzung nicht ernsthaft war, brach man das Tafelrundenturnier ab, »aus Furcht, dass deshalb ein Streit entstehen könnte.«[48]

Der aragonesische Hof war in seiner Begeisterung für ritterliche Tugenden dem Hof Eduards I. nicht unähnlich und unterschied sich in dieser Hinsicht von Kastilien: Dort artete das Verhältnis zwischen Krone und Adel nicht selten in offenem Krieg aus. Die militärischen Energien Aragóns wurden erfolgreich auf überseeische Unternehmungen gelenkt. Der heroische Zungenschlag der aragonesischen Chronisten hatte angesichts der militärischen Erfolge, von denen sie berichteten, somit durchaus eine gewisse Berechtigung.[49] Nachklänge des Rolandsliedes und der Artusromane finden sich nicht nur in den Chroniken, sondern auch in der Haltung der Könige selbst. Sogar die Geschichte von der Zeugung Jakobs I. trägt den Zug des Geheimnisvollen, der auch die Geburt König Artus' und Alexanders d.Gr. umgibt. Aber in dem Maße, wie sich das goldene Zeitalter Aragóns dem Ende zuneigt, versiegen auch die Quellen über die Turniere – und der Faden wird von Kastilien aufgenommen.[50]

Das erste bekannt gewordene Turnier in Kastilien ist ein Buhurt in Sevilla zur Begrüßung Alfons' XI. im Jahre 1324. Dass es schon davor Turniere gegeben hatte, lässt sich aus den ausgereiften Turnierregeln in den Statuten des von Alfons 1330 in Vitoria gestifteten Banda-Ordens ablesen.[51] Er ist einer der ältesten weltlichen Ritterorden und über zehn Jahre älter als der Hosenbandorden; seine Turnierregeln stehen einzigartig da: kein anderer Orden machte die Turnierteilnahme so sehr zur Pflicht wie der Banda-Orden: Es war vorgesehen, dass mit jeder Zusammenkunft des Ordens auch ein Turnier einhergehen sollte, darüberhinaus aber war der König befugt, die Ritter des Ordens zu jedem beliebigen, von ihm selbst proklamierten Turnier herbeizuzitieren. Ihr Erscheinen war Pflicht, wenn das Turnier von ihrem jeweiligen Aufenthaltsort innerhalb einer Tagesreise zu erreichen war. Zwei Königsturniere sind uns bekannt; das erste im Jahre 1332, als der König in Santiago de Compostela seine Krönung erwartete: »Außerdem richteten sie zwei *tablas** für das Tjostieren ein, und die Ritter vom Banda-Orden, den der König vor kurzem gestiftet hatte, blieben dort den ganzen Tag – vier von ihnen in jeder *tabla* –, und sie würden mit jedem tjostieren, der gegen sie antreten wollte.« (*Eine *tabla* ist ein offenes, flaches, möglicherweise eingefriedetes Areal, das zum Zwecke eines Turniers eingerichtet wurde.)

Das zweite Turnier war in Valladolid zur Osterzeit des Jahres 1334. Der Chronist berichtet, wie sich Alfons unablässig mit »Turnieren, Tafelrunden und Tjosten« abgab (wenn er nicht gerade auf der Jagd war), und dass er solche Veranstaltungen als wichtiges Mittel ansah, »dass die Ritter nicht den Gebrauch der Waffen verlernten und für den Krieg vorbereitet wären, wenn es sich als notwendig erweisen sollte.« Die Ritter des Banda-Ordens kämpften gemeinsam als Mannschaft gegen eine gleichgroße Truppe, die aus den übrigen Teilnehmern zusammengesetzt war. Der König selbst kämpfte inkognito als Banda-Ritter. An zwei sich gegenüberliegenden Enden des Turnierplatzes waren Zelte aufgestellt; das Turnier begann unter der Aufsicht von vier Turnierrichtern. Es wurde erbittert gekämpft, und der König, da er inkognito auftrat, musste im Kampfgetümmel einige ordentliche Schläge einstecken. Als die Richter gewahr wurden, dass man allzu hitzig kämpfte, betraten sie den Turnierplatz und trennten die beiden Mannschaften. Die Scharen griffen noch zweimal an, und der Kampf zog sich hin bis zu einer kleinen Brücke über das Flüsschen vor dem Stadttor, wo das Turnier bis zum Nachmittag weiterging. Erneut trennten die Richter die Kontrahenten, und jeder begab sich in das Zelt seiner Mannschaft, um eine Mahlzeit einzunehmen. Danach versammelten sich alle im Zelt der Banda-Ritter und des Königs; dort wurde verkündet, wer am besten gekämpft hatte – und sie unterhielten sich noch lange über die Ereignisse des Tages.

Wir hören dann nur noch einmal vom Banda-Orden in Verbindung mit Turnieren: An Weihnachten 1375 hielt Heinrich (Enrique) II. »ein großartiges Turnier« zu Sevilla, »an dem sich die Ritter des Ordens auszeichneten. Seit seiner Gründung war es mit dem Orden nicht mehr so gut bestellt, aber er wollte das von seinem Vater, König Alfons, begonnene Werk ermutigen.«[52]

Der Banda-Orden war eine kurzlebige Institution und überstand gerade etwas mehr als ein Jahrhundert. Trotz Heinrichs Wiederbelebungsversuchen war seine Blütezeit zweifellos nach dem Tod König Alfons' 1350 überschritten. Schon 1338, als Alfons eine große Ständeversammlung in Burgos abhielt, auf die ein Turnier folgte, hören wir nichts mehr von einem Banda-Orden. Dieses Turnier wurde aus ganz ähnlichen Gründen abgehalten wie die übrigen Turniere vor dem Turnierfest von 1334: Es war die Begeisterung König Alfons' für ritterliche Taten sowie der Wunsch, den Gebrauch der Waffen nicht mehr in Vergessenheit geraten zu lassen; auch 1338 kämpfte Alfons inkognito.[53]

Wir erfahren nur, dass »Don Juan Nuñez und andere Herren und Ritter des Königreiches« teilnahmen. Nach der Beendigung des Waffenstillstandes mit den maurischen Königreichen im Jahre 1339 war Alfons zunächst mit der wirklichen Kriegsführung beschäftigt. Erst unter seinem Nachfolger Peter I., besser bekannt als Peter der Grausame, hören wir erneut von Turnieren: 1353 kämpfte Peter auf einem Turnier in Torrijos bei Toledo und wurde dabei durch eine Schwertspitze an der rechten Hand verwundet. Es war eine schwere Verwundung; den Ärzten gelang es nicht, ihn zur Ader zu lassen, aber er erholte sich wieder.[54] Drei Jahre später hielt Peter ein Turnier in Tordesillas mit der Absicht, Don Fadrique, das Oberhaupt des Jacobusordens, zu ermorden – zumindest behaupteten dies später Angehörige seines Hofes. Peter versäumte es indessen, seine Mitstreiter im Turnier von dem geplanten Anschlag zu unterrichten, und Fadrique konnte entkommen.[55] Während der politischen Wirren in Peters letzten Regierungsjahren und in der Herrschaft Heinrichs von Trastámara erfahren wir nichts über Turniere, außer kurz im Zusammenhang mit dem spanischen Feldzug des John of Gaunt; am Turnier waren aber wohl nur englische und französische Ritter beteiligt.

Im ausgehenden 14. Jahrhundert war Navarra, dessen König Karl (Carlos) II. mütterlicherseits vom französischen Königshaus abstammte, Schauplatz einer Reihe von Turnieren.[56] Wir erfahren von Geschenken des Infanten Karl (III.) an Spielleute bei einem Turnier des Jahres 1377, für welches er auch Harnische anschaffte. 1387 wurden Tjoste bei der Ankunft der Königin abgehalten; einen Schlosser entlohnte man für den Bau eines Pavillons, von dem aus König und Königin die Tjoste in der Zitadelle von Pamplona beobachteten. 1403 gab es Turniere in Pamplona und Burleda anlässlich der Krönungsfeierlichkeiten für Königin Leonore. Dazu kaufte man 147 Lanzen beim örtlichen Lanzenhersteller, 24 vollständige Harnische und weitere 24 dekorierte Lanzen. Der Thronerbe von Navarra war ein begeisterter Turnierkämpfer und veranstaltete Tjoste in seiner Residenz Olite; wir begegnen ihm 1428 erneut bei Turnieren am kastilischen Hof.

Turniere erscheinen in den kastilischen Quellen erst wieder in der Regierungszeit Johanns (Juan) II., genauer gesagt ein Jahr vor seiner Inthronisierung 1407, also bald nach seiner Geburt im Jahre 1405. Für einen König, der sich allein wegen seiner Vorliebe fürs Amusement einen Namen machte und der seine Machtbefugnisse dem Condestable von Kastilien, Alvaro de Luna, überließ, bedeutete dies ein durchaus angemessener Einstand in diese Welt. Zudem handelt es sich bei dem genannten Turnier um ein bemerkenswertes Ereignis, denn zum ersten Mal tritt hier aktenkundig Pero Niño in den Schranken auf – »stets der Sieger, nie der Besiegte«, wie es auf seinem Epitaph hieß.[57]

Johann II. selbst förderte Turniere ab 1414, als bei seiner Krönung in Zaragoza – wie es nun schon eigentlich der Brauch war – Tjoste veranstaltet wurden. Es gab dort »viele hervorragende Treffen«, deren Höhepunkt »ein Turnier von hundert gegen hundert, weiß gegen rot« war. Auch seine Verlobung mit Maria von Aragón 1418 und seine Vermählung mit ihr im Jahre 1420 waren von Zweikämpfen, Massenturnieren und Stierkämpfen begleitet.[58] Detailliert beschrieben ist das Turnier von 1419 in Madrid, an dem Alvaro de Luna schwer verwundet wurde. Er erschien zu den Tjosten in glänzender Aufmachung, trug das Minnezeichen seiner Dame und brach eine Lanze nach der anderen, bis ihm der König befahl, den Turnierplatz zu verlassen, weil er genug geleistet und große Ehren gewonnen habe. Alvaro de Luna aber bat um Erlaubnis für einen weiteren Kampf. Sein Gegner, González de Quadros, galt als einer der besten Tjostierer am Hofe. Alvaro traf seinen Schild, während González' Lanze gegen Alvaros Visier stieß, es lüftete und ihm an der Stirn einen solchen Stoß versetzte, dass er das Bewusstsein verlor und eine klaffende Wunde davontrug. Diese Verwundung hätte dem Condestable beinahe den Tod gebracht. Der Kampf wurde daraufhin sofort eingestellt.[59]

1423 beteiligte sich der nunmehr achtzehnjährige König persönlich an Turnieren. Der verbleibende Teil seiner langen, bis 1454 dauernden Königsherrschaft gilt als die große Zeit des spanischen Turniers. Eine Fülle von Einzelheiten ist über die Turnierereignisse überliefert – vor allem in den Chroniken des Alvaro de Luna und des Pedro Carillo de Huete, König Johanns Falkenmeister und enger Vertrauter.[60] Johann war ein geschickter Tjostierer, und bereits im Alter von zwanzig Jahren – wohl bei seinem ersten ernsthaften Turnierkampf – konnte er sich gegenüber Rittern mit größerer Turniererfahrung behaupten: bei einem Tjost nahe Tordesillos beeindruckte er die Zuschauer durch seine Treffsicherheit und seine Sattelfestigkeit, denn es gelang ihm, einige Treffer auf dem Schild seines Opponenten zu platzieren.[61]

Turniere gab man bei hochoffiziellen Gelegenheiten, so etwa in Toledo, als Doña Catalina, Johanns älteste Tochter, zur Thronerbin von Kastilien erklärt wurde; in Tordesillas nach der Ernennung Alvaros de Luna zum Condestable; beim ersten feierlichen Einzug des Königs in Burgos; in Valladolid bei der Anerkennung seines Sohnes Johann als Thronerbe.[62] König und Condestable veranstalteten aber Tjoste auch einfach zu ihrem Vergnügen; des Königs »gewohnte Art war es, zu tjostieren und Dinge zu tun, die ihm Vergnügen bereiteten«, während Alvaro de Luna in der Zeit seiner Verbannung vom Hofe sein Gefolge mit Tjosten unterhielt.[63]

Das Fest im Mai 1432 zu Ayllon, einer Stadt im Besitz Alvaros de Luna, gehört in die letztere Kategorie. Man hatte auf einer Weide außerhalb der Stadt zwei Tribünen für die Zuschauer aufgestellt und zwei Zelte an den diagonal gegenüberliegenden Ecken des Turnierplatzes aufgeschlagen. Farbiges Tuch, an bemalten Pfosten angebracht, markierte den Turnierplatz; an den Enden des Platzes standen künstliche Pappeln mit dem Wappen des Condestable. Die königliche Tribüne war mit golddurchwirkten Tüchern sowie Tuchen aus Frankreich reich dekoriert.

Der König und zwölf Ritter seines Hofhalts eröffneten das Turnier; ihnen gegenüber standen zwölf Ritter aus Ayllon, mit denen sie Einzelkämpfe austrugen. Andere Ritter kamen im Verlauf des Turniers hinzu, so auch der von vier Pagen begleitete, prächtig gewandete und berittene Fadrique de Luna. Ruy Díaz de Mendoza, der Majordomus des Königs, erschien mit einem von Männern gezogenen, mit zwölf Lanzen bestückten Wagen; darin saß ein Page mit einer Lanze in der Hand und einem blauen Schild; ein Knappe schritt dem Wagen voran und war an diesen mit einer goldenen Kette um den Nacken angeschirrt. Diese »Erfindung«, wie es der Chronist nennt, war in Kastilien etwas gänzlich Neues, während solche Vorrichtungen in den Städten Flanderns zum gewohnten Anblick gehörten. Die in Kriegsausrüstungen ausgefochtenen Zweikämpfe betrachtete man als großen Erfolg: siebzig Ritter nahmen teil, fünf von ihnen kamen zu Tode, viele empfingen Verwundungen, aber dennoch galt es als das beste Turnier, das Kastilien seit langer Zeit gesehen hatte.[64]

Das spektakulärste Turnierfest der Periode war der *Pasaje Peligroso de la Fuerte Ventura* (Die gefährliche Fahrt des großen Abenteuers) in Valladolid 1428 mit

Nachfolgeturnieren, die vom 28. Mai bis zum 8. Juni andauerten. König Johanns Sohn, Prinz Heinrich, gab das erste Fest mit ausgeklügeltem Arrangement und Szenario: Auf dem Hauptplatz der Stadt war eine Festung mit hohem Mittelturm und vier Ecktürmen aufgebaut. Zu Füßen der Festung standen ein Glockenturm und eine bemalte Säule, die wie aus Stein gemauert aussah. Darauf thronte ein vergoldeter Greif mit einer großen Standarte. Alles war von einer hohen Palisade mit vier Türmen umgeben; eine äußere, mit zwölf Türmen bewehrte Palisade vollendete das Befestigungswerk. In jedem dieser Türme hielt sich eine Dame in schönem Gewande auf. Die Burg enthielt Räume für den Prinzen und Futterkrippen für die Pferde. Eine Barriere aus Spanisch Rohr führte von der Festung quer über den Platz zu zwei weiteren Türmen und einem Torbogen, der die Inschrift trug: »Dies ist der Bogen der gefährlichen Fahrt des großen Abenteuers.« Auf einem der Türme war ein großes, goldenes Rad angebracht – das »Rad der Fortuna«. Bevor sich die Verteidiger bewaffneten, gab es ein Zwischenspiel mit Musik, Tanz und allerlei Lustbarkeiten. Als die Herausforderer anrückten, wurden sie mit Fanfarenstößen begrüßt, und eine Dame warnte sie davor, weiterzugehen, wenn sie sich nicht Zweikämpfen stellen wollten. Sie antworteten, dazu seien sie bereit. Der König, auf einem Ross mit silberner und goldener Rossdecke, nahm die Herausforderung an und brach zwei Lanzen. Ihm folgte der König von Navarra, umgeben von zwölf Rittern, »allesamt wie Windmühlen« und brach ebenfalls eine Lanze. Aber trotz des spielerischen Zeremoniells wurde doch erbittert tjostiert: Heinrich verlor bei den Attacken seines Gegners das Bewusstsein, und einer seiner Knappen erhielt so schwere Verwundungen, dass er nach zwei Stunden starb.

Sechs Tage später gab der König von Navarra sein Fest; er und fünf andere Ritter übernahmen die Rolle der Verteidiger; alle trugen einen mit Quasten besetzten Hals- und Nackenschutz. Er brach einige Lanzen mit dem ersten Herausforderer. Dann erschien Johann mit geschulterter Lanze und in Begleitung von zwölf Rittern, ebenfalls ihre Lanzen über der Schulter. In zwei Runden schlug er seinem Gegner die Helmzier vom Kopf – ein besonderer Geschicklichkeitsbeweis – und brach eine Lanze. Viele weitere Lanzen wurden gebrochen, bevor das Ereignis mit einem großen Festmahl ausklang. Währenddessen tjostierten Ritter im Kriegsharnisch bei Fackelbeleuchtung.

Zwei Wochen später, am 6. Juni, einem Sonntag, gab Johann sein eigenes Fest zu Ehren der bevorstehenden Vermählung seiner Tochter mit Duarte, dem Thronerben von Portugal. Am oberen Ende einer mit goldenem Tuch ausgeschlagenen Treppe war ein Zelt aufgeschlagen. Der König erschien in den Turnierschranken als Gottvater, und jeder Ritter seines Gefolges verkörperte einen Apostel: in ihren Händen hielten sie die Schriftrollen mit den Apostelnamen und den Attributen ihres Martyriums. Sechs Männer des Prinzen trugen mit Rauch und Flamme dekorierte Umhänge; die Umhänge der sechs anderen Ritter waren mit Maulbeerbäumen bestickt. Sie fochten einige Runden, wobei der König drei Lanzen brach, der Prinz fünf; danach zogen sich der Prinz und seine Leute zurück und legten die Waffen ab. Anschließend focht der Prinz noch in drei weiteren Runden; ihm folgte der König von Navarra sowie eine Reihe weiterer Herausforderer, »und die Tjoste dauerten bis die Sterne am Himmel standen.«

Nach zwei weiteren Tagen war ein Zweikampf zwischen González de Guzmán aus Kastilien und Luis de Fazes aus Aragón anberaumt. Er bestand aus acht Runden zu Pferd und aus fünfzig Stößen mit dem Dolch zu Fuß. Beide brachen ihre Lanzen; die Dolchstöße gingen ohne Verletzungen ab. Schließlich veranstaltete Alvaro de Luna ein Turnier fünfzig gegen fünfzig, und am Ende des Tages ging er als Sieger hervor. Dieses Turnier jedoch stand im Schatten der vorangegangenen prunkvollen Turnierereignisse.[65]

Das Turnierfest zu Valladolid dokumentiert eindringlich die in Spanien zu dieser Zeit vorherrschende Turnierbegeisterung. Andere große Festlichkeiten folgten: In der königlichen Residenz zu Madrid 1433 trat Iñigo López de Mendoza als Verteidiger bei einem Tjost im Kriegsharnisch auf, Alvaro de Luna war der Herausforderer. Ein Zug von fünfzig leicht bewaffneten Reitern und einhundert Armbrustschützen zu Fuß marschierten dem Condestable voraus, der das Turnier mit einigen Runden gegen Mendoza eröffnete. Weil aber der Condestable von einer größeren Anzahl Ritter begleitet war als der Verteidiger, tjostierten einige Männer Alvaros gegeneinander.[66]

Das berühmteste aller Turniere Spaniens war der *Passo Honroso*, den Suero de Quiñones und seine Gefährten im Juli 1434 an der Brücke von Orbigo veranstalteten. Das Ereignis ist uns in allen Einzelheiten durch Pero Rodríguez de Lena überliefert.[67] Die Turniere von Valladolid und der Passo Honroso sind eine Vorahnung der großen burgundischen Turnierfeste. Da aber die spanischen, wie auch die burgundischen Ritter möglicherweise frühere und weniger gut dokumentierte französische und flämische Feste nachahmten, erscheint die herausragende Stellung Burgunds in Bezug auf ritterliche Aktivitäten mit ziemlicher Sicherheit überbewertet zu sein, während die spanischen Leistungen auf diesem Gebiet noch einer Anerkennung bedürfen. Der Passo Honroso entfaltete sich vor dem Hintergrund einer politischen Intrige.[68]

Das Turnier von Valladolid hatte zu einigen Unstimmigkeiten geführt: Pero Niño, als »Paulus« einer der »Apostel« des Königs, hatte sich nur widerstrebend – letztlich aber doch mit Bravour – am Turniergeschehen beteiligt, machte mit dieser Haltung jedoch auf eine allgemeine Unzufriedenheit mit der gesamten Veranstaltung aufmerksam, die dann auch bald zu städtischen Unruhen führte. Suero de Quiñones gehörte zu Alvaros Haushalt, dem er 1426 im Alter von siebzehn Jahren als Knappe beigetreten war. Will man einem späteren Chronisten Glauben schenken, kämpften er und sein Bruder in der Schar des Condestable auf einem Turnier des Jahres 1434 in Valladolid, bei dem zwei Mannschaften zu je fünfzehn in Einzelkämpfen gegeneinander abgetreten waren. Auch der König hatte sich beteiligt, obwohl er keiner der beiden Mannschaften angehörte.[69] Als er am 1. Januar 1434 Johann II. um Erlaubnis bat, einen *pas d'armes* abzuhalten, mit dem er sich von dem selbstauferlegten Gelübde befreien wollte, jeden Donnerstag eine Kette um seinen Nacken zu tragen – als Symbol für die Unterwerfung unter seine Dame als Minnesklave –, war er bereits wohlhabend genug, eine solche Veranstaltung aus eigenen Mitteln finanzieren zu können. Die Familie Quiñones war aus dem kastilischen Kleinadel, den Hidalgos, aufgestiegen; Suero war der Zweitgeborene. Es scheint, dass der Condestable – eifrig bemüht um seinen Ruf als Ritter – das Unternehmen befürwortete, obwohl es Sueros Vater war, der das nötige Geld bereitstellte, indem er Suero einen Teil seiner Erbschaft auszahlte. Diese Machtdemonstration des kastilischen Adels war nur eine Etappe in der langen Auseinandersetzung zwischen den Fürsten und Alvaro de Luna, aber sie zeigt, welch hohes Ansehen solche ritterlichen Darbietungen in Spanien erreicht hatten.

Die Bedingungen des Passo Honroso wurden öffentlich gemacht, nachdem der König seine formelle Einwilligung in der Nacht zum 1. Januar, am Ende eines Tanzvergnügens, gegeben hatte. Dies war sieben Monate vor dem angekündigten Termin des *passo*, der über dreißig Tage gehen sollte, oder doch so lange, bis man dreihundert Lanzen gebrochen hätte.[70] Einer der königlichen Herolde, der Wappenkönig León, wurde mit der Bekanntmachung des Ereignisses betraut. In den Bergen von Orbigo fällte man für den Bau von Zuschauertribünen Bäume und ließ die Stämme den Fluss hinuntertreiben. Suero selbst kümmerte sich um den Kauf der notwendigen Waffen und Rüstungen. Verlor ein Ritter ein Stück seiner Rüstung, durfte es – so lautete die Regel – sein Turniergegner behalten. Zwei Ritter kamen auf diese Weise zu Helmen. Pero Niño, der »unbesiegte Ritter«, war einer der Turnierrichter, und die Mannschaften wurden aus den engen Vertrauten Alvaros zusammengestellt. In der Zwischenzeit gingen die Vorbereitungen in Orbigo weiter: Der Maler Nicolas Frances wurde beauftragt, die Figur eines Herolds aus Holz zu bemalen, die als Werbung für das Turnier zwei Tage vor dessen Beginn am 10. Juli auf der Brücke von San Marcos in León aufgestellt wurde. Um die Ritter, Turnierrichter, Herolde, Musikanten, Schreiber, Waffenmeister, Chirurgen, Ärzte, Lanzenmacher und andere zu beherbergen, war bei Orbigo eine Zeltstadt aus zweiundzwanzig Zelten aufgebaut worden. In einem eigens aus Holz gezimmerten Speisesaal dinierten Suero und sein Gefolge mit den Herausforderern an einem Tisch, an einem anderen Tisch saßen jene Herren von Stand, die »zu Ehren des passo herbeigekommen waren.«

Die ersten Ankömmlinge am 10. Juli waren zwei Ritter aus Aragón sowie ein deutscher Ritter aus Brandenburg. Aus Achtung vor seiner langen Reise gewährte man dem deutschen Ritter die Ehre des ersten Kampfes. Am Sonntag dann nahm Suero mit gebührend langer Festrede und mit Zeremonien den Turnierplatz förmlich in Besitz, und am Montag, nach weiteren Zeremonien, begannen die Kämpfe mit dem Heroldsruf »Laissez-les aller, laisser-les aller, pour faire leur devoir!« (Lasst sie ziehen, lasst sie ziehen, auf dass sie ihre Pflicht tun!); auch in Spanien gab man das Kommando auf Französisch. Die ersten Tjoste waren erfolgreich: drei gebrochene Lanzen in sechs Runden, als aber Lope de Stúñiga als Verteidiger gegen den Aragonesen Johan Fabra antrat, fiel die Trefferquote auf zwei Lanzen in neunzehn Runden. An diesem Tag fanden sich zahlreiche Ritter ein, und die Verteidiger hatten in den folgenden vier Tagen alle Hände voll zu tun: Am Freitag lieferten die gegnerischen Paare vierundfünfzig Ritte mit neun gebrochenen Lanzen. Am Donnerstag ritten Pedro de Nava und Francisco de Faces siebenundzwanzig mal gegeneinander an – die höchste Zahl der Einzelkämpfe im Verlauf des gesamten *passo*. Unglücksfälle waren verhältnismäßig selten: Fünf Ritter trugen leichtere Verwundungen davon, Suero de Quiñones, der dann nur noch am Donnerstag antrat, verrenkte sich seine rechte Hand. In dieser Woche erhob er zwei Knappen in den Ritterstand. Dies wurde stets als ein besonders glücklicher Anlass zur Entfaltung ritterlicher Zeremonien angesehen.

Die zweite Woche war weniger erfolgreich: Am Mittwoch, dem 21., und Donnerstag, den 22. Juli traten keine Herausforderer auf, weitere Ritter kamen erst gegen Ende der Woche. Die Zahl der gebrochenen Lanzen erreichte nicht annähernd das gesteckte Ziel von dreihundert: zwei Wochen in den Schranken brachten gerade insgesamt neunzig gebrochene Lanzen. Hinzu kam, dass zwei katalanische Ritter, die dem gesamten Ereignis offenbar feindselig gegenüberstanden, Forderungsbriefe mit der Absicht verteilten, die Veranstaltung zu einem schnellen Ende zu bringen: Sie wollten versuchen, alle dreihundert Lanzen in Einzelkämpfen mit den Verteidigern selbst zu brechen. Als ihnen Suero bedeutete, dass nach den Regeln des *passo* die Anzahl der gebrochenen Lanzen auf drei pro Teilnehmer limitiert sei, forderten sie ihn zu einem Tjost *à outrance* oder *a todo trance* heraus, das heißt zu einem Kampf mit scharfen Waffen – und nicht mit Turnierbewaffnung –, bis sich einer von ihnen beiden ergeben würde. Nach Meinung der katalanischen Ritter behindere der *passo*, da er auf der Straße nach Santiago de Compostela abgehalten werde, die Pilger auf ihrem Weg zum Schrein des heiligen Jakobus. Suero aber hielt dagegen, dass alle nach Santiago pilgernden Ritter ausdrücklich von den Forderungen zum *passo* ausgenommen wären.

Die Woche nach dem Festtag des Hl.Jakobus erlebte dann weitaus größere Aktivitäten. Jeden Tag gab es mindestens dreißig Kampfrunden, am Freitag sogar sechzig; neun Lanzen wurden gebrochen. Am Mittwoch brachen dreizehn Lanzen – dies war die höchste Trefferzahl eines Kampftages. Bei seinem vierten und letzten Auftritt in den Schranken verletzte sich Suero erneut am rechten Arm. Er tjostierte somit weit seltener als andere Ritter.

In der dritten Woche des *passo* war dann keine Hoffnung mehr, das Ziel der dreihundert gebrochenen Lanzen zu erreichen, einfach weil die Herausforderer ausblieben: Am Mittwoch, dem 4. August, kämpften nur zwei Tjostierer gegeneinander und brachen drei Lanzen in fünfzehn Runden. Am Freitag dieser Woche ritt der aragonesische Ritter Asbert von Claramunt gegen den besonders eifrigen Verteidiger Suero, Sohn des Alvaro Gómez, und wurde dabei von der Lanze, die sein Visier durchbrochen hatte, am linken Auge getroffen. Er starb auf der Stelle. Interessanterweise waren beim *passo* Mönche zugegen, die dort jeden Tag ihre Gebete sprachen. Suero de Quiñones schickte nach ihnen und bat sie, sich um den Leichnam zu kümmern; einen anderen sandte er zum Bischof der Diözese, um die Erlaubnis zu einem Begräbnis in geweihter Erde einzuholen: Offensichtlich galt noch immer der Tod bei einem Turnier als Grund, ein kirchliches Begräbnis zu verweigern. Mittlerweile hatte man die sterblichen Überreste zu der Einsiedelei an der Brücke von Orbigo gebracht, wo Suero bis zum Einbruch der Nacht in der Hoffnung auf die bischöfliche Erlaubnis ausharrte. Doch der Mönch kehrte mit der Nachricht zurück, der Bischof habe die Erlaubnis nicht erteilt. Man grub außerhalb der Einsiedelei ein behelfsmäßiges Grab, und bei Einbruch der Dunkelheit senkte man den Körper Asberts von Claramunt bei flackerndem Fackelschein in seine letzte Ruhestätte – in Anwesenheit der versammelten Ritterschaft, jedoch ohne Segen der Kirche. Der durch dieses Unglück offenkundig zutiefst betroffene Pero Rodríguez de Lena berichtet in seiner Darstellung des Passo Honroso, dass Claramunt ein hoch gewachsener und starker Mann gewesen sei, und obwohl er einen von einem Verteidiger geborgten Helm getragen hatte, habe er selbst geäußert, niemals mit einem so guten Helm ausgerüstet gewesen zu sein. Aus Lenas Perspektive erwies sich die ganze Episode als ein reiner, freilich beklagenswerter Unglücksfall.

Trotz der dramatischen Umstände bei Claramunts Tod und Begräbnis gingen die Tjoste am nächsten Tag weiter, als sich erneut ein Missgeschick ereignete, denn Lope de Stuñiga brach sein Lanze am Pferd des Gegners. Am Sonntag, dem 8. August, ging das Turnier weiter, um die Anzahl der gebrochenen Lanzen zu erhöhen, obgleich die vorangegangenen Sonntage Ruhetage waren. Bei achtzehn Kampfrunden gab es jedoch nur eine einzige gebrochene Lanze. Als am nächsten Tag das Turnier endete, zählte man insgesamt 180 gebrochene Lanzen.

Peros enthusiastische Schilderung der Großtaten des Suero de Quiñones haben sicherlich deren ewiges Angedenken gesichert, dennoch muss es sich dabei keineswegs um ein außergewöhnliches Ereignis gehandelt haben. Wiederum stoßen wir hier auf ein Problem der zufälligen Turnierüberlieferung und des eher zufälligen Überlebens eines solchen Turnierberichts. Die durch den Passo Honroso vermittelten Eindrücke werden sechs Jahre später von Ereignissen in Valladolid bestätigt: Ruy Díaz de Mendoza, ein erfahrener Turnierkämpfer, Majordomus des Königs und politischer Rivale Alvaros de Luna, veranstaltete einen ähnlichen *passo*, der dazu gedacht war, den *passo* von Suero de Quiñones, de Lunas Schützling, zu übertreffen und in den Schatten zu stellen. Mendoza hatte neunzehn Ritter als Verteidiger gegenüber neun bei Suero de Quiñones aufgeboten und hielt den Kampfplatz vierzig Tage lang, gegenüber dreißig Tagen beim Passo Honroso. Jeder Herausforderer musste so lange tjostieren, bis vier Lanzen gebrochen waren. Aber die Gefahren des Sports zeigten sich auch hier in aller Deutlichkeit: Der König intervenierte und untersagte weitere Kämpfe, nachdem ein Ritter aus Toro durch einen Schlag gegen sein Visier getötet worden war, und ein Knappe nach seiner Verwundung am rechten Arm ebenfalls zu Tode kam.[71]

Immer wieder stoßen wir in Spanien der 1430er und 1440er-Jahre auf internationale Turnierforderungen: 1443 wurde der *pas d'armes* des Herren von Charny bei Dijon am kastilischen Hof proklamiert, und vier Jahre zuvor führte der deutsche Ritter, Herr von »Basce«, eine Mannschaft von zwanzig Rittern in Sevilla gegen eine gleiche Anzahl kastilischer Ritter.[72] Im Jahre 1448 tjostierte Jacques de Lalaing, einer der berühmtesten burgundischen Ritter, in Valladolid gegen Diego de Guzmán, und 1459 tjostierte Beltrán de la Cueva in Madrid »in den Wäldern des Prado«[73] gegen bretonische Ritter. Wie wir gesehen haben, reisten auch spanische Ritter in andere Länder: 1436 begab sich Fernando de Guevara nach Wien, um gegen Georg Vourapag zu einem Fußkampf herauszufordern, bei dem Guevara, trotz der größeren Erfahrung des Deutschen, den Sieg davontrug.[74]

Johann II. förderte die höfischen Turniere bis zu seinem Tode im Jahre 1454, so auch das Turnier Alvaros de Luna in Escalona im Dezember 1448. Immer aber herrschte eine Atmosphäre politischer Spannung, und das letztgenannte Turnier wurde vom König beendet, bevor sich die Dinge zu hitzig entwickelten, »denn es sollte ein großes Fest und ein Ergötzen sein, und kein Ärger und Zwist sollten zwischen sie treten.« Es folgte ein nächtliches Fußturnier in der großen Halle beim Schein der Fackeln »bis es so hell wie am Tage war«, danach folgten die Tjoste. Der Condestable bewirtete den König acht Tage lang und wurde mit »hohem Lob« dafür bedacht, das Fest auf diese prächtige Weise ausgerichtet zu haben.[75]

In der Regierungszeit Heinrichs IV., Johanns Nachfolger auf dem Thron, verschwand das Hofturnier fast vollständig. Nur einzelne Enthusiasten hielten die Tradition aufrecht, wie etwa des Königs ehemaliger Günstling Miguel Lucas de Iranzo bei seiner Hochzeitsfeier in Jaén, wohin er verbannt worden war. Es wurde ein eindrucksvolles Turnier gehalten, bei dem die Ritter »so erbittert kämpften, als wäre es eine wirkliche Schlacht mit todbringenden Feinden«, wobei der Chronist jedoch vermerkt, eine der Regeln sei gewesen, niemanden mit dem Schwert zu schlagen und auch nicht dem jeweiligen Opponenten in den Rücken zu fallen. Ein Fußturnier und ein *pas d'armes* folgten; dafür war über dem Hauptplatz eigens eine Brücke errichtet worden, auf der die Kämpfe dann stattfanden.[76] Im darauf folgenden Jahr gab Iranzo wiederum ein Turnier in Jaén – dies aber ist die letzte Erwähnung des Sports –, in den schweren Jahren vor der Vereinigung Spaniens unter Ferdinand und Isabella und der Schlussphase der Rückeroberung Granadas von den Mauren.

Turniere vor dem späten 14. Jahrhundert sind in Portugal noch schwerer fassbar als in Spanien. Während der Feldzüge des John of Gaunt erfahren wir von Turnieren auf portugiesischem Boden zwischen englischen, französischen und spanischen Rittern, portugiesische Ritter werden als Teilnehmer jedoch nicht genannt.[77] Als aber Johann (João) I. 1387 die älteste Tochter des John of Gaunt heiratete, gab es zu Ehren der Vermählung »Feste und königliche Turniere.«[78] Möglicherweise steht der Ausdruck »königliche Turniere« in Beziehung zur Wendung »Turniere in königlicher Rüstung« in spanischen Quellen, der Chronist macht hier jedoch keine weiteren Angaben. Turniere waren für die portugiesischen Chronisten offenbar nichts Neues, und im 15. Jahrhundert konnten die portugiesischen Ritter zweifellos als geschickte Tjostierer gelten, wie die Festlichkeiten von 1428 in Lissabon für den Gesandten des Herzogs von Burgund deutlich zeigen. Hierzu gehören auch die Tjoste auf portugiesische Art, die im darauf folgenden Jahr zur Hochzeit Isabellas von Portugal mit dem Herzog abgehalten wurden. Bei der Verlobung König Duartes mit der Tochter Johanns II. von Kastilien veranstaltete man 1428 ein Turnier in Valladolid. Duarte war es auch, der die erste überlieferte Beschreibung der Turnierkampftechnik als Teil seines Buches über die Reitkunst verfasste.[79] Einige portugiesische Ritter turnierten auch im Ausland: Jean le Fèvre beschreibt eine Serie von Einzelkämpfen zwischen portugiesischen und französischen Knappen und Rittern in Bar-le-Duc 1414 und St.Ouen 1415[80], und in seinem Nationalepos *Die Lusiaden* erzählt der portugiesische Dichter Camões die Geschichte der »Zwölf von England«, die gegen Ende des 14. Jahrhunderts in London gegen englische Ritter zu Ehren ihrer Damen kämpften.[81] Allerding schrieb Camões erst einhundertfünfzig Jahre nach diesem Ereignis, das zudem in englischen Quellen nicht überliefert ist, somit fehlt eine zuverlässige historische Bestätigung. Gegen Ende des 15. Jahrhunderts, anlässlich der Vermählung des Sohnes Johanns II. mit einer kastilischen Prinzessin, nahmen der König und sein Sohn an wiederum »justas reaes« genannten Tjosten teil. Auf einer Wiese außerhalb der Stadt Évora war ein reich ausgestattetes Zelt aufgeschlagen, geschmückt mit den Fahnen Portugals und Kastiliens. Ein eigens errichtetes Holzkastell, das nachts hell erleuchtet und vollständig mit Wandteppichen behangen war, diente während des Turniers als Aufenthaltsort für das königliche Gefolge. Unter Führung des Königs standen achtzehn Verteidiger über fünfzig Herausforderern gegenüber; unter den Verteidigern befand sich auch ein französischer Ritter. Der Chronist überliefert die Wahlsprüche der Tjostierer, erzählt aber nur wenig über Einzelheiten der Kämpfe, die vier Tage lang andauerten und zum Teil nachts stattfanden. Die Lichter des Kastells brannten die ganze Nacht über, »und es war so hell, dass sie wie zur Mittagszeit tjostieren konnten.« Die Turnierpreise wurden dem König zugesprochen, er gab sie aber an die übrigen Turnierkämpfer weiter.[82]

Schweden

Das Turnier war sogar in Regionen bekannt, die von den ursprünglichen Zentren Nordfrankreich und den Niederlanden wesentlich weiter entfernt waren als die Iberische Halbinsel oder Italien. Auch Schweden mit seinen engen Verbindungen zu den deutschen Städten an der Ostseeküste erlebte einige größere Turnierfeste. In den schwedischen Übersetzungen höfisch-ritterlicher Romanzen des 13. Jahrhunderts werden Turniere erwähnt, die ersten wirklichen Belege finden sich aber erst in der Lübecker Chronik zum Jahr 1336: Zwei Adelsleute der Gegend um Lübeck begaben sich nach Stockholm, um an den Krönungsfeierlichkeiten für Magnus II. Eriksson teizunehmen; dort tjostierten sie und zahlreiche ausländische Besucher drei Tage lang mit dem schwedischen Adel.[83] Siebzig Jahre später, bei der Hochzeit Erichs von Pommern mit Philippa, der Tochter des englischen Königs Heinrich IV., gehörten Turniere zum Festprogramm, ebenso bei einer Adelshochzeit in Stockholm 1438.[84] Die Sitte, Turniere anlässlich von Königshochzeiten und Krönungen zu veranstalten, wurde auch im »goldenen Zeitalter« Schwedens unter den Wasakönigen beibehalten: 1528 und 1561 veranstalteten Gustav Wasa, respektive Erich XIV. bei ihren jeweiligen Krönungen Turniere, wobei Erich XIV. selbst an den Kämpfen teilnahm. Nach kontinentalen Maßstäben muss es sich um eine vergleichsweise bescheidene und konventionelle Angelegenheit gehandelt haben: Der König beendete seinen Eröffnungskampf mit einer gebrochenen Lanze, aber der gesamte Vorrat an Lanzen betrug offenbar nur fünfundsiebzig, was auf eine recht geringere Teilnehmerzahl schließen lässt. Ende des 16. Jahrhunderts gab Herzog Karl in Nyköbing eine Reihe von Tjosten zusammen mit Ringelstechen und Wettschießen. Der Hof Karls war von eher nüchterner Prägung, und man betrachtete Turniere wohl noch immer als nützliche Formen militärischen Trainings, auch wenn Forderungen von Rittern gestellt wurden, die als Hektor, Ajax und Achilles verkleidet waren. Turniere mit stärker theatralischem Akzent gab es dann unter Gustav II. Adolf, so auch bei seiner Hochzeit im Jahre 1620. Sein Namensvetter Gustav IV. Adolf erneuerte im ausgehenden 18. Jahrhundert solche Turniere und lieferte damit das früheste Beispiel für die romantische Wiedergeburt ritterlicher Ideale.

Ungarn, Polen, Zypern, Byzanz

In Ungarn bezeugen die Quellen, dass das Turnierwesen bereits Ende des 12. Jahrhunderts bekannt gewesen sein muss, die erste definitive Notiz stammt jedoch von 1291, als König Andreas II. einige Adlige zu einem Turnier nach Wien entsandte.[85]Ab 1310 herrschte das Haus Anjou in Ungarn, und Karl I. führte die ritterlichen Tugenden und den ritterlichen Sport des Westens in Ungarn ein, sobald er sich in seinem neuen Königreich etabliert hatte. Ein erster Eindruck seiner Turnieraktivitäten ist 1319 greifbar: Einem Ritter schenkt er drei Dörfer als Kompensation für drei Zähne, die ihm der König bei einem Turnier ausgeschlagen hatte. Als Karl den ältesten aller weltlichen Ritterorden, den St.Georgsorden, gründete, setzte er als eine der ritterlichen Pflichten fest, »dem König getreulich in allen Belustigungen und kriegerischen Spielen zu folgen«, oder in den Worten eines Historikers: »Es ist gut möglich, dass die Ritter des Ordens, wie auch diejenigen des kastilischen Ordens vom Bande, als eine Art königliche Turniermannschaft fungieren sollten, um als solche einen Maßstab für militärische Disziplin und Tapferkeit zu setzten – als nachahmenswertes Vorbild für die übrigen Teile des Adels.«[86] Bei Karls Leichenbegängnis im Jahre 1342 trugen drei Ritter seine Kriegswaffen, seine Turnierwaffen und seine Waffen für den Tjost. Andere Quellennotizen über ungarische Turniere sind selten und liegen zeitlich weit auseinander: 1396, vor dem unheilvollen Kreuzzug, der mit dem Desaster von Nikopolis endete, dann im Jahre 1412 und schließlich unter Matthias Corvinus im ausgehenden 15. Jahrhundert. Matthias, ein brillanter Heerführer, lebhaft an humanistischer Gelehrsamkeit interessiert, war nach ritterlicher Art erzogen worden und veranstaltete Turniere anlässlich seiner Krönung, bei seiner Vermählung und zur Unterzeichnung des Vertrags von Breslau. Bei der Dürftigkeit der originären ungarischen Quellen ist es schwer abzuschätzen, ob solche Ereignisse selbst etwas Außergewöhnliches waren oder ob allein die Anwesenheit ausländischer Gesandter und deren Berichte an ihre Herren im Westen das eigentlich Außergewöhnliche an ihnen darstellte.

Auch in Polen waren Turniere vermutlich häufiger anzutreffen als es die Quellen nahe legen. Peter I. von Zypern tjostierte in Krakau, als er und der deutsche Kaiser mit Fürsten des Reiches zusammentrafen, um seine Vorschläge für einen neuen Kreuzzug zu erörtern; 1518 hören wir, wiederum in Krakau, von Turnieren vor dem feierlichen Einzug der gerade vermählten italienischen Gattin König Sigismunds, Bona Sforza.

Sogar im fernen Zypern gab es seit 1223 Turniere, und 1286 auch im Heiligen Land selbst, anlässlich der Krönung König Heinrichs in Akkon. All dies gehörte noch zum Bereich des westlichen Christentums und der französischen Adelskultur. Die westeuropäischen Ritter vermochten jedoch auch den byzantinischen Adel für ihren Lieblingssport zu interessieren. Bereits 1159, als Manuel Komnenos seinem Vasallen Rainald von Châtillon einen Besuch abstattete, wurde in Antiochia ein Turnier organisiert, offensichtlich als Geste des guten Willens seitens des Königs. Als erfahrener Reiter behauptete sich Manuel gut gegenüber den westlichen Rittern, während seine Höflinge schlechter davonkamen.[87]

Im 14. Jahrhundert soll Kaiser Andronikos Palaiologos, verheiratet mit der Tochter Amadeus' V. von Savoyen, den Turniersport von den savoyardischen Rittern gelernt haben, welche die Prinzessin ins byzantinische Reich eskortiert hatten. Auch zur Feier der Geburt seines Thronerben Johannes Palaiologos wurden 1332 Turniere abgehalten. Nach Angaben des Chronisten hatte der Kaiser schon vorher oft in Turnieren gekämpft und war bei diesem festlichen Anlass besonders eifrig bei der Sache gewesen – trotz der Warnung seiner Berater vor möglichen Gefahren. Man richtete zudem ein Turnier mit Streitkolben aus: Es stritten zwei gleichgroße Mannschaften, aufgeteilt nach Familienzugehörigkeit und Lehensbindung – und auch hier kämpfte der Kaiser mit.[88] Dieses kurze Aufscheinen des Sports in Gesellschaften, in denen ritterliche Ideale zwar bekannt waren, letztlich aber als fremde Konzepte betrachtet wurden, markiert die äußerste und in dieser Ausdehnung zunächst nicht erwartete Grenze der Anziehungskraft des ritterlichen Turniers.

Ein Massenturnier in vollem Gange. Meliadus, Italien, ca. 1350 (BL MS Add 12228 f.177v-178)

Tjost bei der Krönung Johannas von Navarra, der Gemahlin Heinrichs IV. von England, im Februar 1402,
Zeichnung aus dem 1450–1460 entstandenen »Pageant of Richard Beauchamp«.
(BL MS Cotton Julius E IV art.6f.3)

Das Turnier des ausgehenden Mittelalters und der Renaissance: Höfisches Schauspiel, Pas d'armes und Zweikampfforderungen

Das Turnierwesen entwickelte sich im 15. Jahrhundert in zwei völlig verschiedene Richtungen. Zum einen geriet die Ausrichtung eines vollständigen, großen Turniers – mit seinen aufwendigen Szenerien und dem dramatischen Rahmenprogramm – zu einer äußerst kostspieligen Angelegenheit, die nur von den reichsten Fürsten finanziert werden konnte, zum anderen wurden individuelle Herausforderungen zum Zweikampf immer beliebter; sie erwiesen sich als eine der wenigen Möglichkeiten für einen werdenden Ritter, Aufmerksamkeit auf sich zu lenken. Das Turnier im ursprünglichen Sinne, das Massenturnier oder die *mêlée,* wurde immer seltener abgehalten. Die charakteristische Form des Sports war nun der *pas d'armes*, bei dem einzelne Ritter oder Rittermannschaften ihre Absicht verkündeten, einen bestimmten Ort gegen alle zu verteidigen, die sich dieser Kampfforderung stellen wollten. Nach 1340 war das Turnier praktisch ein Monopol von Fürsten und Herzögen – ausgenommen eben solche Einzelforderungen, für die in Friedenszeiten jedoch auch eine königliche Lizenz erforderlich war.

Die Übernahme des Turniers in das Königszeremoniell wird ab der Mitte des 14. Jahrhunderts offenkundig durch seine Verknüpfung mit dem Ritual des Königseinzugs: Schickte sich ein König an, eine Stadt seines Herrschaftsbereichs zu betreten, wurde er von den örtlichen Würdenträgern in einer Zeremonie begrüßt und feierlich in die Stadt geleitet. Dieses Ritual hatte durchaus handfeste Bedeutung, denn es bekräftigte die Oberhoheit des Königs, zugleich aber auch die Freiheiten und Immunitäten der Stadt selbst[1]. Die entsprechenden Anlässe bekamen zu Beginn des 14. Jahrhunderts eine festere und entwickeltere Form: Die offiziellen Ansprachen wurden von einem pantomimischen Spiel begleitet, bei dem es um Themen wie gute Regierung und lokale, politische Fragen ging. Die theatralischen Elemente leiteten sich zunächst von den Mysterienspielen der Zünfte ab, aber bereits 1328 gehörten Turniere zum Zeremoniell des Einzugs Philipps VI. in die Stadt Paris[2]; weitere Beispiele liefern Tournai 1355 und Paris 1364.

Der internationale Charakter des Turnierwesens wird am besten durch die Turnieraktivitäten Peters I. von Zypern im westlichen Europa während der Jahre 1361 bis 1365 illustriert.[3] Peter bemühte sich um Unterstützung für einen neuen Kreuzzug von Zypern aus zur Rückeroberung des Heiligen Landes, womit die Lusignan-Dynastie ihre Erbansprüche auf das Königreich Jerusalem durchsetzen wollte. Er langte im Dezember 1361 im Westen an und verbrachte das folgende Jahr in Venedig und Norditalien. Nach einem Besuch beim Papst in Avignon im April 1363, begann er ernsthaft mit seiner Werbefahrt, reiste in zahlreichen Etappen durch Frankreich und erreichte um den 4. Juli Straßburg, wo auf dem Rossmarkt ein Turnier in Anwesenheit von Damen veranstaltet wurde. Er zog weiter nach Mainz und Köln und durchquerte Nordfrankreich auf seinem Weg nach England; dort gab Eduard III. im November zu seinen Ehren ein Turnier in Smithfield. Peter kehrte nach Frankreich zurück und blieb dort von Dezember 1363 bis Juni 1364. Ende Mai nahm er an den Turnieren im Anschluss an die Krönung Karls VI. teil. Einige Wochen später ist er, so berichtet Froissart, in Brüssel, wo man ihn erneut mit einem Turnier unterhält. Nach anderen Quellen beteiligte er sich an dem großen Turnier in Venedig im Juni desselben Jahres, bei dem auch Petrarca zugegen war; als Peters Gegner trat »der Sohn des Luchino de Verme« auf.[4] Bald darauf treffen wir ihn erneut in Sachsen bei einem Turnier zu seinen Ehren. Im August traf er mit Kaiser Karl IV. in Prag zusammen, und hier ging er als Sieger aus dem Turnier hervor, das man für ihn veranstaltet hatte. Im Oktober dann ist er in Begleitung des Kaisers in Krakau. Als Karl IV. selbst in den Turnierschranken auftrat, bemerkte ein Höfling, noch niemand habe einen Kaiser tjostieren sehen, worauf der Kaiser antwortete, es habe auch noch niemand zuvor den König von Zypern in dieser Weltgegend zu Gesicht bekommen. Peters Reise führte ihn sodann nach Wien, wo Herzog Rudolf, wiederum ihm zu Ehren, ein Turnier veranstaltete, und wiederum heftete Peter einen Preis an seine Lanze. Venedig war schließlich der Endpunkt seiner Fahrt. Inzwischen war er als Tjostierer so berühmt geworden, dass man von ihm behauptete, er habe im April 1365 an den Turnieren anlässlich der Taufe des ältesten Sohnes des Schwarzen Prinzen in Angoulême teilgenommen; dies aber hätte eine ungewöhnlich rasche Reise von Venedig nach Bordeaux und zurück bedeutet.[5]

Die von Peter besuchten Turniere bieten einen Querschnitt durch die Vielfalt offizieller Anlässe, für die man Turniere als angemessen erachtete: die Ankunft eines hoch stehenden Besuchers, eine Krönung, die Geburt eines Prinzen, diplomatische Treffen, Staatsakte und dynastische Feiern waren gleichermaßen willkommene Gelegenheiten für derlei ritterliche Schauspiele. So geriet das Turnier selbst zu einem gesellschaftlichen Ritual, und die das Ereignis umgebende Etikette, der theatralisch-dramatische Rahmen, drängten den eigentlichen Kampf in den Hintergrund. Allein, weder der englische, noch der französische Hof, die ja beide bislang eine so wichtige Rolle für die Herausbildung des Turniersports gespielt hatten, hatten einen Anteil an der Entwicklung des neuen Turniertyps.

Karl VI. war in seinen ersten Regierungsjahren ein leidenschaftlicher Turnierkämpfer. Vom Turnier in St. Denis 1389 haben wir bereits gehört; es fand eine Fortsetzung in den Turnieren im März 1390, wobei die Turnierpreise und die Geschenke an die Damen eine Summe von 2054 Francs verschlangen. 1391 gab es Turniere im Anschluss an den feierlichen Dankgottesdienst der Herzogin von Touraine für die

Die Herzöge von Anhalt in einem Massenturnier mit Schwertern; wie im Falle Eduards I. in der »Kleinen Schlacht von Chalons« attackiert einer der Kämpfer seinen Gegner mit einem Ringergriff; aus der Manessischen Handschrift, 14. Jahrhundert.
(Universitätsbibliothek, Heidelberg, MS Cod pal.germ 848, f.17)

129

Ulrich von Liechtenstein, aus der Manessischen Handschrift, 14.Jahrhundert.
(Universitätsbibliothek Heidelberg, MS Cod. Pal.germ 848, Blatt 237)

Illustrationen aus der Manessischen Handschrift, 14.Jahrhundert
oben links: Herzog Johann von Brabant wird 1294 in Bar bei einem Turnier getötet
oben rechts: Herzog Heinrich von Breslau erhält von seiner Dame einen Blumenkranz
unten links: Die Körperhaltung der Zuschauer spiegelt die Geschicke der unter den Mauern kämpfenden Ritter
unten rechts: Graf Wernher von Honberg mit wehendem Banner in einem Massenturnier (Mêlée) vor der Burg
(Universitätsbibliothek Heidelberg, MS Cod. Pal.germ 848, Blätter 18v, 52, 43v, 11v)

Ritter beim Einzug auf den Turnierplatz; Illustration eines flämischen Künstlers im Manuskript eines französischen Romans des 15. Jahrhunderts.
(Brüssel, Bibliothèque Royale Albert Ier/Kon. Bibl., MS 6 f.51v)

Ein Massenturnier (mêlée), von einer Zuschauertribüne aus gesehen; aus einer italienischen Handschrift des Meliadus-Romans, 14. Jahrhundert.
(BL MS Add. 12228, ff.150v-51)

Massenturnier, aus einem Manuskript des Guiron-Romans vom dem Ende des 14. Jahrhunderts; von einem unbekannten italienischen Meister.
(Bibliothèque Nationale, MS nouv.acq. 5243 f.55)

Zwei Szenen aus den Turnieren in St.Inglevert. Aus einem reich illustrierten Exemplar der Chronik Froissarts (15. Jahrhundert).
(BL MS Harley 4379, ff.19 und 20)

134

*Szene aus Le Livre du Cueurs d'Amours Espris von René d'Anjou; sie könnte durchaus auch eine »dramatische« Episode aus einem zeitgenössischen pas d'armes, wie dem Perron Fée, darstellen.
(Österreichische Nationalbibliothek MS 2597, f.5v)*

135

Massenkampf (mêlée) mit Schwertern, aus dem Turnierbuch des Ren

...on Anjou (Paris, Bibliothèque Nationale, Ms Fr 2692, f. 67v-68).

Bei einem Turnier in Nürnberg zeigt Marx Walther seine Geschicklichkeit: ein kleiner Junge sitzt rittlings auf seiner massiven Lanze.
(München, Bayerische Staatsbibliothek MS Cgm 1930, 20v-21).

Marx Walther bei einem Fastnachtstjost mit Begleitern in Narrenkostümen.
(München, Bayerische Staatsbibliothek MS Cgm 1930, 13v-14.

Ein dramatisches Massenturnier ohne Umzäunung des Turnierplatzes; die Begrenzung wird möglicherweise durch die Zelte und die Tribüne markiert. Meliadus, Italien, ca. 1350.
(BL MS Add 12228 f.197v-198)

*Ein Turnier vor König Artus, nach der Darstellung eines flämischen Künstlers des 15. Jahrhunderts;
der Tjost ist in seiner zweiten Phase, dem Zweikampf mit Schwertern, die gebrauchten Lanzen sind über
den Turnierplatz verstreut.
(Bodleian Library, MS Douce 383 f.16)*

Turnier des 15. Jahrhunderts in Anwesenheit von Damen. (BL MS Harley 4431 f.150)

Die erhaltenen Fragmente von Pisanellos Turnierfresko im Herzogspalast zu Mantua. (Photo Scala)

Einzug der Turnierrichter in die Stadt, in der das Turnier stattfindet, aus de...

Turnierbuch des René von Anjou (Bibliothèque Nationale, MS Fr 2692 f. 41v-42).

Die Überreichung der Turnierpreise, in diesem Fall ein Edelstein mit einem Büschel aus Straußenfedern. Aus dem Turnierbuch des René von Anjou.
(Bibliothèque Nationale MS Fr 2693 f.70v.)

glückliche Geburt eines Kindes; eigens zu diesem Anlass musste für den König ein Turnierharnisch angeschafft werden.[6] Auch noch nach seiner 1392 offenbar werdenden Geisteskrankheit, die sich stetig verschlimmerte, hielt sich seine Turnierbegeisterung. Seine Neigung zu allen möglichen Festlichkeiten soll seinen labilen Geisteszustand zusätzlich verschlechtert haben, seine körperliche Leistungsfähigkeit war davon offenbar jedoch nicht betroffen: 1411 wurden dreißig Mitglieder des Hofes für ein Turnier in St. Pol zu Mittsommer eingekleidet; wir begegnen ihm 1413 als Turnierteilnehmer bei der Hochzeit seines Schwagers Ludwig VII. des Bärtigen von Bayern-Ingolstadt; 1415 tjostierte er bei einem Turnier zu Ehren des Herzogs von York, der gekommen war, um die Ehe zwischen Heinrich V. und Karls Tochter Katharina zu arrangieren. 1424 gab es groß angelegte Turniere in Paris, die sich über zwei Wochen hinzogen und von zwei Adelsfamilien zur Feier einer Doppelhochzeit veranstaltet wurden. Im Allgemeinen aber erlebte Paris unter englischer Besatzung nur wenige öffentliche Ereignisse dieser Art. Der neue Geist spiegelt sich in der Bemerkung König Heinrichs V. nach seiner Vermählung mit Katharina im Jahre 1420: als man ihm ein Turnier vorschlug, erwiderte er, man solle lieber hinausgehen und ernsthaft kämpfen. Die Turniere nach der Krönung Heinrichs VI. in Paris 1431 erregten Aufmerksamkeit wegen ihres bescheidenen Zuschnitts: Krönung und Turniere zusammen sollen nicht mehr gekostet haben als eine ganz normale bürgerliche Hochzeit.[7] Sein Nachfolger Karl VII. war mit der Wiedereroberung des Königreiches beschäftigt, und Ludwig XI. war absolut gegen Darstellungen fürstlicher Größe dieser Art eingestellt. Die französischen Könige und ihre höfische Gesellschaft haben die Turniere möglicherweise mit der verheerenden Regierung Karls VI. assoziiert, aber auch mit dem üppigen Lebensstil ihrer großen Rivalen, der Herzöge von Burgund.

Dass das Turnierwesen im 15. Jahrhundert seinen Gipfelpunkt erreichte, war ein Verdienst der jüngeren Seitenlinie des französischen Königshauses. Die Höfe Philipps des Guten und Karls des Kühnen von Burgund sowie der Hof des Herzogs René von Anjou, Titularkönigs von Sizilien, erlebten die berühmtesten ritterlichen Feste der Epoche. Vielleicht waren sie gar nicht ganz so überragend, wie man sie darstellte, denn wir kennen ja mittlerweile die städtischen Feste in Flandern, die kastilischen Turniere von Valladolid und den *Passo Honroso*, die alle älter sind als die burgundischen Turniere und durchaus mit ihnen konkurrieren können. In ihrer Häufung und als Beispiel für eine ganz bestimmte Kultur stehen sie allerdings einzigartig da. Vorbild für diese Großereignisse waren die berühmten Turniere von St.Inglevert im Jahre 1390. Die frühen Turniere unter Philipp dem Guten, dessen Regierungszeit die Glanzzeit der burgundischen Hoffeste markierte, scheinen noch recht traditionell gewesen zu sein. 1423 hören wir von ihm als Turnierrichter in Arras[8], und 1428 nahmen er und der Herzog von Brabant zur Karnevalszeit an einem Turnier in Brüssel teil. Beide Seiten boten eine Gesamtzahl von »sieben bis acht mal zwanzig Helmen« auf; das Turnier wurde mit dem herkömmlichen Massenturnier eröffnet. Die beiden folgenden Tage waren mit Turnieren, Tanzveranstaltungen und anderen Festlichkeiten angefüllt. Anschließend wurde ein weiteres Turnier in Mons unter der Schirmherrschaft des Herrn von Croy angekündigt, dieses Turnier wurde jedoch niemals durchgeführt.[9]

Philipps dritte Vermählung, diesmal mit Isabella von Portugal, war begleitet von traditionellen, aber besonders prunkvoll ausgerichteten Tjosten, zum Teil wohl als Antwort auf die Unterhaltung, die Dom Duarte rund ein Jahr vorher der burgundischen Gesandtschaft in Lissabon geboten hatte. Es handelte sich um diejenigen Turniere, die in der Einleitung des vorliegenden Buches beschrieben wurden. Sie fanden, wie gesagt, ihren Höhepunkt in der Gründung des Ordens vom Goldenen Vlies. Interessanterweise besteht zwischen dieser zentralen Organisation der ritterlichen Welt Burgunds und dem Turnierwesen keine sonderlich enge Beziehung,

Abbildung eines Turnierkampfes in einer Handschrift (15. Jahrhundert) des französischen Romans Le Petit Jehan de Saintré. Der leere Sattel des gefallenen Ritters zeigt die hohe Rückenstütze. (BLM MS Cotton Nero D.IX f.40) (Radio Times Hulton Picture Library, London)

obwohl sich viele Ordensmitglieder einen Namen als Turnierkämpfer gemacht hatten: nur ein einziges Mal hören wir bei einer Versammlung des Ordens – in St.Omer 1441 – auch von einem Turnier. Der Orden fungierte vielmehr als eine Art Adelsrat und Kristallisationspunkt für die politischen und ritterlichen Bestrebungen des burgundischen Adels aus den verschiedenen Territorien, den es an den herzoglichen Hof zu binden galt. Philipp der Gute war nur selten persönlich an den spektakulären ritterlichen Festen Burgunds beteiligt, auch wenn er seinen Adel ohne Zweifel darin ermunterte und unterstützte, solche Feste zu veranstalten.

Der *pas d'armes* erlebt in Burgund, zuerst in Dijon 1443, eine Neuauflage. Aus dem folgenden Jahrzehnt sind sieben solcher Turnierereignisse bekannt, und von allen besitzen wir eine mehr oder weniger ausführliche Beschreibung. Der Turnierbericht wird dabei zu einer eigenen, gewissermaßen »niederen« Literaturgattung, fast so wie die Sportreportagen in modernen Tageszeitungen. Ohne die Vertrautheit der Chronisten und ihres damaligen Publikums mit dem Turniersport handelt es sich allerdings um eine etwas ermüdende Lektüre, denn der lange Zug der Ritter sprengt mit stets gleichen Resultaten über den Turnierplatz. Rund ein Dutzend Varianten können sich ergeben: ein Treffer, eine gebrochene Lanze, ein heruntergeschlagener Helm, ein Ritter aus dem Sattel gehoben, ein durchgehendes Pferd, ein Stoß ins Leere, eine aus der Hand gefallene Lanze oder gar die Verweigerung eines zweiten Anrittes beider Pferde. Um die Mitte des 15. Jahrhunderts aber ist die Aufmerksamkeit aller immer noch auf die Turnierkämpfer selbst gerichtet, ganz gleich, wie großartig, pompös und prachtvoll alles ausgestaltet ist und wie gelehrt und gesucht die literarischen Themen der einzelnen Herausforderungen sich präsentierten.

Welches Prinzip stand hinter solchen Veranstaltungen außer der reinen Freude am Sport für Teilnehmer und Zuschauer? Aus welchem Grund wurden die das Turnier begleitenden Zeremonien so stark betont? Die Antwort auf diese Fragen ist weitgehend in der Haltung gegenüber dem Rittertum dieser Periode zu suchen. Durch den Einfluss der Versromane wurde mit dem 15. Jahrhundert das Streben nach persönlicher Tapferkeit zum beherrschenden Thema ritterlicher Ambitionen, und diese Einstellung reflektieren auch die erfolgreichsten weltlichen Ritterorden: Es waren diejenigen mit einem ganz und gar exklusiven Mitgliederkreis wie der Hosenbandorden oder der Orden vom Goldenen Vlies, welche die eher konturlosen größeren Orden, wie etwa den französischen Sternenorden, überdauerten. Der Hosenbandorden machte sich in seiner Anfangszeit erfolgreich die *camaraderie* einer Turniermannschaft zu Nutze und schuf eine Rittertruppe mit einer starken kollektiven Identität. Hundert Jahre später hatte sich das ritterliche Tugendsystem gründlich gewandelt.

Wenn sich der erfahrene Turnierkämpfer selbst als ein Lanzelot oder ein Tristan verstand und durch seine Taten in den Turnierschranken so das Herz seiner Dame zu gewinnen trachtete, dann imitierte er auch die Helden der Romane durch ex-

Tjost vor der „Minneburg"; eine Szenerie, die seit dem 14. Jahrhundert bei Turnierfesten beliebt war. Spiegelkästchen aus Elfenbein, Paris, letztes Viertel des 14. Jahrhunderts. (London, Victoria & Albert Museum A561–1910)

travagante Gelöbnisse. In St.Inglevert 1390 gaben die Verteidiger selbst keine Gelöbnisse ab, boten aber an, alle »von ihren Gelöbnissen zu befreien«, die sich ihnen zum Kampf stellten. Beim *Passo Honroso* suchte Suero de Quiñones Befreiung von seinem selbst auferlegten Gelübde, einen eisernen Halsreif als Symbol seiner Minnesklaverei zu tragen. Dieses Thema findet eine genaue Entsprechung in der »emprise« oder Unternehmung des »Gefangeneneisens«, das der Herzog von Bourbon am 1. Januar 1415 ins Leben rief.[10] Das Emblem dieses Ordens war weniger unbequem als das offenbar echte Eisenhalsband des Suero de Quiñones: es war eine goldene Halskette mit anhängendem Abzeichen. Die Ritter gelobten nicht die individuelle Hingabe, sondern eine allgemeine Verehrung der Frauen. Sie mussten das Abzeichen zwei Jahre lang jeden Sonntag tragen, bis sie sechzehn Gegner gefunden hätten, um sich mit ihnen in einem Kampf zu Fuß mit Kriegswaffen zu messen; die Verlierer mussten sich selbst als Gefangene hingeben. Boucicauts Orden von der

»Weißen Dame mit dem grünen Schild« ist in gewisser Hinsicht eine Weiter-führung des Turniers von St.Inglevert, indem seine Mitglieder – zusätzlich zur all-gemeinen Verpflichtung, die Ehre der Frauen zu verteidigen – gelobten, sich als Turniergegner für alle diejenigen zur Verfügung zu stellen, die sich von einem Gelübde deshalb nicht befreien konnten, weil etwa für die ausersehene, besondere Waffentat bei einem Turnier nicht genügend Herausforderer bereitstanden.

Dass die Turniere von St. Inglevert und der »Votivorden« Boucicauts im 15. Jahr-hundert eine solche Auswirkung zeitigen konnten, hängt wohl zum Teil mit den äu-ßerst zahlreichen Turnierberichten zusammen, die nach 1400 deutlicher in Er-scheinung treten. Die fast zweihundert Jahre zurückliegende Reise Ulrichs von Liechtenstein ist ein klassisches Beispiel für ein solches Gelübde, und es ist ganz unwahrscheinlich, dass dieses ritterliche Ritual in der dazwischen liegenden Peri-ode vollständig in Vergessenheit geraten sein sollte. Überhaupt waren Gelübde – zumal im religiösen Bereich – eine alltägliche Erscheinung des mittelalterlichen Lebens: Wallfahrts- und Kreuzzugsgelübde waren häufig, und so spiegelte die rit-terliche Welt die religiöse in ihren äußeren Formen.

Gelübde waren indessen nicht die einzigen Gründe für einen pas d'armes. Das Turnier von Dijon 1443 wurde, Monstrelet zufolge, mit Erlaubnis des Herzogs von Burgund und »zu seiner Unterhaltung« veranstaltet; die Forderungsbriefe besagen lediglich, die Turniere dienten der »Vermehrung und Verbreitung der sehr edlen Profession und Übung der Waffen«[11], und Olivier de la Marche beginnt seinen Be-richt mit den Worten »Da nun gerade die Zeit müßig …«[12]

Dies war der erste größere dokumentierte pas d'armes Burgunds; er dauerte sechs Wochen und war ähnlich arrangiert wie der *Passo Honroso*. Als Verteidiger traten dreizehn Ritter und Knappen auf. Schauplatz war ein Hainbuchengehölz in der Nähe von Marsannay-la-Côte nahe Dijon, in dem sich die »Karlsbuche« (mit Be-zug auf Karl den Großen) befand. Hier standen zwei Schilde, der eine in schwarz, belegt mit goldenen Tränen, der andere in lila, belegt mit schwarzen Tränen. Wer den ersten Schild berührte, musste elf Runden im Kriegsharnisch bestreiten, die Berührung des zweiten Schildes forderte zu einem Zweikampf mit Streitaxt oder Schwert. Anführer der Verteidiger war der Herr von Charny, Pierre de Bauffremont, Kammerherr Philipps des Guten. Er organisierte die Anlage der notwendigen Kampfplätze in der Nähe der Karlsbuche und ließ eine Steinsäule errichten, an der Abbildungen Gottvaters, der Jungfrau Maria und der heiligen Anna angebracht wa-ren sowie die dreizehn Schilde der Verteidiger. An der Landstraße nach Dijon wurde, als eine Art Signalposten, ein Kruzifix aufgestellt, versehen mit Bauffremont als Stifterfigur im Turnierharnisch. Drei Burgen der Umgebung beherbergten die Verteidiger und die Herausforderer.

Der erste Herausforderer war der Spanier Pedro Vásquez de Saavedra – er genoss einen ausgezeichneten Ruf, hatte er doch auch in Deutschland und England gekämpft. Bauffremont stellte sich dem ersten Treffen. Olivier de la Marche be-

Tristan kämpft in einem traditionellen Massenturnier.
Miniatur aus einer aufwendig gestalteten Handschrift des Tristanromans von Micheau Gonnot,
1463, im Besitz von Jacques d'Armagnac.
(Bibliothèque Nationale, MS Fr 99 f.561)

schreibt die Vorgänge besonders eingehend, denn es war der erste Tjost, den er selbst miterlebte. Der Kampf mit der Streitaxt wurde mit offenem Visier geführt, weil der Spanier mit geöffnetem Visier in die Schranken getreten war, und sein Gegner diese Geste – nach ritterlicher Art – erwiderte. Dieser Kampf und der Kampf zu Pferde gingen ohne Verletzungen vorüber. Danach folgte eine ganze Reihe von Herausforderern, obwohl sich im Bericht Oliviers eine Lücke von fast zwei Wochen, vom 16.Juli bis 29.Juli, auftut. Das kann jedoch eher mit seiner Abwesenheit vom Ort des Geschehens erklärt werden, als mit einer allgemeinen Kampfpause. Nicht alle Herausforderer erwiesen sich als so kampferfahren, wie sie behaupteten: ein Piemonteser namens Martin Ballart brüstete sich damit, er werde drei oder vier der besten Verteidiger zu Fuß bekämpfen, obwohl er den Schild für den Reiterkampf berührt hatte. Als er in allen elf Kampfrunden keinen einzigen Treffer landen konnte, erinnerte ihn sein Gegner an seine Worte und bot ihm an, zu Pferd weiterzukämpfen. Ballart aber entschuldigte sich mit unzureichender Rüstung und machte sich eiligst davon. Hiervon einmal abgesehen, wurde der pas d'armes tapfer und mit nur wenigen Verletzungen ausgefochten. Die Schilde stellte man sechs Wochen lang öffentlich aus und überführte sie schließlich in die Marienkirche zu Dijon, wo sie der Jungrau Maria dargebracht wurden; sie verblieben dort noch einige Jahre in einer Seitenkapelle.

Zwei Jahre später richtete René von Anjou anlässlich der Procura-Vermählung Margarethes von Anjou mit König Heinrich VI. von England ein dem Anlass angemessenes Großturnier in Nancy aus. Von den jüngeren Seitenlinien des französischen Königshauses konnte sich Philipp der Gute als Herzog von Burgund eines hervorragenden ritterlichen Gefolges rühmen, aber René von Anjou mit seinen weitaus geringeren Mitteln machte auf seine Zeitgenossen – was das Turnier betraf – einen mindestens ebenso großen Eindruck. Renés Werdegang ist eine romantische Geschichte für sich: Sie beginnt mit der Hochzeit mit der Erbin des Herzogtums Lothringen und seiner Gefangenschaft in Burgund im Alter von zweiundzwanzig Jahren, als er ihren Erbanspruch durchzusetzen versuchte und von einem Rivalen besiegt wurde. Noch als Gefangener erbte er das Herzogtum Anjou von seinem Bruder sowie das Königreich Neapel und Sizilien von seiner Schwägerin. Nach seiner Befreiung herrschte er kurze Zeit als König von Neapel, bis es Alfons von Aragón 1442 durch Waffengewalt gelang, seinen Rechtsanspruch auf das Königreich Beider Sizilien durchzusetzen. Als das Turnier zu Nancy abgehalten wurde, hielt er sich bereits seit drei Jahren wieder in Frankreich auf. Dieses Turnier war das erste einer ganzen Serie von Turnierfesten, die in seinem Buch über die Organisation von Turnieren ihre literarische und künstlerische Zusammenfassung erfuhren. Die »Abhandlung über die Form und Ausrichtung eines Turniers« (*Traicté de la forme et devis d'ung tournoy*) war das erste von mehreren Werken über ritterliche Themen, wie beispielsweise auch ein Schäfergedicht an seine zweite Frau, oder – als Höhepunkt – sein Meisterwerk *Le Livre du Cuers d'Amour Espris* (»Das

Buch vom liebentbrannten Herzen«), in dem die allegorischen Abenteuer des Herzens auf der Suche nach seiner Dame Süße Anmut beschrieben wird.[13] Das Werk ist in einer der zauberhaftesten mittelalterlichen Handschriften bewahrt, deren exquisite Miniaturen bisweilen gar Renés eigener Hand zugeschrieben werden. Dass René eine ausgeprägte visuelle Vorstellungskraft hatte und einen Sinn für opulente Arrangements, ist unbestritten. Das Turnier betrachtete er als eine Seite der reichen künstlerischen Möglichkeiten fürstlicher Lebensführung. Eine Miniatur aus »Le Livre de Cueurs d'Amour Espris« liefert uns ein wunderbar realistisches Bild davon, wie die literarischen Einflüsse auf das zeremonielle Arrangement eines Turniers des 15. Jahrhunderts ausgesehen haben mögen: die prächtige Gestaltung der Helmzier des Ritters und der Rossdecke, die märchenhafte Erscheinung der Damen im prunkvollen Festgeschehen, die herrlichen Zelte, die Säulen aus kostbarem Marmor mit rätselhaften Inschriften. Dies alles gewährt einen kurzen Einblick in die Welt der Ritterromane, und diese Wiedererweckung einer goldenen, romantischen Welt ist eine ganz gegenwärtige Kraft im visuellen Bereich zeitgenössischer Turniere.

Im Turnier von Nancy stand ein Zelt aus roter, weißer und grüner Seide am einen Ende des Turnierplatzes, am anderen Ende eine mächtige grüne Säule, an der die Turnierordnung befestigt war.[14] René ritt ein; ihm folgten sechs Pferde, jedes mit einer anders gestalteten Rossdecke behangen. Renés eigenes Ross hatte eine Decke aus Purpursamt und Gold, die anderen waren aus karmesinrotem, schwarzem, blauem, gelbem und grauem Samt, eines mit weißem, goldurchwirktem Tuch; jede Rossdecke war bestickt mit verschiedenen Wappendevisen. Mit all dieser Herrlichkeit konnten jedoch auch der Herzog von St.Pol, Messire de Brézé, der Herzog von Lothringen und die anderen Verteidiger konkurrieren, und sogar bei den eigentlichen Kämpfen erschienen die Tjostierer in ähnlich reicher Aufmachung. Karl VII. eröffnete die Kämpfe persönlich, obwohl er im Ruf stand, solche Übungen nicht zu mögen. In den drei Runden ritt er gegen René von Anjou und machte seine Sache gut. Sein zweiter Gegner aber, Pierre de Brézé, einer seiner Günstlinge, wurde dafür getadelt, dass er gegen den König mit einer allzu harten Lanze tjostierte – wohl mit dem Hintergedanken, dass dies eigentlich nicht nötig gewesen wäre. Der König verlor seinen Schild, aber beide Reiter brachen ihre Lanzen. Dem König folgte der Graf von Foix, Gaston IV., als Herausforderer, dessen Biograf uns einen lebendigen Augenzeugenbericht des Ereignisses hinterlassen hat. Beinahe wäre es Gaston IV. gelungen, den Grafen von St.Pol aus dem Sattel zu heben, und bei seinem dritten Ritt, gegen den Herrn von Lothringen, zerbrach er seine Lanze mit solcher Kraft, dass die einzelnen Splitter – unter dem begeisterten Jubel der Menge – weit in der Luft umherflogen. Der vierte Ritt, gegen Pierre de Brézé, ging daneben, weil das Pferd Pierre de Brézés scheute: Graf Gaston ritt in voller Karriere die Turnierbahn hinunter und wendete sein spanisches Streitross am Ende mit einer Caracole. Insgesamt ritt Gaston zwölf

Runden, brach dabei elf »gute, starke Lanzen«, warf einen Gegner vollständig, einen anderen beinahe aus dem Sattel. Zehn weitere Herausforderer folgten, und jeder von ihnen brach zwischen sechs und elf Lanzen; am Ende dieses Tages jedoch ging der Preis der Herausforderer an Graf Gaston von Foix, der der Verteidiger an den Grafen von St. Pol.

Die beiden nächsten Turnierunternehmungen Renés von Anjou fanden 1446 in seiner eigenen Grafschaft statt. Die erste, die *Emprise de la gueule de dragon* (die Emprise des Drachenmauls), wurde in der Nähe von Chinon veranstaltet; ein wütender Drache auf einem Pfeiler mit den angehängten Schilden der vier Verteidiger markierte den Ort des Turniers. Jede Dame, die daran vorbeiging, wurde von einem Ritter begleitet, der aus Liebe zu ihr zwei Lanzen brechen musste. Der König tjostierte mit einem schwarzen, mit goldenen Tränen belegten Schild sowie einer schwarzen Lanze, um damit auf das mannigfache Unglück hinzuweisen, das ihn in letzter Zeit getroffen hatte.[15] Der *Pas de la joyeuse garde*, genannt nach dem berühmten Schloss der Liebenden der Artusepik, in das sich Tristan und Isolde, Lancelot und Guinevere zurückgezogen hatten, war noch aufwendiger gestaltet: vor den Toren von Saumur wurde ein Schloss aus Holz errichtet; zu Beginn der Kämpfe gab es einen Umzug bestehend aus zwei ganz in Weiß gekleideten Türken, die echte Löwen mit sich führten, aus Trommlern und Pfeifern zu Pferd, Trompetern sowie berittenen Herolden und Turnierrichtern. Ihnen folgte ein Zwerg mit Renés gelbem Schild, bemalt mit »natürlichen Gedanken« (pensées au naturel), und schließlich dem König selbst, geleitet von einer Dame, deren Schultertuch um sein Zaumzeug geschlungen war. Es wird erzählt, alles sei in großer Heimlichkeit vorbereitet worden, um Johanna von Laval, die spätere zweite Frau des Königs, zu ehren und zu überraschen; sie wäre zu dieser Zeit allerdings erst dreizehn Jahre alt gewesen, und nach allem, was man sagen kann, scheint ihr René wohl erst kurz vor ihrer beider Hochzeit begegnet zu sein. Die beiden Löwen wurden mit starken Silberketten an den Pfeiler gekettet, an dem die Schilde der Verteidiger hingen. Unter den Turnierrichtern befand sich auch der Dichter Antoine de La Sale; einer der Verteidiger war Ferry von Lothringen, ein namhafter Tjostierer, der dann auch die mit Diamanten und Rubinen besetzte goldene Spange als bester Kämpfer dieses pas d'armes gewann.

Renés letztes Turnierfest, in Tarascon 1449, war in Bezug auf Programm und Inszenierung das komplizierteste.[16] Der *Pas d'armes de la bergière* (der Pas d'armes der Schäferin) war ein Gemisch aus Schäferspiel und Turnier. Mittelpunkt des Ereignisses war eine Hütte, vor der eine Schäferin, dargestellt von Isabella von Léoncourt, eine Herde Schafe hütete; die Verteidiger des pas d'armes waren zwei als Schäfer verkleidete Ritter: Philibert von Aigue, Renés Kammerherr, und Philipp von Léoncourt, Vater oder Bruder Isabellas. Die ganze Veranstaltung war von bescheidenem Zuschnitt und eher als private Unterhaltung des Königs und seines Hofes gedacht denn als groß angelegtes, öffentliches Schauspiel, das Ritter von weither angezogen hätte. Es wurde von nur einem Herold kundgemacht, der sich auf der Suche nach potenziellen Herausforderern auch nicht weiter als sechzig Meilen von Tarascon entfernte; das Turnier selbst sollte überhaupt nur drei Tage dauern.

Louis de Beauvaus' Dichtung über das Fest liefert eine detailreiche Schilderung über ein Ereignis, das an den Fürstenhöfen des 14. und 15. Jahrhunderts nichts Außergewöhnliches gewesen sein konnte, sozusagen ein privates Zelebrieren ritterlicher Kultur. Jedermann hatte daran Anteil: von den Räten des Königs bis zum erfahrenen Ritter, und keiner beurteilte die Leistungen des anderen allzu kritisch. Einmal begab sich der König selbst auf den Kampfplatz, um einem jungen Ritter

Die englische Darstellung einer mêlée, ca. 1450; man beachte den kräftigen Zaun um das Turnierfeld. (BL MS Harley 326 f.113)

Mut zuzusprechen, der von einem Schlag Philiberts de l'Aigne ganz benommen war, und er gab ihm eine neue Lanze, als der junge Ritter endlich seine eigene zum Zersplittern gebracht hatte. Wieder einmal war schließlich Ferry de Lorraine der Sieger des Turniers.

René hat sein Turnierbuch wohl erst nach Beendigung seiner Karriere als Turnierkämpfer und Schirmherr von Turnieren verfasst. Andere Ritter aber waren eifrig dabei, jene Tradition fortzuführen, die er so intensiv gefördert hatte. So veranstaltete Johann von Luxemburg, Bastard von St.Pol, im Jahre 1449 bei Calais einen pas d'armes, dessen Forderungsbriefe durch eine umfängliche Vorrede eingeleitet wurden. Hier stand zu lesen, wie er eine schöne Dame, eine Pilgerin auf dem Weg nach Rom, aus den Händen von Räubern befreit habe, wie er ihre Bitte um seine Begleitung für den Rest der Reise mit dem Hinweis auf ein von ihm proklamiertes Turnier in Calais vom 15.Juli »bis zum Fest Unserer Liebe Frau um die Mitte des Monats August« schweren Herzens habe abschlagen müssen – danach jedoch sei er frei, sie zu begleiten; die Dame habe ihm den Wunsch gewährt, sein Unternehmen durchführen zu können, bevor sie ihre Reise fortsetzt; und in den Briefen zur Ankündigung des *Pas de la belle pèlerine* bitte sie nun alle Ritter, sich einzufinden, damit ihr Beschützer sein Wort einlösen könne. Sein Schild in Silber mit rotem Balken, wie das Wappen Lancelots in den Artusromanen, wurde nach dem Brauch am angekündigten Tag an das »Kreuz des Pilgers« gehängt. Das Reglement war recht detailliert: die Lanzen wurden von der Dame, als Schirmherrin des Turniers, zur Verfügung gestellt, die Ritter mussten nur ihre eigenen eisernen Lanzenspitzen mitbringen; bei den Kämpfen waren Festhalten mit der Hand und Ringergriffe nicht erlaubt. Der pas d'armes wurde weitumher angekündigt: auf Kosten des Herzogs von Burgund reisten Herolde nach England, Schottland, Deutschland und Spanien, um das Ereignis publik zu machen.

Johann von Luxemburg blickte auf eine mehr als zehnjährige Turniererfahrung zurück: wir hören von ihm zum ersten Mal als Turnierteilnehmer im Jahre 1439 bei der Verlobung Karls des Kühnen mit Katharina von Frankreich. Dennoch, nur wenige Ritter nahmen die Herausforderung an, vor allem wohl, weil sie befürchteten, der einzige Verteidiger könnte noch vor ihrer Ankunft in Calais verwundet worden sein und wäre nicht mehr in der Lage, die angekündigte Turnierperiode durchzustehen. Zu denen, die in Calais eintrafen, gehörte ein schwäbischer Ritter von fünfundsechzig Jahren, der sich wacker mit der Streitaxt schlug, sowie Bernhard von Béarn, der sich wegen Krankheit verspätet hatte, aber dennoch zum Kampf antreten durfte, obwohl der Termin bereits abgelaufen war. Seine Herausforderung endete bereits nach der ersten Runde, als sein Helm durch einen unglücklichen Schlag herunterfiel und ihn dabei verletzte.

Die Kosten der Veranstaltung, soweit sie die benachbarte Stadt St.Omer betrafen, waren beträchtlich: die Bürger brachten 1600 Ecus auf, allein für das Privileg, das Turnier in ihrer Nähe zu haben; die Städte Lille und Brügge hatten ebenfalls

versucht, sich mit Johann von Luxemburg über dieses Privileg zu einigen. Die Umzäunung des Turnierplatzes und der Bau von Häusern für das Turnier kostete 333
Pfund, allgemeine Arbeiten wie etwa die Planierung des Bodens, Bereitschaft von
Transportmitteln und Wachmannschaften 687 Pfund; ohne die Unterstützung der
Stadt wäre das Vorhaben nur schwer zu realisieren gewesen, aber die Freigebigkeit
wurde wohl gerne geübt mit Blick auf den zu erwartenden Gewinn bei der Menge
der erhofften Besucher; so dürften die Bürger der Stadt wegen des geringen Zulaufs
durchaus enttäuscht gewesen sein.[17]

Ein wesentlich erfolgreicheres Unternehmen war der Pas d'armes vom Tränen-
quell (*Pas de la Fontaine des Pleurs*), bei dem es ebenfalls nur einen einzigen Verteidiger gab: Jacques de Lalaing, Rat und Kammerherr Philipps des Guten von
Burgund, und jetzt schon einer der berühmtesten Tjostierer seiner Zeit.[18] Er ge-
lobte, einen Pavillon auf einer Wiese bei Chalon-sur-Saône zu errichten, an dem ein
Jahr lang am ersten Tag eines jeden Monats die »Quelle der Tränen« fließen solle.
Der Ort war strategisch gut gewählt, denn er lag an der Grenze zwischen Frankreich und dem Heiligen Römischen Reich, jedoch mitten in burgundischem Terri-
torium, denn der Herzog hatte Land beider Monarchen unter seiner Herrschaft. Vor
dem Pavillon hielt sich eine junge Frau, von einem Herold begleitet, mit einem Einhorn auf, deren bekümmerter Gemütszustand der Veranstaltung ihren Namen gab.
Das Einhorn trug drei Schilde, und der Herold musste die Namen der Herausforderer aufzeichnen und festhalten, welche Schilde sie berührten. Wer als Erster am
Platze erschien, hatte innerhalb der ersten Woche des Monats zum Kampf anzutreten, und so weiter bis zu einem Maximum von vier Herausforderern für jeden
neuen Monat. Die Waffen wurden zur Verfügung gestellt, und sogar Pferde, falls ein
Ritter ohne geeignetes Streitross käme: wir haben aus deutschen Quellen gelernt,
wie rar gute Turnierpferde sein konnten.

Der Pavillon wurde zum ersten Mal am 1. November 1449 aufgestellt. Oben war
ein Bild der Jungfrau Maria angebracht; unten standen die Dame der Quelle mit
ihrem Einhorn und den Schilden. Ein sinnreich ausgerichteter Wasserstrahl ließ
sie reichlich Tränen vergießen, die über die Schilde hinunterrannen. Die drei mit
Tränen belegten Schilde waren von unterschiedlicher Farbe, womit die angebotene
Kampfart angezeigt wurde. Jeder, der den weißen Schild berührte, kämpfte mit der
Streitaxt; wurde er besiegt, musste er ein Jahr lang ein goldenes Armband tragen,
solange jedenfalls, bis er die Dame mit dem goldenen Schlüssel dazu gefunden
hatte. Der violette Schild bedeutete Schwertkampf zu Fuß; ging bei diesem Kampf
einer der Kontrahenten zu Boden, musste er der schönsten Frau im Königreich einen Rubin überreichen. Die Berührung des schwarzen Schildes bedeutete den
Wunsch, fünfundzwanzig Runden mit der Lanze im Kriegssattel durchzufechten;
wurde der Ritter aus dem Sattel gestoßen, musste er dem Gefolgsherrn des Siegers
eine Lanze übersenden. Der Preis für die beste Leistung war eine goldene Nachbil-
dung der Waffe, mit der der Herausforderer gekämpft hatte. Insgesamt wären so-

mit achtundvierzig Kämpfe möglich gewesen – Lalaing focht jedoch nur gegen elf Opponenten. Er musste zudem lange warten, bis sich der erste Herausforderer einstellte, denn niemand hatte die Schilde in den Monaten November, Dezember und Januar berührt. Am 1. Februar war es dann Pierre de Chandio, ein Knappe von fünfundzwanzig Jahren, der sich als Erster meldete: er wählte die Streitaxt als Waffe. Im nächsten Monat erschien – offensichtlich zufällig – eine etwas gewichtigere Persönlichkeit, der sizilianische Ritter Johann von Boniface. Er kam, ohne von dem pas d'armes zu wissen, und wählte fünfundzwanzig Runden mit der Lanze und fünfundzwanzig Hiebe mit der Axt. Das war eigentlich gegen die Regeln, denn es sollte ja nur ein Schild berührt werden. Aber Boniface hatte bereits 1445 in Gent gegen Lalaing einen Zweikampf ausgefochten, und Lalaing gestand ihm deshalb diese Ausnahme zu. Im Lanzenkampf dann spaltete Lalaing seine Lanze von der Eisenspitze bis zum Handschutz, ohne sie zu brechen, und es gab einige Auseinandersetzungen darüber, ob er eine andere Lanze beanspruchen könne. Boniface verlor aber seinerseits ein nicht ersetzbares Stück seiner Rüstung, und so endete der Kampf nach acht Runden. Im Axtkampf wurde Boniface niedergeschlagen und musste das verschlossene Armband tragen, wie es die Regeln vorsahen.

Weitere drei Monate verstrichen bis zur nächsten Herausforderung; der Sommer blieb ohne jede Begegnung, im Oktober aber, dem letzten Monat diese pas d'armes, erschienen nicht weniger als sieben Ritter. Bemüht, das Ereignis zu einem triumphalen Abschluss zu bringen, verzichtete Lalaing auf die Einhaltung der Regeln und erlaubte allen Rittern die Teilnahme. Einer von ihnen, der Herr von St.Bonnet, unterlag im Axtkampf, weigerte sich jedoch, das golden Armband zu tragen, weil Lalaing seiner Meinung nach gleichzeitig mit ihm zu Boden gegangen sei – in bester Tradition der Romane –, aber es gab noch einen Grund für sein Verhalten: er hatte bereits die Tjoste beobachtet, und ein Zuschauer durfte als Herausforderer nicht auftreten. Indessen, die Regeln waren außer Kraft, und es wurde ihm gestattet, zu kämpfen. Alle Herausforderer, außer einem Knappen aus Sachsen, wählten den Kampf mit Streitäxten, allerdings wurden Schwertkampf und Tjost gewährt.

Am 15. Oktober war dann die Abschlusszeremonie mit einem großen Bankett und kleinen theatralischen Einlagen, bei denen die Jungfrau Maria und die Dame der Quelle – zweifellos von Schauspielern dargestellt – einen Dialog zum Besten gaben. Lalaing trat zu der Dame der Quelle und fragte sie, ob sie seiner Dienste weiterhin bedürfe. Sie entband ihn huldvoll aller Verpflichtungen, und mit der Verteilung der Preise ging dieser pas d'armes zu Ende.

Das prächtigste aller burgundischen Feste, das Fasanenfest im Februar 1454, bei dem Philipp der Gute sein Kreuzzugsgelübde verkündete, umfasste natürlich auch Turnierkämpfe. Sie waren indessen nur kurz, und lediglich der Auftritt Adolfs von Kleve als Schwanenritter – der legendäre Gründer des Hauses Kleve – machte Eindruck auf den Chronisten. Es scheint, dass die Zuschauer den Turnierplatz noch vor dem Ende der Kämpfe verlassen hatten, um sich die Staunen erregende und üppige

Ausschmückung des Saales anzusehen, in der das Fest stattfinden sollte. Beim Anblick der mit Speisen beladenen Tafel und solch außergewöhnlicher Arrangements
wie einem Kirchlein mit Sängern darin, einer pantomimischen Darstellung der Ja-
son-Sage, wie monsterhafte Wesen, die dem Herzog bei Tische aufwarteten, und
eine Schauspielerin als Heilige Mutter Kirche auf einem Elefanten reitend, erklärte
ein Zuschauer, »niemals zuvor sei etwas so Erhabenes und Glänzendes gezeigt worden.«[19]

Auch während seiner Blütezeit war der burgundische Hof weit davon entfernt,
das Monopol auf den pas d'armes beanspruchen zu können. Eine prächtige, wenn
auch kurze Veranstaltung dieser Art wurde von Gaston IV., Grafen von Foix, ausgerichtet, dem wir schon beim Turnier von Nancy 1445 begegnet sind. Anlässlich eines diplomatischen Besuches bei König Johann II. 1455 in Barcelona, verkündete
er einen pas d'armes und nannte sich selbst »Ritter von der Kiefer mit dem goldenen Zapfen, Diener der Dame vom Heimlichen Forst.«[20] Herausforderer mussten
im Turnierharnisch drei Lanzen brechen, und war der Verteidiger siegreich, sollte
sein Gegner der Dame vom Heimlichen Forst einen Juwel überreichen; würde der
Verteidiger besiegt, sollte er der Dame des Siegers ebenfalls einen Juwel übergeben.
Die Schranken wurden auf einem Platz der Stadt errichtet; an einem Ende des Platzes stand eine Kiefer mit goldenem Zapfen. Der Graf von Foix begab sich auf einem
besonders edlen Streitross in die Schranken, inmitten der gewohnten Prozession
von Herolden, Rittern und Knappen sowie zwei Mauren als Fußsoldaten. Die Veranstaltung war sehr gut besucht: in zwei Tagen focht Gaston gegen zweiundvierzig
Gegner, brach selbst zweiundachtzig Lanzen und fünfundsiebzig wurden an ihm
gebrochen – und offenbar ging alles ohne Unfall ab. Zugegebenermaßen durften die
Herausforderer nicht mehr als drei Runden bestreiten, aber gleichwohl war dieser
pas d'armes eines der schönsten Turnierfeste der Periode, dazu eines, das noch
nicht seinen ihm gebührenden Platz in der Geschichte des Turniers gefunden hat.
Es ist interessant zu beobachten, dass der Adel Aragóns und Navarras über gute und
erfahrene Tjostierer verfügte, obwohl wir doch so wenig über das Turnierwesen dieser Länder im 15. Jahrhundert wissen: erneut erkennen wir, wie gering die Zahl der
überlieferten Berichte ist im Vergleich zu den tatsächlichen historischen Gegebenheiten.

Bei der Propagierung des Turniers hatte Burgund zweifellos eine Vorreiterrolle
inne, denn solche Ereignisse wurden dort mit besonderem Eifer aufgezeichnet:
Nach den Statuten des Ordens vom Goldenen Vlies gehörte es zu den Obliegenhei-
ten des Wappenkönigs dieses Ordens, die herausragenden Taten der Ritter zu dokumentieren – ganz nach dem Vorbild der Romanliteratur, als König Artus nach
Beendigung der Gralssuche »bedeutende Gelehrte zu sich rief, damit sie die großen
Abenteuer der guten Ritter aufschrieben.« So wie die Taten Jacques de Lalaings bei
Gent 1453 überliefert wurden, zeichnete man auch die Taten seines Neffen Philippe
de Lalaing beim *Pas du Perron Fée* im April 1463 zu Brügge gewissenhaft auf. Das

Drehbuch dieses pas d'armes basiert unmittelbar auf der Romanliteratur: Ein Ritter verirrt sich beim Einbruch der Nacht in ein fremdartiges Land und findet, weitab von jeder menschlichen Behausung, ein ehernes Horn, das von einer Säule herabhängt. In der Hoffnung, er könne dadurch Hilfe herbeirufen, bläst er dreimal hinein und wird von einem Zwerg, dem Diener der Dame vom *perron fée*, der verwunschenen Säule, gefangen genommen. Als man ihn vor die Dame bringt, gewährt sie ihm die Freiheit unter der Bedingung, dass er am Hofe des Herzogs von Burgund einen pas d'armes veranstaltet. Der Turnierplatz selbst war ganz nach diesem Szenario gestaltet: An einem Ende stand die verwunschene Säule mit den üblichen drei Schilden für die verschiedenen Kampfarten; zu Beginn des Turniers jedoch rückten vier Greifen die Säule von der Stelle und förderten den Ritter ans Tageslicht; er war immer noch Gefangener des Zwergs und wurde nur für den Kampf freigelassen. Am Ende eines jeden Kampfes begab er sich wieder in sein Gefängnis. Das Turnier dauerte nahezu drei Wochen, und in dieser Zeit wurden nacheinander die verschiedenen Kampfarten vorgeführt: an vier Tagen Kampf mit Schwertern, vier weitere Tage Tjost im Kriegsharnisch und vier Tage lang Tjost im Turnierharnisch. Mit zweiundvierzig Herausforderern handelte es sich um ein Unternehmen mit recht großem Zulauf; unter anderem beteiligten sich Adolf von Kleve und Johann von Luxemburg, beide Verteidiger beim *Pas de la Belle Pèlerine* vierzehn Jahre zuvor. Die Kämpfe verliefen ohne Unfälle und zahlreiche Lanzen wurden gebrochen, auch wenn die Tagesleistung des Gaston von Foix bei weitem nicht erreicht wurde: zwanzig Lanzen pro Tag war der Durchschnitt bei den Verteidigern und etwas weniger bei den Gegnern. Alles klang aus mit dem Schlusskapitel des »Romans«: Eine Jungfer im Dienste der Dame vom Perron Fée kam herbei, öffnete des Ritters Gefängnis und befreite ihn rechtzeitig zum abschließenden Festbankett und zur Preisverleihung; der erste Preis ging an Johann von Luxemburg.[21]

Die Anlage des Pas du Perron Fée war sorgfältig geplant, allerdings in bescheidenem Maßstab: Die wirkliche Verschmelzung zwischen burgundischem Staatsakt und burgundischem pas d'armes sollte dagegen fünf Jahre später erfolgen. Es existiert etwa ein halbes Dutzend Augenzeugenberichte, und es ist bei dieser Gelegenheit zum ersten Mal zu beobachten, dass solche Berichte regelrecht in Umlauf gebracht wurden. Mit Hilfe des Buchdrucks wurden in den folgenden Jahrzehnten ausführliche illustrierte Beschreibungen festlicher Zeremonien üblich. Die Vermählung Karls des Kühnen mit Margarethe von York in Damme bei Brügge am 3. Juli 1468 war ein dynastisches und politisches Ereignis ersten Ranges, welches das Bündnis zwischen England und Burgund gegen Frankreich untermauern sollte; dies der Grund für den außergewöhnlichen Zuschnitt des Schauspiels. In der Prachtentfaltung manifestierte sich Macht, und Macht war das beherrschende Thema des Tages. Zur englischen Gesandtschaft gehörte Sir John Paston; sein Brief nach Hause an seine Mutter fünf Tage nach dem Ereignis vermittelt einen besonders unmittelbaren Eindruck:

»Und an eben diesem Sonntag unternahm es mein Herr, der Bastard, sich vierundzwanzig Rittern und Edelleuten im Verlauf von acht Tagen im Friedensturnier zu stellen; und wäre dies getan, so wollen diese vierundzwanzig und er selbst mit anderen fünfundzwanzig am nachfolgenden Tag, das ist der nächste Montag, turnieren. Und jene, die bis heute mit ihm tjostierten, waren so reich ausgestattet (und er selbst gleichermaßen), wie es Goldbrokat und Seide, silbern durchwirktes Tuch und die Kunst der Goldschmiede nur immer vermögen; denn die Leute aus dem Gefolge des Herzogs, seien es Herren oder Damen, haben keinen Mangel an solcher Kleidung, an Gold, Perlen, an Juwelen; es ist gerade so, als brauchten sie sich all dies nur zu wünschen. Ich aber habe noch niemals von einem solchen Überfluss gehört, wie er hier anzutreffen ist … Und was den Hof des Herzogs betrifft, mit all den Herren, Damen und Edelfräulein, den Rittern, Knappen und Edelleuten, so kenne ich keinen vergleichbaren, außer dem Hof des Königs Artus.«[22]

Die einzelnen Lücken lassen sich mit Hilfe anderer Quellen schließen – dazu gehört auch Sir John Pastons eigenes »Großes Buch« der Traktate, das die Abschrift des Forderungsbriefes Antoines, des Bastards von Burgund, enthält.[23] Dieser basiert auf dem zeitgenössischen Roman von Florimont[24]: Der Ritter vom Goldenen Baum (*Arbre d'Or*), im Dienste der Dame von der Heimlichen Insel, ist von weither gekommen, um seinen Baum auf dem Marktplatz von Brügge aufzupflanzen, wo er ihn acht Tage lang gegen vier Gegner pro Tag verteidigen will. Abschluss soll ein großes Turnier sein: zuerst Zweikämpfe mit Lanzen, dann Übergang zu einer *mêlée* »so lange, wie es die Damen wünschen.« Die Herausforderer hatten dabei ein genau festgelegtes Ritual zu befolgen. Der Baum wird von einem Riesen und einem Zwerg bewacht. Der Zwerg sitzt auf einer Säule und hält ein Horn und ein Stundenglas in Händen. Der Ritter muss dreimal mit einem hölzernen Hammer an die Schranke schlagen. Darauf erscheint ein Herold und stellt ihm einige Fragen. Er muss noch einmal um die Schranken herumreiten, um dann eine der beiden Lanzen auszuwählen, worauf der Zwerg ins Horn stößt. Zu Beginn des Zweikampfes wird das Stundenglas umgedreht, und derjenige Ritter, der in einer halben Stunde die meisten Lanzen bricht, ist der Gewinner. Ein solcher Zweikampf auf Zeit ist in den frühen Turnieren ohne Beispiel, da ja dort allein die Anzahl der Kampfrunden im Voraus festgelegt war.

Olivier de la Marche, der als Turnierrichter der Veranstaltung eine Zeit lang beiwohnte, hat uns den umfassendsten Bericht über die Turnierkämpfe hinterlassen.[25] Am ersten Tag, nach den Trauungsfeierlichkeiten, blieb nur noch Zeit für einen einzigen Herausforderer, Adolf von Kleve, denn die vorangegangenen Zeremonien hatten recht viel Zeit in Anspruch genommen. Überhaupt waren die Kämpfe mit vielerlei Formalitäten befrachtet: jeder Ritter wurde zusätzlich zu den oben beschriebenen Zeremonien auch noch den Damen offiziell vorgestellt. Jeder Turniertag endete mit einem großartigen Festessen, mit dramatischen »Zwischenspielen« von jeweils passender allegorischer und heraldischer Bedeutung: so eröffneten etwa

Einhorn und Leopard als Schildträger des englischen Wappens das Festmahl des ersten Tages, es folgten ein singender Löwe, auf dem ein Zwerg ritt, sowie ein Dromedar, dessen Reiter bunt bemalte Vögel fliegen ließ. Am zweiten Turniertag trat als Erster ein Neuling an, der Herr von Châteauguyon, der gleichwohl neun Lanzen in achtzehn Runden brach. Der Ritter vom Goldenen Baum aber blieb bei allen drei Treffen des Tages siegreich. Das abendliche Bankett war, ähnlich wie bei einem Schauspiel, mit einer Folge von lebenden Bildern dem Herkules-Thema gewidmet. Am dritten Tag war Johann von Luxemburg, Graf von St.Pol, der erste Kämpfer, aber gerade als sich die Zuschauer eine spannende halbe Stunde sportlichen Wettkampfes erhofften, brach ein Teil seiner Rüstung auseinander, und er konnte nicht mehr weiterkämpfen. Es folgte der Neffe des Herzogs von Bretagne, und es gelang ihm, den Rekord des Verteidigers von dreizehn gebrochenen Lanzen einzustellen. Der nächste Ritter, Anthoine de Hallewin, besiegte dann den Ritter vom Goldenen Baum. Im Mittelpunkt des abendlichen Banketts stand diesmal ein Modell von Gorcum, einer neuen Burg Karls des Kühnen. Es reichte bis unters Dach des Festsaales und war mit Sängern besetzt, die als Tiere verkleidet waren. Der vierte Tag begann vielversprechend mit dem aufsehenerregenden Auftritt des Versklavten Ritters, Diener einer Herrin aus Slavonien, der eine lange Rede über seine problematische Liebe zu ihr rezitierte. Allerdings hielt man seine Rüstung für nicht angemessen, und man bedeutete ihm, dass er kaum erfolgreich würde kämpfen können. Um einen weiteren Zeitaufschub zu vermeiden, erlaubte man ihm, sich wieder zu entfernen, ohne einen Angriff versucht zu haben. Als Nächster folgte Jakob von Luxemburg, der Bruder des Grafen von St.Pol; er brach sieben Lanzen, der Verteidiger dagegen nur sechs. Dafür besiegte dieser den jungen Ritter Claude de Vauldray, dem wir später noch einmal begegnen werden. Ein Festbankett gab es diesem Tag nicht, denn es war ein Fastentag. Der fünfte Tag des pas d'armes verlief ohne Schwierigkeiten: Der Ritter vom Goldenen Baum besiegte seinen Bruder, unterlag selbst einem anderen Ritter und kämpfte mit einem dritten unentschieden. Zum Ausgleich für den vorangegangenen Fastentag war das Festmahl am Abend dafür das prächtigste von allen. Herzstück der Vorstellung war ein Kampf zwischen Herkules, Theseus und zwei Amazonen – die Fortsetzung des Themas von den Arbeiten des Herkules.

Der Herausforderer des sechsten Tages war Lord Scales, mit dem der Bastard von Burgund im vergangenen Jahr in London einen Zweikampf ausgefochten hatte. Sie waren somit verschworene Waffenbrüder, und der Bastard delegierte deshalb seine Rolle als Verteidiger an Adolf von Kleve. Dieser Tjost war einer der besten der gesamten Kampfserie: der von Kleve brach siebzehn Lanzen, Scales dagegen nur elf. Allerdings wurde der das Geschehen beobachtende Bastard von Burgund durch den Tritt eines Pferdes über dem Knie schwer verletzt. Die Verwundung erwies sich als so gefährlich, dass er in Lebensgefahr schwebte, aber er bestand darauf, dass der pas d'armes auf seine Kosten fortgesetzt würde und versah alle, die an seiner statt kämpften, mit der notwendigen Ausrüstung. Der nächstfolgende Herausforderer, der Graf von Roussy, Sohn Johanns von Luxemburg, erschien in einer Burg mit vier Türmen, aus dem er hoch zu Ross und in voller Rüstung hervorkam. Er trat auf als Ritter in Gefangenschaft von »Gefahr« und »Vergeblicher Hoffnung« und musste kämpfen, um seine Freiheit wiederzuerlangen. Charles de Visan war der Verteidiger dieses Tages, verlor aber gegen den Grafen und Jean de Rochefay. Da es Freitag war und somit ein Fastentag, fiel das abendliche Fest aus. Am Samstag übernahm Philipp von Poitiers die Stelle des Verteidigers und kämpfte gegen fünf Gegner, von denen er drei besiegte. Wiederum gab es keine abendlichen Festlichkeiten, und Philipp von Poitiers verteidigte den Platz auch am Sonntag, dem letzten vollständigen Turniertag. Der zweite Herausforderer indessen, der Herr von Contay, verwundete ihn in der ersten Runde, und Philipp musste entwaffnet werden. So wurde der Markgraf von Ferrara, eigentlich der nächste Herausforderer, zum Verteidiger ernannt, denn es hätte zu viel Zeit erfordert, jemand anderen zu bewaffnen. Allein sein Streitross scheute vor der Mittelplanke zurück, und so musste er unverrichteter Dinge den Kampfplatz verlassen. Contay trat nun als Verteidiger an, schlug seinem englischen Gegner die Waffe aus der Hand – und damit endet das Turnier. Beim Festbankett am Abend griff man das Thema von den Arbeiten des Herkules wieder auf und gab eine Darstellung seiner übrigen Kraftproben.

Der letzte Tag schließlich war dem Massenturnier, der mêlée, gewidmet. Trotz seiner Verletzung erschien der Bastard von Burgund in einer großartigen Pferdesänfte, trug einen juwelenbesetzten Umhang und war begleitet von seinen Bogenschützen, Rittern und Edelleuten, gerade so, »als wäre er eben nicht ein Bastard des Hauses Burgund, sondern der Erbe eines der größten Fürstentümer der Welt.« Seine Sänfte wurde auf ein besonderes Podest gestellt, das durch eine Palisade vom Turnierplatz betrennt war. Der Herzog folgte ihm als Anführer der Herausforderer, Adolf von Kleve stand an der Spitze der Verteidiger. Beide traten zum Stechen an, und Kleve brach elf Lanzen gegenüber den acht Lanzen des Herzogs. Danach wurden rasch die Stände der Turnierrichter und die Mittelplanke weggeräumt, und die beiden Mannschaften von je fünfundzwanzig Rittern stellten sich auf dem Platz auf. Nach dem Lanzenangriff folgte das »Schwertspiel«, das sich so hitzig gestaltete, dass die beiden Mannschaften nicht getrennt werden konnten. Der Herzog musste seinen Helm abnehmen, damit man ihn erkannte, ritt in das Kampfgetümmel und trennte so die fechtenden Parteien. Als das Turnier schließlich beendet wurde, kämpften die Ritter auf ihren eigenen Wunsch noch in kleinen Gruppen weiter. Das abschließende Festbankett nahm das Thema des Goldenen Baumes wieder auf: dreißig Gartenarrangement standen in der Mitte der Tafel, jedes umgeben mit einer goldenen Hecke, darin ein goldenes, mit Früchten dicht behangenes Bäumchen. Hauptattraktion war die Ankunft eines von Riesen begleiteten Walfisches, aus dessen Leib singende Sirenen hervortraten. Das Schauspiel endete mit einem Kampf zwischen Meeresrittern und den Riesen. Am Schluss des Festes ging es an die Preisverteilung. Der Herr von Arguel gewann den Preis für den Tjost, der Preis für das Turnier wurde einhellig dem Herzog zugesprochen – er aber lehnte ihn ab, und der Preis ging an John Woodville, den Bruder der Königin von England. Indessen, die Lust der Ritter auf weitere Kampfspiele war noch nicht gestillt: Arguel proklamierte einen weiteren Tjost für den folgenden Tag, aber »weil es bei einer Ansammlung von Rittern üblich ist, miteinander zu tjostieren«, liefert uns La Marche keinen Bericht darüber. Mit einem Mittagsmahl am nächsten Tag ging das Fest zu Ende, die Herolde wurden entlohnt und einige von ihnen wurden in neue Ämter eingesetzt.

Das letzte der bedeutenderen burgundischen Turniere – anlässlich des Treffens zwischen Karl dem Kühnen und Kaiser Friedrich III. in Trier 1473 – ist vom Biografen des Wilwolt von Schaumburg beschrieben. Es fand in einem wesentlich kleineren Rahmen statt, und der Autor nennt es ein »ausländisches« (vielleicht französisches?) Turnier mit vierzehn Kämpfern gegen vierzehn. Es begann mit einer Salve aus allen herzoglichen Kanonen, danach kam ein allgemeines Massenturnier mit Lanzen und Schwertern, woran sich vierzehn Einzelkämpfe anschlossen. Am nächsten Tag unterhielten sich der Kaiser und die anderen Großen mit allerlei Kampfspielen.[26]

Mit dem Erlöschen des burgundischen Fürstenhauses im Jahre 1477 und den französischen Kriegen in Italien gingen die Zeiten des Friedens und des Wohlstandes allmählich zu Ende – sie waren eine wichtige Voraussetzung für große Hoffeste gewesen. Zwei der letzten pas d'armes – die *Dame Sauvage* des Claude de Vauldray und der Artushof von Sandricourt 1493 – verdienen unsere Aufmerksamkeit.[27] Die Veranstaltung zu Gent im Jahre 1470 im Zusammenhang mit Claude de Vauldrays Herausforderung – zugegen waren der Herzog und die Herzogin von Burgund – stand unter dem Motto eines romantischen Empfehlungsbriefes, in dem erzählt wird, wie er als Verwundeter von einer Wilden Frau bei seiner ersten Abenteuerfahrt gerettet worden war. Der Text ist durchgängig allegorisch angelegt und erinnert an René von Anjous *Livre du Cueurs d'Amours Espris*. Das Auftreten der Tjostierer in den Schranken war gleichermaßen romanhaft-allegorisch geprägt. So erschien der Graf von Roussy, der erste Herausforderer, als der »Unschuldige«, ihm voraus ritt sein Hofnarr, gekennzeichnet als »Kanzler«, auf einem Esel, während der Graf selbst ebenfalls auf einem Maulesel hereinritt und von seinen kleinsten Pagen als seine »Hohen Räte« begleitet wurde. Die Anspielung war entweder satirisch gemeint oder eher doch ein Spiel mit der Idee der Unschuld mit Hinweis auf Figuren wie dem Parzival der Artussage – der »arme Tor«, der in Wirklichkeit ein Ritter ohne Tadel ist. De Vauldray trat auf inmitten einer Eskorte von Wilden Männern und Frauen, die nur in lange, blonde Haare gehüllt waren, die Frauen zusätzlich noch in merkwürdig geschnittenen Umhängen. Die Tjoste verliefen äußerst heftig; am letzten der fünf Turniertage war de Vauldray nicht von seinem Gegner zu trennen: sie tauschten mehr als dreißig Schläge aus anstatt der vorgeschriebenen siebzehn. De Vauldray präsentierte beeindruckend vielfältige Kostüme; es verwundert, wie er es fertig brachte, dieses teure Schauspiel zu finanzieren. Auch als Kämmerer Karls des Kühnen war er wohl auf die Unterstützung des Herzogs angewiesen.

Von Louis de Hédouville, dem Veranstalter des pas d'armes von Sandricourt 1493, wissen wir, dass er vom Herzog von Orléans eine beachtliche Zuwendung in Höhe von 100 Goldkronen erhalten hat. De Hédouville war offenkundig einer der aufstrebenden Persönlichkeiten am französischen Königshof; er entwarf ein Szenario, bei dem alle Phasen der Veranstaltung am jeweils dafür geeigneten Ort stattfanden: die »gefahrvolle Barriere« befand sich außerhalb des Schlosses, mit den Schranken für das Turnier am »finsteren Kreuzweg« und für die Tjoste am »Dornenacker«, während sich das Turnier des letzten Tages im »Wald ohne Fährten« abspielte. Hier postierten sich die zehn Verteidiger und erwarteten die Herausforderer. »Fahrenden Rittern gleich auf der Suche nach Abenteuern, so wie es die Ritter der Tafelrunde in vergangenen Tagen zu tun pflegten.«[28] Und mit diesem Widerhall der »Tafelrunden«, der »fores« und anderer Turniere in dramatischer Form nehmen wir unseren Abschied vom letzten Goldenen Zeitalter der pas d'armes.

Im vollständigen Gegensatz zur Entwicklung des höfischen Schauspiels der pas d'armes – und vielleicht als eine Art Reaktion darauf – lässt sich eine steigende Tendenz zu Turnierkämpfen mit scharfen Waffen beobachten. Diese übten im 14. und 15. Jahrhundert auf Ritter und Knappen, denen es um echtes Kämpfen zu tun war, eine stetige Anziehungskraft aus. Auch wenn sie eigentlich in der Tradition der kriegsmäßigen Grenzturniere verankert waren, begannen sie ungeachtet dessen eine höfische Färbung anzunehmen, und wie bei den pas d'armes sind auch hier formelle Forderungsbriefe überliefert. Die meisten von ihnen sind bewahrt als Musterbriefe für kommende Generationen, einige beziehen sich auf einzelne Personen, die mit solchen Waffentaten nach persönlichem Ruhm strebten; andere wieder betreffen Gruppen von Rittern, die sich zu einer Art Ritterorden zusammenschlossen, dessen einziges Ziel es war, richtige Waffentaten zu fördern. In beiden Fällen wurde die Kampfbereitschaft der Herausforderer durch die Aneignung eines Motivs, eines Abzeichens oder einer Devise dokumentiert, die zugleich Preis für den Erfolg gewesen sein mochten.

Die früheste überlieferte Herausforderung zu einem Turnierkampf à outrance (das heißt mit scharfen Waffen) datiert von 1398: sieben französische Ritter fordern sieben englische Ritter zu einer Serie von Kämpfen heraus. Die französischen Ritter gelobten, drei Jahre lang einen Diamanten als Zeichen ihrer Zugehörigkeit zur Gruppe zu tragen sowie als Ausdruck ihrer Entschlossenheit, Waffentaten zu begehen. Jeder Ritter, der entweder einen Einzelnen oder die gesamte Gruppe herausfordern wollte, sollte als Preis für erfolgreiche Kampfrunden mit Lanze, Schwert, Streitaxt und Dolch den Diamanten gewinnen. Unterlag er, verpflichtete er sich, jedem aus der Gruppe ein goldenes Stäbchen für ihre Dame zu geben.[29] Die englischen Ritter nahmen die Herausforderung an, jedoch unter der Bedingung, die

Kämpfe *à outrance* auszutragen und schlugen vor, der englische König solle das gesamte Unterfangen leiten, entweder in eigener Person oder durch den königlichen Kommandanten von Calais.

Etwa zur gleichen Zeit wurde ein ähnliches Unternehmen geplant: Fünf englische Ritter hatten eine Forderung von fünf französischen Rittern erhalten und akzeptiert, die als Abzeichen ihrer Gruppe ein Hosenband mit Litze und Stäbchen trugen. Um das Stäbchen zu gewinnen, mussten neun Runden zu Fuß in jeder der vier Kampfarten – mit Lanze, Schwert, Streitaxt, Dolch – ausgefochten werden. Zum Gewinn der Litze waren zwölf Runden mit der Lanze und sechsunddreißig Runden zu Fuß mit dem Schwert nötig. Für das Hosenband selbst mussten alle fünf Ritter gemeinsam *à outrance* fechten, wobei jeder von ihnen verpflichtet war, dem anderen zu helfen, anstatt nur für sich selbst zu kämpfen. Diese Waffengänge sollten in Gegenwart des Herzogs von Burgund oder des Königs von Frankreich durchgeführt werden.[30]

Kämpfe dieser Art, bei denen es vorgeblich darum ging, einen bestimmten, vom Herausforderer getragenen Gegenstand zu gewinnen, verliefen stets *à outrance* und behielten somit ihre konkrete Bedeutung für die reale Kriegsführung bei. In seiner Chronik übernahm Enguerrand de Monstrelet entsprechende Forderungsbriefe, aber wohl nicht wegen des Ereignisses selbst, sondern eher, weil diese Briefe als gutes Beispiel für das Genre überhaupt gelten konnten. Michel d'Oris, ein aragonesischer Knappe in französischen Diensten, versandte im Jahre 1400 von Paris aus Forderungsbriefe, in denen er erklärte, er habe sich auferlegt, einen Teil seiner Rüstung solange zu tragen, bis ihn ein englischer Ritter davon befreien würde. Sie müssten zu diesem Zweck einige Runden in verschiedenen, näher beschriebenen, Kampfarten miteinander ausfechten. Sir John Prendergast, ein englischer Ritter, nahm die Herausforderung an, zum einen – wie er verlauten ließ –, um das Unglück des Knappen zu lindern, zum anderen, um sich den lang gehegten Wunsch zu erfüllen, einmal gegen einen französischen Kontrahenten anzutreten. Die allem Anschein nach von Herolden abgefassten Briefe gingen nur sporadisch hin und her, und die Sache verlief im Sande, vermutlich auch, weil Oris nach Aragón zurückkehren musste.

Der Herold »Chester« spielte eine wichtige Rolle bei der Forderung zwischen dem Seneschall von Hennegau und John Cornwall in den Jahren 1408–1409. Er fungierte als Vermittler zwischen den beiden Parteien, verfasste die Antwortschreiben Cornwalls und sorgte vermutlich auch dafür, dass die Korrespondenz der Nachwelt erhalten blieb. Der erste Forderungsbrief des Seneschalls richtete sich an Heinrich IV. Darin stand zu lesen, er sei noch jung und wünsche, sich im Waffenhandwerk auszubilden; in früheren Zeiten sei kein Ritter für würdig befunden worden, wenn er nicht gegen einen Ritter der Tafelrunde tjostiert hätte, und deshalb sei es sein Wunsch, einen Ritter des Hosenbandordens zum Kampf herauszufordern, da dieser ja als der moderne Nachfolger der Tafelrunde gelten könne. Er bot zwölf Runden zu

Ritter kämpfen mit Kolben und Schwert, aus einer Handschrift der Chronik von Hennegau des Giselbert von Mons (15. Jahrhundert).
(Bodleian Library, MS Douce 205 f.16)

Pferd jeweils mit Schwertern sowie mit Schwert und Axt zu Fuß gegen drei oder mehr Hosenbandritter gleichzeitig. In seiner Antwort wies Heinrich IV. ganz zu Recht darauf hin, dass es kein Ritter in der Vergangenheit unternommen habe, gegen alle Ritter der Tafelrunde zugleich zu kämpfen. Deshalb schlug er einen Kampf gegen einen einzigen Hosenbandritter vor. Der Seneschall erwiderte darauf, Vergangenes könne an seiner gegenwärtigen Forderung nichts ändern: König Artus würde niemals die Forderung eines Ritters zurückgewiesen haben, aber zum Beweis seines guten Willens werde er Heinrichs Vorschlag annehmen, wenn die Anzahl der Runden in jeder Waffenkategorie auf sechsunddreißig erhöht würde.

In einer anderen, vom obigen Briefwechsel getrennten Korrespondenz, ging es um die Forderung des Seneschalls an John Cornwall, einen der damals berühmtesten englischen Ritter, auf einen Kampf vier gegen vier: alle Kämpfe sollten zu Fuß und *à outrance* sein, aber Lanze, Schwert, Axt und Dolche könnten nach Belieben eingesetzt werden. Falls die Engländer siegreich wären, könnten sie die goldenen

166

Stäbe des Seneschalls und seiner Mannschaft als Gewinn davontragen. Die Korrespondenz sollte über Sir Richard Aston laufen, den Statthalter von Calais. Als ihm John Cornwall vorwarf, die Briefe des Seneschalls nicht weitergeleitet zu haben, erwiderte dieser: »Es ist meine Auffassung, dass Ihr in diesen Zeiten Eure Stärke und die Ehre vollbrachter Waffentaten leichter in den Geschicken des Krieges hättet beweisen und gewinnen können, als mit solcher Art Herausforderungen.«[31]

Verzögerung in der Übermittlung der Briefe bewirkten, dass sich der Seneschall unvermittelt zwei Turnierterminen *à outrance* in einem Abstand von sechs Wochen gegenübersah. Endlich, nach langen Diskussionen, sollte der Kampf gegen John Cornwall in St. Omer in Anwesenheit des Herzogs von Burgund stattfinden. Es ist nicht überliefert, ob der Zweikampf wirklich ausgeführt wurde, wahrscheinlich aber wurden die Forderungen erfüllt.

Kennzeichnend für die Kampfforderungen des 15. Jahrhunderts, die uns aus den Quellen genauer bekannt sind, scheinen unter anderem die von den Rittern zurückgelegten großen Entfernungen gewesen zu sein. Manchmal ergeben sich solche Kämpfe im Verlauf einer Reise, wie im Falle des Earls von Warwick; wir hören aber viel häufiger von Reisen, die eigens zum Zwecke eines Zweikampf unternommen wurden. So kämpft im Februar 1415 in St. Ouen, im Beisein des Herzogs von Guyenne, ein portugiesischer Ritter gegen einen Bretonen.[32] Im Jahre 1435 präsidiert Philipp der Gute bei einem Zweikampf zwischen Juan de Merlo, einem spanischen oder portugiesischen Ritter, und Pierre de Bauffremont: Monstrelet weist ausdrücklich darauf hin, der Wettkampf habe »ohne jeglichen verleumderischen Streit, sondern allein um Ehre einzulegen« stattgefunden.[33] Es gab dabei einige Probleme mit den Lanzen, denn diejenigen Bauffremonts waren länger als die Lanzen Merlos; man einigte sich darauf, Lanzenpaare aus jedem der mitgeführten Bestände abwechselnd bei den Kampfrunden zu benutzen. Dies und die Schwierigkeiten des Spaniers mit seinem Pferd, das vor den Lanzen scheute, erklärt vielleicht, warum überhaupt nur eine Lanze gebrochen wurde. Am nächsten Tag fochten sie mit Äxten, und Merlo brachte seinem Gegner dadurch aus der Fassung, dass er mit offenem Visier kämpfte. Als der Kampf vom Herzog gestoppt wurde, »erklärte der Spanier zweimal laut und vernehmlich, er sei keineswegs darüber erfreut, dass so wenig getan worden sei, denn er sei unter großen Aufwendungen und mit vielen Mühen zu Wasser und zu Lande aus einem weit entfernten Reich hierher gekommen, um Ruhm und Ehre zu gewinnen.« Der Herzog konnte ihm indessen versichern, er habe in der Tat viel Ehre erworben.

Wie gefährlich solche Kämpfe sein konnten, zeigt der Forderungskampf zwischen John Astley and Piers de Massy am 29. August 1438 in Paris in Gegenwart Karls VII.: Astley rannte seine Lanze durch Massys Kopf und tötete ihn. Dies allerdings hielt Philipp Boyle, ein Ritter aus Aragón, nicht davon ab, Astley im Januar 1442 in Smithfield herauszufordern. Wiederum war Astley siegreich, sein Gegner aber war nur leicht verwundet. Heinrich VI. unterbrach den Kampf, als Astley Boyle auf Gnade und Ungnade überwunden hatte und dabei war, ihm mit dem Dolch einen Stich ins Gesicht zu versetzen. Der König machte Astley noch auf dem Platz zum Ritter und gewährte ihm hundert Mark jährlich auf Lebenszeit.[34]

Vier Jahre später trat in Arras Galeotto Balthazar, ein spanischer Knappe in Diensten Filippo Marias, des Herzogs von Mailand, der um Michaeli 1445 in Mailand aufgebrochen war, die Welt zu sehen und Waffentaten zur Vermehrung seiner Ehre zu vollbringen, gegen Philippe de Ternant an, als Kammerherr seine Entsprechung am burgundischen Hof.[35] Nun waren die Herzöge von Mailand und Burgund Waffenbrüder, und Galeotto war es streng verboten, in Burgund zu kämpfen, außer er besaß die Erlaubnis seines Herrn. Sollte es ihm nicht gelingen, in Burgund einen Gegner zu finden oder erhielte er die Erlaubnis nicht, beabsichtige er, nach England zu gehen, um seine *emprise* dort zu vollenden. Philippe de Ternant begab sich zu ihm, und da er schon lange Lust an einer Herausforderung dieser Art hatte, handelte er die notwendige Genehmigung zum Kampf aus. Am 27. oder 28. April fand der Kampf ordnungsgemäß auf dem großen Markt zu Arras statt, auf einem doppelt umzäunten Kampfplatz »von sehr großer und geräumiger Weite.« La Marche, der den besten Bericht über dieses Ereignis hinterlassen hat, war an jenem Tag der einzige Page des Herzogs. Nach den üblichen Zeremonien begann der Fußkampf mit sieben Lanzenstößen.

Sobald »der Mailänder Knappe seine Lanze in Händen hielt, führte er sie so, als hielte er nicht mehr als einen Pfeil in Händen, und er sprang in die Luft, ein oder zweimal, so leicht und schnell, dass man wohl erkennen konnte, dass ihn sein Harnisch und seine Ausrüstung nicht im Mindesten behinderten.« Philippe de Ternant stellte sich auf die gegnerische Kampfweise ein, indem er bei jedem Schritt festen Stand zu gewinnen trachtete, und als die beiden aufeinander prallten, stieß er sein Bein fast einen Fuß tief in den Sand. Der Anlauf war mit Seilen markiert: sieben Schritt zu je anderthalb Fuß. Dem Lanzenstechen folgten elf Schwerthiebe, die aber, von kleinen Beschädigungen an der Rüstung abgesehen, ohne besondere Zwischenfälle verliefen, obwohl die Schläge von beiden Seiten kraftvoll und geschickt ausgeführt wurden. Als der Mailänder zu Beginn des Axtkampfes auf Ternant zulief, trat dieser einen Schritt zur Seite und hätte den Knappen beinahe mit einem wuchtigen Schlag auf den Nacken niedergestreckt. Trotzdem brachte man die fünfzig Axthiebe zu Ende. Mit dem Kampf zu Pferd wurde das Treffen am folgenden Montag fortgesetzt. Galeotto erschien auf einem Ross, dessen Rossharnisch »mit langen Stahlspitzen« gespickt war. Der Aufsicht führende Turnierwart ordnete ihre Entfernung an, denn sie waren auf dem Turnierplatz nicht zugelassen. Galeotto setzte augenscheinlich auf die Stärke seiner Rüstung, denn er griff seinen Gegner an und warf ihn beinahe allein durch die Wucht des Aufpralls aus dem Sattel. Der Halteriemen von Ternants Schwert riss, und er konnte ihn nicht erreichen, weil er vom Nacken des Pferdes herunterhing. Als Galeotto ganze Schauern von Hieben auf ihn niedersausen ließ, rutschte das Schwert schließlich aus der Scheide; während man

Ein Herold übergibt die Forderung zu einem Kampf: aus einer im 15. Jahrhundert kompilierten Sammlung von Forderungsbriefen eines Herolds.
(BL MS Add 21370, f.1)

es ihm zurückgab, wurde der Kampf, ganz wie es die Regeln vorschrieben, unterbrochen. Der Schwertkampf verlief in äußerster Heftigkeit, und nachdem Ternant mit der Spitze seines Schwertes den schwachen Punkt seines Gegners herausgefunden hatte, hielt der Herzog den Kampf an; Ternant aber konnte Galeotto keine Verletzung beibringen, weil seine Rüstung doch zu stark war. Die vorgeschriebenen einunddreißig Schwertstreiche wurden nicht ausgeführt, der Herzog zeigte sich aber dennoch zufrieden. Der Mailänder Knappe erhielt vor seiner Rückkehr nach Hause die traditionelle Ehrung: man bezeichnete den Kampf offiziell als einen der besten der letzten Jahre.

Im November des Jahres 1445 hatte Jacques de Lalaing in Gent einen Zweikampf gegen den sizialianischen Ritter Johann von Boniface ausgefochten[36] und wollte eine ähnliche *emprise* in Frankreich unternehmen, die jedoch von Karl VII. untersagt wurde. So brach er 1447 nach Spanien auf, um sich dort einen Gegner zu suchen. In Navarra akzeptierte man zunächst seine Herausforderung, belegte den Wettkampf aber dann doch mit einem Verbot. Er begab sich sodann an den kastilischen Hof Johanns II., der, wie wir gesehen haben, ein begeisterter Turnierkämpfer war. Diego de Guzmán erhielt die Erlaubnis, sich der Turnierforderung zu stellen; im Februar 1448 stand man sich dann in Valladolid gegenüber. Diego de Guzmán kämpfte in einem Helm, der Juan de Merlo, dem Herausforderer im Gent des Jahres 1435 gehört hatte. Der Helm war mit weichem Stahl so schlecht umgearbeitet worden, dass jeder Axthieb Lalaings eine Wunde an Guzmáns Stirn verur-

Der Herold des Herzogs übergibt 1414 dem französischen König Karl VII. Forderungsbriefe.
Die abgebildeten Schilde sind am Turnierpavillon aufgehängt; der Tjost wurde unter
verschiedenen Bedingen ausgetragen, je nach dem, welches Schild berührt wurde.
(BL MS Cotton Julius E IV art.6ff.17v, 14)

sachte und er vor lauter Blut nichts mehr sehen konnte. Guzmán warf seine Axt zu Boden, wand die Axt Lalaings aus dessen Händen und packte ihn am Hals, und da er größer und stärker war, hätte er ihn niedergeworfen, wäre der Zweikampf nicht vom König unterbrochen worden.[37]

Einen ähnlichen Kampf bestand Lalaing in Brügge 1449 gegen einen englischen Knappen. Viele Damen und der Herzog von Burgund waren anwesend, aber obwohl die Ritter und Knappen aus dem Hofhalt der Herzogin den Engländer begleitete, vermerkt La Marche, dass sie selbst niemals bei einem Turnier zugegen gewesen sei und dass er sie niemals bei einem Tjost oder einem Turnier gesehen habe.[38] Zwar hielt der Herzog die Axt des Engländers für schwerer als die Lalaings, dieser aber hatte gegen die Benutzung nichts einzuwenden. Der Engländer kämpfte mit geschlossenem Visier, Lalaing dagegen trug einen kleinen Kriegshelm oder Schaller, der das Gesicht freiließ. Der Engländer versuchte ohne Erfolg, sich diesen Umstand zu Nutze zu machen, doch Lalaing parierte alle seine Schläge. Der Zweikampf verlief unentschieden bis der Engländer das abstehende Ende von Lalaings Panzerhandschuh traf und ihn dabei am Arm schwer verletzte. Trotz dieser Verwundung ließ der Herzog den Kampf fortsetzen, denn er wollte sich nicht dem Vorwurf der Begünstigung Lalaings aussetzen – und Lalaing gelang es wirklich, seinen Gegner zu Boden zu schlagen und den Kampf nach den ausgehandelten Bedingungen zu beenden. Der Engländer berief sich darauf, den Boden nur mit den Knien berührt zu haben, musste sich aber doch dem Urteil der Turnierrichter beugen.

Im Jahre 1465 richtete der Schwager Eduards IV., Anthony Woodville, Lord Scales, eine Forderung an Antoine, den Bastard von Burgund, die bereits erwähnt wurde. Sie erregte großes Aufsehen, und fast jede zeitgenössische englische Chronik berichtet darüber. Ereignisse dieser Art waren in England selten, und dieses scheint Teil einer Nachahmung burgundischen höfischen Lebens durch die Hofgesellschaft Eduards IV. gewesen zu sein: 1478 folgte bei der Hochzeit des Herzogs von York ein Turnier nach burgundischem Vorbild. Der Überlieferung nach wurde Lord Scales zu der Herausforderung von den Damen des englischen Hofes geradezu genötigt, denn am 13. April 1465 umringten sie ihn und hefteten ein goldenes Band an seinen Schenkel, an dem eine »Blume der Erinnerung« sowie Regeln für einen Turnierkampf hingen. Das war zwei Jahre bevor die Herausforderung angenommen wurde. Als der Bastard schließlich nach London kam, tat er dies höchst standesgemäß; es gab offizielle Verhandlungen über die genauen Kampfbedingungen, und der König nahm regen Anteil an den Vereinbarungen. So waren etwa mit Eisendornen versehene Rossharnische ausdrücklich verboten, und trotzdem verletzte sich das Pferd des Bastards bei einem Zusammenprall mit dem Pferd Lord Scales so schwer, dass es noch auf dem Turnierplatz oder am nächsten Tag verendete. Sofort verdächtigte man Lord Scales, eine gespickte Rüstung benutzt zu haben; er konnte aber den Verdacht von sich wenden, obwohl ein Stück Metall, offenbar von seinem Schwert, im Leib des unglücklichen Tieres gefunden worden sein soll. Der Kampf zu Pferde war kurz und der zu Fuß nicht wesentlich länger; als Lord Scales nach einigen Hieben mit der Axt im Vorteil war, hielt der König den Kampf an. Es folgten noch andere Forderungen burgundischer Ritter gegen Engländer, aber nur Scales Kampf blieb im Gedächtnis.[39]

Noch in den 1490er-Jahren organisierte Bayard, der »Ritter ohne Furcht und Tadel«, in der Picardie einen Turnierkampf *à outrance*, bei dem sechsundvierzig Ritter und Knappen, darunter zahlreiche Schotten, in zwei Gruppen gegeneinander antraten. Die Ritter traten reihum an die beide Seiten voneinander trennende Mittelplanke und focht drei Runden gegen einen aus der gegnerischen Mannschaft. Das ganze dauerte zwei Tage und wurde von Bayards Biograf als das erfolgreichste »Kleinturnier« beschrieben. Nach einhelliger Übereinkunft bekam Bayard den Preis zugesprochen, er verteilte ihn aber unter den Gästen.

Möglicherweise hat Kaiser Maximilian I. die bemerkenswertesten ritterlichen Zweikämpfe ausgefochten. Er kämpfte in einer Vielzahl solcher Turnierauftritte mit zahlreichen unterschiedlichen Waffen, wie die Illustrationen zu den Romanen über seine ritterlichen Abenteuer belegen. Ein gutes Beispiel eines solchen kaiserlichen Duells ist der Kampf zwischen ihm und Claude Vauldray – vor fünfundzwanzig Jahren der Verteidiger beim *Pas d'armes de la Dame Sauvage* – am Reichstag zu Worms 1495.[40] Auch wenn der Kampf nicht sonderlich spektakulär war, kann der Eifer Maximilians für ritterlich erworbenen, im Gegensatz zu ererbtem Ruhm, doch als außergewöhnlich gelten. Vielleicht achtete Claude de Vauldray darauf, seinen Gegner nicht allzu hart zu bedrängen, aber es existiert kein Hinweis, dass der Kampf irgendetwas anderes gewesen sein könnte, als eine der üblichen Forderungen zum Zweikampf. Der Kampf wurde beendet, als es Maximilian gelang, de Vauldray das Schwert aus der Hand zu schlagen.

Die individuelle Turnierforderung, die immer etwas von einem gerichtlichen Zweikampf an sich hatte, mündet im 17. Jahrhundert in das Duell mit seiner gesteigerten Betonung der persönlichen Ehre und folglich an einem größeren Interesse an einem definitiven Resultat: Eine Forderung zu einem Turnierzweikampf durchgestanden zu haben, galt als ehrenvoll genug, entsprechend weniger Wert legte man auf Sieg oder Niederlage. Während aber die Zweikampfforderungen immer stärkere tödliche Risiken mit sich brachten, gerieten die Turniere selbst zu immer stärker ritualisierten Ereignissen. Die schon im 15. Jahrhundert immer seltener werdenden privaten Turniere verschwanden gänzlich mit der Herausbildung neuer, autokratischer Monarchien, wobei nur noch der Königshof als Veranstaltungsstätte in Frage kam.

Das Turnier anlässlich des großen diplomatischen Treffens von 1520 zwischen Heinrich VIII. und Franz I., bekannt als »Feld des Goldenen Tuches«, gehört zu diesem Typus: die sportliche Seite des Ereignisses war genauso sorgfältig vorbereitet wie die Erörterung der aktuellen politischen Fragen.[41] Ungewöhnlicherweise und aus Rücksichtnahme auf eine delikate politische Situation fungierten die beiden

Zweikampf mit Streitäxten; eine Szene aus der römischen Geschichte nach einer Illustration des 15. Jahrhunderts. (BL MS 4375, f.171v)

Könige gemeinsam mit je sieben ihrer Ritter als Verteidiger. Das Turnier hatte man in Frankreich, England und den Niederlanden proklamiert, die Herausforderer waren aber schließlich allein englische und französische Ritter. Das genaue Arrangement des Stechplatzes ist erhalten, denn über seine Einrichtung entwickelte sich eine rege Korrespondenz, und auch eine bildliche Darstellung liegt vor, die freilich mit der Realität nur wenig zu tun hatte. Sie zeigt den »Ehrenbaum« mit den üblichen drei Schilden, welche die Herausforderer je nach dem gewünschten Zweikampftyp zu berühren hatten; auch gab es einen *perron*. Die Kampfregeln waren ebenfalls genau festgelegt, sogar der Harnischtyp; eine Reihe von so genannten »Vorteilsstücken« am Harnisch waren verboten. Geregelt war auch die Wertung der Treffer, und Turnierrichter wurden ernannt, denen Herolde zur Seite stehen sollten.

Die Herausforderer erschienen in vierzehn »Scharen« zu durchschnittlich je zehn Mann. Die Könige beteiligten sich am Turnier nur mit Unterbrechungen. Wie man es von ihm gewohnt war, scheint Heinrich übereifrig gewesen zu sein: An einem Tag »tummelte er sich dermaßen munter und bei so vielen Kampfrunden, dass eines seiner besten Pferde in dieser Nacht verendete.« Franz trat während der drei Tage in einer Reihe prächtiger Kostüme auf, deren Devisen zuletzt zusammengesetzt ein höfisches Motiv ergaben: Ein Herz, gebunden in endloser Pein/solange sie/mich nicht befreit aus meinen Fesseln.« Heinrich dagegen bediente sich patriotischer Motive. Insgesamt wurden bei den Tjosten mehr als 327 Speere gebrochen. Trotz eingehender Vorsichtsmaßnahmen wurde ein französischer Ritter getötet, tragischerweise im Kampf gegen seinen Bruder. Es folgten dann die Turniere, freilich keine Massenturniere im traditionellen Sinne, denn es handelte sich um Kämpfe zwei gegen zwei. Im Verlaufe dieser Kämpfe bestritt der »Meister des Französischen Pferdes« eine Runde in leichter Rüstung und schwerer Lanze, wie auch andere Beispiele der Reitkunst zwischen den Kämpfen präsentiert wurden. Überhaupt übte man sich ausgiebig im Verschenken von Pferden: bewunderte ein Ritter das Streitoß eines anderen, kam der Eigentümer nicht umhin, es ihm zu überlassen, erhielt dafür aber meist einen guten Gegenwert. Gerade Heinrich war es vorbehalten, sein Geschick in diesen Dingen beweisen zu dürfen. Nach den Turnieren folgten Kämpfe zu Fuß zwischen je zwei Ritterpaaren mit stumpfen Lanzen, Schwertern und (nach englischer Weise) mit Zweihänderschwertern. Die beiden Könige führten natürlich die Liste der Preisträger an, aber beide scheinen sich in der Tat tapfer geschlagen zu haben, denn sie vereinigten an einigen Wettkampftagen die meisten Punkte auf sich.

Die Turniere auf dem »Feld des Goldenen Tuches« hatten nur den einen politischen Zweck, die anglo-französische Freundschaft zu zementieren. Damit erwiesen sie sich jedoch nur zeitweise als erfolgreich, denn Frankreich und England waren zwei Jahre später im Krieg. Ritterlichkeit musste – wie immer – hinter der Politik zurückstehen. Als Beispiel für ein Renaissanceturnier mit einer offensichtlich politischen Botschaft bietet sich das große Fest von Binche des Jahres 1549 an.[42] Im Rahmen eines von Maria von Ungarn, der Mutter Kaiser Karls V., ausgerichteten verschwenderischen Festes, führte man ein theatralisches Turnier auf, ganz nach Art der Prologe zu den pas d'armes des 15. Jahrhunderts, jedoch unter Inszenierung auch des dramatischen Erzählstoffes, der früher allein in literarischer Form präsent war. Das Vorspiel – zwei aufeinander folgende Bittschriften an den Kaiser – entwickelte die Handlung des Dramas, eine sorgfältig erdachte und bildhafte Version der gängigen, um einen pas d'armes gewobenen romantischen Geschichten:

Ein zeitgenössischer Stich zeigt den verhängnisvollen Stoß, dem König Heinrich II. von Frankreich in einem Turnier zu Paris am 30. Juni 1559 erlag.
(Fotomas Index, London)

Der böse Zauberer Norabroch hält einige Ritter im unsichtbaren Schloss der Finsternis gefangen. Um seinem Zauber entgegenzuwirken, stellt die gute Fee Fadade drei große Säulen auf der benachbarten Insel der Glückseligkeit auf, eine aus Jaspis, die beiden anderen mit einem darin festsitzenden Schwert. Nach der eingravierten Prophezeiung würde derjenige Ritter, dem es gelänge, das Schwert aus der Säule zu ziehen, den Zauber Norabrochs überwinden und die Gefangenen befreien. Um die Insel der Glückseligkeit zu erreichen, müssen zuerst drei Ritter in Einzelkämpfen besiegt werden – die Unterlegenen würden sich auf der Stelle unter die Gefangenen Norabrochs einreihen.

Das Turnier wurde in üblicher Weise durchgeführt, allerdings in der passenden Szenerie und mit theatralischen Effekten. Die Herausforderer erschienen alle in Verkleidung und manche fügten noch allerlei weitere Verschönerungen hinzu: So erschien der Ritter des Todes in Begleitung schwarz gewandeter Sänger, die Bestattungslitaneien sangen, bisweilen wurden die Tjoste durch plötzlich aufkommende Stürme unterbrochen oder von jammervollen Schreien aus dem Kerker. Einem Ritter gelang es, die drei Ritter zu besiegen und das festsitzende Schwert herauszuziehen, musste aber erkennen, dass es in der Prophezeiung nur einem Prinzen vorbehalten war, bei diesem Abenteuer zu obsiegen. Gegen Ende des zweiten Turniertages trat ein Ritter namens Beltenebros auf, überwand die verteidigenden Ritter und zog das Schwert aus der Säule. Kaum hatte er sich als Prinz zu erkennen gegeben, wurde das Schloss der Finsternis sichtbar. Mit dem magischen Schwert vernichtete er die Ritter des Zauberers und zerbrach die geheimnisvolle Flasche, mit der der Zauber aufrecht erhalten wurde. Sobald die Gefangenen befreit waren, entpuppte sich der Ritter als Philipp, der Erbe Karls V.

Da das Turnierfest zu Binche nur einen einzigen Ausgang nehmen konnte, müssen wir unterstellen, dass die drei Kämpfe Philipps nach einer vorgegebenen Regie abgelaufen sind. Den anderen Rittern war es ja durchaus möglich, die Insel der Glückseligkeit zu erreichen, die Prophezeiung war indessen auf ihre Vernichtung angelegt. Andererseits musste Philipp in den Tjosten erfolgreich sein, um auch die letzte Stufe zu erreichen, und das hätte unter normalen Umständen nicht garantiert werden können. Auch wenn in vielen Fällen Könige oder Fürsten Turnierpreise gewannen, kann das Szenario von Binche doch als recht ungewöhnlich gelten, da es sich ganz auf einen im Voraus festgelegten Sieg stützte, zumal Philipp ein kompetenter, wenn auch nicht hervorragender Kämpfer war, der immerhin fünf Jahres später bei einem Fußturnier in Whitehall den zweiten Platz belegte.

Nach 1550 kam es zunehmend aus der Mode, dass sich Monarchen und Fürsten an ernsthaften Turnierkämpfen in eigener Person beteiligten. So genügte ein einziger unglücklicher Zwischenfall, der Tradition königlicher Turnierteilnahme ein Ende zu setzen. Am 30. Juni 1559 war Heinrich II. von Frankreich Teilnehmer an einem Turnier in Paris, das zur Feier der Hochzeit seiner Tochter mit Philipp von Spanien gegeben wurde. Er tjostierte gegen Montgomery, den Konnetabel von Frankreich, und dabei gingen beide Lanzen zu Bruch. Montgomery aber senkte nicht schnell genug seine gebrochene Lanze, sodass sie mitten in Heinrichs Gesicht stieß; ein Splint drang durch sein Visier und durchbohrte seine Stirn. Zehn Tage später erlag er seinen Verletzungen.

Indessen, die Gefahren des Turniers waren bestens bekannt, und der Tod Heinrichs II. hätte kaum nachhaltige Wirkung gezeitigt, wären da nicht andere Faktoren gewesen, die dem Turnier entgegenwirkten. Die Religionskriege in Frankreich und Deutschland sowie veränderte Kriegstechniken setzten dem Turnierwesen in beiden Ländern nach 1550 ein Ende. In England, Italien und Spanien führte die Veränderung der Kriegsführung zu einem Niedergang des Turniers als Sport, obwohl dabei leicht die weiterhin wichtige Rolle der Kavallerieattacke mit eingelegter Lanze übersehen wird, denn noch Anfang des 20. Jahrhunderts war sie Teil der Ausbildung in britischen Kavallerieregimentern. Die Technik des Lanzenkampfes wurde nicht sofort aufgegeben, sie verlor nur ihren alten Rang und sank vom ersten Platz in der mittelalterlichen Kriegführung auf einen untergeordneten Platz in der Heerestaktik des 17. Jahrhunderts. Die Kampftechnik der spätmittelalterlichen Fußtruppen führte auch diese Neuerung in die Welt des Turniers ein: den Kampf mit Piken, den das eidgenössische Fußvolk im ausgehenden 15. Jahrhundert zur Perfektion entwickelt hatte.

Das Turnier lebte in seiner anderen Rolle – als triumphales, festliches Ereignis – bis zum Ende des 16. Jahrhunderts weiter. Freilich war es da nicht mehr als eine Zutat zu einem komplexen Gemisch aus Parade, Theater und herrschaftlicher Prachtenfaltung und wurde rasch zu einem lediglich formalen Teil des Schaugepränges. So bedeutete beispielsweise das Turnier auf dem berühmten Fest der Katharina von Medici zu Bayonne 1565 wohl nicht mehr wirkliches Kämpfen, sondern eher die Vorführung von Reiterkunststücken, und die Darstellung des Ereignisses auf Zeichnungen und Tapisserien betonen besonders so harmlose Übungen wie das Rennen auf die Quintanpuppe oder das Reiterballett – und eben nicht die einschlägigen Aktionen innerhalb der Turnierschranken. Nachfolgende spätere französische »Turniere« der Jahre 1572 und 1581 erschöpfen sich im Ringelstechen (*course de bague*), ein Tjost im eigentlichen Sinne scheint überhaupt nicht mehr stattgefunden zu haben.[43] Der Hof der Este im italienischen Ferrara erlebte eine Reihe thematischer Turniere nach Art des Turnierfestes in Binche, wobei die Kämpfer selbst nur eigens titulierte Episoden im dramatischen Szenario darstellten. *Il Tempio d'Amore*, entworfen vermutlich von dem großen Dichter Torquato Tasso, wurde – mit wohldurchdachten Einzugsarrangements für jede Teilnehmergruppe – in einer Arena aufgeführt. Im Voraus festgelegt waren auch die Turnierkämpfe – und falls nicht, schien ihr Ausgang ohne jede Bedeutung – zudem hatten sie nur Symbolcharakter, beförderten weder den Gang der Handlung, noch waren sie von wirklichem Interesse für die Zuschauer.[44]

Im frühen 17. Jahrhundert wandelten sich die italienischen und französischen Turniere zu »Caroussels«, nicht unähnlich den Reiterspielen, die – wie wir gesehen

Elfenbeinkante eines französischen Schachbretts aus dem 15. Jahrhundert mit tjostierenden Rittern sowie assistierenden Knappen.
(Florenz, Museo del Bargello) (Photo Scala)

haben – achthundert Jahre vorher vor Karl dem Kahlen aufgeführt wurden. Solche Reiterballette liegen außerhalb unseres Themas. Nur in England hielt sich noch ein Schein der alten Tradition in den Krönungsstechen unter Elisabeth I. Im Januar 1559 veranstaltete man Turniere im Rahmen der Feierlichkeiten zur Krönung Elisabeths im Jahre 1559, drei weitere Turniere in der Umgebung von London sind aus demselben Jahr belegt, so dass es den Anschein hat, als wären diese Aktivitäten von der Königin schon von Anbeginn ihrer Regierungszeit angeregt worden. Das erste Fest zur Wiederkehr des Krönungstages fand zehn oder elf Jahre später statt, es wurde aber bis 1580 nur sporadisch begangen. Von diesem Jahr an bis zum Ende ihrer Regierung liegen uns fast aus jedem Jahr Berichte über Krönungsturniere vor, außer aus den Jahren 1582 und 1592: diese Turnierserie setzte sich noch bis in die Regierungszeit Jakobs I. fort. Unter Elisabeth waren die Turniere Teil eines Rituals mit dem Kult um die »Virgin Queen«, die »jungfräuliche Königin«. Das dramatische Element lag bei den einzelnen Rittern; das vielleicht beste Beispiel dafür ist der Triumph, den man sich im Jahre 1581 für die Gesandtschaft des Herzogs von Alençon ausdachte, als dieser um Elisabeths Hand anhalten ließ. Wie in Binche passte die allegorische Szenerie genau zum Ereignis, und alle Handlungen, auch die Kämpfe, waren auf ein bestimmtes Resultat hin angelegt: Sir Philipp Sidney und drei andere Ritter – die »Vier Ziehkinder der Begierde« – griffen die Festung der »Vollkommenen Schönheit« an, die von 22 Rittern verteidigt wurde, unter ihnen ein Paar als Adam und Eva (ihre Rüstungen waren mit Äpfeln und Feldfrüchten dekoriert) sowie ein Unbekannter Ritter. Jeder der vier Herausforderer tjostierte sechs Runden mit der Lanze gegen die Verteidiger der Festung, danach kämpfte man mit dem Schwert und zuletzt dann auf dem Turnierplatz. Sodann richteten die vier ihre Worte an die Königin und erklärten ihre Unterwerfung, sie dagegen beschenkte sie mit einem Olivenzweig »als Zeichen des triumphierenden Friedens der Königin und der friedvollen Dienstfertigkeit der Ritter.«[45] Die Tradition der »imprese«, der komplizierten Mottos, nahm solche Formen an, dass lose Blätter (Einblattdrucke) gedruckt werden mussten, um den Auftritt der Ritter und die Bedeutung der Aufschriften zu erklären. Zur Zeit Jakobs I. bemerkte Sir Henry Wotton: »... manche waren so dunkel, dass ihre Bedeutung nicht verstanden wurde, aber vielleicht war es ihr Sinn, nicht verstanden zu werden.« Das große Thema unter Elisabeth war ein romantischer Kult zur Zelebrierung ihrer Ehe, mit vielen Anspielungen auf die überwältigende Wirkung königlicher Anmut und Schönheit auf die Herzen ihrer treuen Ritter. In der Regierungszeit Jakobs waren die Themen nicht so eng begrenzt, auch gab es Stimmen des Widerspruchs: Francis Bacon sah in solchen Darbietungen nichts als Eitelkeit:

»Was nun Tjoste und Turniere und Turnierplanken betrifft, so liegt deren Ruhm vornehmlich in den Karren, darin die Herausforderer ihren Einzug nehmen, in Sonderheit, wenn sie von fremdartigen Tieren gezogen werden, wie Löwen, Bären, Kamelen und dergleichen; oder in der Aufmachung ihres Einzugs; oder in der

Pracht ihrer Gewänder; oder in der vortrefflichen Ausstattung ihrer Pferde und ihrer Rüstungen. Aber genug von diesem Tand.«[46]

Bacon mochte wohl Turniere verachten, aber bei den Zuschauern waren sie äußerst populär, und auch bei vielen Teilnehmern. Sir Henry Lee, Rüstmeister der Königin, fungierte als die treibende Karft hinter den Turnieren ihrer Regierungszeit. Der persönliche Enthusiasmus des Prinzen Heinrich, ältester Sohn Jakobs I., gab diesen reichlich formalen Veranstaltungen einen neuen, frischen Schwung, dass sogar der Argwohn des Vaters geweckt wurde, was in Jakobs Fall freilich nicht sonderlich schwierig war, aber doch ein interessanter Hinweis ist auf das Potenzial des Turniers als politische Waffe. Ein zeitgenössischer Chronist notiert, dass sich Heinrich »beim Stechen, bei Turnieren und anderen Übungen zu Pferde in einer heroischeren Weise hervortat, als es bei Prinzen seiner Zeit üblich war …, ein Umstand, der das Augenmerk der Leute auf sich zog …«[47] Heinrich starb 1612 im Alter von achtzehn Jahren, und obwohl Prinzen und Fürsten weiterhin in theatralischen Turnieren auftraten, war es mit dem »Heroischen« vorbei. Der Schatten der neuen Kriegskunst wiesen den Weg zur Illusionswelt des Theaters: Das Turnier als Geschicklichkeitsprobe zwischen kämpfenden, im Waffenhandwerk erfahrenen Männern, hatte aufgehört zu existieren.

Die Kreuzigung bietet einen ungewöhnlichen Kontext für eine Turnierminiatur: Die Randleiste zeigt Ritter, die ihre Pavillons verlassen, um sich in die Listen eintragen zu lassen. Der religiöse Bezug könnte auf der Idee des Zweikampfes Christi mit dem Teufel beruhen.
(Bodleian Library, MS Douce 93f. 100v).

Sechstes Kapitel

Die Gefahren des Turniers:
Geistliche Verdammung und öffentliche Unordnung

Seit frühester Zeit wurden Turniere von der Kirche verdammt und von weltlichen Herrschern geächtet. Während der Blütezeit der Turniere im 12. und 13. Jahrhundert wurden sie von kirchlicher Gesetzgebung verboten, und Ritter, die sich an Turnieren beteiligten, mussten strengste Kirchenstrafen gewärtigen. Die außerordentliche Popularität der Turniere milderte keineswegs die Gegnerschaft der Kirche, und weltliche Herrscher versuchten – wenn sie es vermochten –, sie mit Hilfe weltlicher Gesetze zu regulieren. So handelte also ein Ritter, der auf einem Turnierplatz auftrat, für lange Zeit gegen die Gebote Gottes und des Königs.

Die Kirche äußerte ihre Opposition gegen das Turnierwesen bereits zu einem frühen Zeitpunkt. Der neunte Kanon des Konzils von Clermont 1130 belegte alle Turniere mit dem Interdikt und untersagte allen bei dieser Betätigung tödlich Verwundeten das kirchliche Begräbnis, auch wenn das Bußsakrament und das *viaticum*, das Sterbesakrament, keinem Opfer verweigert werden durfte, wenn es danach verlangte. Die Begründung für das Verbot war einfach: Turniere gefährdeten menschliches Leben und brachten Seelen in Gefahr.[1] Der Turniersport war gefährlich: die Sünde der Tötung eines Menschen war schnell begangen, auch wenn sie nicht beabsichtigt war. Und da das Turnier zudem ein Forum ritterlicher Kühnheit darstellte, konnten Turnierteilnehmer leicht der Sünde des Hochmuts verfallen. Die Begründung war stimmig und die kirchliche Reaktion durchaus angemessen, allein, die Einsicht in die Gefahren des Turnierkampfes und das Turnierverbot selbst kamen zu spät. Der ritterliche Sport war bereits so gut eingeführt, und die kirchliche Autorität in diesem Bereich zu schwach, als dass der Bann noch hätte abschreckend wirken können.

Trotz alledem blieb die kirchliche Haltung nahezu zweihundert Jahre lang unverändert. Zunächst wurden die Bestimmungen des Konzils von Clermont von den folgenden Konzilien wiederholt, zuletzt, unter Verwendung des nunmehr gängigen Ausdrucks *torneamenta*, vom dritten Laterankonzil im Jahre 1179[2], zu einer Zeit, da das Turnierwesen, zumal in Nordfrankreich, eine große Anhängerschaft gewonnen hatte und eben vor jener berühmten Periode, als Herren wie Graf Philipp von Flandern, Heinrich, der »junge König« von England, Graf Heinrich von Champagne das Turnierwesen als Element eines neuen, aufblühenden ritterlichen Ethos' förderten und unterstützten. Die Versromane des Chrétien de Troyes, die derselben Zeit und derselben Region angehören, behandelten das Turnier als Kernpunkt ritterlichen Lebens. Nicht nur war ein Turnierereignis der Höhepunkt eines jeden höfischen Ritterromans, es war auch die Arena, in der alle ritterlichen Werte und

Tugenden eine öffentliche Präsentation erfuhren. Hier stellten Ritter ihre edle Herkunft und ihre Kühnheit als versierte Kämpfer unter Beweis, hier erregten sie Aufmerksamkeit und endlich die Liebe ihrer Damen, hier zeigten und lebten sie die ritterlichen Tugenden Tapferkeit, höfischer Geist, Hochherzigkeit und Freigebigkeit.

Gegen die Erstarkung einer derart mächtigen ritterlichen Identität, zu deren Gipfelpunkt das Turnier geworden war, kämpfte die Kirche vergebens an. Vielleicht aus diesem Grunde wurden nach 1179 keine weiteren Generalverbote gegen das Turnierwesen erlassen, weder von Konzilen noch von den Päpsten. Das bedeutet nun nicht, dass sich die kirchliche Grundeinstellung geändert hätte – bei weitem nicht; zukünftige Verbote beschränkten sich vielmehr auf bestimmte Gegebenheiten und bedeuteten stillschweigend (wenn es nicht ausdrücklich gesagt wurde), dass sie für jeweils einen bestimmten Zeitraum Gültigkeit haben sollten.

Um den hohen emotionalen Stellenwert des Turnierens innerhalb der ritterlichen Vorstellungswelt zu bekämpfen, setzte die Kirche ihre attraktivste und inspirierendste Ideologie ein: den Kreuzzugsgedanken. Anstatt für irdischen Ruhm zu kämpfen, konnte hier die Ritterschaft himmlischen Ruhm, ewigen Frieden gewinnen und dennoch die Anerkennung ihrer Tapferkeit auf dem Schlachtfeld durch ihre Standesgenossen erlangen. Dieses Argument wies einige Vorzüge auf, denn die ritterliche Mythologie stützte durchaus die Idee, dass die Teilnahme an einem Kreuzzug die Vollendung jeder Ritterlichkeit darstelle. Das Problem lag indessen darin, dass jeder Ritter realistischerweise nur einmal in seinem Leben das Kreuz nahm, so dass sich für ihn kein Widerspruch ergab, an Turnieren wie auch am Kreuzzug teilzunehmen. Beides schloss sich gegenseitig nicht aus, obwohl die Kirche bestrebt war, gerade hier einen Widerspruch zu konstruieren.

Der heilige Bernhard von Clairvaux, selbst Spross einer adligen Familie und der Anziehungskraft des weltlichen ritterlichen Lebens durchaus bewusst, hat wohl als Erster eine Verbindung zwischen Kreuzzug und Turnier hergestellt, zum Schaden des letzteren. Schon 1149 verurteilte er Heinrich, Sohn des Grafen von Champagne und Robert, Bruder des Königs von Frankreich, weil sie einen Einzelkampf gegeneinander mit scharfen Waffen ausgetragen hatten, ungeachtet der Tatsache, dass sie kurz zuvor aus dem Heiligen Land zurückgekehrt waren.[3] Papst Coelestin III. wurde schon etwas früher aktiv und forderte die englischen Bischöfe in einem Schreiben von 1193 auf, Turniere zu verbieten und die Ritter zum Kreuzzug ins Heilige Land zu ermuntern, wo sie sich zu größerem Nutzen für die Unversehrtheit von Körper und Seele im Waffenhandwerk üben könnten.[4] 1245 wurden Kirchenstrafen konsequenter angewendet: Das Konzil von Lyon untersagte Turniere für einen Zeitraum von drei Jahren bei Androhung der Exkommunikation.[5] Eine solche Drohung dürfte größere Auswirkungen auf das tägliche Leben potenzieller Turnierkämpfer gehabt haben, denn die Exkommunikation würde sie mit unmittelbarer und öffentlicher Wirkung von allen kirchlichen Diensten abschneiden –

eine wesentlich realistischere Strafe als die Verweigerung eines kirchlichen Begräbnisses im eher unwahrscheinlichen Fall einer tödlichen Verwundung beim Turnier. Dennoch bedeutete das dreijährige Turnierverbot, dass die Kirche, zumindest in dieser Phase, von einem allgemeinen Verbot Abstand genommen hatte.[6]

Das letzte formelle päpstliche Turnierverbot wurde erst 1312, verbunden mit sehr strengen Strafen, erlassen; offenkundig wollte man nun erreichen, dass das Turnierverbot auch beachtet wurde. Clemens V. rief alle Fürsten Europas auf, das Heilige Land von den Heiden zu befreien und verbot zugleich nicht nur Turniere, sondern auch Tjoste und sogar die sogenannten Tafelrundenturniere oder Artushöfe. Alle Teilnehmer an solchen Veranstaltungen sollten exkommuniziert werden; der Papst behielt sich das Recht vor, Exkommunizierten die Absolution zu erteilen außer im Fall eines Todes. Aber damit nicht genug, denn für alle, die Turnierteilnehmer unterstützten und zu ihrem Tun anhielten, die ihnen zuschauten, sie versorgten und förderten, galten dieselben Strafen. Der Papst erklärte, niemand, der rechten Sinnes sei, könne bezweifeln, dass solche Kampfspiele ein Hindernis für die Vorbereitung für einen neuen Kreuzzug darstellten, denn sie seien eine Gefahr für die Seelen und verursachten den Tod von Männern, die Verschleuderung von Geldmitteln und die Vernichtung der bitter notwendigen Pferde.[7]

Gleichwohl gab es nicht wenige, die die Schlussfolgerungen des Papstes anzweifelten; die Bulle sorgte für beträchtliche Aufregung, nicht zuletzt, weil seit längerer Zeit kein Versuch mehr gemacht worden war, Turniere allein wegen der Kreuzzüge zu verbieten – und niemals zuvor in so umfassender Weise. Zu dieser Zeit war das Tjostieren überall in Europa zu einer alltäglichen Erscheinung geworden, zur Kurzweil von Königen wie auch von Rittern bescheidener Herkunft. Die Bulle löste insbesondere in Frankreich heftige Leidenschaften aus, und es wurde alles darangesetzt, sie zu Fall zu bringen.

Einer der wortmächtigsten Gegner des päpstlichen Bannspruchs war der königliche Legist Pierre Dubois, der von Philipp dem Schönen unterstützt wurde. Er argumentierte in seiner berühmten Streitschrift, die päpstlichen Turnierverbote seien bereits in der Vergangenheit ignoriert worden und würden auch weiterhin missachtet werden; die Geringschätzung kirchlicher Autorität werde sich durch solche Verbote erhöhen; das Turnieren trotz kirchlichen Verbotes führe zur Exkommunikation von Rittern, die dann erst recht nicht zu Kreuzfahrern werden könnten. Der Bann bereite die Ritter eben nicht auf die Errettung des Heiligen Landes vor, sondern verhindere im Gegenteil die Bereitschaft zu einem heiligen Krieg, denn Exkommunizierte könnten ja das Kreuz nicht nehmen, und selbst wenn sie es täten, würde die Anwesenheit exkommunizierter Ritter in christlichen Armeen den Zorn Gottes heraufbeschwören und das ganze Unternehmen zum Scheitern verurteilen. Es wäre folglich besser, meint Dubois, die geringere Sünde des Turnierens außer Acht zu lassen, um die größere Katastrophe eines Fehlschlags gegen die Heiden zu vermeiden. Pierre Dubois schlug seinerseits eine radikale Alternative zur päpstlichen Maßnahme vor: Wäre es nicht ein kräftiger Ansporn für Ritter, das Kreuz zu nehmen, wenn die Kirche sich dazu entschließen könnte, das Turnier zu einem Privileg ausschließlich für Kreuzfahrer zu machen?[8] Diese Argumentation war durchaus extrem, verdeutlichte aber eine starke Grundströmung der Auffassungen in Kirche und weltlicher Gesellschaft. Es konnte nicht länger behauptet werden, dass das Turnier ein ernsthaftes Risiko für das Leben von Menschen und Pferden darstelle. Die Entwicklung unterschiedlicher Turnierformen und die Verbesserung der Turnierrüstungen und Regularien – dies eher Ergebnisse spontaner Entwicklungen innerhalb des Sports als von außen auferlegter Regelwerke – hatten Turniere zu Veranstaltungen mit weitaus geringerem Risiko gemacht. Auch konnte keinerlei realistische Hoffnung bestehen, dass die für Turniere aufgewendeten Mittel jemals erfolgreich für die Sache des Kreuzzugs eingesetzt würden.

Als Johannes XXII. im Jahre 1316 in Avignon den päpstlichen Thron bestieg, war die Abschaffung des Turnierverbots eine seiner ersten Amtshandlungen. Bereits elf Tage nach seinem Amtsantritts erließ er die Bulle *Quia in futurorum*, in der endlich die Niederlage der Kirche angesichts der überwältigenden Popularität des ritterlichen Kampfspiels eingestanden wurde. Zunächst ließ er noch einmal die Verbotsargumente seiner Vorgänger Revue passieren und erklärte dann, er habe nunmehr eingesehen, dass der Kreuzzugsgedanke gefährdet sei, weil zukünftige Kreuzfahrer nicht den Status eines Ritters einnehmen wollten, wenn sie sich nicht an Turnieren beteiligen dürften.[9] Dieses eher gefällige Argument sollte ohne Zweifel den wahren Grund verschleiern: die Söhne Philipps des Schönen von Frankreich hatten ihn in dieser Angelegenheit unter politischen Druck gesetzt. Was auch immer der Grund gewesen sein mag, es war für die Kirche nicht mehr praktikabel, einem in allen Ländern der Christenheit geübten Sport weiterhin Widerstand entgegenzusetzen. Johannes XXII. beugte sich lediglich dem Unvermeidbaren und hob die besagten Sanktionen gegen die Anhänger des Turnierwesens auf. Es gab somit keinen Anlass mehr, sich diejenigen Kräfte zu Gegnern zu machen, von deren politischer Unterstützung er abhing – zumindest nicht über eine prinzipielle Ebene hinaus, die ohnehin durch die Veränderung der Verhältnisse brüchig geworden war.

Die offizielle Haltung der obersten Ränge der kirchlichen Hierarchie bis 1316 lag somit klar zu Tage. Für den Klerus in den Gemeinden hingegen war die Haltung der Amtskirche eine Sache, die Auseinandersetzung mit der widerspenstigen und mächtigen weltlichen Aristokratie jedoch eine andere. Nicht nur standen die Weltgeistlichen den Dingen näher als ein Papst im fernen Italien oder irgendein Kirchenkonzil, sondern sie gehörten auch häufig denselben Familien an wie die Bischöfe und Äbte, deren Aufgabe es war, die kirchlichen Erlasse in die Tat umzusetzen. Die Kirche vor Ort – und das ist vielleicht der wichtigste Punkt – war in finanziellen und politischen Fragen abhängig von der Unterstützung der regionalen Aristokratie. Die lokale Geistlichkeit musste ein feines Fingerspitzengefühl entwickeln, um sich nicht mit dem örtlichen Adel zu überwerfen.

Bisweilen wurde die Androhung der Exkommunikation von Turnierteilnehmern zur Unterstützung für einen weltlichen Fürsten eingesetzt. Im Jahre 1215 beispielsweise, wurde Prinz Ludwig und seine in England eingedrungenen Franzosen mit der Exkommunikation bedroht, denn ihre Turniere verschärften noch das Durcheinander der Magna-Carta-Krise.[10] So erhielt auch der päpstliche Legat in den schwierigen ersten Regierungsjahren Heinrichs III. die Vollmacht, Turnierkämpfer zu exkommunizieren und ihre Ländereien dem Interdikt zu unterwerfen, weil Turniere als Versammlungsort baronialer Verschwörungen genutzt wurden.[11] In beiden Fällen gab es einen eindeutigen politischen Grund für das Verbot, und so ergaben sich bei dessen Durchsetzung auch keinerlei Probleme.

Schwierigkeiten gab es meist, wenn Ritter im Turnier getötet wurden. Nach offiziellen kirchlichen Richtlinien sollte dabei das christliche Begräbnis verweigert werden; das aber war nur schwer durchzusetzten. Manchmal jedoch verfolgte man eine harte Linie: Im Jahre 1175 lehnte Erzbischof Wichmann von Magdeburg das christliche Begräbnis für Markgraf Konrad von der Lausitz ab, obwohl er sich bußfertig gezeigt, die Sakramente erhalten und das Kreuz genommen hatte, seine Sünden bekannte und von einem anwesenden Priester die Absolution erhalten hatte (der Priester war natürlich weniger unbeugsam als sein Erzbischof). Schließlich gab der Erzbischof nach – nicht ohne einiges Kapital aus dem Vorfall geschlagen zu haben –, jedoch unter der Bedingung, dass die Verwandten des Toten bei den heiligen Reliquien schwören mussten, niemals wieder zu turnieren oder auf ihren Territorien anderen den Turnierkampf zu erlauben. Sogar dann noch weigerte sich der Erzbischof, die Bestattung zu genehmigen und wartete erst die Bestätigung aus Rom ab; schließlich wurde der unglückliche Turnierer dann zwei Monate nach seinem tödlichen Unfall auf gebührende Weise begraben.[12] Hierbei handelt es sich gewiss um einen Ausnahmefall; der Erzbischof sah sich wohl zu einem solch harten Kurs genötigt, weil es in dieser Zeit eine Serie tödlicher Zwischenfälle bei örtlichen Turnieren gegeben hatte, wie der Chronist anmerkt. Die meisten Kleriker schienen in dieser Sache etwas zugänglicher gewesen zu sein. 1163 richteten die Erzbischöfe von Reims und Canterbury gemeinsam die Bitte an den Papst, das kirchliche Begräbnis eines im Turnier getöteten Ritters zu gestatten; auch wenn dies der Papst ablehnte, weil er keine Ausnahme machen wollte, damit die Ausweitung des verderblichen Sports nicht begünstigen würde[13], scheint doch die versöhnliche Haltung seiner Erzbischöfe der Einstellung der meisten Kleriker eher entsprochen zu haben. Das Zeugnis der Quellen legt nahe zu glauben, dass die meisten Turnieropfer einfach in ihren jeweiligen Kirchen oder Klöstern bestattet wurden, ohne dass der Umstand ihres Todes für irgendwelches Aufsehen gesorgt hätte. Gottfried von Bretagne, Sohn König Heinrichs II. von England, wurde mit allen Ehren in der Bischofskirche zu Paris bestattet, nachdem er 1186, nur sieben Jahre nach dem letzten konziliaren Turnierverbot, bei einem Turnier zu Tode gekommen war.[14] Der im Jahre 1216 tödlich verwundete Gottfried von Mandeville wurde in der Prioratskirche zu London begraben; Gilbert Marshal, getötet 1241, fand seine letzte Ruhestätte an der Seite seiner Vorfahren im Londoner New Temple; Hugo (Hugh) Mortimer, 1227 getötet, und Johann (John) Mortimer, 1318 getötet, wurden in ihrer Familiengruft der Abtei Wigmore niedergelegt.[15] Wenn Männer solch hohen Standes bei der Ausübung ihrer Lieblingsbeschäftigung getötet wurden, bedurfte es schon eines mutigen (und uneigennützigen) Kirchenmannes, wenn er den Leichnam abweisen wollte. Ein anderes Mal wurde die Leiche des 1267 im Turnier von Thirsk getöteten John de Vaus mit Briefen Lord Edwards zum Kloster Durham gebracht mit der Bitte an die Mönche, den Toten ehrenvoll aufzunehmen. Natürlich taten die Mönche, wie ihnen geheißen und unterzogen sich sogar der Mühe, seinen Namen in ihrem Martyrologium zu verzeichnen, mit der Folge, dass Messen zu seinem Seelenheil gelesen wurden.[16]

Die Geistlichkeit riskierte nicht nur, langfristigen adligen Schutz zu verlieren, wenn sie das kirchliche Beerdigungsverbot strikt befolgte, sondern auch kurzfristige Zuwendungen: Brüder und Mönche waren gewöhnlich die Adressaten von Akten der Freigebigkeit, die gerade bei Turnieren an den Tag gelegt wurden, teilweise freilich zur Gewissensberuhigung der Turnierkämpfer, gewiss aber auch, weil sie die üblichen Empfänger solcher Geschenke waren. Es steht außer Frage, dass auch Priester bei Kampfspielen anwesend waren und den Teilnehmern geistliche Dienste erwiesen. Es wurde gängige Praxis unter Turnierkämpfern, vor ihrem Eintritt in die Turnierschranken eine Messe zu besuchen. Turnierberichte, wie das *Tournoi de Chauvency,* unterstreichen die wichtige Rolle, die Gottesdienste an den verschiedenen Tagen des Turnierfestes spielten – und das in einer Periode, als jegliche Art von Tjost und Turnier dem strengen kirchlichen Verbot unterlagen.[17] Seit 1227 war es Priestern nämlich verboten, bei Turnieren anwesend zu sein – ohne dass man sich jedoch daran hielt. Zur selben Zeit des Verbots wurde der Bischof von Winchester beschuldigt, den Rittern seines Hofhalts die Turnierteilnahme erlaubt zu haben.[18] Auch wenn er die Anschuldigung zurückwies, war es unvermeidlich, dass Ritter in bischöflichen wie in weltlich-aristokratischen Diensten ihre freie Zeit mit diesem Kampfsport zubrachten.

Nachdem *Quia in futurorum* einmal erlassen und der Zweifel über die wie auch immer geartete Berechtigung geistlicher Turnierbeteiligung allmählich beseitigt war, stoßen wir auf zahlreiche Beispiele enger Zusammenarbeit. Schon 1252 spielten die Mönche von Walden Abbey die Gastgeberrolle bei einem Artusturnier[19]; im 14. Jahrhundert wurden dann im Bischofspalast zu London häufig Turnierkämpfer beherbergt, und es wurden zu dieser Gelegenheit dort Festbankette gefeiert. Um die Mitte des 15. Jahrhunderts schließlich kann René von Anjou in seinem *Traicté de la Forme et Devis d'Ung Tournoi* feststellen, es sei das Beste, in Einrichtungen der Kirche Quartier zu nehmen, denn Klöster seien der beste Ort, um dort die Waffen und Wappen der Turnierteilnehmer vor den Kämpfen öffentlich auszustellen.[20] Aus dem frühen 16.Jahrhundert sind eigens für bestimmte Phasen des Turniers geschriebene Gebete überliefert, etwa für den Moment, wenn der Ritter seinen Pavillon verlässt, um in den Schranken zum Kampf anzutreten.[21]

Nun wäre es falsch, den Eindruck zu erwecken, dass die höheren Ränge der Kirche die Turniere verboten hätten und die niederen Ränge das Verbot schlicht ignorierten oder Wege gefunden hätten, es zu umgehen. So einfach lagen die Dinge nicht, es gab vielmehr eine lebhafte öffentliche Debatte über das Für und Wider der ganzen Frage. Die Prediger des 13. Jahrhunderts zumal unterstützten die Anti-Turnierpartei vehement, und sie vertraten ihre Sache mit einer Mischung aus rationalen Argumenten und Drohungen mit Höllenfeuer und Verdammnis. Jakob von Vitry (1160/70–1240), Bischof von Akkon, wies als einer der ersten darauf hin, dass Turnierritter gegen alle Sieben Todsünden verstießen: Stolz, wegen ihres Hungers nach Ruhm; Neid, weil sie den höheren Ruhm anderer Turnierkämpfer nicht gelten lassen wollten; Zorn, denn sie schlugen zu, wenn beim Turnier die Stimmung gereizt war; Habgier, weil sie die Pferde und Ausrüstungen anderer Ritter begehrten und sich sogar manchmal weigerten, sich gegenseitig durch Lösegeld freizukaufen; Völlerei, denn sie besuchten Festgelage; Faulheit, wegen ihrer Haltung bei Misserfolgen im Kampf, und schließlich Wollust, weil sie buhlerischen Frauen gefallen wollten, wenn sie ihr Abzeichen beim Turnier trugen.[22] Das Thema der Sieben Todsünden wurde von Zeit zu Zeit von Predigern und Poeten wieder aufgegriffen, besonders eindrücklich vielleicht von Robert de Brunne in seinem *Handlyng Synne*[23]; andere Nebenwirkungen des Turnierwesens wurden aber auch behandelt. In einer Predigt beklagt Thomas von Chartres, dass Turniere ein Hauptanlass zum Schuldenmachen seien und zur Gewalt ermunterten: er zitiert das Exemplum von den Bauern, die, mit dicken Stöcken bewaffnet, einem Turnier zuschauen, aber dann von den Rittern entwaffnet und verprügelt werden.[24]

Eines der vernichtendsten Urteile über das Turnier stammt aus der Feder des Dominikaners Johannes Bromyard, der auf die dunklen Seiten des Sports hinwies: Danach unterlagen Turniere keinerlei Gesetzen (außer dem Gesetz der Zerstörung) und waren Ausdruck der Gesetzlosigkeit: Der junge Adelsherr wird in das Turnieren und in andere ritterliche Betätigungen hineingezogen; dabei leeren sich seine Taschen rasch, und er wird gezwungen, auf Empfehlung seiner Ratgeber, seinen Grundbesitz anzutasten und seine Pächter mit schweren Belastungen und Abgaben zu bedrängen. Auch der arme Mann gehört zu seinen Opfern, denn auf dem Weg zum und vom Turnier kauft der Herr Lebensmittel und Ausrüstung von ihnen, bezahlt aber nur mit dem Kerbholz, das er dann aber nicht einlöst und das sich als wertlos erweist. All diese Aufwendungen, die seine Ländereien und seine bereits verarmten Pächter ruinieren, gelten allein eitlem Ruhm.[25] Es lohnt sich, eine der besonders bitteren Passagen bei Bromyard in vollem Wortlaut anzuführen, weil sie sehr genau die rohe Realität solcher Turnierveranstaltungen wiederspiegelt. Wenn sich Adelsleute zu einem Turnier begaben, geschah es nur deshalb, so Bromyard, um Gesprächsstoff für spätere Unterhaltungen zu sammeln:

»Wer hat sie rühmen hören oder wer konnte irgendjemanden von ihnen preisen wegen eines zielstrebigen Kampfes gegen den Feind oder wegen ihrer Verteidigung von Land und Kirche, wofür Karl der Große, Roland, Olivier und andere Ritter früherer Zeiten gerühmt und gepriesen wurden? Doch lediglich dafür: dass sie einen goldenen Helm im Wert von vierzig Pfund besitzen, mit Wappen geschmückte Schulterstücke und andere äußere Wahrzeichen von gleicher Art und noch höherem Preis; dass der und der mit einer gewaltigen eckigen Lanze, wie sie niemand zuvor trug oder fürderhin tragen könnte, auf dem Turnierplatz erschienen sei, oder dass er Ross und Reiter in den Staub geworfen habe, dass er so gut geritten sei und seine Lanze so gewandt geführt habe, als sei es ein Leichtes; oder dass der und der zum Hoftag oder zum Turnier so gut beritten erschienen sei.«

Dieser brillanten Vignette ritterlicher Konversation folgt eine Brandrede gegen das Turnier und seine Anhänger: »Und was ist denn das für ein Ruhm, als der Ruhm von Gottlosen, von Schuften, von Feiglingen? … Denn sie beweisen sich an Orten und in Zeiten des Friedens, nicht des Krieges, gegenüber ihren Freunden und nicht gegenüber ihren Feinden. Zu welchem Nutzen sind denn goldgeschmückte Waffen, die den Feind nur kühner machen … und die sie dazu noch, wenn sie vor ihren Gegnern fliehen, von sich werfen, damit sie umso schneller fliehen können – wie es jüngst geschehen ist? Welchen Ruhm bedeutet es, eine besonders mächtige Lanze gegen einen Mann des Friedens zu führen und Ross und Reiter auf den Boden niederzuwerfen und nicht den Feind mit irgendeiner Lanze zu berühren, weil man nicht nahe genug an ihn herankommen will, damit er einem selbst nicht mit der größtmöglichen Waffe berührt? Oder welcher Ruhm liegt darin, dass so ein Mann ein guter Reiter war und seine Lanze mit so großer Leichtigkeit führte, dass er sich so geschickt gegenüber seinem Freund und Nachbarn aufführte und so geschickt vor den Feinden des Königsreichs floh? Welcher Ruhm liegt darin, dass solche als glorreich gelten und Lob und Preis bei verbotenem Waffenwerk suchen, wie in Turnieren und dergleichen, während sie sich in Werken der Tugend, so in gerechten Kriegen und in der Verteidigung ihres eigenen Landes, furchtsam, feige und zur Flucht bereit zeigen, dem Feind erlauben, das Land zu verwüsten, zu plündern und zu rauben, die Städte niederzubrennen, die Burgen zu zerstören und Gefangene wegzuschleppen?«[26]

Obwohl im 14. Jahrhundert geschrieben, ist Bromyards Werk eine Kompilation aus Quellen des 13. Jahrhunderts, die als Rohmaterial für Predigten gedient haben mochten; seine Kritik dürfte daher ein breites Publikum erreicht haben. Wenn derlei Argumente nichts fruchteten, verfielen die Prediger auf Horrorgeschichten, um die abscheulichen Ritter mit ihrem eigenen, üblen Betragen zu erschrecken. Bromyard selbst führt das Los von Turnierern an, die in der Hölle Qualen in Nachahmung ihres irdischen Lebens erleiden müssen: sie tragen an ihrem Körper festgenagelte Rüstungen, die man nicht abnehmen kann, werden in übel riechende Schwefelbäder gesetzt und anstatt der feurigen Umarmung leichtfertiger Damen müssen sie die amourösen Aufmerksamkeiten lüsterner Kröten über sich ergehen lassen.[27] Und als ob das nicht genügt hätte, einen Ritter zutiefst zu erschrecken, und der jetzt noch so töricht war, seinen Fuß auf einen Turnierplatz zu setzen, erzählen andere Quellen gruselige Geistergeschichten. Die älteste, bei Walter Map in den 1190er-Jahren überliefert, ist die einfache Geschichte eines unbekannten Ritters, der bei einem erbitterten Turnierkampf im Augenblick seines Sieges getötet wird. Aber auch die Tatsache, dass Turniertote kein kirchliches Begräbnis erhalten sollten, gab den Anstoß zu Geschichten über Seelen, die ihre ewige Ruhe nicht finden konnten. Thomas von Cantimpré beispielsweise hielt eine makabre Sammlung von Geschichten bereit, unter anderem von Dämonen in Krähengestalt, die über einen Turnierplatz flogen als Vorzeichen einer erschreckend hohen Zahl künftiger Todesfälle; von Visionen der Witwe eines Turnierkämpfers über die Höllenqualen ihres Ehegatten; von einem geisterhaften Turnierritter, der seinen Diener beauftragte, seinen verlorenen Leichnam zu suchen.[28] Solche Geschichten fanden Eingang in Chroniken und sogar in die zeitgenössische Dichtung, und natürlich in die einschlägigen Sammlungen moralisch-erbaulicher Exempla. Der französische Trouvère Rutebeuf etwa folgte in einem seiner Lieder der päpstlichen Linie und fragte einen Turnierkämpfer, was er am Jüngsten Gericht antworten werde, wenn ihm Gott die Frage stellte, für welches Land er gestorben sei.[29]

Im Ganzen jedoch folgten Troubadoure und Spielleute der Linie ihrer weltlichen Herren und schrieben zum Preis des Turniers und des ritterlichen Ethos'. In Reaktion auf die klerikale Ablehnung ritterlicher Spiele schufen sie eine Art Gegenwelt, in der Turniere und Frömmigkeit unauflösbar miteinander verbunden waren. So erzählt etwa eine populäre Geschichte (deren erste Version im ausgehenden 12. Jahrhundert erschien) wie ein Ritter, der vor seinem Turnierkampf immer die Messe gehört hatte, eines Tages bemerkte, dass ein Engel (in anderen Versionen ist es die Jungfrau Maria selbst) bereits für ihn in den Schranken gekämpft und schon so viele Grafen gefangen hatte, wie er an diesem Tage heilige Messen gehört hatte.[30] Die gängigste Verbindung war noch in der Turnierterminologie zu finden, die auf geradezu blasphemische Weise auf den religiösen Bereich übertragen wurde. Die Troubadoure beschrieben den Kreuzzug als Turnier zwischen Himmel und Hölle, zu dem alle Ritter aufgerufen waren, und in einigen Kreuzfahrerliedern hieß es, die Ritter sollten auf Kreuzfahrt gehen im Dienste ihrer Damen, so als ob sie damit die Liebe ihrer Damen gewinnen könnten.[31] Sogar Christus selbst wird als Turnierkämpfer dargestellt. Im *Piers Plowman* tjostiert er in Jerusalem – mit Piers' Waffen – gegen Tod, Teufel und falsches Gesetz. Die Allegorie wird noch weiter getrieben: der blinde König Longinus tjostiert gegen Christus und verwundet ihn, fällt auf die Knie und bittet ihn um Gnade.[32] Offenkundig beabsichtigten solche Parabeln, das neue Testament in einen lebendigen Bezug zum zeitgenössischn Rittertum zu setzten. Die Beliebtheit des Themas zeigt sich in der Anzahl überlieferter Lieder, die sich mit Allegorien dieser Art befassen.[33]

Insgesamt gesehen entschied sich die Kirche im 14. Jahrhundert, dass nichts dagegen einzuwenden sei, Rittern zu erlauben, sich an Turnierkämpfen zu erfreuen, wenn sie nur im richtigen Geiste stattfanden. Humbert von Romans fasste diese pragmatische Haltung vielleicht am besten in seiner Kritik zusammen: Turniere seien ein Mittel, mit dem charakterschwache junge Adelsherren ruiniert würden, denn sie vergeudeten dabei gewaltige Summen allein, um vergeblichem Ruhm nachzujagen. Dies sei die vollständige Verneinung aller maßgeblichen Werte. Wenn indessen Ritter zu Turnieren gingen, um sich im Waffenhandwerk zu üben, damit sie bessere Soldaten im Dienste des Kreuzzugs würden, so sei dies in hohem Maße lobenswert. Turniere könnten gefährlich werden, weil sie rasch falsche Leidenschaften anstachelten, würden sie aber anständig und im rechten Geiste durchgeführt, solle man Turniere als Beförderer des Kreuzzugsgedankens dulden.[34]

So hat sich das Argument also im Kreise gedreht, und der Kreuzzug, der einst als hauptsächliche Rechtfertigung für das päpstliche Turnierverbot herhalten musste, wurde von den Gemäßigten jetzt als Rechtfertigung für das Turnierwesen benutzt. Es gab auch keinen wirklichen Grund, warum sich beides nicht vereinbaren ließe, denn Turniere erwiesen sich als die beste Gelegenheit, den Kreuzzug zu predigen und Ritter zur Annahme des Kreuzes zu bewegen. 1199 führten Tedbald (Thibaut), Graf von Champagne, und Ludwig, Graf von Blois, eine große Anzahl von Rittern an, die anlässlich eines Turniers in Écry das Kreuz nahmen; viele flämische Ritter nahmen das Kreuz bei einem Tafelrundenturnier in Hesdin 1235 und folgten damit dem Beispiel des Herzogs von Burgund. Selbst noch 1390 waren die Turniere von St.Inglevert ein überraschend fruchtbares Rekrutierungsfeld für das nordafrikanische Kreuzzugsunternehmen des Herzogs von Bourbon im selben Spätsommer.[35] Eine bezwingende Logik unterstützte den Gedanken, dass Turniere den Kreuzzugsgedanken beförderten: Es war vergleichsweise leicht, die Sache des Kreuzes bei einer ritterlichen Versammlung dieser Art zu predigen, und, noch wichtiger, es ergab sich dabei ein nicht geringer moralischer Druck, das Kreuz zu nehmen. War erst einmal eine wichtige Führerfigur gewonnen, waren seine Standesgenossen eifrig bestrebt, sich seiner würdig zu erweisen. Und selbst wenn Männer bei einem Turnier nicht rekrutiert werden konnten, boten sie eine gute Gelegenheit, Geldmittel aufzubringen. Bereits 1180 vermachte Guillaume le Maréchal seinen Gewinn beim Turnier von Joigny denen, die das Kreuz genommen hatten.[36]

Zu der Zeit, als der Widerstand des Papsttums endgültig und öffentlich aufgegeben wurde, hatten sich als wichtige Elemente im Kult der christlichen Ritterschaft drei *mestiers d'armes* für die Karriere eines Anwärters auf das Rittertum herausgebildet: zunächst Einzelkämpfe und einfachere Formen des Lanzenspiels, dann das eigentliche Turnier und schließlich der Krieg selbst. Über alldem stand der Höhepunkt in der Laufbahn eines weltlichen Ritters: der Kreuzzug. Das Turnier und seine Mythologie hatten sich als mächtiger erwiesen als die Opposition der Kirche und war zu einem Teil jener Lehre geworden, die das Turnier einst verdammt hatte.

Wenn Turniere seitens der Kirche als Bedrohung menschlicher Erlösung angesehen wurden, so sahen weltliche Autoritäten darin eine Bedrohung der öffentlichen Ordnung. Eine Versammlung bewaffneter Männer galt durchaus als mögliche Gefährdung der öffentlichen Ordnung, und das war gewiss einer der Hauptgründe, warum im 12.Jahrhundert die Könige von England und Frankreich versuchten, eine strenge Kontrolle über Turniere auszuüben, wie wir im zweiten Kapitel gesehen haben. Ähnliche Verbote wurden auch von anderen Königen in Europa durchgesetzt, sofern ihre Herrschaft effektiv war. Die Gesetze des Königreichs Aragón von 1235 legten das Verbot in den Statuten des Königreiches fest. Als 1260 Ludwig der Heilige die Turniere verbot, ersetzte das französische Königtum zeitlich begrenzte Erlasse durch eine längere Verbotsphase; sein Edikt wurde 1280 von Philipp III. erneuert. In einem Privilegienbrief an die Stadt Lübeck dekretierte Kaiser Friedrich II. ein Turnierverbot mit der Begründung, im Umfeld der Turniere ereigneten sich Verbrechen und Tumulte; 1362 untersagte der Rat der Stadt Nürnberg aus den gleichen Gründen allen Bürgern, sich an Turnieren zu beteiligen.[37] Boncompagni von Florenz erwähnt in seiner Musterbriefsammlung aus den 1220er-Jahren als Beispiel eines kaiserlichen Erlasses für ein allgemeines Turnierverbot – »wir bekräftigen diesen allgemeinen Erlass, dass kein Ritter wagen soll, in Turnieren aus seinem eigenen freien Willen Krieg zu führen« –; es wird aber nicht berichtet, ob das Dekret auch wirklich erlassen wurde.

Bei einer Gelegenheit wurden Turniere als Zeichen für einen Souveränitätsanspruch abgehalten. Dies trug sich 1314 in Montpellier zu, das Jakob (Jaime) III. von Mallorca für sich beanspruchte. Er rief für den Januar 1343 ein Turnier aus – im Widerspruch zu dem Verbot, das Philipp von Valois für die Dauer des Krieges gegen die Engländer erlassen hatte –, weil er die Oberherrschaft des französischen Königs nicht anerkennen wollte. Die Tjoste wurden in aller Form durchgeführt, und als der Statthalter des französischen Königs im Languedoc protestierte, rief Jakob III. im Gegenzug zu einem weiteren Turnier auf – in Anwesenheit des Statthalters; auch dieses wurde durchgeführt.[38] Sein Triumph war nur von kurzer Dauer, weil er – vergeblich – mit der Unterstützung des Königs von Aragón gerechnet hatte. Interessant an dieser Episode ist, dass ein Turnier als eine geeignete öffentliche Demonstration angesehen wurde, die Rechtsposition eines konkurrierenden Monarchen anzugreifen.

Bezeichnend war indessen, dass Turniere zur Anzettelung von Verschwörungen und Morden benutzt wurden. Das Turnier von Staines im Jahre 1215 stand in engem Zusammenhang mit den politischen Bestrebungen der englischen Barone, die schließlich zu König Johanns Unterzeichnung der Magna Carta führten. Bei anderen Gelegenheiten jedoch wurden besonders dunkle Komplotte geschmiedet. Man sagt, es habe einen Plan gegeben, Piers Gaveston an einem Krönungsturnier für Eduard II. zu töten; Peter der Grausame von Kastilien soll 1356 versucht haben, den Meister von Santiago bei einem Turnier zu ermorden, der Anschlag schlug nur

Dieses Stechen auf dem Marktplatz einer deutschen Stadt des 15. Jahrhunderts wird von Fußsoldaten mit Hellebarden überwacht, während der Bürgermeister vom Rathaus aus den Kampf beobachtet. (New York, Pierpont Morgan Library, MS 775, fol. 275v)

deshalb fehl, weil die notwendigen Anweisungen nicht gegeben wurden.[39] Heinrich IV. und seine Söhne sollen im Jahre 1400 in Oxford das Ziel eines ähnliches Komplotts gewesen sein. Dies aber waren alles nur Anschuldigungen; ein erfolgreiches Komplott wäre vermutlich als Unfall beschrieben worden; es ist somit nicht auszuschließen, dass bei der langen Liste von in Turnieren getöteten hoch stehenden Personen nicht auch gut getarnte Mordanschläge im Spiel waren.

Das Problem »öffentliche Sicherheit und Turniere« wird bereits 1180 im *Perceval* des Chrétien de Troyes illustriert: der Herr von Tintagel lässt die Stadttore schließen, um zu verhindern, dass ein Turnier innerhalb der Stadtmauern ausgetragen wird; die Erlaubnis zum Turnier außerhalb der Mauern gibt er erst, nachdem alle seine Gefolgsleute und seine Bogenschützen mobilisiert waren.[40] Die von Eduard III. 1292 erlassenen *Statuta Armorum* ist ein rechtsformaler Versuch, die Störung der öffentlichen Ordnung bei Turnieren zu verhindern. Die Verordnung zielt nicht auf die Turnierkämpfer selbst ab, sondern auf deren Gefolge und die übrigen Anwesenden, die gewöhnlich Ausgangspunkt der Schwierigkeiten waren – sozusagen die Fans und nicht die Spieler. Ihre Anzahl, Ausrüstung und Bewaffnung waren genau festgelegt sowie auch ihre Befugnis, in das Geschehen einzugreifen. Darüberhinaus durften weder Zuschauer noch Offizielle bewaffnet sein, die Turnierbüttel trugen nur stumpfe Schwerter als Zeichen ihrer amtlichen Stellung. Alle Offiziellen mussten deutlich an ihrer Tracht und den entsprechenden Wappen zu erkennen sein.

Um 1370 sind solche besonderen Vorsichtsmaßnahmen auch in deutschen Städten gut dokumentiert. 1370 wurden die Turnierteilnehmer in Göttingen vom Rat der Stadt mit einer Erklärung begrüßt, nach der sie willkommen seien, solange sie ein geziemendes Betragen an den Tag legten und ihre Schulden bezahlten.[41] In Köln gab es 1378 Aufwendungen für Bogenschützen zur Bewachung der Tore für die Dauer des Turniers[42], und die Anwesenheit von Wächtern wird in einer amtlichen Verordnung aus Speyer von 1433 detailliert geregelt: die beiden Bürgermeister sollen sich auf jeder Seite der Schranken mit einhundert gut bewaffneten Bürgern aufstellen, die Stadtfahne soll gehisst werden (vermutlich als Zeichen für den Zustand erhöhter Wachsamkeit), und sechshundert Mann wurden in der Gildehalle in Bereitschaft gehalten. Nur Angehörige des Gefolges zugelassener Turnierteilnehmer durften kämpfen. Um Reibereien zwischen Stadtbewohnern und Turnierern zu vermeiden, wurde eine genaue Aufstellung der Warenpreise veröffentlicht[43]; ähnliche Vorschriften sind 1408 aus Straßburg überliefert.[44] In Regensburg musste 1434 vor Beginn des Turniers eine Kaution von 1000 Gulden hinterlegt werden.[45]

Was passieren konnte, wenn die Dinge aus dem Ruder liefen, ist leicht erzählt; die englischen Quellen wurden schon herangezogen; zusätzlich zu den bereits erwähnten Episoden sei noch der so genannte »Jahrmarkt von Boston« genannt, bei der im Jahre 1288 die Knappen anlässlich eines Buhurt Amok liefen und die halbe Stadt niederbrannten. Auch der noch schwerwiegendere Zwischenfall von 1376 in

Basel, bei dem sich die Spannungen zwischen Bürgern und Turnierteilnehmern vor einem politischen Hintergrund entluden, wurde bereits angeführt.[46] Siebzehn Jahre später baten der Herzog von Bayern und seine Söhne um Erlaubnis, in Regensburg ein Turnier am Sonntag vor Christi Himmelfahrt veranstalten zu dürfen. Der Rat der Stadt stimmte zu, und der Bischof verschob eine religiöse Prozession, damit das Turnier stattfinden konnte. Die Wachmannschaften wurden in Alarmbereitschaft versetzt und Feuerschutzmaßnahmen – man brachte Wasser auf die Hausdächer – wurden ergriffen. Man warb eigens Reisige an, die Tag und Nacht unter Waffen bleiben sollten; zweihundert von ihnen wurden in und um das Rathaus postiert. Alle Tore blieben verschlossen und mit Wachen besetzt, außer dreien, die man sofort wieder schloss, nachdem die Turniermannschaften ihren Einzug gehalten hatten. Aber sogleich gab es Probleme: Der Herzog wollte vor seinem eigenen Stadtquartier turnieren, während der Rat aus Sicherheitsgründen auf dem traditionellen Turnierplatz, dem Stadtanger, bestand. Schließlich gab man nach: für Samstag und Sonntag erteilte der Rat die Erlaubnis, nicht ohne die Feststellung, dass dies eine Ausnahme sei. Das Turnier verlief ohne Zwischenfälle, aber beim anschließenden Tanzvergnügen entspann sich eine Schlägerei zwischen einem Mitglied des Gefolges des Herzogssohnes Albrecht und einem Mann aus dem Gefolge eines der Turnierteilnehmer. Der Rat ließ das Haus verrammeln, um Albrecht und seine Leute vor Racheakten zu bewahren. Albrecht war zornig über die Behandlung seiner Leute, aber der Rat ließ sich nicht beirren und konnte ihn schließlich beruhigen. Der Zwischenfall galt als schwerwiegend genug, dass darüber ein ausführlicher Bericht für die städtischen Akten angefertigt wurde; ihm verdanken wir einen interessanten Einblick in die Realitäten eines Turniers des 15. Jahrhunderts.[47] Bei den Unruhen zu Pavia im August 1453, oben erwähnt im Kapitel über italienische Turniere, war die Stadtregierung nicht in der Lage, Unruhen nach einem Turnier zu verhindern, aber hier waren die alten Rivalitäten zwischen Guelfen und Ghibellinen noch lebendig, obwohl sich ihre Ursachen längst im Dunkel der Zeit verloren hatten; das Turnier war lediglich ein Vorwand für Wiederaufnahme alter Fehden.

*Turnierrüstung des 16. Jahrhunderts mit Wappenintarsien von Anton Peffenhauser;
die Rossdecke mit Wappenfeldern stammt von ca. 1610.
(Germanisches Nationalmuseum, Nürnberg)*

Siebtes Kapitel

Rüstungen und Waffen

Der Harnisch war immer ein wichtiger Teil ritterlicher Ausrüstung, und die Entwicklung spezieller Rüstungen für das Turnier ergab sich als die natürliche Lösung der besonderen Anforderungen dieses Kampfspiels. Der Schutz des Körpers war lebensnotwenig – im tödlichen Kampf wie im Spiel –, denn die persönliche Sicherheit des Ritters war in dem rauen und tumultuarischen Gruppenturnier (*mêlée*) ebenso gefährdet wie in einer Schlacht. Es überrascht indessen, wie lange es wirklich dauerte, bis spezielle Turnierrüstungen eingeführt wurden; wir hören von ihnen erst gegen Ende des 13. Jahrhunderts. Der Grund hierfür ist möglicherweise recht einfach. Da das Gruppen- oder Massenturnier, die *mêlée*, dem realen Schlachtgeschehen sehr ähnlich war, ergab sich keine Notwendigkeit, irgendetwas anderes zu tragen als den Kriegsharnisch. Die Art des Kampfes, die Umstände des Aufeinandertreffens und damit auch die Risiken entsprachen sich durchaus, und der Kriegsharnisch, auch wenn er grob und für das Turnier oft unangemessen war, genügte den Ansprüchen vollkommen. Es ist bezeichnend, dass die ersten Erwähnungen besonderer Harnischteile für (Gruppen-)Turnier und Tjost gegen Ende des 13. Jahrhunderts belegt sind, als sich der Zweikampf, der Tjost, als besondere Form des Turnierkampfes herausbildete. Das gab den endgültigen Anstoß, nach besseren Formen des Schutzes zu suchen als sie zuvor verfügbar waren.

Die Rüstung für Turnier und Tjost musste zwei Hauptkriterien erfüllen: zunächst – und besonders wichtig – ging es darum, den Gefahren der verschiedenen eingesetzten Waffen – Lanze, Langschwert, Kurzschwert – begegnen zu können, dann sollte die Rüstung durch besonders prächtige Gestaltung den persönlichen Eindruck des Ritters erhöhen. Der Kriegsharnisch des ausgehenden 11. Jahrhunderts, als Turniere zum ersten Mal in Erscheinung traten, war einfach und auf das Notwendigste beschränkt. Auf der Suche nach wirksamem Schutz, der dazu so leicht sein musste, dass die Bewegungsfreiheit nicht wesentlich eingeschränkt wurde, mussten sich die Ritter mit dem Ringelpanzer begnügen, der aus miteinander verknüpften Metallringen gefertigt war. Dieses Ringelgeflecht war flexibel genug, um als Bedeckung für den gesamten Körper dienen zu können. Trotz seines Gewichtes war er leichter als ein Harnisch aus soliden Metallplatten, der als gleichwertiger Schutz vor Schlägen so dick hätte sein müssen, dass er sich im Kampf als unpraktisch erwiesen hätte. Nun konnte der Ringelpanzer Schläge nicht so abweisen wie ein Plattenharnisch, und deshalb waren Prellungen und Quetschungen unvermeidlich.

Um den schleppenden Effekt des reinen Kettenpanzergewichts zu vermeiden, wurden separate Harnischteile geschaffen. Das Hauptstück, das, mit Variationen, bis zum Ende des 14. Jahrhunderts verwendet wurde, war der *Haubert* (aus dt. *hals-*

berc), ein den Oberkörper bedeckendes, bis zu den Knien reichendes Kettenhemd, das zugleich die Oberschenkel schützte. Im 12. Jahrhundert wurde der Haubert erweitert und umfasste nun lange, eng anliegende Ärmel mit Tuchpolsterungen, die Arme und Handrücken bedeckten (die Handflächen blieben frei, um die Waffen besser führen zu können). Etwa zur selben Zeit wurden Beinlinge eingeführt, denn zu Pferd waren auch die Beine des Ritters gefährdet. Dazu trug man eine der Kopfgröße angepasste Ringelkapuze (*coif*); diese war entweder eine Fortsetzung des Haubert oder ein eigenes Element der Rüstung, bildete aber immer eine dämpfende Schutzunterlage unter dem Helm. Die früheste Form des Kopfschutzes beim Turnier war der konische Helm, der in ein Naseneisen auslief, mit dem man die am meisten gefährdeten Teile des Gesichts zu schützen versuchte. Die Augen bleiben jedoch ungeschützt. Die Erfindung des »großen Helms«, im deutschen Bereich als *Topfhelm* bekannt, gegen Ende des 12. Jahrhunderts bedeutete einen wichtigen Fortschritt in der Schutzwaffentechnologie. Er bedeckte nicht nur Kopf und Gesicht, sondern auch, weil er auf den Schultern aufsaß, das Genick. Aus verschiedenen genieteten und geschweißten Metallplatten gefertigt, ausgepolstert zur Abfederung von Schlägen, war der Topfhelm ein klobiges und schwerfälliges Rüstungsteil. Die Sicht war schlecht, weil er nur über zwei enge, horizontale Sehschlitze verfügte, und das Atmen gestaltete sich schwierig, insbesondere bei Anstrengungen, weil die Luftlöcher in Größe und Anzahl begrenzt waren. Die Beschreibung des jungen Parzival, wie er mit hochrotem Kopf aus dem Kampf zurückkehrt, das Gesicht mit Rostspuren bedeckt, wo der Schweiß mit dem Metall des Helmes in Berührung gekommen war, ist zwar recht unromantisch, aber vermutlich durchaus lebensecht.[1] Auf ähnliche Weise endet auch Guillaume le Maréchal mit seinem behelmten Haupt auf dem Amboss eines Schmieds, der versuchte, dem Helm wieder die richtige Form zu verpassen, damit man ihn abnehmen konnte; Ähnliches geschah sicherlich häufig im ritterlichen Alltagsleben.[2] Trotz all dieser Schwierigkeiten blieb der Topfhelm ein unverzichtbares Element der Rüstung und wurde über gut ein Jahrhundert hin verwendet.

Der Topfhelm brachte es mit sich, dass der Ritter selbst nicht mehr erkennbar war: sein Gesicht blieb verdeckt, und er konnte deshalb von Freund oder Feind nicht mehr identifiziert werden. Die Lösung dieses Problems lag in der Einführung heraldischer Zeichen. Der oben abgeflachte Helm bot den natürlichen Platz für einen leicht zu erkennenden heraldischen Schmuck; so entstand die *Helmzier*, auch Helmkleinod oder Zimier genannt. Sie war überaus variantenreich gestaltet und reichte vom einfachen Federbusch bis zu aufwendig dekorierten heraldischen Tieren und symbolischen Gegenständen, wie sie uns in liebevoller Darstellung in der Manessischen Handschrift, der großen deutschen Sammlung von Minneliedern, entgegentreten.[3] Diese Helmzierden bestanden vermutlich aus leichtem Material – vielleicht mit Tuch bespannte Holzgestelle – und wären für die echte Kriegsführung gänzlich ungeeignet gewesen. Auf gleiche Weise wurden die über dem Harnisch getragenen Kleidungsstücke aus Stoff, die Hitze abweisen und die Wucht der Schläge abmildern sollten, zur Kennzeichnung des Ritters benutzt. So geriet beispielsweise der Waffenrock, das über dem Hauberk getragene weit geschnittene Stoffgewand – zum klassischen Platz, auf dem das persönliche Wappen des Ritters gezeigt werden konnte. Noch anlässlich der Schlacht von Crécy 1346 wurden die englischen Herolde über das Schlachtfeld geschickt, um die Leichen des französischen Adels mit Hilfe der Wappen auf den Waffenröcken zu identifizieren.

Der textile Zubehör zur Rüstung liefert uns das erste zaghafte Beispiel dafür, wie eine speziell für das Lanzenspiel getragene Rüstung ausgesehen haben mochte. Bereits 1216 fochten die in England eingefallenen französischen Ritter des Prinzen Ludwig mit ihren englischen baronialen Verbündeten ein Turnier allein mit Lanzen und leinerner Rüstung (*in lineis armaturis*); die Bekleidung war in diesem Falle zum Schutz der Kämpfer möglicherweise wattiert oder gepolstert.[4] So müssen gewiss auch die leinernen Tuniken (*plicato linea tunica*) gedeutet werden, in denen sich regelmäßig Ritter aus der Umgebung von Brüssel um die Mitte des 13. Jahrhunderts, nur mit Schild und Lanze bewaffnet, zu Turnieren versammelten.[5] Etwa zur gleichen Zeit nahm Lord Eduard in Blyth an seinem ersten Turnier teil; wiederum waren die Kämpfer in Leinenzeug gekleidet (*in lineis et levibus*) und nicht im üblichen Kriegsharnisch.[6] Obwohl man sich hier offenkundig bemühte, den Kampfsport zu kontrollieren und seine Auswirkungen in Grenzen zu halten, ist es doch interessant zu erfahren, dass sich in beiden Fällen Unfälle und sogar tödliche Verwundungen ereigneten. Gepolsterte und wattierte Kleidung sowie eingeschränkte Bewaffnung erwiesen sich somit als ineffektiv, sogar bei einem »Freundschaftsturnier« zwischen Verbündeten und Landsleuten.

Als Nächstes galt es deshalb, andere Materialien für den Harnisch einzuführen, deren Schutzfunktion effektiver sein musste ohne die Beweglichkeit des Ritters zu vermindern. Wiederum spiegelten die Entwicklungen beim Turnierharnisch die inzwischen stattgehabten Veränderungen in der Kriegs-und Waffentechnik wieder. In den letzten Jahren des 13. Jahrhunderts experimentierte man mit verschiedenen Materialien, unter anderem mit Platten aus unterschiedlichen Metallen (die jedoch allein wegen des Gewichts nicht erfolgreich waren), Horn sowie – noch wichtiger – Leder und Fischbein. Lederrüstungen, besser bekannt als *cuir bouilli*, »gesottenes Leder«, erwiesen sich als außerordentlich vielseitig. Das Leder war biegsam genug, um einen den Körperformen angepassten Schutz zu bieten und war stark genug – nachdem es gekocht, »gesotten«, und in einem heißen Wachsbad gehärtet worden war –, Lanzenstößen und Schwerthieben zu widerstehen und sie sogar abgleiten zu lassen. Neben diesen Vorteilen erwies sich als wichtigste Eigenschaft das leichte Gewicht: der Ritter wurde im Kampf nicht behindert. Das früheste, aus gesottenem Leder gefertigte Stück scheint die *cuirass (Kürass)* gewesen zu sein, eine separate Rumpfschale, die Brust und Teile des Bauches bedeckte; bisweilen war sie an den Seiten mit Schnallen versehen, so dass eine eingepasste Platte als Rückenstück dienen konnte. Diese Lederteile fanden rasch auch bei anderen Harnischelementen Anwendung, die, wie die Kürass, über dem Ringelgeflecht des Hauberts, aber meist unter dem dekorativen Waffenrock getragen wurden. Wenn auch in der Regel nicht sichtbar, bedeuteten die Lederstücke eine zweite Schutzschicht und konnten Schläge auf eine Weise abgleiten lassen, wie es allein beim Ringelpanzer nicht möglich gewesen wäre.

Ein besonders gutes (und möglicherweise einzigartiges) Beispiel für eine vollständige Turnierausrüstung aus gesottenem Leder ist in einer Rechnungslegung für ein Turnier überliefert: Am 9. Juli 1278 hielt Eduard I. von England einen Buhurt (*béhourd*) in Windsor Park; achtunddreißig seiner Kammerritter und seiner nächsten Vertrauten nahmen daran teil und wurden auf eigene Kosten des Königs mit Waffen und Rüstung ausgestattet. Jeder Ritter bekam einen Harnisch (das heißt eine komplette Ausrüstung) mit dem Wappen des jeweiligen Ritters, einschließlich Lederhelm und Lederkürass. Als einziger Unterschied bei der Rüstung war es den zwölf ranghöchsten Teilnehmern erlaubt, vergoldete Helme zu tragen, während sich die im Rang Niedrigeren mit versilberten Helmen begnügen mussten. Eine interessante Extravaganz war der Ankauf von achthundert Glöckchen zur Dekorierung der Harnische; auch Helmzierden und *aillettes*, mit Wappen versehene Schulterschutzplatten, wurden getragen. Selbst die Pferde waren gerüstet: ein lederner Rossharnisch und lederne Rossstirn (*chanfreins*) schützten Körper und Kopf. Die Bewaffnung der Ritter war streng limitiert: Lanzen werden in der Rechnung nicht erwähnt; was bereitgestellt wurde, beschränkte sich wohl auf einen Holzschild und ein Schwert mit versilberter Fischbeinklinge und vergoldetem Ledergriff.[7] Die Turnierkämpfe zu Windsor Park dienten wohl eher der Unterhaltung, aber die zufällige Überlieferung dieser speziellen Kaufrechnung legt nahe, dass Kämpfe dieser Art keineswegs ungewöhnlich waren. Aus dem Wortlaut der Quelle geht nicht hervor, dass es sich um ein einmaliges oder innovatives Ereignis gehandelt hätte.

Gesottenes Leder blieb auch noch im 14. Jahrhundert, sogar bis ins 15. Jahrhundert hinein, ein wichtiges Material für die Rüstung. Das Inventar über die Besitztümer Simon Burleys von 1388 zeigt, dass er Bein- und Fußharnisch aus gesottenem Leder für den Turnierzweikampf besaß, und die 1458 verfasste Abhandlung des Antoine de La Sale *Des Anciens Tournois et Faictz D'Armes* beschreibt einen Armschutz aus demselben Material.[8] Fischbein erfreute sich einer kürzer bemessenen Popularität; es war ebenfalls leicht und widerstandsfähig, aber sehr viel teurer, schwerer zu beschaffen und vermutlich brüchiger als gesottenes Leder. Fischbein war vor allem Ende des 13. Jahrhunderts/Anfang des 14. Jahrhunderts in Mode, und abgesehen von den bereitgestellten Schwertern von Windsor Park finden sich nur gelegentliche Erwähnungen, wie etwa die aus Fischbein (*baleine*) gefertigten Schulterstücke, aufgeführt im Rüstungsinventar des Raoul de Nesle.[9] Danach indessen scheint man Fischbein als Material für Rüstungen aufgegeben zu haben.

Eine heraldische Abhandlung des 14.Jahrhundert liefert einen guten Eindruck davon, wie ein wohlgerüsteter Ritter dieser Periode für den Kampf ausgestattet sein musste.[10] Die lateinische Abhandlung, wie ein Ritter zu bewaffnen sei, unterscheidet zwischen der Montur für das Gruppenturnier, für den Krieg und den Turnierzweikampf (Tjost/Gestech). Zunächt einmal soll man ein Feuer entzünden und einen Teppich ausbreiten, und der Ritter möge sich bis aufs Hemd ausziehen und sein Haar kämmen. Für das Gruppenturnier soll er Lederschuhe und Beinlinge anziehen, und darüber zum Schutz der Oberschenkel, Waden und Knie Platten aus Metall oder gesottenem Leder legen. Als Nächstes folgte sein *Aketon*, ein unter dem Harnisch zu tragendes wattiertes Wams, über dem er ein Ringelpanzerhemd und die Harnischhaube trug (*camisia de Chartres, coyfe de Chartres*) sowie als letzte obere Schicht einen Lederhaubert. Über diese funktionalen Harnischteile wird dann ein *Waffenrock* mit seinem Wappen gestreift, und der Ritter kann dann noch seine Schutzhandschuhe aus Fischbein anlegen. Sein Aufzug wurde vervollständigt durch das Schwert, die Schlachtgeißel und den großen Helm. Im Krieg war der Ritter auf eben diese Weise gerüstet, hinzu kamen lediglich »deutsche Stahlplatten« (*plates de alemayne*) und ein guter Halsschutz (*gorgeres*), die gesondert genannt wurden. Der Hauptunterschied zur Turnierrüstung scheint bei den Waffen gelegen zu haben – sie umfassten Langschwert, Streitaxt und Kurzschwert; es wird erwähnt, dass der Schild in der Schlacht selten mitgeführt wurde, weil er mehr störte als nützte. Für den Tjost empfiehlt der Autor *Aketon*, *Haubert* und *Gambeson*, Letzteres ein wattierter Überrock aus kostbarem Stoff, vorzugsweise aus Seide. Stahlplatten, ein Schild, eine Beckenhaube (*bascinet*) und ein Topfhelm komplettierten die Rüstung. Die Abhandlung weist einige Merkwürdigkeiten auf, sie ist offenkundig unvollendet und bemüht sich nicht, die verschiedenen Kampftypen zu definieren. Trotz dieser Schwächen liefert die Abhandlung einen nützlichen Überblick über die Ausrüstung, die ein Ritter des 14. Jahrhunderts zur Hand haben sollte, und deutlich geht daraus hervor, dass es noch keine speziell für das Turnier zugeschnittene Rüstung gab. Das ist von besonderer Bedeutung, denn gerade in dieser Zeit vollziehen sich wichtige Änderungen und Entwicklungen auf dem Gebiet ritterlicher Ausrüstung. Besonders bedeutend in diesem Zusammenhang war der sich immer rascher verbreitende *Plattenharnisch*. Technologische Fortschritte hatten es jetzt möglich gemacht, gehärteten Qualitätsstahl herzustellen, der als Körperschutz eingesetzt werden konnte, ohne dabei zu dick, folglich zu schwer und damit letztlich unbrauchbar zu sein. In den 1330er-Jahren waren Metallplatten ein gebräuchlicher Teil ritterlicher Rüstung. Mit Metallplatten besetzte Handschuhe, Plattenschutz für den Ober- und Unterarm (*bracers*), für Kinn und Nacken (*gorget*), Beine und Füße (*greaves* und *sabatons*) – all das erscheint in dieser Zeit. In dem Maße, in dem sich die Panzerung der Extremitäten verbesserte, verkleinerte sich der Haubert und wurde zum *haubergeon*: Auch der Waffenrock wurde kürzer und behinderte weniger die Bewegungsfreiheit. Eine Neuerung war der *Platten-*

rock, aus Brust- und Rückenstücken bestehend, die über dem Haubert, aber unter dem Waffenrock getragen wurden; dieses mit überlappenden Metallplatten besetzte Leder- oder Tuchwams entwickelte sich zum verbreiteten Körperschutz des 14. Jahrhunderts. Bereits gegen 1340 wurde der Plattenrock zu einer rudimentären Brustplatte umgeformt, indem die verschiedenen kleinen Platten enger miteinander verbunden wurden, um so einen wirksameren Schutz zu bieten.

Genau in der Mitte des 14. Jahrhunderts, in der Zeit der großen Eisenkonjunktur und einer rüstungstechnischen Experimentierfreude, hören wir zum ersten Mal von speziellen Turnierharnischen. Schon vorher sind vereinzelte Bemerkungen dazu überliefert: Joinville beschreibt in seinem »Leben des Heiligen Ludwig«, wie ihn seine eigenen Diener mit einem Turnierhaubert (*un haubert a tournoier*) bekleideten, um ihn zu schützen, als er bei Damiette mit dem Feind in Berührung kam.[11] Desgleichen führt Raoul de Nesle 1302 einen *haubers a tournoier* in seinem Güterverzeichnis auf.[12] In keinem Fall jedoch gibt es einen Hinweis darauf, ob ein Unterschied zwischen dem Turnierhaubert oder dem Kriegshaubert bestand, wenn es überhaupt einen Unterschied gab. Das ist ein Problem, dem sich alle Untersuchungen über Turnierrüstungen gegenübersehen, denn die ab dem 2.Viertel des 14. Jahrunderts reichlicher überlieferten Quellen, sind hauptsächlich Inventarien, Haushaltsrechnungen und Testamente. Dabei ging es immer nur darum, die Harnischstücke aufzulisten und sie nicht in aller Ausführlichkeit zu beschreiben, und obwohl die zunehmende Differenzierung zwischen Rüstungen verschiedener Funktionen deutlich wird, ist es letztlich unmöglich, diese Unterschiede mit einiger Sicherheit zu definieren.

Die Haushaltsrechnungen Eduards III. von England sind eine besonders reichhaltige Quelle in Bezug auf Turnierrüstungen. Ab den 1330er-Jahren tätigte er regelmäßig Einkäufe für die von ihm veranstalteten oder besuchten ritterlich-höfischen Feste. Eines der frühesten erwähnten Teile einer Spezialausrüstung war die *maindefer*, die häufig in den Rechnungsbüchern von 1330 auftauchte.[13] Der Name legt nahe, dass diese »Eisenhand« ein Panzerhandschuh war; nach späteren Zeugnissen zu schließen handelte es sich vermutlich um einen an der Lanze befestigten Handschutz. Diese im Deutschen *Brechscheibe* genannte Vorrichtung wurde nur im Gestech benutzt, weil es nicht möglich war, sie an den gebräuchlichen Waffen für das Gruppenturnier anzubringen. Die Ersterwähnung einer Brustplatte liegt etwas später, um 1340; 16 Schillinge scheint der gängige Preis für eine neue *poitrine pur justes* gewesen zu sein.[14] Man unterschied sie von der Brustplatte für den Krieg, aber wir können nur vermuten, dass sie zusätzliche Teile aufwies, die sie von der konventionellen Brustplatte unterschied. Eine Möglichkeit wäre, dass an der *poitrine pur justes* ein kleiner Haken (*arret, Rüsthaken*) befestigt war, in den man beim Gestech die Lanze einlegen und sie beim Ritt gegen den Opponenten genau ausbalancieren konnte. Wie die Brechscheibe, dürfte auch der Rüsthaken nur im Stechen dienlich gewesen sein, bei dem es lediglich um einen Kampf zwischen zwei

Gegnern ging. Es bietet sich daher an, die verschiedenen Brustplatten mit Hilfe dieses Zusatzteils voneinander zu unterscheiden. Man nimmt an, dass der *arret de la cuirasse* etwa fünfzig Jahre nach der ersten Nennung der Brustplatte für Turniere[15] eingeführt wurde, aber das ist – noch einmal – lediglich eine Vermutung.

Die Auffassung, dass die Brustplatte für Turniere bereits um 1340 mit einem Rüsthaken ausgestattet gewesen wäre, wird von denselben Rechnungsbüchern Eduards III. gestützt, die zusätzlich auch den *Rasthaken* erwähnen.[16] Dies ist eine in ein Widerlager auslaufende Spezialvorrichtung für die Stechlanze, damit der Tjostierer das volle Gewicht von Ross und Mann hinter seinen Stoß legen konnte und sich nicht nur auf die bloße Stärke seines Armes verlassen musste. Neben diesen Teilen gab es noch allerlei andere Harnischelemente, die wohl auch beim Kriegsharnisch zu finden waren, auch wenn sie eigentlich als Stechharnisch bezeichnet wurden. Ein möglicher Anhaltspunkt für den Unterschied könnte darin liegen, dass etwa die zahlreichen Plattenpaare mit kostbaren Überzügen versehen waren, die von Leder bis zu Seide und Samt reichen konnten.[17] Ornamentaler Schmuck – zur Augenweide der Zuschauer – könnte somit die Antwort sein, aber diese Lösung beträfe dann nicht das Problem des Helms, der sich nach der genannten Methode dann zumindest in drei unterschiedlichen Formen hätte präsentieren müssen. Schon 1322 verzeichnet das Inventar Roger Mortimers drei Helme für den Tjost, einen für den Krieg und sechs für das Gruppenturnier (*iij galea pro justis; j galea pro guerra, vj galeis pro torniamentis*)[18] Vier Jahre später hinterließ Sir Fulk Pembridge seinem ältesten Sohn seinen *bascinet pur le torney* und einen *healme pur torney*, zusammen mit einem Turnierschwert und einer Menge anderer Waffen und Harnische.[19] Um die Mitte des 14. Jahrhunderts wurde der »große Helm«, der Topfhelm, vom *bascinet* (Beckenhaube), einem enger ansitzenden, sphärisch oder konisch geformten Helm mit einem angehängten Schulter- und Nackenschutz aus Ringelgeflecht, als Kriegshelm ersetzt. Der Topfhelm indessen blieb ein fester Bestandteil des Turniers; auch wenn das Turnierwesen zu dieser Zeit im Niedergang begriffen war, behauptete der auf den Schultern sitzende Topfhelm doch sein Stellung als wichtigster Kopfschutz im Turnierkampf.

In den letzten beiden Jahrzehnten des 14. Jahrunderts waren die Fortschritte in der Metallverarbeitung so groß, dass es schließlich möglich wurde, den Ritter von Kopf bis Fuß in Stahlplatten einzuschließen. Italienische und deutsche Plattner waren wegen der Qualität ihrer Arbeiten besonders geschätzt; die Mailander Plattner bespielsweise belieferten Ritter in ganz Europa. Alle Einzelstücke der Rüstung wurden nun mit Scharnieren und Verbindungsstücken zusammengefügt, so dass der Plattenharnisch den Konturen des Körpers folgte; die verwundbaren Stellen zwischen den einzelnen Stücken wurden entweder durch eine Ringelpanzerunterfütterung oder durch aufgesetzte Scheiben geschützt, um Schlägen und Stößen zu begegnen. Der Haubert war unnötig geworden, und der Waffenrock wurde vom *jupon* (dt. *Lendner*) ersetzt, einem eng anliegenden, lediglich den Oberkörper be-

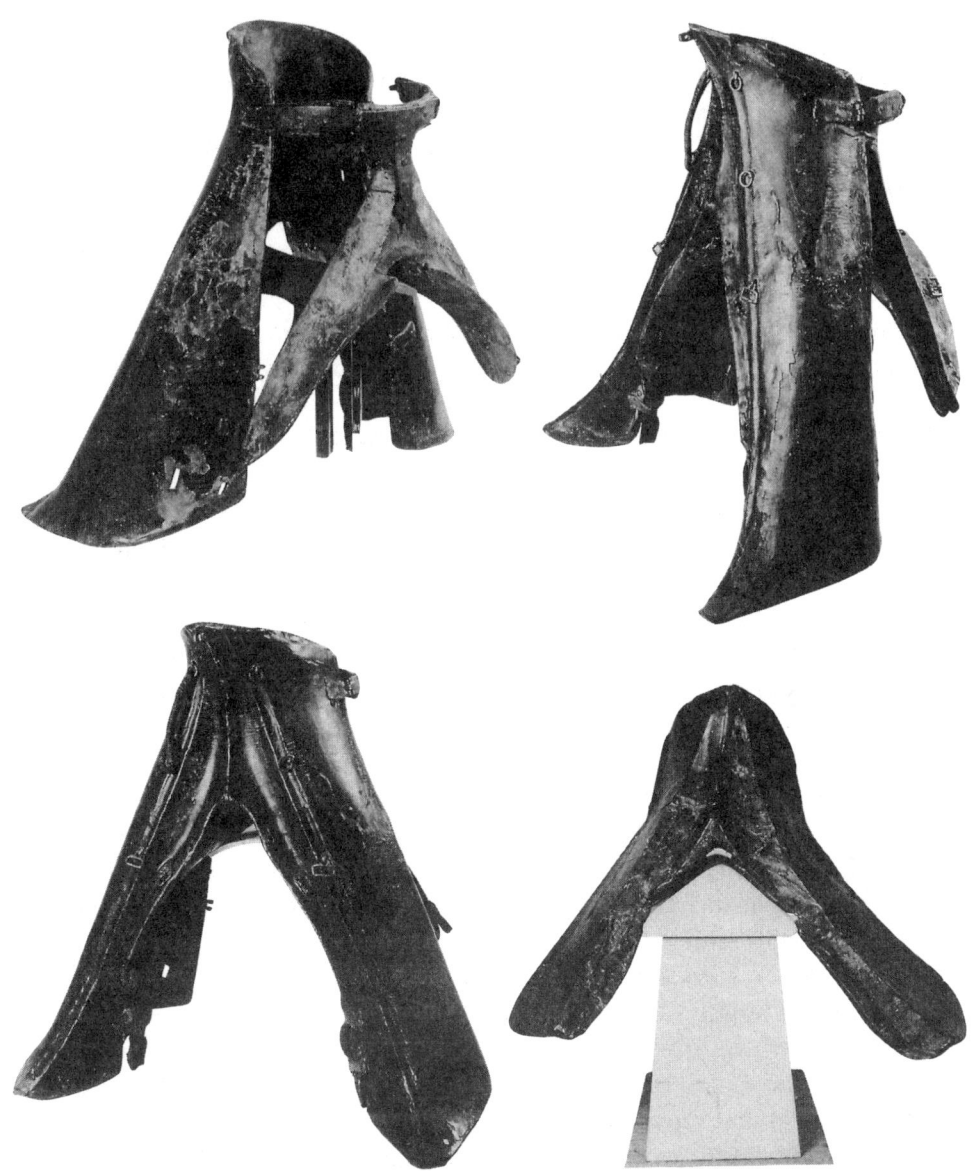

Oben und unten links: Vorder-, Seiten- und Rückansicht eines Deutschen Turniersattels aus der zweiten Hälfte des 15. Jahrhunderts vermittelt eine Vorstellung vom »Hochsitz«, der den Reiter bei seinen Kampfaktionen unterstützte (Museum der Stadt Regensburg).

Rechts unten: Turniersattel des 15. Jahrhunderts aus Schaffhausen, diente als »Hochsitz« bei einer bestimmten Art des Tjost: es ermöglichte dem Reiter eine halbstehende Position (Schweizerisches Landesmuseum).

deckenden Wams. Ein solches Überkleid erwies sich als nach wie vor notwendig, denn noch immer mussten die Ritter identifiziert werden, und dies war der Platz, an dem sein persönliches Wappen, sein Abzeichen und seine Devise gezeigt wurde. Die einzige Neuerung, zumindest auf dem Gebiet der Turnierrüstung, war der *Froschmaulhelm*, der auf dem Kontinent um 1400 seinen Einzug hielt. Er war wesentlich konturierter als der alte Helm und folgte der Kopfform genauer; er war oben abgerundet, die Vorderseite bog sich nach oben und nach außen und bildete auf der Höhe der Augen eine Art Lippe. Diese auffällige Form gab dem Helm seinen Namen. Der Froschmaulhelm hatte den Vorteil, dass er der gegnerischen Lanze eine geringere Angriffsfläche, dem Träger aber einen weitaus größeren Schutz bot. Die *veue*, der Sehschlitz, war so konstruiert, dass der Tjostierer nur dann volle Sicht hatte, wenn er sich nach vorne in die richtige Stellung beugte, in der er mit eingelegter Lanze auf seinen Gegner losritt. In dieser kurzen Zeitspanne musste er seinen Gegner taxieren und die Lanze für den Stoß in Position bringen. Kurz vor dem eigentlichen Zusammenprall richtet er sich wieder auf und hebt im Zuge dieser Bewegung den behelmten Kopf, so dass die Augen durch die vorstehende Lippe des Helms vollständig geschützt sind. Zugleich hat der Tjostierer in dieser Phase keinerlei Sicht mehr, es sei denn, er kehrt in die nach vorne gebeugte Stellung zurück. Es erscheint denkbar – angesichts des Problems, einen Anritt eventuell blind zu Ende zu führen –, dass der Froschmaulhelm zur gleichen Zeit eingeführt wurde wie die Barriere oder Mittelplanke, die die beiden Gegner voneinander trennte. Ein gut eingerittenes Pferd wäre dann in der Lage gewesen, auf der vorgegebenen Bahn weiterzulaufen, ohne seinen Reiter zu gefährden und mit dem anderen Kämpfer zu kollidieren. Der Helm war mit Metallspangen an Brust- und Rückenharnisch befestigt so dass er durch einen Treffer am Kopf, zumindest in der Theorie, nicht heruntergestoßen werden konnte.

Nun war der Froschmaulhelm gegen Ende des 14. Jahrhunderts nicht der einzige im Turnier verwendete Helmtyp. Genauso wie frühere Inventarien zwischen Harnischen für Krieg, Tjost und Turnier unterschieden, so machten sie jetzt einen Unterschied zwischen Harnischen für Krieg, Kriegstjost (dt. »Rennen«, »Scharfrennen«) und Friedenstjost (dt. »Gestech«). Auch wenn mit *hastiludium* wohl der Turnierzweikampf gemeint sein dürfte, und obwohl die Unterschiede zwischen Kriegstjost und Friedenstjost auf der Hand liegen, ist es nach wie vor unmöglich, die Kriterien für die verschiedenen Harnischtypen zu benennen. Eine Möglichkeit ist, dass der Harnisch für das Stechen verstärkende Teile aufwies. Indessen scheint es eher wahrscheinlich – da es in der Natur der Sache lag, Herausforderungen zum Turnierzweikampf so schwierig wie möglich zu gestalten –, dass der Harnisch für das Scharfrennen dem Kriegsharnisch genauer entsprach als dem Turnierharnisch im Allgemeinen. Wir wissen beispielsweise, dass der Turnierharnisch im Vergleich zum Kriegsharnisch eine archaische Form bewahrte. Es war daher logisch, dass Ritter, die auf einen Zweikampf mit scharfen Waffen aus waren,

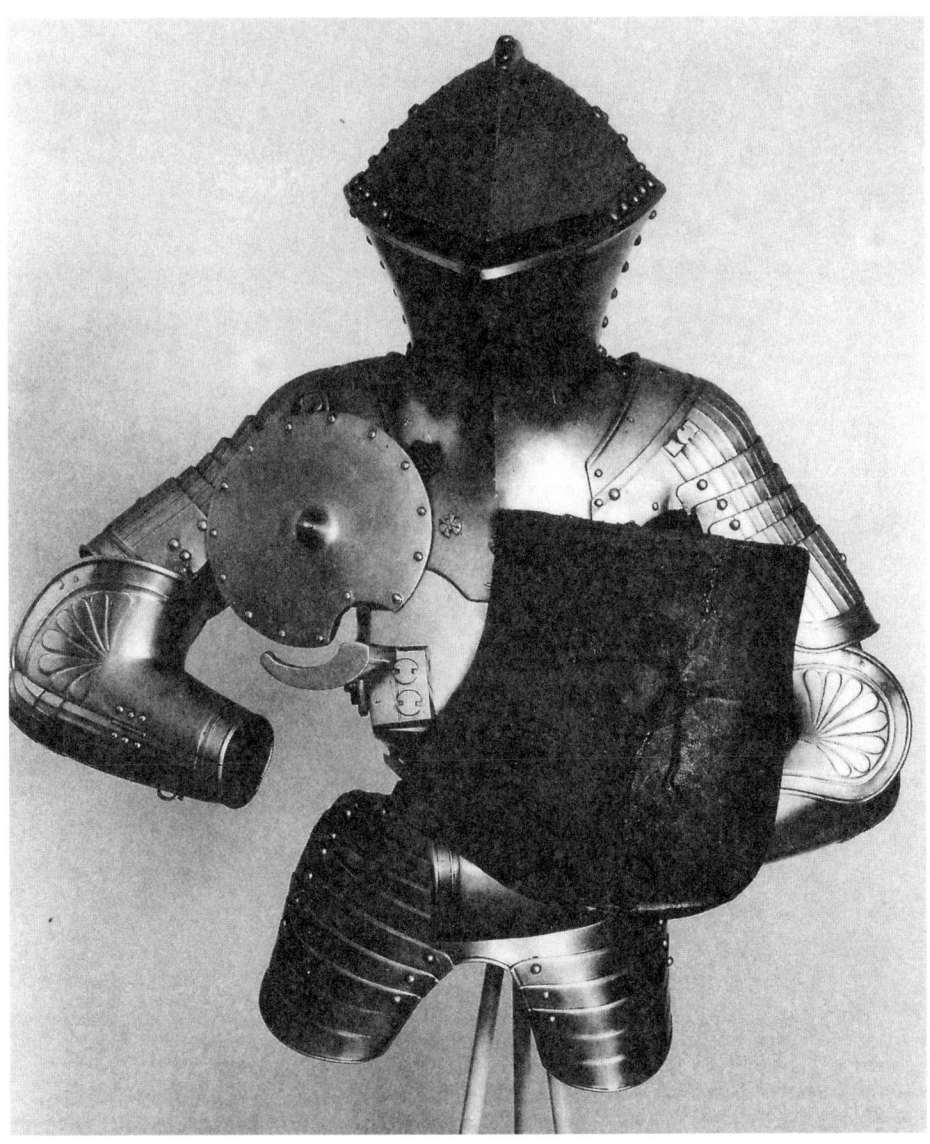

Deutsches Stechzeug von Valentin Siebenburger, Nürnberg, ca. 1530

eine Rüstung haben wollten, mit der die realen Risiken einer Schlacht nachvollzogen werden konnte. Diese Sicht wird von den Bedingungen unterstützt, die bei Herausforderungen zum Scharfrennen maßgebend waren[20] und die festlegten, dass die Kämpfer keine künstlichen Vorteile auf Grund ihrer Rüstung und ihrer Bewaffnung haben sollten; auch die Terminologie in einigen Güterverzeichnissen deutet in diese Richtung. Das 1397 erstellte Güterverzeichnis des Herzogs von Gloucester beispielsweise führt zwei *bascinets* (Beckenhauben) für den Zweikampf mit schar-

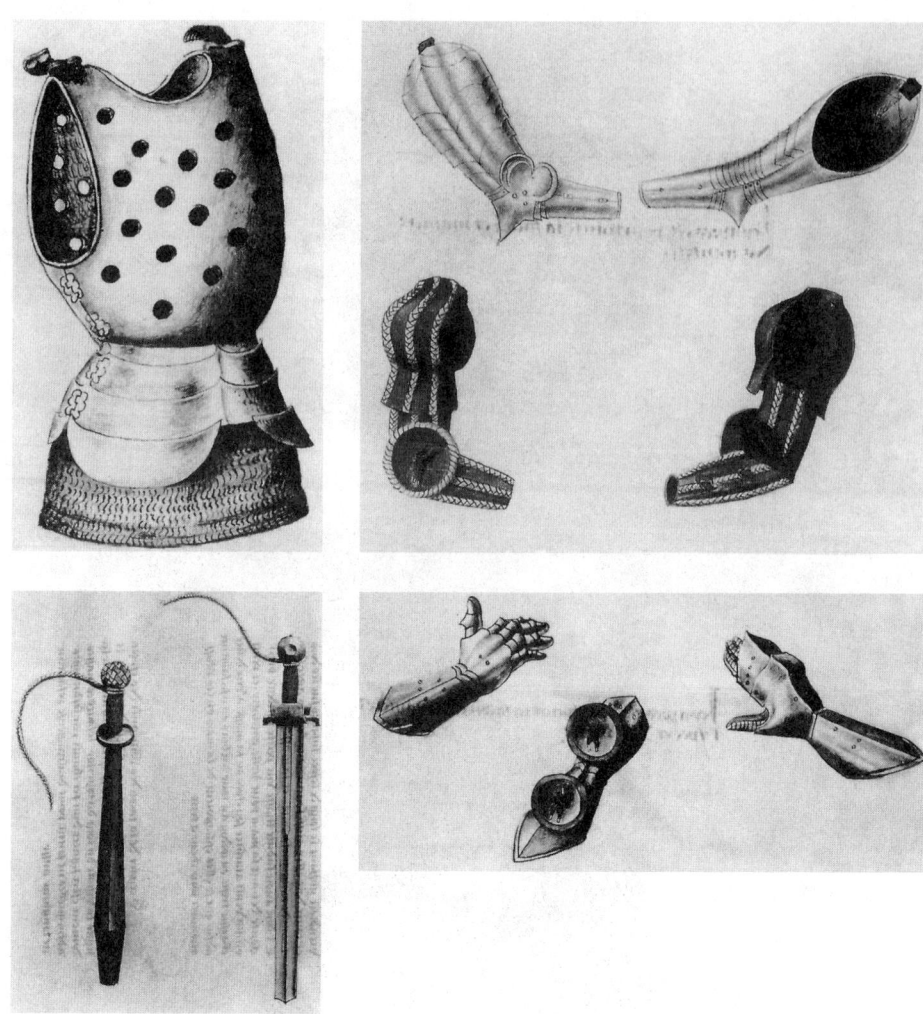

Harnisch- und Ausrüstungsstücke aus der Abhandlung über Turniere von René d'Anjou,
darunter ein Brustharnisch (cuirasse) und Teile, die Arme und Hände schützten.
Die Waffen sind Kolben und Turnierschwert.
(Biliothèque Nationale MS Fr 2693ff.21v, 23, 31v)

fen Waffen und drei *helms* (geschlossene Helme) für den Zweikampf mit stumpfen
Waffen auf.[21] Zwar mag es sich hierbei um eine Pedanterie des Schreibers handeln,
könnte aber durchaus auch die gängige Praxis wiederspiegeln, die Beckenhaube im
Krieg und beim Rennen mit scharfen Waffen zu tragen und den geschlossenen
Helm, wie etwa den Froschmaulhelm, beim Gestech mit stumpfen Waffen. Uns liegt
ein vollständiges Rüstungsverzeichnis des Fürsten Gonzaga von Mantua aus dem
Jahre 1406 vor, das insgesamt über hundert Turnierharnischteile auflistet, darun-
ter »fünf Brustharnische für private Zweikämpfe« (*giostra a famiglia*), »drei alte

Turnierhelme«, »drei zerbrochene Brustharnische für Zweikämpfe, einer davon mit den Wappen der Gonzaga« sowie beim Pferdegeschirr »elf große, schwer beschädigte Turniersättel«: all das erinnert lebhaft daran, dass eine solche Ausrüstung nicht nur teuer, sondern häufig auch demoliert war. Weil Harnische teuer waren, wurden alte und beschädigte Teile aufgehoben und gerieten auf diese Weise in die Güterverzeichnisse.[22] Ein gewöhnlicher Ritter konnte durchaus in die Lage kommen, eine Rüstung ausleihen zu müssen. Im Dezember 1485 wurde Friedrich von Brandenburg von einem Freund darüber unterrichtet, er könne ihm seine Turnierrüstung nicht leihen, weil bereits einige von Friedrichs Dienstleuten Teile davon ausgeliehen hätten.[23] Beim Passo Honroso von 1434 trug der dabei getötete aragonesische Ritter einen geborgten Helm, und Pero Rodríguez de Lena berichtet bei seiner Beschreibung dieses Turniers, der getötete Ritter habe nach seinen eigenen Worten niemals einen besser passenden Harnisch getragen.[24] Das bedeutet offenkundig: eine geborgte Rüstung hatte oft einen so schlechten Sitz, dass daraus Gefahr erwachsen konnte.

Trotz einschneidender Veränderungen im Rüstungswesen blieben die bei Tjost und Turnier verwendeten Waffen über die Jahrhunderte hin nahezu unverändert. Schon im 12.Jahrhundert zeichnet sich eine deutliche Unterscheidung zwischen Kriegswaffen und Turnierwaffen ab. Am Anfang jedoch wurden die gebräuchlichen Kriegswaffen einfach in die Praxis des Gruppenturniers überführt, und Lanzen, Schwerter, Streitkolben, Streitäxte und selbst Pfeil und Bogen waren erlaubt. Nachdem am Ende des 13.Jahrhunderts die Fußsoldaten aus dem Turniergeschehen verschwunden waren[25], kamen auch Bögen und Armbrüste außer Gebrauch, weil sie nicht als ritterliche Waffen angesehen wurden. Jedenfalls wurde ihr Einsatz niemals richtig anerkannt, denn sie boten keinen Beweis für die Kampfestüchtigkeit der turnierenden Ritter.[26] Normale Lanzen, Schwerter und Kolben wurden jedoch weiterhin beim Turnier mit scharfen Waffen eingesetzt. Für den Turnierkampf mit stumpfen Waffen erschienen Experimente eher angezeigt, denn hier blieb immer Raum für Verbesserungen. Um Gefahren einzuschränken, mussten zunächst die scharfen Schneiden und Klingen der Waffen entschärft werden. Damit veränderte sich das Turnierschwert im Vergleich zum Kriegsschwert vollständig, denn die Klinge konnte nicht für vorübergehenden Gebrauch unscharf gemacht werden. Der Kampf fand meist zu Pferd statt, so dass das Langschwert mit seiner längeren Reichweite gegenüber dem später entwickelten Schwert für den Fußkampf zur gebräuchlichen Waffe wurde. Bei den Lanzen sah die Lösung etwas einfacher aus: derselbe Holzschaft wurde für scharfe wie für stumpfe Spitzen benutzt. Es war üblich, im Krieg farbig dekorierte Lanzen zu verwenden, und dies eignete sich natürlich auch für das Gepränge bei einem Turnier. Auch wenn stumpfe Turnierlanzen in den Kreisen des Guillaume le Maréchal nicht unbekannt waren[27], erscheint der früheste Hinweis auf das »Krönlein« doch erst um die Mitte des 13.Jahrhunderts. Matthaeus Paris sagt bei seiner Beschreibung eines Artusturniers (,Tafelrunde') in Walden, die Kämpfer hätten stumpfe Lanzen mit einer »kleinen Pflugschar« (*vomerulus*) an der Spitze eingesetzt.[28] Bald danach wurde das wie eine Krone mit drei abgerundeten Zacken geformte Lanzenkrönlein zur vorherrschenden Spitze der Turnierlanze. Der besondere Vorteil des »Krönleins« bestand darin, dass nur eine geringe Gefahr des Eindringens in den Harnisch des Gegners bestand; zusätzlich vorteilhaft war, dass sich die Kraft des Lanzenstoßes besser verteilte als bei einer einzigen, wenn auch stumpfen Spitze.

Obwohl sich die Form der Lanze also nur unwesentlich änderte, gab es doch zusätzliche Elemente zur Steigerung ihrer Einsatzleistung, wie etwa die bereits erwähnte Brechscheibe oder der Rüsthaken. Auch die Form des Schildes änderte sich, um die Effektivität der Lanze beim Turnierkampf zu erhöhen. Während man im Krieg einen mehr oder weniger dreieckigen Schild benutzte, wurde am Ende des 14. Jahrhunderts die ungewöhnlich geformte *Tartsche* (*écranché*-Schild) eingeführt. Sie war eher oval, und der große Ausschnitt auf der rechten Seite erlaubte eine ungehinderte Handhabung der Lanze, während die linke Seite des Oberkörpers bedeckt blieb. Dies war ohne Zweifel der Schild, auf den die Ritter bei der Aufforderung zum Gestech, zum Zweikampf mit stumpfen Waffen, zeigten. Bei einer Forderung zum Scharfrennen zeigte man weiterhin auf den dreieckigen Schild. Wenn Ritter eine so geartete Herausforderung aussprachen, berührten sie den Schild für das Gestech oder das Scharfrennen, um anzuzeigen, welchen Kampf sie ausfechten wollten.[29]

Um die Mitte des 15. Jahrhunderts erhalten wir ein genaueres Bild des Turnierharnischs, zum Teil, weil Abhandlungen über das Turnierwesen häufiger werden und auch, weil Rüstungen und Rüstungteile aus dieser Zeit erhalten sind. Die anonyme Abhandlung *Du Costume Militaire des Français en 1446*[30] beschreibt den Kriegsharnisch eines Reisigen: Jedes Stück, von der Kürass bis zu den Panzerhandschuhen, umschloss vollständig den jeweiligen Körperteil, die Verbindungen zwischen den einzelnen Teilen wurden von großen Rundscheiben (*rondelles*) bedeckt. Der Kopfschutz bestand jetzt aus der *Schaller mit Sehschlitz* (*salade à visière*), einer weiterentwickelten, geschlossenen Form der Beckenhaube (*bascinet*). Von größerem Interesse für unser Thema ist die Beschreibung des Turnierharnischs. Dem Turnierhelm widmet man besondere Aufmerksamkeit, zusammen mit den drei Teilen, die ihn mit der Kürass verbanden; dabei wird betont, dass die Nägel flach sein sollen, damit die Lanze des Gegners daran keinen Halt finden kann. Die aus Holz gefertigte und mit Hirschhorn verstärkte französische Tartsche war mit einer Schnur am Nacken befestigt, damit sie im Kampf nicht zu Boden fallen konnte. Der Oberkörper war entweder von der Kürass umschlossen oder von einer Panzerjacke aus eisernen Lamellen (*Brigantine*), beide ohne wesentlichen Unterschied zum Kriegsharnisch, abgesehen von Spangen oder Ringen, mit denen der Helm am Harnisch besfestigt war. Die linke Seite des Körpers, Hauptziel der gegnerischen Lanze, erhielt zusätzlichen Schutz durch Metallplatten: ein mächtiger

Panzerhandschuh, der über die Ellbogen reichte und eine große, feste Platte über der linken Schulter und Teile der Brust. Die rechte Seite des Körpers war weniger stark gepanzert, denn zum Führen der Lanze war größere Bewegungsfreiheit nötig. Flexible Rundscheiben an Stelle fester Platten wurden in diesem Bereich verwendet, und auch der Panzerhandschuh (*gaynpayn*) war weniger stark armiert. Zweck all dieser Sonderstücke war es, sicherzustellen, dass bei Verlust oder Zerstörung einer Schutzschicht eine weitere Schicht zu Verfügung stand. Die meisten Harnischteile schienen zudem mit Haken und Ketten verbunden gewesen zu sein und konnten somit leicht ersetzt werden, wenn sie heruntergeschlagen wurden. Offenkundig bevorzugten die Franzosen gepanzertes Beinzeug, während die Deutschen ihren Sattel mit Metallplatten erweiterten und ihre Beine hinter einem speziellen Sattelbogen schützten.[31] Da die ritterlichen Waffen bei dieser Art des Kampfes Schwert und Holzkolben (*bastons de mesure*) waren und der Kampf im Rahmen eines Gruppenturnieres (*mêlée*) stattfand und nicht in der konzentrierten Atmosphäre eines Zweikampfes, musste die Rüstung flexibler und leichtgewichtiger sein. Um nicht immer einen Plattenharnisch tragen zu müssen, konnte der Ritter auf den Lederharnisch zurückgreifen. So war der Helm beim Massenkampf nicht der Froschmaulhelm, sondern die einfache Kriegsbeckenhaube mit unterschiedlichem Sichtfeld; wie aus Illustrationen hervorgeht, war das Gesichtsfeld zur besseren Sicht und besserer Atmung vollständig offen, aber geschützt durch vertikale Spangen, um das Gesicht vor Schwert- und Kolbenhieben zu schützen (*Spangenhelm*). Auch wird die Brigantine als Alternative zur unbeweglichen Kürass empfohlen, jedoch mit zusätzlichem Unterzeug für besseren Schutz. Arm- und Beinharnisch sollen zum Kriegsharnisch angelegt werden, aber kurze Sporen und ein kurzer Waffenrock werden wegen geringerer Hinderlichkeit beim Kampf empfohlen. Die Helmzier aus gesottenem Leder nimmt den Ehrenplatz am Anfang dieser Auflistung ein.[32]

In seiner 1458 entstandenen Abhandlung *Des Anciens Tournois et Faictz d'Armes* beschreibt Antoine de La Sale nahezu identische Turnierrüstungen. Auch er nennt den Kampf »Turnier« obwohl deutlich wird, dass er einen »Buhurt« (*béhourd*) meint. Interessanterweise bemerkt er, er habe nur zwei davon persönlich miterlebt: eines wurde von Anton von Brabant veranstaltet, das andere von Philipp von Burgund, und beide Ereignisse lagen fünfzig Jahre vor der Niederschrift.[33]

Das Problem der Turnierausrüstung scheint im 15. Jahrhundert besonders akut gewesen zu sein, vielleicht aber nur deshalb – wie so häufig –, weil uns bessere Dokumente zur Verfügung stehen. Namentlich die Pferde verursachten Kopfzerbrechen: Im frühen 15. Jahrhundert zeigt der Briefwechsel zwischen deutschen Fürsten, dass die Verfügbarkeit geeigneter Turnierpferde eine der hauptsächlichen Schwierigkeiten war, mit denen sich zukünftige Turnierteilnehmer auseinander zu setzen hatten. Wilhelm von Sachsen ist bereit, seinem Vetter Albrecht ein Pferd zu leihen und bemerkt dazu: »… und wenn du am Ende das Lob schöner Jungfrauen und Damen erringst, wie es uns in der Vergangenheit widerfahren ist und wie es uns, so Gott will, auch fürderhin widerfahren wird, so werden wir erfreut sein, davon zu hören.«[34] Es ging unter anderem darum, Pferde zu finden, die sich für das Gestech eigneten. Fünf Jahre später sandte Wilhelm seinem Vetter Albrecht zwei Pferde, warnte ihn aber, dass sie niemals zuvor bei einem Stechen geritten worden seien.[35] Im Jahre 1496 erklärte Friedrich von Brandenburg auf eine Bitte Graf Philipps um Pferde, er besäße nur zwei für sich selbst, von denen der »Braune so ermüdet wegen der letzten Reise von Worm ist, dass wir ihn für die jüngsten Stechen in Nürnberg zurücklassen mussten, weil er sonst die Runden nicht hätte gebührlich durchreiten können.« Er werde seinen Hengst aus Waldeck herüberschicken, den er auch in Nürnberg brauche; das Pferd ginge leicht durch, aber er hoffe, dass es Philipp zügeln könne; er bittet, Philipp möge das Pferd nur für sich verwenden und es nicht an andere ausleihen.[36]

Beim *Pas de la Fontaine des Pleurs* von 1449 sah Jacques de Lalaing in den Statuten vor, dass jedem, der ohne Pferd komme und die Herausforderung annehmen wolle, ein Pferd geliehen werden soll.[37] Sogar Philipp der Kühne von Burgund lieh sich zu bestimmten Gelegenheiten Pferde, wie etwa 1376 beim Turnier in Brüssel, als ihm der Herr von Antoine vier Streitrösser (*destriers*) borgte.[38] Das Problem verschlimmerte sich noch, weil sich das Stechen zu einer immer spezialisierteren Angelegenheit entwickelte: schwerere Rüstungen wurden getragen, und das Pferd musste in der Lage sein, in gleichmäßigem Lauf, nahezu frontal auf einen einzigen Gegner anzureiten; ein Ausbrechen aus der vorgesehenen Bahn würde unweigerlich bedeuten, dass der Reiter sein Ziel verfehlte. Häufig wurde zudem die Größe des Pferdes vorgeschrieben: Im Jahre 1482 instruierte Albrecht Achilles von Brandenburg seinen Sohn, zu berücksichtigen, dass »der Hengst, nach dem die Pferde gemessen werden« drei Wochen vor Fastnacht in Nürnberg, wo ein Turnier stattfinden solle, bereitgehalten werde.

Im 16. Jahrhundert konnten die ausgezeichneten italienischen und deutschen Plattner so ausgeklügelte und gut gearbeitete Turnierharnische herstellen, dass jede weitere Ausschmückung überflüssig erschien. Kaiser Maximilian war ein besonderer Liebhaber der Ritterspiele und gab seinen Namen nicht nur dem Buch seiner »Triumphe«, sondern auch einer ganz neuen Generation erfindungsreicher Turnierrüstungen, die in einem Ausmaß kunstfertig ziseliert und kanneliert waren, dass sie eine nicht geringe Gefahr für die Kämpfer dargestellt hätten, wäre der Sport nur ansatzweise realistisch ausgeübt worden. Die wenig ernsthafte Natur des Stechens in dieser Periode zeigt sich auch an den mechanischen Vorrichtungen, die mehr zur Unterhaltung der Zuschauer als zum Schutz der Turnierteilnehmer eingeführt wurden. Ein typisches Beispiel ist der Schild, der in mehrere Teile zerpringt, sobald er von der gegnerischen Lanze getroffen wird (*Geschifttartsche*). Dieser Effekt wurde mit Hilfe verborgener Federn erzielt. Solche mechanischen Spielereien spiegeln deutlich den Zustand des Turnierwesens im 16. und 17.Jahrhundert wider, als Schaugepränge und Unterhaltung wichtiger waren als der wirkliche Turnierkampf. Die Rüstung für das ritterliche Spiel war unendlich ausgeklügelter als die bescheidenen Bemühungen, Vorkehrungen für eine persönliche Sicherheit zu suchen, wovon alles seinen Ausgang genommen hatte. Von den gängigen Schutzwaffen für den Krieg bewegte sich der Turnierkämpfer durch zunehmend spezialisiertere Harnischformen, die einem genuinen Schutzbedürfnis entsprechen sollten, hin zu einer Turnierrüstung, die auf reinen Schaueffekt ausgelegt war und die man kaum für den angenommenen Verwendungszweck gebrauchen konnte. Da die Herstellungskosten dermaßen kunstvoller Harnischstücke in fantastische Höhen stiegen, beschränkte sich ihr Besitz auf eine kleine Gruppe europäischer Aristokraten, die alleine solche Summen für ihren Zeitvertreib aufbringen konnten. Einführung und Entwicklung von speziellen Turnierharnischen als Reaktion auf die besonderen Erfordernisse der verschiedenen Turnierformen belegen ihrerseits den gewandelten Charakter des Sports selbst.

Achtes Kapitel

Das Ereignis Turnier

In den vorangegangenen Seiten haben wir einiges über Geschichte und Entwicklung des mittelalterlichen Turniers sowie über den jeweiligen politischen und gesellschaftlichen Hintergrund zusammengestellt. Nun muss das Turniergeschehen selbst analysiert werden; auch wenn ein bedeutender Unterschied zwischen dem rauen und tumultuarischen Turnier des 12. Jahrhunderts und dem stilisierten Gepränge der Entsprechung aus dem 16. Jahrhundert besteht, gibt es doch eine gemeinsame Basis zwischen den beiden Erscheinungsformen des Turniers und eine überraschend große Anzahl traditioneller Elemente, die beide gemeinsam haben. Trotz unvermeidlicher Verzerrungen auf Grund der bruchstückhaften Überlieferung und der Tendenz der Quellen, die spektakulären Ereignisse zu betonen, können wir doch versuchen, einige allgemeine Schlüsse zu ziehen. Das Folgende ist eher eine vorläufige Skizze, die andere vielleicht dazu ermuntert, detaillierte Untersuchungen anzustellen; die Darstellung stützt sich notwendigerweise auf das Material, das wir bereits für die Geschichte des Turniers herangezogen haben.

Die verschiedenen Arten des Turniers

Es existierte damals eine Vielzahl unterschiedlicher Turniertypen. Wir können sie in drei Hauptgruppen einteilen, wobei Variationen bei den Rahmenbedingungen, den Kampfregeln und der Bewaffnung bestanden. Zuerst kommt das ursprüngliche Massen- oder Gruppenturnier – die *mêlée* –, ein Gefecht zwischen zwei Ritterscharen, entweder auf offenem Feld oder auf einem Turnierplatz. (vgl. Kap.1). Das Massenturnier nach Art des 12. Jahrhunderts auf offenem Feld ohne Absperrungen scheint nicht über das 13. Jahrhundert hinaus praktiziert worden zu sein. Das deutsche *Feldturnier* des 15. und 16. Jahrhunderts war eher ein Turnier außerhalb der Stadt als innerhalb der Begrenzungen eines städtischen Platzes.

Das Massenturnier, abgesehen einmal von arrangierten Schaukämpfen wie etwa dem *caroussel*, führt im späten 14.Jahrhundert zum Zweikampf, dem Tjost oder Gestech, der zuerst im ausgehenden 12.Jahrhundert auftaucht, aber erst seine entwickelte Form im beginnenden 15. Jahrhundert mit der Einführung der Mittelplanke erreicht. Tjost und Turnier waren zumeist förmliche, geregelte Ereignisse, wie die vorigen Kapitel gezeigt haben. Daneben existierte noch eine dritte Kategorie, das »Übungsturnier«, dessen Begleitzeremonien und Regeln weniger strikt gestaltet waren. In seiner einfachsten Form wird dieses praktische Turnier durch die Quintanpuppe repräsentiert, eine hölzerne, auf einem Pfahl montierte Vorrichtung, auf die der Ritter mit seiner Lanze anhielt; die Quintanpuppe stellte gewöhnlich einen Sarazenen mit einem Schild dar; wurde der Schild an der richtigen Stelle getroffen, drehte sich die Vorrichtung zur Seite und gab dem Ritter den Weg frei. Eine andere Form war ein an einem Seil aufgehängter Ring, der in voller Karriere mit der Lanzenspitze davongetragen werden musste; diese beiden Geschicklichkeitsspiele haben sich bis heute – offenkundig kontinuierlich seit mittelalterlicher Zeit – in einigen italienischen Städten gehalten.[1] In Spanien und Portugal war der *juego de cañas*, ein mit Binsenstöcken ausgefochtenes Scheinturnier, neben dem Turnier und in Verbindung mit Stierkämpfen populär; Miguel Lucas de Iranzo's Hofhalt brachte in Jaen 1462 »einige Zeit des Tages mit Tjost und *juego de cañas*« zu.[2]

Das interessanteste dieser Übungsturniere ist indessen der *Buhurt* (*béhourd*, *bohort*), dem bis heute noch etwas Geheimnisvolles anhaftet. Der früheste Beleg des Wortes *buhurt* – vermutlich eine Art zwangloser Tjost – stammt um das Jahr 1150 aus einer süddeutschen Chronik. Es ist möglich, dass es das ursprüngliche deutsche Wort für Turnier war und dass es später durch das aus dem Französischen abgeleitete *turnier* ersetzt wurde. Das Verb *béhourder*, einen *béhourd* abhalten, ist im Französischen zur selben Zeit belegt. Die früheste französische Übersetzung der *Geschichte der britannischen Könige* (*Historia regum Britanniae*) des Geoffrey von Monmouth verwendet das Wort in der Passage, die in Kapitel 1 zitiert ist, wo es im Sinne von »Scheingefecht« eingesetzt wird. Ein in den ersten Jahren des 13. Jahrhunderts im Südwesten Deutschlands verfasster Versroman beschreibt einen erbitterten Buhurt, »der zu einem Turnier geworden wäre, hätten sie eine Rüstung getragen«.[3] Das Wort wird auch in den Regularien des Templerordens in der Mitte des 12. Jahrhunderts genannt: während Turniere als Bruch des kanonischen Rechts streng verboten waren, durften die Brüder »buhurdieren« unter der Bedingung, dass keine Speere geworfen würden.[4] In der literarischen Überlieferung dieser Zeit spielt der Buhurt eine zentrale Rolle bei höfischen Festen: Erhebungen in den Ritterstand, Vermählungen enden mit Buhurt und Tanz. In der deutschen Version des Erec von Chrétien de Troyes wurde unmittelbar nach der Vermählung von Erec und Eneide ein Buhurt veranstaltet, gefolgt von einem Turnier drei Wochen später; im französischen Original fehlt dieser Buhurt. Uns liegen keine spezifischen historischen Belege für den Buhurt in dieser Periode vor, vielleicht weil er einen informellen und spontanen Charakter gegenüber dem wohlorganisierten Turnier hatte. Möglicherweise war der Buhurt auch weniger gefährlich und weniger umstritten und fiel deshalb nicht unter das kirchliche Turnierverbot. In Italien beteiligt sich ein Vasall des Papsts anlässlich eines Besuches Papst Innozenz' III. einen halben Tag lang am ritterlichen Buhurt-Spiel.[5]

In Deutschland und Italien wurde der Buhurt in der Folgezeit beständig neben dem Turnier praktiziert; er erscheint am häufigsten in den Quellen des 13. Jahrhunderts und verschwindet dann allmählich. Der Buhurt ist fast immer mit festlichen Anlässen verknüpft: Bei einem großen Hoftag in Verona 1242 »hielten die Ritter einen Buhurt auf dem Marktplatz und die Damen tanzten auf einer Art Bühne vor dem Rathaus.«[6] In Spanien und Portugal erscheint er in Verbindung mit Stierkämpfen und dem Zielwerfen mit Speeren (*jogo de tavolada*).[7] Allerdings brachte die ungezwungene Art des Buhurts andere Gefahren mit sich: 1288 wurde im Zusammenhang mit einer Wegeordnung in Venedig eine Bestimmung erlassen, nach der jeder Teilnehmer an einem Buhurt Glocken an seinem Harnisch tragen solle, damit er gehört würde, wenn er sich nähert – ein Hinweis darauf, dass man durchaus auf öffentlichen Wegen buhurdierte; in Bologna wurde 1259 ein Gesetz gegen diejenigen in Kraft gesetzt, die bei der Durchführung eines Buhurts Zuschauer mit dem Speer angriffen, wenn diese zu Fuß anwesend waren. Dieselbe Verordnung erscheint in Treviso 1313, in der niedergelegt wurde – weil offenkundig kein Harnisch getragen wurde, wie wir gesehen haben –, dass die Teilnehmer mit einem Schild ausgestattet sein müssen, andernfalls wären vierzig Schilling als Strafe zu entrichten. Wie auch in den Regularien der Templer durften Speere nicht geschleudert, sondern mussten fest in der Hand gehalten werden. Dennoch kam es beim Buhurt doch zu dem einen oder anderen Todesfall: Als Graf Johann von Holstein 1261 zu Weihnachten nach Lübeck kam, um seinen gewohnten Buhurt abzuhalten, ergriff einer der Teilnehmer die Gelegenheit, eine alte Rechnung mit dem Grafen zu begleichen und wurde im Verlauf des sich entspinnenden Streits vom Grafen getötet, der in einer Kirche Zuflucht gesucht hatte.[8]

Eine deutliche Bestätigung der Popularität und der Verbreitung des Buhurts liefern die Gesetze Aragóns von ca. 1300: Jeder Ritter oder Knappe, der in einem Buhurt reitet »ohne Glocken oder Falkenschellen« und dabei jemanden tötet, ist des Totschlags schuldig; ist er aber mit Glocken versehen, so ist er aller Verantwortung enthoben.[9] Harnischglocken wurden auch 1278 beim »Turnier« Eduards I. in Windsor getragen, bei dem man im Lederharnisch mit Fischbeinschwertern kämpfte – wohl eine weiterentwickelte Form des Buhurts.[10] Später wurden indessen Glocken nur zur Erhöhung herrschaftlichen Auftretens verwendet: beim pas de l'Arbre d'Or hingen am Ross des Grafen von Saulmes Glocken »so groß wie Kuhglocken«.[11] Möglicherweise können auch die Tjoste in Löwen in leinerner Rüstung als Buhurt angesehen werden, von denen Thomas von Cantimpré im 13. Jahrhundert spricht. Dagegen scheint das Stechen zu Augsburg von 1442 in Seidenzeug eine andere Sache gewesen zu sein, eher eine tollkühne Unternehmung, denn es gab nur einen Lauf, bei dem auch noch scharfe Waffen eingesetzt wurden. Bei den Waffen herrschte überhaupt beträchtliche Freiheit: 1375 wird ein Kampf mit Lindenbaumruten als Buhurt beschrieben. Immer war der Buhurt ein recht volkstümlicher Zeitvertreib, bei dem sich Knappen und andere, die keine Ritter waren, vergnügten, namentlich in England, und dieser Umstand mag das Risiko der Unordnung noch erhöht haben. In Alexander Neckams (A. Nequam) lexikografischem Werk *De nominibus utensilium* (»Über die Namen alltäglicher Gegenstände«), wird der Begriff *tirocinium*, wörtlich übersetzt ein Turnier für gerade in den Ritterstand erhobene junge Männer (*tirones*), von Kommentatoren des 13. Jahrhunderts mit *béhourd* gleichgesetzt. Wie alle Turniere, konnte auch der Buhurt gesetzeswidrig sein; 1234 wurde das Buhurdieren in England verboten, weil es Zwietracht sähte, und der »Jahrmarkt von Boston« von 1288, der in einem Aufruhr endete, war technisch gesehen ein Buhurt.

Als in Deutschland das eigentliche, große Turnier eine geregeltere und friedlichere Form annahm, verschwand der Buhurt allmählich, und die Unterschiede zwischen beiden gerieten in Vergessenheit. Das Wort selbst wurde nach und nach von der französischen Ableitung *turnier/turnei* ersetzt und taucht nur noch als eine archaische Bezeichnung für das Ritterspiel in Ritterromanen auf, welche die goldenen Zeiten alter Ritterlichkeit beschworen. In Italien dagegen wurde der *bagordo* während des gesamten Mittelalters praktiziert und war Ausgangspunkt für das »caroussel« respektive die unkriegerischen Reiterspiele des 16. und 17. Jahrhunderts. Weil an die Ausrüstung nur geringe Anforderungen gestellt wurden – lediglich Schild und Lanze und ohne Aufwendungen für eine Rüstung – wurde der *bagordo* zum Zeitvertreib für Bürger und Adlige gleichermaßen und findet sich als Programmpunkt geradezu refrainartig in den zahlreichen Berichten italienischer Chroniken über große, festliche Anlässe: *giostre, bagordi e molte belle feste* (Turniere, Buhurt und viel schöne Festlichkeiten). Der *bagordo* lebte in Italien neben dem Turnier weiter, während er anderswo vom Turnierzweikampf verdrängt wurde: In Italien galt der Buhurt nicht lediglich als Training für Tjost und Turnier, sondern als Sport eigenen Rechts und war deshalb unabhängig von der Begeisterung für das eigentliche Turnier. Seine raue und chaotische Ungezwungenheit war zudem nur von geringem Wert für die Ausübung des hoch formalisierten Turnierzweikampfs.

Turnier und Tjost lassen sich noch auf verschiedene andere Arten unterteilen. Der jeweilige Rahmen kann aufwendig und theatralisch sein, wie in so manchen burgundischen Turnieren und den »Tafelrunden«, bei denen eine besondere, angenommene Situation als Anlass für den Wettkampf vorausgesetzt wird: Ein einzelner Ritter oder eine Rittermannschaft verteidigen in einem solchen *pas d'armes* einen bestimmten Platz; oder eine Bruderschaft von Rittern führen in der Tafelrunde und ihren Varianten (*forest, Gralsfest*) einen friedlichen Wettstreit untereinander. Das deutsche *Gesellenstechen* ist wohl eine ebenso friedliche Veranstaltungen gewesen, bei der es nicht um Rivalität, sondern um einen eher sportlichen Wettkampf ging. Die Regeln führten ihrerseits zu einer ganz unterschiedlichen Atmosphäre des Kampfes: die feindliche Form mit scharfen Waffen (*Gesellenrennen*) eignete sich nur, wenn ein kriegsähnlicher Kampf ins Auge gefasst wurde, der indessen weitaus seltener war als ein »Friedenskampf« mit stumpfen Waffen (*Gesellenstechen*). Auch mag es Einschränkungen bei den Waffen gegeben haben, insbesondere im 15. Jahrhundert; zudem kämpfte man bei vielen solcher Gelegenheiten lediglich zu Fuß. Bei deutschen Rittern war der Turnierkampf mit Streitkolben (*Kolbenturnier*) besonders beliebt, der andernorts nur gelegentlich praktiziert wurde; die Streitaxt erscheint als Turnierwaffe überhaupt erst ab dem ausgehenden 14.Jahrhundert. Die üblichen Waffen waren auch in dieser Zeit weiterhin Schwert und Lanze.

Die technischen Bezeichnungen für verschiedene Formen des Tjosts oder Gestechs können in die Irre führen, denn sie bedeuten keineswegs die Existenz eines besonderen Regelwerks: So bedeutet das deutsche *Scharfrennen* lediglich, dass scharfe Waffen benutzt werden; *welsches Gestech* bezieht sich auf die trennende Mittelplanke auf dem Turnierplatz, während beim *Hohenzeuggestech* ein spezieller Sattel mit einem integrierten Schild zum Schutz von Schenkel und Bauch verwendet wird. Es ist wahr, dass Kaiser Maximilian eine Reihe von Varianten erfunden hat, so auch das Gestech, bei dem ein durch Stahlfedern zusammengehaltener Schild in Stücke zerspringt, wenn man den Auslösemechanismus an der richtigen Stelle trifft (*Geschift-Tartschenrennen*), oder – noch gefährlicher – der Zweikampf ohne Helm. Aber das waren Erfindungen eines einzelnen Enthusiasten und keine ursprünglichen, verbreiteten Formen.[12] Andere Arten des Tjost können nicht mit Sicherheit rekonstruiert werden, wie etwa die Turnierzweikämpfe »a domenini«, die in Italien ab 1463 erscheinen und die auch anlässlich der Pariser Turniere von 1549 erwähnt werden; sie galten als gefährlich, wir können aber nur mutmaßen, worin die Gefährlichkeit lag.[13]

Anlässe für Turniere

Gibt es besondere Gründe und Gelegenheiten für Turnier? Der erste und offenkundige Antrieb war die individuelle Begeisterung für den Scheinkampf im Sinne von »dein Spiel braucht keine Entschuldigung«; Turniere wurden veranstaltet, weil die Teilnehmer Spaß daran hatten. Sie fanden aber auch statt, weil den Teilnehmern der Krieg gefiel; so ist es nicht verwunderlich, dass Waffenstillstand oder Friede allgemein eine Vorbedingung für das Turnier waren – der richtige Krieg verlangte nach anderen Beschäftigungen. Die Waffenruhe insbesondere, eine Zeit, in der Feindseligkeiten weitgehen ausgesetzt waren und Rivalitäten einen anderen Unterton hatten als gewöhnlich, war eine fruchtbare Zeit für Turniere, zumal für solche, die mit Kriegswaffen ausgefochten wurden. Beispiele dafür reichen bis 1197 zurück, als das Heer Richards I. vor Tour während eines Waffenstillstands Turniere ausgetragen haben soll[14], und noch 1495 arrangierte Bayard in einer zweimonatigen Waffenruhe während des Feldzugs gegen die Spanier bei Neapel einen Kampf von dreizehn Ritter der einen Seite gegen dreizehn Ritter der anderen Seite[15]. Im Hundertjährigen Krieg waren Turniere eine regelmäßige Erscheinung in Perioden der Waffenruhe und des Friedens; die Turniere von St. Inglevert sind dafür ein besonders gutes Beispiel. Unter solchen Bedingungen wirkt das Argument, Turniere seien die beste Übung für die wirkliche Kriegsführung, gänzlich überzeugend.

Auch Belagerungen waren ein Anlass, an dem mehr oder weniger ernsthafte Turniere abgehalten wurden. Drei der frühesten Beispiele für Turniere sind im Zusammenhang mit Belagerungen belegt. In Würzburg 1127, Winchester und Lincoln 1141; die Grenze zwischen spielerischem Tjostieren und tödlichem Lanzengefecht im wirklichen Krieg war somit durchaus fließend. Als bei der Belagerung von Valencia im Jahre 1238 zwei sarazenische Ritter zwei Ritter aus dem aragonesischen Heer aufforderten, sich mit ihnen im Zweikampf zu messen, steht dieses Ereignis einer formalen Turnierbegegnung doch schon etwas näher. Jakob I. von Aragón schildert die Begebenheit in seiner Chronik:

»Don Exemen Pérez de Tarazona, der spätere Herr von Arenós, kam zu mir, zusammen mit Miguel Pérez de Isór, und bat mich, ihm diesen Kampf zu gewähren. Ich sagte ihm, es verwundere mich sehr, dass ein Mann, der ein so großer Sünder wie er sei und der ein so schlechtes Leben führe, um einen Tjost bitte; ich hatte meine Befürchtungen, dass wir alle durch ihn in Schande geraten könnten. Aber er bat mich so inständig, dass ich einwilligte; er tjostierte mit dem Sarazenen, und der Sarazene überwand ihn. Pere de Clariana ging sodann auf den anderen Sarazenen los, und als es zum Kampf kam, wandte sich der Sarazene zur Flucht, und er verfolgte ihn über den Guadalquivir hinaus und bis in die Mitte seiner eigenen Leute.«[16]

Die Belagerungen des Hundertjährigen Krieges führten zu ähnlichen Turnieren; wie nahe sie dem Krieg standen, erhellt eine Episode aus der Belagerung von Hennebon im Jahre 1341: Als Sir Walter Mauny mit einer Entsatztruppe in der Stadt eintraf, wurde er von der Gräfin von Bretagne mit einem unterhaltsamen Spiel begrüßt. Danach führte er einen Ausfall gegen eine der Belagerungsmaschinen, musste sich aber zurückziehen, die wütenden Franzosen auf den Fersen; er rief: »Möge ich niemals mehr von meiner Herrin und guten Freundin umarmt werden, wenn ich in Burg und Festung einziehe ohne einen dieser Galopper vom Sattel gestoßen zu haben!« Damit wendete er sein Pferd und stellte sich den Feinden entgegen. Das Scharmützel nahm ernsthafte Formen an, aber nachdem die Engländer die erste Welle der Angreifer aus dem Sattel geworfen hatten, konnten sie sich in guter Ordnung zurückziehen. Das war ein kriegerischer Kampf im eigentlichen Sinne, aber die Teilnehmer behandelten den Zwischenfall als eine Art höheres Turnier.[17] Sechzehn Jahre später kämpfe Bertrand du Guesclin, auf dem Höhpunkt seiner militärischen Karriere, bei der Belagerung von Rennes einige Runden mit einem bretonischen oder englischen Ritter – eines der frühesten Beispiele für eine rein ritterliche Herausforderung.[18]

Auch das Ende eines Feldzuges konnte durch Tjost und Turnier markiert werden. Im Jahre 1225 feierten die Ritter Ludwigs von Thüringen die Eroberung der ostdeutschen Burg Lebus mit einem Turnier. Aus dem Italien des 14. Jahrhunderts sind ein halbes Dutzend Beispiele überliefert: In Florenz 1329 zum Ende der Kampagne gegen die Nachbarstadt Pistoia, in Padua zur Feier des Sieges über die Venezianer 1379, in Venedig anlässlich der Einnahme von Treviso 1338 und der Kapitulation von Candia 1364, in Bologna 1392 zur Beendigung des Feldzuges gegen Genua.[19] Solchen Anlässen, wie das von Petrarca geschilderte venezianische Turnier von 1364, waren Züge des alten, klassischen Triumphs eigen, mit Umzügen, organisierten Reitermanövern und Turnieren, aber diese Mode scheint sich über die italienischen Stadtstaaten hinaus nicht weiter verbreitet zu haben.

Mit dem 15. Jahrhundert war in Friedenszeiten das Turnier in ganz Europa zu einem anerkannten Bestandteil großer zeremonieller Veranstaltungen geworden. Wir kennen Beispiele im Zusammenhang mit dem offiziellen Einzug des Königs in eine Stadt, mit diplomatischen Zusammenkünften, Krönungen, zeremoniellen Erhebungen in den Ritterstand, Taufen und insbesondere mit Hochzeitsfeierlichkeiten. Die Idee des Ritterspiels als Teil feierlicher Anlässe, wie etwa ein königlicher Hoftag, ist bereits 1135 in der *Geschichte der britannischen Könige* des Geoffrey von Monmouth erkennbar[20]. Turniere waren auch an dem großen Hoftag Kaiser Friedrichs I. zu Mainz 1184 geplant. Etwa zur gleichen Zeit berichtet Johann von Marmoutier in seiner Biografie Herzog Gottfrieds von Anjou, des Vaters Heinrichs II., dass ein Turnier unmittelbar im Anschluss an seine Erhebung zum Ritter abgehalten wurde; auch zwei der im 13. Jahrhundert bezeugten Tafelrundenturniere stehen im Zusammenhang mit Ritterpromotionen.[21] In Wien tjostierte 1279 Hugo Tuers mit seinem achtzig Jahre alten Großvater am Tag seines Ritterschlags. Anlässlich der Vermählung und des Ritterschlags Galeazzos von Mailand in Modena 1300 bezahlte die Bürgerschaft von Parma die Gewänder der Adligen und Knappen von Parma, die in Modena am Turnier teilnahmen.[22] 1324 wurde Pandolfo Malatesta bei einer großen Zusammenkunft von Herren benachbarter Staaten in Rimini zum Ritter erhoben, und auch da gab es Turnierkämpfe[23]; bei der Ritterpromotion Johanns II. von Frankreich in Paris 1332 beteiligte sich auch sein Schwiegervater Johann von Böhmen an den Turnieren. Die Beispiele können noch vermehrt werden: die Verbindung zwischen Ritterschlagszeremonien und dem wichtigsten ritterlichen Fest war nur natürlich. So drückt es Ramon Llull (Raymundus Lullus) in seinem *Buch vom Orden des Rittertums* aus, wenn er über die Promotion eines Ritters schreibt: »… an diesem Tag geziemt es ihm, ein großes Fest zu veranstalten, schöne Geschenke zu machen und ein großes Festbankett zu geben, zu tjostieren sich in Geschicklichkeiten zu üben und andere Dinge zu tun, die zum Orden des Rittertums gehören …«[24]

Weil sonstige staatliche Zeremonien auch die Abhaltung großer Hoftage einschlossen, an denen sich Ritter in großer Zahl versammelten, wurde das Turnier auch mit solchen Ereignissen verbunden. Sie betrafen zeremonielle Hoftage, die lediglich dazu dienten, die zuschauende Menge zu beeindrucken, wie die Hofversammlungen der Gonzagas in Mantua 1340 und 1366[25]; Amtseinführungen hoher Amtsträger, wie bei Alvaro de Luna in Kastilien 1423 anlässlich seiner Einsetzung als Oberkommandierender des Heeres oder Einsetzung in ein Erbe, wie bei Francesco Carrara zu Padua 1388 oder bei den Erben auf den kastilischen Thron 1423 und 1425. So konnte jeder wie auch immer geartete königliche Hoftag Anlass zu Turnieren geben, aber meist wurden die Begebenheiten nicht so detailliert überliefert, dass die Turniere eine eigene Erwähnung erfahren hätten. Bei drei offiziellen Anlässen hingegen werden regelmäßig Turniere oder Tjoste beschrieben: bei Krönungen, beim Einzug eines Königs in eine Stadt und bei diplomatischen Zusammenkünften. Die früheste Überlieferung von Tjosten bei einer Krönung oder einem vergleichbaren Ereignis geht auf die Wahl Rainieri Zenos zum Dogen von Venedig 1253[26]; in Akkon gab es 1286 ein Tafelrundenturnier bei der Krönung Heinrichs von Zypern zum König von Jerusalem. Anfang des 14. Jahrhunderts erleben wir Tjoste bei den Krönungen Eduards II. von England 1308, Philipps VI. von Frankreich 1326, Alfons' IV von Aragón 1328 und sogar Magnus Erikssons von Schweden 1336. Das Ritual des königlichen Einzugs in eine Stadt war im 14. und 15. Jahrhundert weitgehen ein französischer und spanischer Brauch; der früheste Beleg für ein Turnier bei einer solchen Gelegenheit ist der Einzug Philipps VI. in Paris 1328; am Turnier selbst nahmen dreißig Ritter teil. Die Ankunft eines Königs in einer Stadt von Bedeutung ist in gewissem Sinne auch ein diplomatisches Ereignis: Herrscher und Bürgerschaft waren auf ihre jeweiligen Privilegien und ihre Autorität bedacht, und deshalb war ein formeller Empfang nötig, um den guten Willen beider Seiten gebührend ins Licht zu setzten. Turniere gab es auch bei internationalen diplomatischen Zusammenkünften, etwa das Turnier zu Friesach am 12. Mai 1224, als sich Leopold von Österreich und zwei lokale Magnaten zu einer Unterredung trafen. Merkwürdigerweise haben Historiker den Bericht Ulrichs von Liechtensteins über dieses Treffen angezweifelt mit dem Argument, dass Turniere bei diplomatischen Anlässen nichts zu suchen gehabt hätten[27]: andere Zeugnisse indessen bestätigen, dass das Gegenteil wahr ist und dass Turniere dort regelmäßig abgehalten wurden. Als sich beispielsweise 1280 die Könige Frankreichs und Aragóns in Toulouse trafen, tjostierten Peter III. und seine Ritter, auch wenn nicht klar wird, ob das lediglich eine aragonesische Angelegenheit war, oder ob sich die Franzosen ebenfalls beteiligten.[28] Als zehn Jahre später Wenzel von Böhmen Kaiser Rudolf zu Eger huldigte, waren Turniere Teil der Zeremonie.[29] Und als sich 1340 Herzog Waldemar von Schleswig und König Waldemar von Dänemark in Lübeck zur Unterzeichnung eines Vertrages trafen, musste ihr Gefolge die Waffen vor der Stadt zurücklassen, einige aber blieben draußen und tjostierten.

Die Serie von Turnieren für den König von Zypern zwischen 1363 und 1365 haben wir bereits erwähnt. Im 15. Jahrhundert treffen wir auf eine Anzahl Turniere, die zu Ehren einer Gesandtschaft veranstaltet wurden, so 1415 für die englischen Gesandten in Paris und für die Gesandten, die 1428 nach Portugal geschickt wurden, um Isabella von Portugal zu ihrer Vermählung mit Philipp dem Guten abzuholen: an zwei Tagen gab es Turniere, über die Philipp mit einiger Genauigkeit von einem Offiziellen unterrichtet wurde. Interessanterweise scheint der Berichterstatter mit Forderungen zum Zweikampf und mit der Funktion der Mittelplanke auf dem Turnierplatz wenig vertraut gewesen zu sein. Es ist durchaus möglich, dass dieser diplomatische Kontakt einen entscheidenden Einfluss auf den Zuschnitt späterer großer burgundischer Hoffeste hatte. Der Höhepunkt diplomatischen Zusammentreffens auf dem Turnierplatz ist ohne Zweifel das Feld(turnier) vom Goldenen Tuch im Jahre 1520, als die Treffer beim Turnierkampf geradezu zu einem wichtigen Faktor für den Ausgang der Verhandlungen selbst wurden.

Insbesondere aber war das Turnier mit Hochzeitsfeierlichkeiten verknüpft. Diese überraschende Verbindung wird vom Ende des 13. Jahrhunderts bis in die Mitte des 16. Jahrhunderts gebräuchlich, und in deutschen Fürstenfamilien geriet das Turnier geradezu zu einer unvermeidlichen Erscheinung. Die erste Notiz über ein Hochzeitsturnier erscheint in Lambert von Ardres Geschichte der Grafen von Ardres in den 1180er-Jahren, als Arnold von Ardres Gertrud von Flandern heiratete.[30] Wie so oft, erfahren wir im 13. Jahrhundert von Hochzeitsturnieren nur, wenn sich ein Unglück oder ein Drama abspielte:

1268 musste in Merseburg die Braut, Kunigunde von Sachsen, mit ansehen, wie ihr Bruder tödlich verwundet wurde; bei der Vermählung der Tochter Eduards I., Eleonore, mit dem Grafen von Bar im Jahre 1293, wurde Graf Johann von Brabant von der Lanze seines Gegners durchbohrt und starb.[31] Eine besonders auffällige Lücke in den Berichten findet sich bei der Rittererhebung und Vermählung Eduards I. in Burgos 1254: angesichts seiner Neigung zu ritterlichen Taten müssen zu dieser Gelegenheit gewiss auch Turniere stattgefunden haben; so scheint er erst zwei Jahre später in Blyth sein erstes Turnier bestritten zu haben.[32] Unglücksfälle gab es auch in Basel 1315 bei der Doppelhochzeit Friedrichs von Österreich und seines Bruders: der Graf von Katzenelnbogen wurde getötet, die Zuschauertribüne brach zusammen und verletzte viele der dort anwesenden Damen, und so manches Schmuckstück wurde bei dieser Gelegenheit gestohlen.[33] Bei der Hochzeit Philipps VI. von Frankreich und Johannas von Burgund stellten die Turnierkämpfe hohe Anforderungen; dabei zeichnete sich der Herr von Venant aus, als er bereits beim ersten Treffen den Herzog der Normandie vom Pferd stieß. Der Bericht indessen endet düster: der Graf von Eu, Connétable von Frankreich, wird durch einen unbeabsichtigten Lanzenstoß in den Magen getötet.[34]

Zu dieser Zeit waren Turniere ein anerkanntes Element adliger Hochzeitsfeierlichkeiten – vom Kaiser des Heiligen Römischen Reiches bis hinunter zu weniger bedeutenden Adelsfamilien. Die großen burgundischen Hoffeste des 15. Jahrhunderts waren eng mit Hochzeiten verbunden: Philipp der Gute und Isabella von Portugal in Brügge 1429; Karl der Kühne und Margareta von York ebenfalls in Brügge vierzig Jahre später. Um aber einen Einblick in die Organisation solcher Feste zu bekommen, müssen wir die Briefe des Markgrafen Albrecht Achilles von Brandenburg heranziehen.Im August 1476 sollte sein Sohn die Tochter des Kurfürsten Ernst von Sachsen heiraten; wir besitzen seine Briefe, in denen er sich über das Arrangement des festlichen Anlasses äußert, insbesondere über die Einzelheiten der in Aussicht gestellten Turnierkämpfe. Den von ihm ausgewählten Turnierkämpfern wurden im Juni Einladungsbriefe zugestellt: der Herzog stellte zehn Herausforderer, und sein Sohn dieselbe Anzahl. Der für die Rüstungen verantwortliche Bedienstete sollte die Kämpfer ausrüsten und Sorge dafür tragen, dass die Rüstungen anschließend wieder ordnungsgemäß zurückgegeben wurden. Es sollten zudem nur eine begrenzte Anzahl von Pferden mitgebracht werden, weil verhindert werden sollte, dass die gesamte Truppe mit mehr als hundert Pferden, einschließlich der Turnier- und Zugpferde, erschien. Den Turnierkämpfern sollten Überkleider für das Turnier zur Verfügung gestellt werden (die mit seinem Wappen und seiner Devise versehen wären).Genaue Angaben über die Höhe der Pferde und die Beschaffenheit der Rüstung wurden ebenfalls mitgeschickt; leider erfahren wir hierzu keine Einzelheiten, weil lediglich »das Maß wie beim Turnier in Landshut« angegebn wird. Beim Turnier selbst beklagten einige Teilnehmer, die Pferde seien zu hoch und entsprächen nicht dem angegebenen Maß; deshalb tjostierten verschiedene Gruppen getrennt untereinander.[35]

Wir begegnen Turnieren auch bei Hochzeiten weniger hoch stehender Persönlichkeiten: 1429 veranstaltet man Turniere anlässlich der Hochzeit des Bürgermeisters von Regensburg. Obwohl er augenscheinlich dabei den Adel im Auge hatte, denn er stellte kurz darauf Herzog Heinrich von Bayern die Bediensteten der Stadt zur Verfügung.[36] Als Wilwolt von Schaumburg gegen Ende des 15.Jahrhunderts die Tochter eines Hofbeamten in Würzburg heiratete, waren rund tausend Gäste geladen, und es wurden während des dreitägigen FestesTurniere auf drei verschiedene Arten durchgeführt.[37] Wilwolt hatte den Ruf eines kampfbegeisterten Menschen, und so entsprach seine Vorstellung durchaus seinem kriegerischen Charakter, aber 1553 veranstaltete man auch ein Turnier an den Hochzeitsfeierlichkeiten der Katharina Fugger, die der berühmten Augsburger Bankierfamilie angehörte[38]; das Turnierfest wird in Hans Burgkmairs eigens dafür in Auftrag gegebenem Turnierbuch eingehend beschrieben. Letztlich aber konnten entweder die sehr Reichen oder sehr Engagierten eine solche Turnierveranstaltung ausrichten: übermäßige Kosten beschränkten Hochzeitsturniere auf eine kleine Elite. John Aubrey beschreibt das Stechen in Wilton anlässlich der Vermählung Henry Herberts, des späteren Herzogs von Pembroke mit der Tochter des Herzogs von Shrewsbury im Jahre 1563: »Hier vollzog sich ein treffliches Schauspiel; zu dieser Zeit übten Adlige und Edle das Waffenspiel, und sie hatten Schilde aus Pappe, bemalt mit ihren Devisen und Emblemen, die sehr schön und erfindungsreich waren. Manche davon hingen bis in diese Tage an einigen Häusern in Wilton, aber ich erinnere mich noch an weit mehr von ihnen. Die meisten, oder alle, hatten etwas mit einer Hochzeit zu tun.«[39]

Das kann nicht mehr als eine Parade gewesen sein; im 17. Jahrhundert dann werden solche Hochzeitsturniere zum *caroussel*, eine Art aufeinander abgestimmtes Schaureiten.

Auch der erste Auftritt eines Ritters bei einem Turnier konnte zu einem Ereignis gestaltet werden. Auf eher bescheidene Weise berichtet in seinem Familienbuch der Herr von Kronberg in Hessen voller Stolz: »Philipp, mein ältester Sohn, trat in

Wiesbaden zum ersten Mal bei einem Turnier auf«; das war im Oktober 1410. Etwas großartiger gestaltete sich der erste Auftritt in den Turnierschranken im Falle des Grafen Johann von Nevers, des späteren Herzogs von Burgund im Jahre 1388: die herzoglichen Rechnungsbücher enthalten nicht nur Zahlungen an die Herolde, die beim Turnier zugegen waren, und an den Knappen, gegen den er kämpfte, sondern es sind auch Aufwendungen für Pelzwerk enthalten, die der Frau des Plattners Josset übergeben wurden, nachdem dieser dem Debütanten die Rüstung angefertigt hatte.[40] Im Jahre 1445 berichtet Olivier de la Marche, dass Philipp der Gute in Dijon »in flachem Sattel und Turnierrüstung« tjostierte, damit – so betont er ausdrücklich – die jungen Männer und Turnierneulinge die Turnierkunst erlernten: unter den Teilnehmern befand sich Adolf von Kleve, der »häufiger turnierte und häufiger gewann als irgendjemand, von dem ich weiß«.

Zeit und Ort

Ebenso wie einzelne, besonders festliche Anlässe, waren auch Turniere an bestimmte Zeiten des Jahres gebunden. Angesichts ihrer Verknüpfung mit Hochzeiten, überrascht es nicht zu beobachten, dass Turniere jeder Größe bevorzugt in der Fastnachtszeit abgehalten wurden, dem Fest vor den Entbehrungen der Osterfastenzeit. Die Verknüpfung kann durchaus bis in die Anfangszeit des Turnierwesens zurückgehen: Als eine Gruppe junger Adliger, die auf der Suche nach Turniermöglichkeiten unterwegs waren, den heiligen Bernhard von Clairvaux gerade vor dem Beginn der Fastenzeit besuchten, bemühte er sich, sie zu überzeugen, in den wenigen Tagen vor dem Fasten keine Waffen mehr zu tragen, was ihm auch, nicht ohne Schwierigkeiten, gelang.[41] In diesem Fall kann die Nähe zur Fastenzeit rein zufällig gewesen sein, aber es ist zumindest ein Hinweis, dass dies die wahrscheinliche Zeit für jene »abscheulichen Jahrmärkte, die man Turniere nennt« gewesen sein dürfte. Das erste sichere Zeugnis stammt typischerweise aus Venedig, der Hochburg des Karnevals in den folgenden Jahrhunderten: Sechs Adelsleute aus dem Friaul forderten Turnierkämpfer aus Venedig zur Fastnacht 1272 zum Turnier heraus. Sechzig Jahre später treffen wir Eduard III. im März 1329, kurz vor der Fastenzeit, beim Turnier in Guildford. Bei einem eigens zur Fastnachtszeit anberaumtem Turnier wurde ein Adelsmann der Gegend getötet.[42] Festivitäten in der Karnevalszeit – vom Lateinischen »carni vale«, etwa »Fleisch, leb' wohl« – waren in dieser Periode keineswegs allgemein verbreitet, und erst im ausgehenden 14. Jahrhundert lassen sich kontinuierliche Fastnachtsturniere feststellen, wie etwa in Köln ab 1371, als der Rat der Stadt regelmäßig ein Haus mit Blick über den Heumarkt anmietete, um das Turniergeschehen beobachten zu können.[43]

Auch in Italien scheint es eine solche Tradition gegeben zu haben, für die indessen keine spezifischen Belege existieren, aber wir wissen, dass der Monat Februar die übliche Zeit für Turniere war. Diese Anbindung zeigt sich in einer Reihe von Ge-

dichten des Folgore di San Gimignano über diesen Monat sowie in einem Fresken-
zyklus mit Monatsdarstellungen im Schloss Buonconsiglio im Nordosten Italiens,
wo der Februar mit einer Turnierszene vertreten ist. In Frankreich hielt Karl VI.
1420 ein Fastnachtsturnier in Troyes; in den Quellen dieser Periode wird zudem der
erste Sonntag der Osterfastenzeit »Buhurt/béhourd-Sonntag«. Diese Tradition ist
indessen in Deutschland am stärksten ausgeprägt, mit Beispielen aus Nürnberg der
Jahre 1401, 1446 und 1454: im letzteren Jahr war Albrecht von Bayern und Ladis-
laus von Böhmen an den Turnieren beteiligt, wobei die Adelsleute gegen Nürn-
berger Patrizier antraten. Es existiert eine hübsche Illustration in Marx Walters
Turnierbuch, das wohl ein Fastnachtsturnier darstellt; die Teilnehmer treten in
Narrenkostümen auf, und offensichtlich wurde das Turnier selbst als Teil des Kar-
nevaltreibens angesehen. Während des Karnevals 1473 gab es eines der seltenen
Turnierereignisse in Rom, als Kardinal Riario, Neffe Papst Sixtus' ''V., zwei Turnierpreise aussetzte, die von einem Richtergremium vergeben wurden. Die Turnierkämpfe galten als äußerst erfolgreich, denn keiner der Teilnehmer wurde verletzt,
und man verzeichnete keine der zur Karnevalszeit in dieser Stadt üblichen Raub-
überfälle und Verbrechen.[44]

In geringerem Umfang waren Turniere auch mit Weihnachten und Ostern verbunden, und auch Martini Anfang November, vor dem Beginn des Winters, taucht
häufig in den Quellen als Zeit für Turniere auf. Weihnachtsturniere hingen sehr
stark von der Turnierbegeisterung einzelner Adelshäuser ab: die drei besten Beispiele sind der Hof von Savoyen in den 1340er-Jahren, der englische Hof in der
zweiten Hälfte des 14. Jahrhunderts und der sächsische Hof zu Ansbach in den
1480er-Jahren – alle bekannt für ihr Interesse an diesem Sport. Auch an Ostern und
Pfingsten, zugleich die Daten für die Einberufung königlicher Hoftage, fanden Turniere statt: das bedeutendste Beispiel ist das kastilische Turnier an Pfingstsonntag,
an dem der König und seine Turniermannschaft als Gott und die Zwölf Apostel auftraten.

Lässt sich nun ein bestimmter Tag der Woche oder sogar eine bestimmte Tageszeit mit dem Turnier in Verbindung bringen? Hier nähern wir uns einer ausgesprochen praktischen Ebene. Im Allgemeinen wurden Turniere nicht an Sonntagen
und Feiertagen abgehalten, auch wenn es zahlreiche Ausnahmen gab, die die Regel
bestätigten; wiederum allgemein gesagt, waren Montag oder Dienstag populäre
Tage für den Beginn eines Turniers, insbesondere, wenn es mehrere Tage andauern
sollte. In seinen Sonetten über die Wochentage, ein paralleler Zyklus zu den Sonetten über die Monate des Jahres, assoziiert Folgore di San Gimignano den Dienstag mit dem Turnier.[45] Im Turnierbuch des René von Anjou gilt der Dienstag als üblicher Tag für eine Turniereröffnung.[46] Dies würde bedeuten, wie wir sehen werden,
dass die »Vesper« oder der erste öffentliche Auftritt neuer Ritter, an einem Montag
stattfand, so dass noch drei Tage bis Freitag – ein Fastentag – für Turnierkämpfe
übrig blieben.

Was nun die Tageszeit betrifft, so begannen Turniere gewöhnlich am Nachmittag, weitgehend deshalb, weil sich die Zurüstung des Ritters und die gesamte Organisation in die Länge ziehen konnten; eine ganze Reihe von Turnieren setzten erst gegen Ende des Tages ein und entsprechend wenig Zeit stand zur Verfügung. 1285 begann in Chauvency das Turnier »zur Vesper«, im Sommer also gegen sechs Uhr abends. So überrascht es nicht, dass sich Turniere bis in die Dunkelheit hinziehen konnten: Eduard III. tjostierte in Bristol in der Nacht zum 1.Januar 1357, ein Ereignis, von dem gesagt wurde, »es habe an Großartigkeit nicht seinesgleichen gehabt.«[47] Nächtliche Turniere waren im 2.Viertel des 15.Jahrhunderts auch am kastilischen Hof beliebt: als die vom König von Navarra anlässlich des großen Festes in Valladolid veranstalteten Kämpfe zu Ende waren, tjostierten die Ritter noch während der gesamten Zeit des Abendessens weiter. Ebenso setzte sich ein von Alvaro de Luna 1436 in Alcalá de Henares gegebenes Turnier unter Fackelbeleuchtung bis in die Dunkelheit fort. In Escalona wurde 1448 ein nächtliches Fußturnier durchgeführt, beleuchtet von Fackeln, die an der Decke des Raumes aufgehängt waren. Auch bei den großen burgundischen Festen tjostierte man während oder nach der Abendmahlzeit.

Organisation

Wenn Zeit und Ort für ein Turnier ausgewählt waren, wie wurde es dann organisiert? Zunächst einmal mussten alle benachrichtigt werden, die als Teilnehmer des Turniers vorgesehen waren, oder es musste eine spezielle Herausforderung herumgeschickt werden. Im zwölften Jahrhundert, als Turniere häufig von der Kirche oder weltlichen Herrschern verboten waren, erfolgten die Vereinbarungen offensichtlich nur innerhalb eines kleinen Kreises turnierbegeisterter Ritter; hinzu kamen Ritter, die unterwegs waren auf der Suche nach Turnieren«, wie etwa die Besucher des hl. Bernhard im Jahre 1149. Die Anhängerschaft des Turniers in der Picardie und den Niederlanden war in den 1170er und 1180er-Jahren eher lokal begrenzt und entwickelte sich aus dem Bestreben einer kleinen Gruppe höherer Adliger, an Turnieren teilzunehmen. Der erste dieser Gruppe war Balduin von Hennegau im Jahre 1168, gefolgt in den 1170er-Jahren von Graf Philipp von Flandern und Heinrich, dem ältesten Sohn König Heinrichs II. sowie von Arnold von Ardres 1181–1182, Herzog Gottfried von Bretagne und vielen rangniedrigeren Herren. Jeder von ihnen unterhielt eine Turniermannschaft, und deshalb war es verhältnismäßig einfach, ein Turnier zu arrangieren: die Treffen waren wahrhaftig so zahlreich, dass in vielen Fällen Ort und Zeit des nächsten Turniers am Ende des letzten festgelegt worden sein muss. Ein Buch mit Musterbriefen eines florentinischen Advokaten mit Verbindungen zum kaiserlichen Hof vom Anfang des 13.Jahrhunderts enthält das Muster einer Einladung zum Turnier:

»Botschaften wurden ausgesandt in verschiedene Teile Frankreichs, dass sich verschiedene Fürsten und eine unbegrenzte Anzahl von Rittern zum nächten

Pfingstfest in Flandern zu einem Turnier versammeln sollen. Damit ihr Euren Ruhm erhöhen möget, ermahnen wir euch, nicht zu versäumen, euch zu einer solch ergötzlichen und kurzweiligen Versammlung einzufinden.«

Darauf folgt ein anderer Musterbrief, in dem ein Ritter davon überzeugt werden soll, wegen großer Gefahren und hoher Kosten vom Turnieren Abstand zu nehmen![48]

Die Reisen eines Herren auf der Suche nach Turniermöglichkeiten konnte eine ganze Serie von Treffen verursachen. 1260 begab sich der englische König Eduard I. auf eine solche Turnierreise in Begleitung eines starken Rittergefolges und kämpfte auf Turnieren in Frankreich, jedoch mit geringem Erfolg: er verlor Pferde und Rüstungen und wurde schließlich im Juni 1262 selbst verwundet.[49] Ausbrüche lokaler Begeisterung für den Sport, die dann zu einer ganzen Reihe von Treffen führten, lassen sich im gesamten Mittelalter beobachten; meist gehen sie auf das Interesse eines einflussreichen Adelsherrn zurück, scheinen sich aber auch spontan ergeben zu haben, wie 1377 in Deutschland, als der Augsburger Chronist notiert, dass »Herren, Ritter und Knappen überall im Lande eine Vielzahl von Turnieren hielten.«[50]

Der oben erwähnte Bericht des Kronbergers über die Turnieraktivitäten seines Sohnes belegt eine Serie von Turnieren innerhalb weniger Monate, und aus anderen deutschen Quellen geht hervor, dass der Zeitpunkt des nächsten Turniers oft am Ende des letzten Ereignisses festgesetzt wurde: In Nürnberg bedeuteten 1434 die Turnierpreise, auch »dank« genannt, die Verpflichtung, ein neues Turnier zu organisieren:

Der erste »dank« ging an den Grafen von Katzenelnbogen, der ein Turnier zwei Wochen vor Fastnacht durchführen sollte; der zweite »dank« wurde an den von Rechberg gegeben: zwei Wochen vor Martini in Esslingen; der dritte »dank« ging an den Frauenberger: am Katharinentag zu Regensburg; den vierten »dank« bekam Markgraf Albrecht der Jüngere, denn er hatte sehr gut tjostiert, obwohl er noch nicht zum Ritter geschlagen war: er sollte ein Fastnachtsturnier zu Neuenstadt ausrichten.

Weil Turniere in spätmittelalterlicher Zeit seltener durchgeführt wurden, musste ein komplexeres System der Einberufung gefunden werden. Ab dem 14. Jahrhundert wurden üblicherweise Herolde ausgesandt, um fürstliche Turniere bekannt zu machen; die Rechnungsbücher des englischen Königshofes zeigen, dass Eduard III. im Jahre 1344 genauso verfuhr. Wir haben bereits gesehen, wie Herzog Albrecht Achilles von Brandenburg schon Monate vor dem Ereignis Einladungsbriefe zu einem Turnier anlässlich der Hochzeit seines Sohnes überbringen ließ: die Organisation eines großen Turniers konnte eine jahrelange Planung bedeuten. Der beste Bericht über die Organisation eines Turniers, den wir kennen, ist die Abhandlung über Form und Durchführung eines Turniers von René von Anjou, geschrieben um 1455–1460 nach einer Serie glänzender Turnierfeste. Die Abhandlung spiegelt seine eigenen Erfahrungen mit der Durchführung solcher Feste wider, auch wenn er ausdrücklich sagte, er habe zusätzlich entsprechende deutsche, flämische und ältere französische Traditionen untersucht. Vieles davon dürfte Turnierkämpfern früherer Jahrhunderte durchaus vertraut gewesen sein, obwohl die Turniere des 15. Jahrhunderts einen ausgeprägteren zeremoniellen Charakter hatten und viel mehr Wert auf Rang und Status legten. So sollte überhaupt nur ein Fürst, ein hoch gestellter Baron oder Bannerherr ein Turnier veranstalten dürfen. Vor der Versendung einer Forderung zum Turnierkampf soll er im Geheimen herausfinden, ob diese Forderung auf Zustimmung stößt, offenkundig, um eine öffentliche peinliche Situation zu vermeiden. Die Forderung selbst soll von einem Wappenkönig oder einem ranghohen Herold überbracht werden, mit dem Auftrag, dem Empfänger der Forderung ein stumpfes Turnierschwert anzubieten. Nimmt dieser die Forderung an, so ergreift er das Schwert und erklärt, er begebe sich allein zu dem Turnier, um den Herausforderer und die Damen zu erfreuen und nicht aus bösem Willen. Sodann wählt er vier Turnierrichter aus einer vom Herold des Herausforderers präsentierten Liste mit acht Richtern. Sobald die Richter ausgewählt sind und ihrer Berufung zugestimmt haben, wird das Turnier vom Wappenkönig persönlich vor den Hofversammlungen des Herausforderers, des Geforderten und des Königs proklamiert; andere Herolde werden zu den Höfen rangniedrigerer Adliger geschickt.

Die Ausrufung des Turniers enthielt dann die grundlegenden Regularien und Angaben zu Zeitpunkt und Ort. Die Bewaffnung wurde festgelegt – Kolben einer bestimmten Größe und stumpfe Schwerter, und auch die Turnierrüstung wird eingehend behandelt: René zieht die französische Mode der niederländischen vor, bei der die Rüstung einen Ritter breiter aussehen lässt als er groß ist, »und deshalb will ich mich darüber nicht weiter äußern«. Auch die Anlage des Turnierplatzes wurde genau angegeben.

Alle, die Teilnehmen wollen, müssen sich vier Tage vor dem eigentlichen Turnier einfinden und zugegen sein, wenn die Fürsten und anderen Herren, die ihr Banner beim Turnier zu zeigen wünschen – ein Statuszeichen und zugleich ein Hinweis auf die Bildung der Turniermannschaften –, in feierlicher Prozession in die Stadt einziehen, in der das Turnier abgehalten werden soll. Alle Turnierteilnehmer müssen ihre Schilde sichtbar in die Fenster ihrer jeweiligen Herbergen hängen. Die Richter müssen in einem Ordenshaus Herberge nehmen oder wo ein Kloster oder Innenhof ist, damit dort die Schilde der Turnierkämpfer am Vorabend des Turniers ausgestellt werden können. Am Abend des Ankunfttages wird eine Tanzerei veranstaltet, in deren Verlauf die Schilde geprüft werden: es gibt dabei vier Kriterien, die zu einem Ausschluss vom Turnier führen können; wir kommen auf diese Frage später zurück.

Offenkundig hat René eine Reihe von Mannschaften unter der Leitung bedeutender Herren im Auge und nicht einzelne Konkurrenten. In den verbleibenden Seiten seiner Abhandlung beschreibt er dann auch ausdrücklich ein Turnier und nicht

Vorbereitungen auf ein Turnier: oben rufen zwei Herolde und zwei Persevanten ein Turnier aus.
Unten links: der Herzog von Bretagne übergibt seinem Herold ein Schwert als Zeichen für seine Herausfor-
derung und gibt Anweisung, das Schwert dem Herzog von Bourbon zu überbringen.
Unten rechts: Der Herzog von Bourbon nimmt das Schwert aus den Händen des Herolds in Empfang.
Aus dem Turnierbuch des René von Anjou. (Bibliothèque Nationale MS Fr 2693 ff.3v-4, 9v,11)

eine Serie von Zweikämpfen, die den wichtigsten Teil seiner eigenen Turnierfeste ausmachten. Die allgemeine Organisation war die gleiche, auch hier wurden die Forderungen eine Zeit lang vor dem Ereignis überbracht, aber Zweikämpfe zogen einzelne Ritter von weither an. Das Zeremoniell richtete sich gewöhnlich nach dem für das Turnierereignis erstellte Drehbuch, und theatralische Szenarien und Gepränge spielten eine wesentlich bedeutendere Rolle als bei den Turnieren, die René beschreibt. Ob es sich aber nun eher um Zweikämpfe oder Mannschaftsturniere handelte, beide Turniertypen erforderten sorgfältige Planung und erheblichen Aufwand an Personal und Geldmitteln. Für die Stadt, in der ein Turnier ausgerichtet wurde, konnte dies ein wirtschaftlicher Glücksfall sein; aus deutschen Städten sind zahlreiche Verordnungen zur Regelung der Beherbergungspreise überliefert, um zu verhindern, dass die zum Turnier angereisten Gäste nicht übervorteilt wurden.

Ein größeres Turnier zog immer eine große Menschenmenge an, ganz abgesehen von den Rittern selbst. Als der Schwarze Prinz die Geburt seines ältesten Sohnes in Angoulême feierte, waren, nach Auskunft einer verlässlichen Quelle, 154 Herren, 706 Ritter und – dies vielleicht weniger genau – 18.000 Pferde anwesend[51]: eine solche Zahl ist indessen nicht völlig unmöglich, wenn man bedenkt, dass je-

Schau der Wappen und Banner an der Herberge: auf der linken Seite der Herzog von Bretagne und sein Gefolge, auf der rechten der Herzog von Bourbon und seine Begleiter. Aus dem Turnierbuch des René von Anjou.
(Bibliothéque Nationale MS Fr 2693 ff.54v-55)

der Turnierteilnehmer durchaus zwei Turnierpferde und ein Reitpferd mitbringen konnte sowie jeder ein Gefolge von zehn Mann mit Packpferden, dann kommt man schnell in die Nähe einer solchen Zahl. Die zehn Turnierkämpfer, die 1476 zur brandenburgischen Hochzeit kamen, gehörten zu einer Mannschaft mit rund einhundert Pferden. Allerdings waren die meisten Turnierereignisse von geringerem Umfang: ging es eher um ein Gestech als um ein Turnier, betrug die Teilnehmerzahl vielleicht nur ein Dutzend; auch haben wir gesehen, wie wenig Kämpfer zu manchen pas d'armes im 15. Jahrhundert erschienen. Aber – und das gilt auch für das Turnier in Angoulême – viele Ritter waren lediglich als Zuschauer zugegen. Bisweilen wurde die Teilnehmerzahl begrenzt: dreißig gegen dreißig, fünfzig gegen fünfzig. Diese Art des Turnierkampfes erscheint häufig in spanischen Quellen der 1420er- und 1430er-Jahre. Die deutschen Stechen auf der anderen Seite scheinen eine große Bandbreite in Bezug auf die Teilnehmer gehabt zu haben. Für Göttingen 1368 sind in den Rechnungsbüchern der Stadt unter Ausgaben für Beherbergung 162 Ritter und Begleitmannschaften verzeichnet, abgesehen von den nicht erwähnten Namen.[52] 1434 werden nicht weniger als 353 Tjostierer beim Turnier in Nürnberg genannt, während in Landshut 1452 so viele Ritter erschienen, dass zwei getrennte Turniere organisiert werden mussten.

Teilnahmeberechtigung und Teilnahmebeschränkungen

In den frühen Tagen des Turniers scheint es nur geringe Beschränkungen hinsichtlich der Teilnehmer gegeben zu haben: jeder, der die entsprechende Ausrüstung hatte, war willkommen. Das bedeutete in der Praxis, dass die Kämpfer bei einem Turnier Ritter und Knappen waren; dies unterlag jedoch einer eher langsamen, schrittweisen Formalisierung. Das Konzept eines separaten Turniers für jüngere Ritter und Knappen ist eine frühe Erscheinung und entwickelte sich nach und nach zur Vorstellung, dass allein Ritter an einem Turnier teilnehmen konnten. Dies aber war weit davon entfernt, allgemein akzeptiert zu werden: die lange Tradition bürgerlicher, einmal im Jahr stattfindender Turniere in den Niederlanden wurde bereits erwähnt.[53] In den baltischen Städten finden wir die so genannten *Artushöfe*, eine Art bürgerlicher Tafelrundenorden, bei denen jährliche Turniere Teil des entsprechenden Ordenszeremoniells waren. Und in den großen süddeutschen Städten begegnen uns führende Vertreter der Bürgerschaft, wie etwa Marx Walther, die gegen Vertreter des Adels im Turnier antreten.[54] In Italien, wo Rittertum und Feudalismus weniger eng definiert waren, ist der Turnierkampf nahezu vollständig ein bürgerlicher Sport.

So gibt es eigentlich nur in Frankreich, England und Spanien eine deutliche Assoziierung zwischen Rittertum und Turnier, die Patronage der Turniere war dort allein den großen Herren und Fürsten vorbehalten. Dennoch, vielleicht die exklusivsten Turniere begegnen uns in Deutschland, als eine Art Reaktion auf die allgemeine Öffnung des Turniers in den Städten. Mit dem ausgehenden 14. Jahrhundert lässt sich die klare Tendenz einer Beschränkung der Turnierfähigkeit auf ritterbürtige Geschlechter beobachten, eine Bewegung, die wiederum eng mit den Bemühungen verbunden ist, die ritterlich-adlige Schicht als politische Kraft neu zu formieren. So erhielten nur diejenigen die Turnierberechtigung, deren Urgroßväter bereits bei Turnieren aufgetreten waren, und strenge Regeln unritterlichen Betragens wurden eingeführt. Diese erreichten ihren Höhepunkt in den 1480er-Jahren, sie reichen aber mindesten ein Jahrhundert zurück und stützen sich weitgehende auf französische Sitten: Antoine de La Sale notiert indigniert, dass einige angehende Turnierkämpfer bei einem Turnier in Lothringen 1445 Schwierigkeiten hatten, ihr Wappen sachgerecht zu beschreiben (zu blasonieren) und zu befürchten war, dass ihnen die Zulassung verweigert würde, weshalb er sich bemühte, ihnen dabei zu helfen. René von Anjou beschreibt in seinem Turnierbuch aus den 1450er-Jahren Strafen für die Verletzungen ritterlichen Verhaltens in genau dem gleichen Sinne wie sie in deutschen Vorschriften zu finden sind: sein Strafenkatalog ist einfacher – er besteht nur aus vier Paragrafen –, aber dass zur Strafe

Einzug von Rittern und Damen zu einem Turnier in Pavia: aus einem französischen Manuskript des 15. Jahrhunderts.
(BL MS Harley 4379 f.99)

ein Ritter in seinem Sattel für die Dauer des Turniers auf die Planken der Turnierplatzumzäunung gesetzt wird, nachdem man ihn geprügelt und ihm sein Pferd weggenommen hat, begegnet uns auch in deutschen Quellen. Der Ausschluss vom Turnier erhält eine besonders ausgefeilte Form in den Regularien des Würzburger Turniers von 1479, mit dem der bis dahin vernachlässigte Sport wiederbelebt werden sollte. In vierzehn Paragrafen werden alle diejenigen aufgelistet, denen eine Zulassung verweigert werden soll; das geht von Meineidigen, Verleumdern, Betrügern, Feiglingen, Ehebrechern, Kirchenschändern und Straßenräubern bis zu solchen, die eine Turnierteilnahme ihrer Vorfahren innerhalb der letzten fünfzig Jahre nicht nachweisen konnten oder die sich mit Handelsgeschäften befleckt hatten, genauso wie sich eine der vier Ausschlussgründe bei René von Anjou auf Wucherer bezog.[55]

In Heilbronn zwei Jahre später werden die Verstöße in zwei Gruppen eingeteilt: kleinere Verstöße, für die der Ritter lediglich eine Prügelstrafe erhält, bevor er ausgeschlossen wird, sowie solche, für die der Ritter zusätzlich noch »auf die Planke« gesetzt wird. Die erste Kategorie umfasst Ehebrecher, unstandesgemäß Verheiratete, und unehelich Geborene sowie Ritter, die sich auf Handelsgeschäfte eingelassen haben – mit anderen Worten eher soziale als kriminelle Verstöße.

Solche öffentlichen und formalen Verfahren erforderten genaue Beweise; so wurde auch niedergelegt, wie Anklagen vorgebracht und beurteilt werden mussten.

Der Ankläger musste seine Klage bei der Helmschau vor dem Turnier vorbringen, wie es etwa in Frankreich üblich war; der Beschuldigte konnte verlangen, dass die Sache vor ein Schiedsrichtergremium gebracht wurde, wenn es aber einem Ritter gelang, einen anderen fälschlicherweise anzuklagen, musste er bei jedem zukünftigen Turnier mit einer Abstrafung rechnen. Jeder, der einen anderen Ritter ohne vorherige Bekanntmachungen »auf die Planke« setzen ließ – vermutlich auf Grund höherer Gewalt – wurde für immer von allen Turnieren ausgeschlossen.[56]

Das Turnier geriet auf diese Weise rasch zu einem gesellschaftlichen Ehrengericht. Wir erkennen diese Verbindung zwischen dem Turnier und Fragen der Ehre zuerst im Jahre 1286: dem Herzog von Bayern wurde unterstellt, er habe seine Frau auf Grund einer falschen Anschuldigung des Ehebruchs hinrichten lassen. Bei einem Turnier anlässlich einer kaiserlichen Hofversammlung in Köln erschienen nun hundert Ritter, auf deren Schilde eine Frau ohne Kopf zu sehen war, »um den Herzog zu beschämen«, woraufhin der Hoftag aufgelöst wurde. Pero Tafurs Augenzeugenbericht des Turniers von Schaffhausen im Jahre 1434 wurde bereits erwähnt; auch dort waren Regeln ähnlich wie in Würzburg in Kraft.[57] Indessen, Tafur war nur Zuschauer; der Biograf Wilwolts von Schaumburg erzählt uns, was es bedeutete, in eine Prügelei mit einem Turniergegner verwickelt zu werden. Der Streit entsprang aus einer Anschuldigung, die Wilwolts junger Vetter gegen einen gewissen Martin Zollner vorbrachte, der ihn im Zusammenhang mit seinem Erbe angeschwindelt hatte. Wilwolt befahl seinen Leuten, Zollner während des Turniers anzugreifen. Sie zerrten ihn vom Sattel, legten ihn auf den Rücken des Pferdes und verprügelten ihn. Dann schnitten sie den Sattelgurt durch und setzen ihn in seinem Sattel auf die Begrenzungsplanken des Turnierplatzes. Wilwolt erklärte sein Handeln bei der Tanzveranstaltung nach dem Turnier, aber Zollner versuchte, ihn auf seinem Weg nach Hause zum Kampf herauszufordern. Die Freunde auf beiden Seiten erinnerten die Kontrahenten daran, dass ein solches Duell ein Bruch aller Regeln bedeute; man verschob daraufhin die Sache bis zum nächsten Turnier. Wilwolt konnte so gute Beweise vorbringen, dass sich Zollner vom Turnier zurückzog, aber Wilwolt weiterhin zu einem Zweikampf an anderem Ort forderte, bis er vor Gericht Wilwolts Vetter unterlag und zu einer Geldzahlung verurteilt wurde.[58]

Das eigentliche Ziel solcher Regularien war die Bewahrung der Einheit und des Charakters des alten Geburtsadels gegenüber der Bedrohung durch den wachsenden Reichtum der Stadtbürger und Kaufleute. In erster Linie ging es interessanterweise darum, die Nachkommen aus nicht standesgemäßen Verbindungen zwischen Adligen und Kaufmannstöchtern – eine traditionelle Methode der Vermehrung aristokratischen Vermögens – vom Turnier auszuschließen. Die deutlichste Form dieser bewussten Wiederbelebung des Rittertums als Klasse sind die Turniergesellschaften, die offenkundig beabsichtigten, eine Art Rittergilde zu schaffen mit ihrem Lieblingssport als Mittelpunkt, verbunden mit einer ausgesprochen politischen Zielrichtung. Ritterliche Bruderschaften waren im gesamten Mittelalter nicht unüblich. Es wurde bereits darauf hingewiesen, welche starken Beziehungen weltliche, königliche Ritterorden, wie der Hosenbandorden, zur Welt des Turniers hatten. Die frühesten Hinweise, dass sich solche Zusammenschlüsse allein im Interesse des Turniers bildeten, stammen aus Basel um 1265 mit dem Auftreten zweier Gruppen – »Sterner« und »Psitticher«, benannt nach ihren jeweiligen Bannern mit einem großen, weißen Stern und einem grünen Papagei, die sie bei Turnieren vorantrugen. Der grüne Papagei war ein Sinnbild für die Jungfrau Maria, und es gibt Belege dafür, dass jährlich zum Fest Unserer Lieben Frau Turniere veranstaltet wurden.[59] Allerdings waren die Turnieraktivitäten dieser beiden Gruppen nur ein Element einer tiefergehenden Rivalität, die sogar in regelrechte kriegerische Handlungen mündete und die ihre Ursache in der Auseinandersetzung zwischen dem Bischof von Basel und Rudolf von Habsburg hatte. Der Turnierkampf war somit ein formalisierter und akzeptierter Ausdruck tief gehender Spannungen in der Gesellschaft.

Eine deutliche Parallele zu den deutschen Turniergesellschaften des 15. Jahrhunderts ist die von Heinrich von Lancaster 1344 gegründete Rittergesellschaft, ausgestattet mit einer königlichen Bestätigungsurkunde, in der Heinrich auf Lebenszeit zum Anführer eine Gruppe von Rittern aus Lincolnshire ernannt wurde, die beschlossen hatten, sich einmal im Jahr an Pfingstmontag zu einem Turnier in Lincoln zu versammeln. Sie durften auch dann zum Turnier zusammenkommen, wenn ein allgemeines Turnierverbot in Kraft war oder Kriegszustand herrschte. Nur

Ein Turnier auf dem Marktplatz zu München im Jahre 1500, Stich von Matthäus Zasinger. Musikanten und Knappen nehmen einen wichtigen Platz im Turniergeschehen ein.
(Staatliche Graphische Sammlung, München)

wenn der König selbst ein Turnier für diesen Tag anberaumte, durften sie nicht zum Tjostieren zusammenkommen. Über diese Turniergesellschaft ist nichts weiter bekannt; Heinrich selbst beteiligte sich noch weitere vierzehn Jahre an Turnieren.

Die frühesten deutschen Quellen mit genaueren Angaben über Turniergesellschaften gehen auf das Jahr 1361 zurück, als eine Adelsgruppierung aus dem Oberbayerischen eine Bündnis schloss mit dem politischen Ziel, den jungen Herzog Meinhard von Bayern unter ihre Kontrolle zu bringen. Das Turnier fungierte dabei als eine Art Jahresversammlung des Ritterbundes, dessen Mitglieder bei gesellschaftlichen Ereignissen alle im gleichen Gewand auftraten: »Und die Gesellschaft soll einmal im Jahr eine Versammlung abhalten, nämlich das Turnier.« Alle Mitglieder sind verpflichtet zu kommen oder müssen eine Strafe zahlen, die sich nach den aktuellen Kosten der Teilnahme richtet. Weiterhin soll ein aus vier Mitgliedern bestehender Rat ernannt werden mit der Aufgabenstellung, die übrigen Mitglieder zu überwachen; die Mitglieder müssen sich im Kriegsfall beistehen. In Freising soll eine Kapelle gestiftet werden, in der Messen für die Mitglieder gelesen werden. Alle Mitglieder sind verpflichtet, ein Streitross zu unterhalten, wenn es ihnen möglich ist. Zu den Jahresversammlungen müssen die Mitglieder ihre Ehefrauen, Schwestern und Töchter mitbringen, »um die Gesellschaft zu ehren«. Andere Paragrafen

233

regeln die Rekrutierung und den Ausschluss von Mitgliedern.[60] Wiederum wissen wir wenig darüber, was aus der Gesellschaft nach ihrer Gründung geworden ist. Bei der *Gesellschaft im Esel* indessen lässt sich ihr Bestehen von 1387 bis 1435 nachverfolgen[61]. Die im Original nicht überlieferten Statuten scheinen den Regeln des bayerischen Ritterbundes ähnlich gewesen zu sein; das Oberhaupt aber war ein jährlich zu wählender »König«. Oberstes Ziel war, eine Vereinigung von Rittern ins Leben zu rufen, die sich bei Feindseligkeiten gegenseitig Hilfe leisten sollten. Darüberhinaus ging es der Gesellschaft darum, einen geeigneten Rahmen zu schaffen, in dem sich ritterliche Kultur entfalten konnte. Dies erreichte man durch die von der Gesellschaft ausgerichteten Feste, bei denen Turniere eine herausragende Rolle spielten. Zumeist traf man sich in Frankfurt, wo die Gesellschaft eigene Quartiere anmietete, darunter, von der Stadt, einen Raum für das Tanzvergnügen; der Turnierplatz war der Römerberg. Leider besitzen wir nur eine sehr späte Version der Turnierregularien aus dem Jahr 1481, vermutlich eine Kopie anderer Vorlagen.

Andere Quellen belegen Aktivitäten der Turniergesellschaften in den 1430er-Jahren. In einem Brief der Gesellschaft im Steinbock an den Grafen von Jülich und Berg vom 20. Oktober 1438 wird um Rat und Hilfe bei der Organisation eines Turniers zur nächsten Fastnacht in Mainz gebeten –ein Hinweis darauf, dass die Gesellschaft nicht genügend Einfluss und nur unzureichende Erfahrung hatte, eine solche Veranstaltung ohne fremde Hilfe auf die Beine zu stellen.[62]

Nach einer Periode relativen Niedergangs treffen wir in den 1470er- und 1480er-Jahren auf ein Dutzend oder mehr Turniergesellschaften, die sich zu einem bestimmten Zeitpunkt im Rahmen der »vier Lande« Rheinstrom, Schwaben, Franken und Bayern zusammenschlossen, um den Turniersport mit einer Art Dachorganisation zu versehen.[63] Selten waren die großen Landesherren Mitglieder der »vier Lande«, auch wenn Albrecht von Brandenburg seinem Sohn in einem Brief über die Verbindungen seiner Familie zur Turniergesellschaft der »Perner« Mitteilung macht. Er schildert, dass seine Vorfahren und auch sein Vater dieser Gesellschaft angehörten und dass er der neu entstandenen Turniergesellschaft in seinem eigenen Namen und im Namen seiner Söhne beigetreten sei: »Immer standen wir, mit Gottes Hilfe, an der Spitze von Turnieren, und mit der Hilfe Gottes beabsichtigen Wir, auch fürderhin dort zu stehen«.[64] Die Vorsteher wurden gewöhnlich von den niederen Adligen gewählt: Konrad von Schellenberg, Stellvertreter des »Königs« der Gesellschaft zum Falken und Fisch, bezeichnet sich in einem Brief, mit dem er ein Mitglied zum Turnier in Konstanz am 19. Juni 1486 einlädt, lediglich als »Ritter« ohne weiteren höheren Titel.[65]

Die 1485 in Heilbronn verkündete Satzung der Turniergesellschaften von den »vier Landen« ist erhalten; verfasst von einem Viererkommittee der Gesellschaften, wird darin erklärt, dass »jeder, der aus freiem Willen in einer Stadt lebt ... oder Handelsgeschäfte betreibt« vom Turnier ausgeschlossen ist.[66] Die Satzung von Heilbronn besteht aus 43 Artikeln und kümmert sich mehr um Stand und Moral der Teilnehmer als um die Regulierung der Turnierkämpfe selbst. Eine umfängliche Liste von Verstößen rechtfertigt die drastische Bestrafung, auf die Planken gesetzt zu werden; der Übeltäter wurde geprügelt, vom Pferd gestoßen und in seinem Sattel auf den Plankenzaun gesetzt, der den Turnierplatz umgab – gerade so, als stünde er am Pranger. Viele der Verstöße, für die Bestrafungen vorgeschrieben waren, sind krimineller Natur – Mord, Straßenraub, Vergewaltigung, Brandstiftung –, aber andere, wie etwa Fehdehandlungen ohne gebührende Ankündigung, sind Fragen ritterlicher Ethik. Solche Strafen konnten jedoch nur vollstreckt werden, wenn der Schuldige im Voraus, bei der Wappen- und Helmschau, darüber in Kenntnis gesetzt wurde; falsche Anschuldigungen wurden streng bestraft. Geringere Verfehlungen, etwa unstandesgemäße Heiraten oder Handelsaktivitäten, wurden mit der Beschlagnahmung des Pferdes geahndet. Die gesellschaftlichen Vorschriften bezogen sich auch die Tanzveranstaltung im Anschluss an das Turnier. Nur unmittelbaren Turnierteilnehmern war die Anwesenheit beim Tanz erlaubt, auch wurden ausführliche Bestimmungen gegen übertrieben kostbare Kleidung niedergelegt: Frauen durften lediglich drei oder vier bestickte Gewänder mitbringen, und die adligen Herren sollen weder Gold- noch Silberverzierungen auf ihrem Wams tragen. Erst zuletzt berühren diese Regeln die eigentliche Organisation des Turniers, und auch dann geht es in erster Linie um die korrekte Ankündigung der Veranstaltung, um die Begrenzung des Gefolges und um freies Geleit für die Teilnehmer. Der Kampf selbst wird nur am Rande erwähnt; einer der letzten Paragrafen schreibt vor, dass nur ein Turnier pro Jahr im Gebiet der Vierlande (Bayern, Schwaben, Rheinstrom und Franken) abgehalten werden darf, damit solche Ereignisse gehörig vorbereitet und angemessen eindrucksvoll gestaltet werden können. Es herrscht das deutliche Gefühl vor, dass die festliche Veranstaltung wichtiger geworden ist als der Turniersport, denn häufige Turniere hätten zweifellos die ritterlichen Fertigkeiten verbessert.

Turnierregeln

Die bei einem Turnier zu beachtenden Regeln wurden mit der Herausbildung der klassischen Turnierformen immer komplexer. Wie wir im ersten Kapitel gesehen haben, gab es im 12. Jahrhundert nur einige wenige Begrenzungen. Der wesentliche Unterschied zwischen Turnier und Krieg war natürlich, den Gegner vom Pferd zu stoßen und gefangen zu nehmen und niemals, ihn zu töten oder auch möglichst nicht zu verwunden. Bereits zu einem sehr frühen Zeitpunkt wurden Ruheplätze eingerichtet, auf die sich die Ritter zurückziehen konnten, um sich und ihren Pferden Ruhe zu gönnen und ihre Rüstung wieder herzurichten. Gegen Ende des 12. Jahrhunderts gab es auch eine Art Begrenzung des großen Turnierareals. Im Turnier gefangen genommene Ritter mussten ihr Pferd als Pfand zurücklassen und ein Lösegeld bezahlen, konnten aber nach dem Zahlungsversprechen nicht länger in Gefangenschaft gehalten werden. Diese Regel wurde jedoch nicht immer befolgt, wie ein Brief von Heinrich, dem Sohn Graf Theobalds von Blois, an Abt Suger vom Jahre 1149 zeigt: darin bittet er den Abt, sich bei seinem Vasallen Reginald für die Freilassung Ansercs von Royaumont einzusetzen, den Reginald in einem Turnier gefangen genommen hatte.[67] Komplizierte Arrangements regelten den Einsatz von Fußsoldaten bei der Unterstützung eines Ritters: entweder halfen sie ihm, einen anderen Ritter in seine Gewalt zu bringen, oder sie schützten ihn seinerseits vor dem Zugriff eines Gegners. Zu Beginn des 13. Jahrhunderts gab es Übereinkünfte über die Verwendung bestimmter stumpfer Waffen zu besonderen Gelegenheiten, und es scheint, dass die »Tafelrundenturniere« temporäre Zusammenschlüsse beinhalteten, bei denen sich die beteiligten Ritter eidlich verpflichteten, die jeweiligen Kampfregeln zu beachten. Diese Regeln entwickelten sich zu den Vorbedingungen der großen Feld- oder Freiturniere des 15. Jahrhunderts (*pas d'armes*, je ein Waffengang mit Lanze und Schwert) sowie zu den Regelwerken der deutschen Turniergesellschaften. Indessen ist nur wenig über die Turnierregeln des 14. Jahrhunderts bekannt, obwohl etwa in Bologna 1339 Turnierrichter und das Zählen von Treffern belegt ist. Die drei »superestantes zostrae«, »Überwacher des Tjost« werden ernannt; ihre Aufgabe ist es festzustellen, wer gewonnen hat; ein Notarius war anwesend, der nach ihren Angaben die Schläge und Treffer schriftlich festhielt. Die interessanteste Quelle für Turnierregeln des 14. Jahrhunderts bereitet zugleich quälende Unsicherheit: Es sind die in den 1350er-Jahren verfassten »Fragen zu Tjost und Turnier« des Gottfried (Geoffroi) von Charny für die Mitglieder des kurzlebigen französischen Sternenordens.[68] Aber leider – nur die Fragen sind überliefert, nicht die Antworten. Allerdings werfen auch die Fragen einiges Licht auf die anstehenden Probleme. Die »Fragen zum Tjost« befassen sich fast auschließlich mit dem Gewinn und dem Verlust von Pferden. Wann soll einem Ritter das Pferd seines Gegners, den er gerade überwunden hat, zugesprochen werden: findet etwa die Gewährung des Pferdes auch Anwendung, wenn die entsprechenden Bedingungen vor dem Kampf nicht verkündet wurden, und ist das ganze auch auf Knappen anwendbar? Und wann soll ein Ritter, der das Pferd seines Opponenten getötet oder verwundet hat, Entschädigung leisten? Fallen beide Ritter vom Pferd, sollen sie dann die Pferde austauschen? Wenn ein Ritter als Ersatz für einen anderen, verwundeten Ritter auftritt und einen Preis gewinnt, geht der Preis dann an den verwundeten Ritter oder an seinen Ersatzmann? Offenkundig war der Zugriff auf das Pferd in den Tagen Gottfrieds von Charny eine ebenso wichtige Angelegenheit wie in den 1180er-Jahren, als Guillaume le Maréchal sein Glück auf Turnieren machte.

Die Fragen zum Turnier beginnen mit einer ganze Reihe von Problemen, insbesondere mit dem Dienst in einer Gefolgschaft und mit den Fällen, bei denen ein Ritter im Dienste eines Gefolgsherren unter dem Banner eines anderen kämpfen kann. Wir erfahren, dass es bei allen Rittern üblich war, vor dem Beginn eines Turnieres einen Eid zu schwören; wenn nun ein Ritter versäumte, diesen Eid zu schwören, soll er dann ausgeschlossen werden? Was macht genau ein Turnier aus und was geschieht, wenn Ritter den Kampf fortsetzen, obwohl das Turnier offiziell beendet wurde? An dieser Stelle lernen wir die *diseurs*, Schiedsrichter oder Turnierrichter, kennen: das Wort ist bereits in den 1230er-Jahren im Ritterroman von Fulk Fitz-Warin belegt, in dem »Kampfrichter, Herolde und *diseurs*« als Gruppe erscheinen. Im 15. Jahrhundert spricht René d'Anjou von Richtern-Diseurs, wobei die beiden Funktionen offenkundig zusammengefallen sind, wenn sie überhaupt jemals getrennt waren. Das Problem, ob Pferde verpfändet werden sollen oder nicht, wird erneut in späteren Fragen angesprochen; andere Punkte behandeln verspätetes Erscheinen, und was mit Rittern geschehen soll, die auf eigene Faust weiterkämpfen, obwohl das Turnier formell beendet wurde.

All das zeichnet ein soldateskeres Bild des Sportes, als wir es aus anderen Quellen gewohnt sind. Pferde zu erbeuten war von höchster Bedeutung, weil die Turnierpreise zusammen oft weit weniger Wert waren als ein einziges Pferd, auch wenn die Ehre, einen Preis gewonnen zu haben, schwerer wog als der materielle Gewinn: Guillaume le Maréchal erhielt einmal »einen schönen Hecht« als Preis, und eine andere Quelle behauptet, dass dem Gewinner sprechende Papageien übergeben wurden.[69] Die städtischen Turniere in Italien zeigen da ein recht beständiges Bild, wie etwa die prächtigen, von florentiner Goldschmieden gefertigen Helme als Preise für den Gewinner eines Tjosts. Bei französischen und burgundischen Turnieren gab es gewöhnlich ein Geschmeide, ähnlich auch der »dank« bei einem deutschen Turnier des 15. Jahrhunderts. Bisweilen wurden auch Tuchbahnen als Preise überreicht, dagegen sind die Turnierpreise in Brügge 1429 durchaus typisch: Rubine, Goldketten und Diamanten.

Detaillierte Regeln für Turnierkampf und Turnierrüstung sind in den Vorschriften für das Würzburger Turnier von 1479 erhalten.[70] Hier haben wir zwanzig kurze Artikel über die Zulassung zum Turnier, gefolgt von Bestimmungen über die Art des zu benutzenden Schwertes – nicht schmaler als drei Finger und stumpf an Spitze und Schneide. Andere, verborgene, Waffen dürfen nicht eingesetzt werden, das Schwert überhaupt nur im ersten Durchgang des Turniers. Normalerweise ist der Schwertkampf der zweite Teil des Turniers, das sog. *Nachturnier*; der erste Durchgang wird mit Streitkolben ausgefochten (»Kolbenturnier«), eine auf Deutschland beschränkte Turnierform. Niemand darf mehr als einen Kolben mit sich führen, außerdem finden sich Regeln über das Auftreten der teilnehmenden Fußkämpfer und der Knappen. Interessanterweise hat der »Waffenmeister« darauf zu achten, dass sich der Turnierkämpfer über einen Zeitraum von fünf Stunden innerhalb der Schranken aufhalten kann, wobei die Diener in dieser Zeit nur tätig werden dürfen, um das Pferd ihrer Herren zu halten.

Erst im späten 15. Jahrhundert gibt es Belege für eine Trefferzählung: bis dahin, so scheint es, galten lediglich das Brechen der Lanzen und das Niederwerfen des Gegners als »Treffer«. Sir John Tiptofts Regelwerk von 1466 entwickelte ein Bewertungssystem, das »allein der Königin und den anwesenden Damen das Recht der

Trefferzuweisung und die Vergabe der Preise vorbehält, gemäß gebräuchlicher Art und Weise.«[71] Es ist am besten tabellarisch darzustellen, denn Tiptofts Bericht ist ziemlich verwirrend:

Höchste Bewertung: Einen Gegner aus dem Sattel zu werfen oder Ross und Mann zu Fall zu bringen;

Zweithöchste Bewertung: zwei Lanzen Krönlein zu Krönlein, d.h. Spitze gegen Spitze, zu brechen;
Dritthöchste Bewertung: dreimal das Visier treffen;
Vierthöchste Bewertung: die meisten Lanzen brechen.

Disqualifizierende Umstände:
Ein Pferd treffen
Einen Mann mit zugewandtem Rücken treffen oder wenn er keine Lanze in Händen hat
Die Mittelplanke dreimal treffen
Zweimal den Helm abnehmen, wenn nicht von Problemen mit dem Pferd veranlasst.

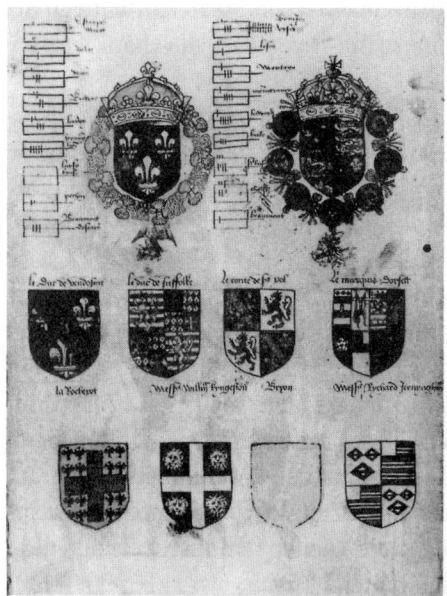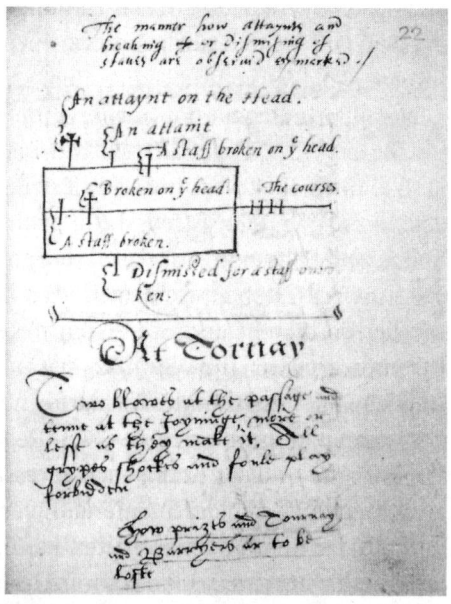

Links: ein reich illuminiertes Turnierprotokoll aus der Tudorzeit mit der schematischen Darstellung der Zweikämpfe beim Feld(turnier) des Goldenen Tuches von 1520 zwischen Mitgliedern des französischen und englischen Königshauses. Es wurden acht Treffen geritten.
Rechts: ein anderes Turnierprotokoll mit Angaben, wie Treffer markiert werden.
(Society of Antiquaries, MS 135; BL MS Harley 2358 f.22)

238

Gebrochene Lanzen werden wie folgt bewertet:
Die Lanze auf dem Gegner brechen zwischen Sattel und der Helmbasis:
1 Lanze;
Eine Lanze brechen von der Spitze abwärts: 2 Lanzen;
Eine Lanze brechen und den Gegner aus dem Sattel werfen, oder den Gegner
entwaffnen; oder eine Lanze Krönlein zu Krönlein treffen: 3 Lanzen;

Strafen
Brechen der Lanze am Sattel: 1 Lanze Abzug
Einmal die Mittelplanke treffen: 2 Lanzen Abzug
Zweimal die Mittelplanke treffen: 3 Lanzen Abzug
Die Lanze im Bereich der Spitze zu brechen wird nicht als gebrochene Lanze
gewertet, gilt aber als guter Schlag.

Beim Gruppenturnier kennt man noch andere Disqualifikationsgründe: ein Schlag
unterhalb der Taille oder ein unter der Mittelplanke geführter Lanzenstich; die
Verwendung einer Vorrichtung zur Befestigung des Schwertes an der Hand; ein
Schwert fallen zu lassen; sich während des Kampfes auf die Mittelplanke zu stützen; zu versäumen, den Turnierrichtern vor dem Kampf das Schwert zu zeigen. Es
haben sich einige Trefferzettel oder Zweikampfprotokolle aus der Tudorzeit erhalten; sie zeigen, dass die Trefferzählung seit Tiptoft unkomplizierter geworden ist
und dass gewöhnlich nur gebrochene Lanzen gezählt wurden.[72]

Turnierplätze: die Schranken

Wir haben bereits die frühen Turnierfelder erwähnt, deren einzige besondere Merkmale die Ruheplätze waren, auf die sich die Ritter zur Erholung unangefochten
zurückziehen konnten. Als dann der Sport immer besser organisiert wurde, wichen
die raumgreifenden Massenturniere zu Zeiten des Guillaume le Maréchal einer dis-
ziplinierteren und geregelteren Form des Kampfes in einem mit Palisaden oder
Gräben begrenzten Turnierplatz. Da Zuschauer einen immer größeren Anteil am
Geschehen nahmen, erwies es sich als nötig, für sie einen Schutz einzurichten und
den Kampfplatz mit einer starken Umzäunung zu umgeben. Daraus wurde bald
eine doppelte Umzäunung: zwischen beiden Zaunreihen hielten sich die Fußsoldaten und Knappen auf, die sich ins Getümmel warfen, wenn ihre Herren in Gefahr
waren. In den deutschen Städten des 14. Jahrhunderts wird die Stadtwache in diesem Zwischenraum postiert, um die Kämpfer auf dem Turnierplatz zu halten und
unberechtigten Zugang zu verhindern. René von Anjou beschreibt ausführlich die
mächtige, mannshohe Holzkonstruktion mit einem soliden Querbalken oben und
einem auf Kniehöhe – und das war auch nötig, denn zu seiner Zeit war es der Platz
zwischen den Barrieren, auf dem sich die Fußsoldaten drängten.

Die Fläche innerhalb der Schranken variierte je nach Anzahl der Teilnehmer: René sagt, sie solle ein Viertel länger als breit sein. 1332 wurde der Markusplatz in Venedig vollständig geräumt »aus Furcht, dass die Männer von den Pferden verletzt werden könnten und damit das Spiel besser vorgeführt werden kann.«[73] Der Kampfplatz musste mit Sand und Stroh belegt werden, aber immer mussten Wasserträger eingesetzt werden, um den Staub zu bändigen. Aus den 1450er-Jahren besitzen wir die Anweisungen an den Verantwortlichen für die Herrichtung des Marktplatzes von Nürnberg zu einem Turnier: Es oblag dem Neuen Hospiz, den Platz mit Stauberde und Mist zu bedecken, wenn aber Sand benötigt wurde, musste das mit den Pflasterern vereinbart werden. Die Hölzer für die Zaunplanken wurden in einem Schuppen gelagert, »auf der rechten Seite wenn du aus dem Frauentor trittst«. Einmal musste er seine Arbeit in großer Eile verrichten, und er brauchte fünf Stunden, um mit vierzehn Pferden den Sand auszubringen. Die Größe des Turnierplatzes musste mit dem Beauftragten für die Durchführung des Turniers abgesprochen werden.[74]

Die vielleicht beste Beschreibung eines Turnierplatzes findet sich im Bericht über das »Feld des Goldenen Tuches«, denn die Herrichtung des Platzes war Gegenstand ausführlicher diplomatischer Korrespondenz zwischen Franz I. und Heinrich VI. Das Feld war 328 Fuß breit und 900 Fuß lang und war von einem Graben, einem Erdwall und doppelten Schranken umgeben. Die größte Zuschauertribüne befand sich außerhalb der Schranken und war weniger komfortabel ausgestattet; die beiden Könige rüsteten sich in Holzpavillons und Zelten innerhalb der Schranken für das Turnier, während die übrigen Kämpfer ein außerhalb gelegenes kleines Zeltlager hatten, das mit einer Brücke über den Graben mit dem Kampfplatz verbunden war. Der »Ehrenbaum« stand ebenfalls auf dem Kampfplatz.[75]

Beim »Feld des Goldenen Tuches« gab es eingehende Diskussionen über die Mittelplanke. Die Franzosen verlangten »Gegenplanken«, die parallel zur Mittelplanke verlaufen sollten, aber Heinrich bestand darauf, dass sie wieder abgebaut wurden. Die Folge war, dass die Pferde zur Seite ausbrachen, und die Reiter ihr Ziel verfehlten. Die Mittelplanke selbst ist eine recht spät eingeführte Innovation und war genau dazu gedacht, dass die Pferde auf ihrer Bahn blieben, nicht ausbrachen oder zusammenstießen. Nach allem, was wir sagen können, wurde die Mittelplanke von den Spaniern oder Portugiesen eingeführt. In seiner Beschreibung der Erlebnisse seines Herren Pero Niño am französischen Hof 1407 sagt Gutierre Díaz de Gamez, dass »die Franzosen nach einer anderen Manier tjostieren als es in Spanien üblich ist. Sie tjostieren ohne Planke und gehen aufeinander los wie im Krieg.« Gamez schreibt in den 1440er-Jahren, und es ist unklar ob er sich auf die Turnierpraxis bezieht, als Pero Niño in Frankreich weilte, oder ob er dabei die Abfassungszeit seines Berichtes im Auge hatte. In Frankreich existiert wohl kein Beleg für eine Mittelplanke vor den 1430er-Jahren, in Spanien wird das Wort 1431 als Synonym für Turnier/Tjost verwendet – »eine Planke veranstalten« bedeutet, einen Tjost abzuhal-

»Turnier der Ritter Großbritanniens und Irlands« zu Bayonne 1565, von einer Serie Gobelins zur Erinnerung an die Hoffeste der Katharina von Medici: die Turnierteilnehmer tragen klassische Rüstungen; möglicherweise ist das Schauspiel eine frühe Form des »Caroussels«
(Florenz, Uffizien) (Photo Scala)

ten. 1428 kamen in Valladolid der König von Kastilien, der König von Navarra und der Infant Don Enrique »zu einer Planke« zusammen«.[76] Das spanische Wort dafür ist *tela*, »Tuch«, und es kann sein, dass die Abtrennung ursprünglich ein an einem Seil durch die Mitte des Turnierplatzes gespanntes Tuch gewesen ist. Es entwickelte sich schnell zu einer gepolsterten, häufig farbigen Holzbarriere: In Valladolid war sie »zu je einer Hälfte in Grün und Smaragd.« Die burgundischen Gesandten, die 1428 Isabella von Portugal abholen sollten, beschreiben die portugiesische Art zu tjostieren als etwas Neues:

> »Am folgenden Tag, dem 27. September, gab es einen Tjost in der Rua Nova zu Lissabon, die mit Sand belegt war. Es gab da einen in Abständen im Boden verankerten Zaun aus Holz, um daran längs zu tjostieren, und er war mit blauen und zinnoberroten wollenen Tüchern behängt.«[77]

Im nächsten Jahr, bei der Hochzeit Isabellas mit Philipp dem Guten, wurden zwei Tage der Turnierwoche als Teil der Feierlichkeiten für Tjoste im portugiesischen Stil reserviert. Die Umzäunung um den Kampfplatz wurde niedergelegt, und eine mit blauen Tüchern beschlagene Planke aus solidem Holz wurde quer über den ganzen Platz aufgestellt, so hoch wie die Kruppe der Pferde. Mit Stahl belegte Schilde und stählerne Helme wurden benutzt sowie Kriegssättel an Stelle von Turniersätteln. Jean le Fèvre notiert, es seien nur wenige Lanzen gebrochen worden, nicht wegen der Mittelplanke, sondern weil die Lanzenkrönlein bei einem bestimmten Aufprallwinkel von den glattpolierten Schilden abrutschten. Im folgenden Jahr 1430 unternahm es Piers de Massy, vor seinem tödlichen Tjost gegen John Astley in Paris, »diesen Durchritt zu tun mit der Planke in der Mitte zur Schonung unserer Pferde; Gott bewahre sie und halte allen Schaden von ihnen fern.« Als Leo von Rozmital 1465 Brüssel besuchte, tjostierten er und seine böhmischen Landsleute auf eine ungewohnte Weise gegen die Burgunder: »Um meinem Herrn zu gefallen«, veranstaltete Philipp der Gute »ein Turnier über die Planke, nach der Sitte seines Landes. Dann traten viele edle Prinzen, Herzöge und Grafen, kostbar in Gold gekleidet und mit manch anderer Aufmachung, gegeneinander zum Stechen an.«[78] Diese Mode scheint Frankreich in den 1430er-Jahren erreicht zu haben; die Miniaturen in Kopien von Froissarts Chronik mit Abbildungen des Turniers von St.Inglevert von 1390 – mit Mittelplanken auf dem Turnierplatz – sind eine Bestätigung dafür. Um die Mitte des 15. Jahrhunderts wurde das Stechen über die Planke im Westen üblich, in Deutschland jedoch kam es wohl erst in den letzten Jahrzehnten des Jahrhunderts in allgemeinen Gebrauch.

Kampftechniken

Obwohl das Turnier ein internationaler Sport war, gab es bei den jeweiligen Kampftechniken doch lokale Unterschiede. Wir wissen verhältnismäßig wenig über die bei einem Turnierkampf erforderlichen Fertigkeiten. Außer dem Buch Duartes von Portugal von 1434 gibt es bis zum 16. Jahrhundert keinerlei Abhandlungen über die Handhabung von Pferd und Lanze. Was wir zusammentragen können, beruht eher auf Zufall und ist oft Ergebnis eines beiläufigen Vergleichs oder einer Bemerkung am Rande. Schon 1168 sind für unterschiedliche Schläge und Treffer besondere Namen belegt: der Graf von Flandern griff Godefroi Tuelas, einen Gefährten Balduins von Hennegau, an »und traf ihn mitten auf der Brust mit einem Schlag, der allgemein »vom Filz« (frz. *du feutre*) genannt wird[79]; obwohl das Wort Filz in zahlreichen späteren Texten erscheint, ist seine Bedeutung doch unklar, könnte aber einfach »mit eingelegter Lanze« übersetzt werden.[80] Wir erhalten einen Eindruck von den grundlegenden Kampftaktiken aus den entsprechenden Beschreibungen in der *Histoire de Guillaume le Maréchal* : Die Ritter fochten in geschlossener Ordnung, in wohlgeordneten Trupps; wenn sie die Kampfformation auflösten oder versuchten, als erste am Gegner zu sein, konnte dieses Verhalten zur Niederlage ihrer Seite führen. Philipp von Flandern etwa spezialisierte sich darauf abzuwarten, bis die gegnerischen Reihen aufgebrochen waren, um sie dann an ihrer Flanke anzugreifen und überrannte jeden isolierten Ritter.[81] Die Taktik des Flankenangriffs (»a la traverse«) wird im *Parzival* des Wolfram von Eschenbach erwähnt, wo fünf verschiedene Manöver bei einem Massenturnier beschrieben werden. Der Flankenangriff Philipps von Flandern wird dort mit *ze treviers* bezeichnet, während *zer volge* einfach die Verfolgung des fliehenden Feindes bedeutet. Mit *zem puneiz* scheint der den Kampf einleitende Frontalangriff gemeint zu sein, wobei sich jeder Ritter sein entsprechendes Gegenüber zur linken Hand als Angriffsziel aussuchte, die Lanze quer über den Nacken des Pferdes gelegt und auf den Schild des Gegners gerichtet. *Ze rehter tjost* ist der frontale Anritt zweier Ritter. *Zentmuoten* ist ein Manöver, bei dem ein einzelner Ritter kehrt machte, um einen ihn verfolgenden Trupp anzugreifen.

Abgesehen von diesen kurzen Einblicken erfahren wir lediglich, dass sich bis zum 14. Jahrhundert unterschiedliche regionale Formen ausgebildet haben. Um 1300 hören wir von einer besonderen schwäbischen Turnierausrüstung.[82] Aus einer Dichtung über die Festlichkeiten in Speyer anlässlich der Hochzeit Johanns von Luxemburg im Jahre 1310 geht hervor, dass die Böhmen eine andere Art des Tjostierens pflegten; diese Tradition scheint sich bis zum Ende des 15. Jahrhunderts gehalten zu haben. Richard II. kaufte einen Sattel nach böhmischen Stil für die Tjoste in Smithfield 1386[83], und 1465, als Leo von Rozmitals Gefährten gegeneinander in Köln turnierten, »kam das Turnier, so wie sie es nach ihrer Weise machten, denen in Köln gänzlich außergewöhnlich vor und erregte viel Verwunderung.« Wir haben gesehen, dass der spanische und portugiesische Gebrauch der Mittelplanke von Diego Gutierre de Gamez als wichtiges Unterscheidungsmerkmal erwähnt wurde: er notiert darüberhinaus noch andere Abweichungen, wie beispielsweise die französische Sitte eines Massenkampfes für alle, selbst beim Tjostieren, bei dem eine Vielzahl von Zweikämpfen gleichzeitig stattfand. »Ihre Sitte, eine Ausscheidung herbeizuführen ist es, dass einer gegen den anderen tjostiert, mit so viel Kraft und so hart wie es jeder nur vermag, außer dass sie bei diesen Ausscheidungskämpfen weder Überkleid noch Helmzier tragen; diese heben sie für ihre Feste auf.« Auch merkt er an, dass »die Franzosen, nachdem sie drei oder vier Runden gekämpft haben, sofort ihre Waffen ablegen.«[84] Aus französischer Sicht unterschied sich der flämische und deutsche Stil nach Art der Rüstung und der Sättel; René d'Anjou sagt dazu, dies sei so wie in französischen Tjosten früherer Zeiten.[85] Und Olivier de la Marche bemerkt, dass die Spanier ihre Helme lose trügen, was zu unnötigen Verletzungen in einer der Herausforderungen beim *Pas de la belle Pèlerine* geführt habe.[86]

Die bei weitem ausführlichste Information über Turnierkampftechniken enthält der 1434 geschriebene *Traktat über die Reitkunst* (»Livro da Ensinança de Bem Cavalgar Toda Sela«) von keinem geringeren als Duarte (Eduard), König von Portugal. Die Abhandlung liefert ein lebendiges Bild von dem, was es bedeutet, in die Turnierschranken zu treten. Es ist sehr selten, dass mittelalterliche Texte so unmittelbar von praktischen Dingen reden – Entsprechungen wären etwa die aristokratischen Handbücher zur Jagd und Falknerei. Duartes Hauptaugenmerk liegt natürlich auf der eigentlichen Kunst des Reitens, aber er befasst sich auch speziell mit dem Turnierkampf. Im vierten Kapitel geht es um die Haltung der Lanze:

»Du kannst die Lanze in deiner Hand auf vier Arten tragen: die Lanze läuft an deinem ausgestreckten Arm entlang; die Lanze liegt etwas höher quer über der Mähne des Pferdes; die Lanze liegt über dem linken Arm oder der linken Hand; die Lanze ist entweder unter oder über dem Gürtel. In allen Fällen ist es notwendig, die Lanze gut im Gleichgewicht zu halten. Leichte Lanzen lassen sich am besten mit ausgestrecktem Arm tragen. Es ist gefährlich, die Lanze quer über der Mähne des Pferdes zu tragen, weil sie sich in Bäumen verfangen und andere Schwierigkeiten verursachen kann. Sie über die linke Hand oder den linken Arm zu legen erweist sich als gute Haltung, wenn du zur linken Seite hin kämpfen willst oder nach rückwärts.

An der Hüfte ist es günstiger für schwere Lanzen … In einem Turnier hältst du die Lanze auf deinem Bein, unterstützt durch eine am Sattelbogen oder, wenn du das vorziehst, am Bein befestigten Lasche. Andere halten die Lanze lieber auf dem Schenkel oder zwischen dem Schenkel und dem Sattelbogen, aber diejenigen, die sie gut tragen, ohne andere Hilfe, zeigen größere Stärke und Fertigkeit. In jedem Fall ist es nötig, die Lanze gut gestützt zu halten, bevor man mit dem Pferd zum Angriff anreitet, weil die Lanze nach oben oder nach links zeigen kann. Um dieses Problem auszugleichen, musst du das Gegenteil tun und deinen Körper nach rückwärts oder nach rechts bewegen … Führst du die Lanze an der Hüfte, können sich die nachfolgenden Fehler ergeben: du hältst sie in der Mitte, die Spitze zu hoch, die Hand zu nahe an der Schulter, in Richtung auf das Gesicht, der Ellenbogen zu weit unten. Willst du die Lanze auf richtige Weise halten, musst du das Gegenteil von dem tun, was gerade gesagt wurde. Es ist eleganter, einfacher und nutzbringender, ob du nun eine Rüstung trägst oder nicht.«[87]

Das nächste Kapitel befasst sich mit der konkreten Handhabung der Lanze und wie man dazu die nötige Fertigkeit erwirbt:

»Wenn du jemanden unterweist, dann mache es mit ihm auf dem Boden stehend, zeige alles, was nötig ist und verwende eine kleine Lanze oder einen Stab. Das solltest du lehren: wenn die Lanze auf dem Bein aufliegen soll, was von den meisten bevorzugt wird, dann halte und stütze sie mit deiner Hand von unten her. Wenn du sie an der Brust hältst, dann lege deine Hand so nahe an den Arm wie du nur kannst und biege diesen so, dass er als Auflager für deine Lanze dient. Das Gewicht der Lanze muss von deiner Handfläche und nicht von den Fingern gestützt werden. Und wenn du die Lanze unter deinem Arm halten willst, hebe ihn in der Weise, dass der Schaft frei von deinem Arm wegsteht, aber sobald du die Lanze unter deinem Arm hast, dann presse den Schaft so dicht an wie du kannst und stütze sie zum Teil mit deiner Brust; achte darauf, dich nicht zu krümmen oder dich nach vorne zu beugen, sondern bewahre eine aufrechte Haltung, damit du frei atmen kannst. Und versuche, alles mit einem guten Gespür auszuführen. Dieser Punkt ist sehr wichtig, wenn du die Lanze ohne eine Lanzenauflage anlegst; was diese Art betrifft, so gibt es drei Wege, die Lanze festzuhalten: mit der Hand, die sie stützt, mit dem Arm,

Abbildung eines Stechens über eine hochbordige Mittelplanke (Italien, 16. Jahrhundert). (Malpaga, Castello) (Photo Scala)

der sie andrückt und mit die Brust, deren einer Teil die Lanze hält. Du musst die Lanze mit einer plötzlichen Bewegung anheben, weil das am leichtesten geht. Und wenn du die Lanze weg von deiner Taille ziehst, bewege den Arm, wie es zuvor erklärt wurde. Hat die Lanze einen Handschutz, dann achte darauf, dass sie während dieser Bewegung nicht hinter deiner Taille bleibt, denn das ist sehr unangenehm, und du kannst dich verletzen, wenn du keine Rüstung trägst. Und wenn du mit einer kleinen Lanze umgehen kannst, dann gehe nach und nach zu einer großen Lanze über, damit du nicht Gefahr läufst, dir einen Riss, Rückenschmerzen, Kopfschmerzen oder sonstige Schmerzen in deinen Beinen und Händen zuzuziehen. Kannst du eine Lanze zu Fuß führen, dann versuche es auf dem Pferd, aber immer musst du jemanden bei dir haben, der dich bei allen Fehlern, die du machst, beraten kann … Wenn du die Lanze unter dem Arm trägst, erlaube der Spitze nicht, nach unten abzufallen, besonders, wenn der Wind dir entgegenkommt oder das Pferd in kurzem Galopp läuft, sondern halte die Lanze fest in der Lage, in der du sie gebrauchen willst und führe sie dann so, dass du das Ziel triffst. Reitest du Galopp, dann ist es nach unserem Brauch das Beste, die Füße fest nach unten zu stoßen, die Beine fest anzupressen und deinem Körper zu erlauben, dem Rhythmus in den Bewegungen deines Pferdes zu folgen. An diesem Punkt nimm die Lanze von deinem Bein, lege sie auf die Lanzenauflage und behalte sie fest unter dem Arm, wie oben beschrieben.

Wenn du die Lanze vom Nacken des Pferdes aus lenkst und keine Lanzenrast benutzt, und wenn du sie senken willst, dann sieh zu, dass sie nicht nach unten kippt, wie zuvor gesagt. Wenn du eine Lanzenrast hast, dann soll der hintere Teil der Lanze deinen Ellenbogen berühren, und hältst du sie in dieser Lage, kannst du sie in die Auflage einführen. Erlaube niemals deiner Lanze, nach unten zu kippen, lass deine Hand sie gebührend stützen …

Zu diesem Ratschlag bin ich gekommen, als ich ohne Rüstung kämpfte, aber mit einer langen und schweren Lanze: beim Anheben, bevor sie mir auf die Schulter fallen würde, ließ ich sie ein wenig durch meine Hand gleiten. Das tat ich, um fest in meinem Sattel zu bleiben und um zu verhindern, dass mich das Gewicht der Lanze aus dem Gleichgewicht bringt, und ich glaube, das ist ein gutes Verfahren. Nun sind da einige, die wissen, wie man das ohne Rüstung macht, es aber schwierig finden, wenn sie durch die Rüstung, die Lanzenauflage, den Armschild oder von anderen Teilen ihrer oder ihrer Pferde Rüstung behindert sind. Deshalb, ehe du das alles im wirklichen Kampf ausführen musst, rate ich dir, dich erst selbst zu üben, und dies sogar auf einem stehenden Pferd, und die Lanze drei- oder viermal in die Lanzenauflage einzulegen, während du vollständig geharnischt und gerüstet bist, als ginge es in die Schlacht oder zum Turnier; das ist sehr wichtig, damit du deine Lanze handhaben und genau ins Ziel bringen kannst. Wenn du einmal ohne Rüstung kämpfen willst, musst du dich vor allem, was hinderlich ist, hüten, so vor Seidentuch und Kleidern, die mit kleinen Metallplatten belegt sind, sodass du nicht die richtigen Bewegungen ausführen kannst, während du diese Kleider trägst; sieh zu, dass die Wamsärmel nicht zu eng oder zu kurz sind, und dass dir die Ärmel deines Überkleides nicht im Wege sind, wenn du die Lanze unter deinen Arm klemmen möchtest.«

Das sechste Kapitel handelt davon, wie man ein Ziel anvisiert und trifft, bei der Jagd wie beim Zweikampf im Turnier:

»Ich behandele das Tjostieren zuerst, denn das ist von größter Bedeutung; es gelingt den Männern oft nicht, einen Treffer zu erzielen, weil ihre Sicht schlecht ist, weil sie Lanze und Pferd nicht richtig meistern oder aus mangelnder Entschlossenheit. Was nun die Sicht betrifft, so schließen manche die Augen kurz bevor sie auf das Ziel aufkommen und doch bemerken sie es nicht, weil sie sich zu sehr konzentrieren. Andere merken, dass sie die Augen schließen, können aber nicht vermeiden, es zu tun. Andere verlieren die Sicht auf ihr Ziel, weil ihre Helme schlecht sitzen oder sie ihre Schilde falsch halten. Wieder andere können nichts sehen, weil sie beim Auftreffen auf den anderen Ritter nur ihre Augen oder ihren Kopf wenden, aber dieselbe aufrechte Körperhaltung beibehalten. Zur Abhilfe für diese vier Fehler ist es notwendig, jemanden zu haben, den du fragen kannst, wo du die Fehler machtest oder wo du das Ziel trafst, denn wenn du mit starker Kraft aufgekommen bist, dann kannst du es selbst nicht feststellen. Und wenn die Person, die dich beobachtet, merkt, dass du nicht jedes Mal getroffen hast, oder dass du das Ziel verfehlt hast, muss sie dir sagen, dass du nicht richtig sehen kannst und dich anweisen, deine Augen offen zu halten. Und wenn du deine Augen schließen musst, weil du nicht anders kannst, dann ist das ein sehr schwerer Fehler, der nicht leicht korrigiert werden kann …

Und wenn der Reiter das Ziel nicht trifft, weil er seine Lanze zu spät auf das Ziel richtet, dann sage ihm, er soll es früher tun, denn selbst wenn er kein Sicht hat, ist es doch möglich, dass er durch Zufall trifft, und wenn ihm das gelingt, wird es ihn ermuntern, das nächste Mal seine Augen zu öffnen. Alle Fehler, die damit zusammenhängen, wie du deine Rüstung trägst oder wie du dich übst, können auf folgende Weise behoben werden: wenn du fertig zum Tjost bist und zu Pferde, hebe deine Lanze und halte sie unter dem Arm. Richte Helm und Schild und halte die Lanze auf der Höhe, wie du sie für den Anritt haben willst; dann bewege dich von der einen Seite zur anderen und achte darauf, dass du dabei die Hälfte der Lanze sehen kannst, oder wenigstens ein Drittel von ihr und bleibe so bis zum Ende des Angriffs. Aber wenn dir das nicht gelingt, musst du deinen Sitz sofort wieder in die richtige Position bringen, denn ich glaube nicht, dass du irgendein Ziel treffen kannst, wenn du nichts siehst. Um eine gute Sicht aus dem Helm heraus zu erhalten, musst du ihn zuerst hinten und dann vorne, so gut du irgend kannst, befestigen. Auf diese Weise sitzt der Helm fester und entspricht besser deinem Sichtfeld, als würdest du ihn in umgekehrter Reihenfolge befestigen. Um im Moment des Zusammentreffens mit deinem Gegner gut zu sehen, ist es nötig, dass du ihm deinen Körper zuwendest, wenn er die Mittelplanke entlang auf dich zukommt, und wenn du kurz davor bist, ihn zu treffen, drehe ihm deinen Kopf zu so weit es geht, damit du ihn unmittelbar ansiehst und nicht durch eine Ecke deines Visiers …

Was den zweiten Punkt betrifft – das ist die Führung der Lanze –, so gibt es auch hier vier hauptsächliche Fehler:

Der erste ist, einen schlechten Harnisch zu haben oder so schlecht ausgerüstet zu sein in Hinblick auf deine Armschienen, Lanze, Lanzenauflage, deinen Schild, deine Rundscheiben oder deinen Lederschutz.

Der zweite Fehler ist, dass du eine schwerere Lanze benutzt, als du bedienen kannst.

Der dritte ist, weil du nicht sicher und bequem auf deinem Sattel sitzt.

Der vierte ist, dass du dein Pferd so schlecht gewählt hast, dass du die Kontrolle über das Gebiss des Pferdes verlierst.

Zum ersten Punkt ist es eine gute Hilfe, dass du so viele Male übst, bis du keine Hinderung mehr von irgend einem Teil deiner Rüstung erfährst, bevor du beim Tjostieren mitmachst. Versuche, deine Lanze dreimal unter Arm anzuheben, wie zuvor geraten, bis du sie gänzlich meistern kannst.

Zum zweiten Punkt: benutze niemals eine Lanze, die zum Führen zu schwer ist.

Zum dritten Punkt: Beständigkeit und Geschicklichkeit erreichst du, wenn du genau weißt, wie du es machen musst. Und in diesem Falle fand ich es, nach unserem Brauch, als gute Übung, eher aufrecht zu reiten, mit langen Sporen und mit einem gut angepassten Sattel: nicht zu weit, nicht zu eng, dort tief eingeschnitten, wo sich die Beine einpassen sollen, sowie versehen mit guter Polsterung. Der Sattel sollte dich nicht nach hinten oder nach vorne schleudern, sondern soll dir erlauben, gleichmäßig sorgfältig zu reiten, mit guter Kontrolle über dich selbst und deine Lanze.

Zum vierten Punkt: das Pferd muss sich leicht mit Trense und Sporen lenken lassen, soll nicht ungestüm sein, plötzlich anhalten oder so unruhig sein, dass es den Reiter beim Tjostieren hindert. Dem kann man Abhilfe schaffen, wenn man etwas härter mit der Trense umgeht, aber nicht so sehr, dass das Pferd scheut oder seinen Kopf nach unten schleudert; und du darfst die Sporen, die kurz und stumpf sein sollen, nicht zu hart einsetzen.

Denn meiner Ansicht nach erachte ich nicht den als guten Tjostierer, dessen Pferd ihm an den Zügeln zugeführt wird, und auch, wenn jemand anderes das Pferd mit einem Stock antreibt. Ein guter Tjostierer muss sein eigenes Pferd mitbringen, es mit den Zügeln und den Sporen beherrschen, es zurückhalten oder es anspornen, es an die Planke lenken und die Zügel schießen lassen, wie es sich gehört. Denn wenn das Pferd in einer anderen Weise behandelt wird, können nur wenige ihre Lanze unter Kontrolle halten und sich als gute Tjostierer erweisen, auch wenn du bei einem Pferd, das sehr schnell anreitet und einen Rossharnisch trägt, die Lanze ruhiger halten kannst sobald sie auf der Lanzenrast eingelegt ist.«

Das nächste Kapitel kehrt zum Hauptthema der Reitkunst zurück, jedoch unter besonderer Berücksichtigung der Beherrschung eines Pferdes in den Schranken. Viele der Ratschläge behandeln das Reiten im Allgemeinen: Reiter, die ihr Pferd nicht meistern, weil die Trense schlecht sitzt, oder die es nicht schaffen, ihre Pferd in die gewünsche Richtung anreiten zu lassen, weil ihnen grundlegende Fertigkeiten fehlen. Faszinierend ist indessen, dass das Thema des Reiters, der gar nicht erst versucht, sein Pferd zu beherrschen – wie im vorherigen Kapitel bereits erwähnt – noch einmal aufgegriffen wird; offenkundig gab es Tjostierer, die, ob aus Unerfahrenheit oder ganz bewusst, wie eine Rakete in die Schranken schossen – in der Hoffnung, irgendwie einen Treffer zu landen. Ein anderes problematisches Detail ist die Anwesenheit von Helfern, die den Tjostierer dabei unterstützen, sich im Sattel zu halten:

»Um sich während des Angriffs fest auf ihrem Pferd zu halten, benutzen einige Reiter Seile, die vom vorderen Teil des Pferdes herkommen und die sie zusammen mit den Zügeln in der Hand halten. Sie ziehen diese Seile so straff an, dass die Pferde kaum mit den Zügeln gelenkt werden können …

Damit dieser Fehler vermieden wird, nämlich die Seile betreffend, die von der Front oder vom Sattelgurt des Pferdes herkommen, um den Reiter gerade zu halten, dem Reiter aber die Führung des Pferdes nicht erlauben, müssen die Zügel auf folgende Weise gehandhabt werden: Sobald du die Stelle markiert hast, an der du die Zügel halten willst (mit einem Knoten oder einem Stab), lege die Rüstung an und halte die Zügel entweder an dem Knoten oder indem du sie um die Hand schlingst. Dann lehne dich im Sattel zurück und befestige die Seile da, wo du sie zu finden hoffst; Letztere dürfen die Vorwärtsbewegung des Pferdes nicht verhindern, sondern sollen dem Reiter eine zusätzliche Hilfe bieten, wenn er ihrer bedarf.«

Das letzte, mit dem Tjostieren befasste Kapitel, ist vielleicht das aufschlussreichste von allen, denn es behandelt die notwendige psychische Disposition, damit man ein erfolgreicher Turnierkämpfer wird. Kein Chronist (und natürlich auch kein Dichter, obgleich wir sie als Zeugen nicht bemüht haben) liefert uns nur annähernd einen solchen Eindruck von den Gefühlen auf dem Turnierplatz, wie die Abhandlung König Duartes:

»Wegen fehlenden Selbstvertrauens können Tjostierer auf vier unterschiedliche Arten versagen:

Zum Ersten, weil sie den Kampf vermeiden wollen.

Zum Zweiten, weil sie sich wegwenden aus Furcht vor dem Augenblick des Zusammenpralls.

Zum Dritten, weil es ihnen nicht gelingt, ihren Körper und ihre Lanze wegen der notwendigen Kraftanstrengung in einer festen Position zu halten.

Zum Vierten, weil sie so bemüht sind, einen Vorteil gegenüber ihrem Gegner zu erringen, dass es mit einem Fehlschlag endet.

Was den ersten Punkt betrifft, so versagen manche, weil sie von ihrem eigenen Instinkt geleitet werden, den Kampf zu vermeiden, weil sie sich vor einem bestimmten Gegner schützen wollen, oder weil ihr Pferd schwach ist oder weil ihre Lanze so dick ist und sie wissen, dass sie sich nicht auf das Treffen einlassen können ohne eine Verletzung davonzutragen … Manche versagen wegen dieser ersten Haltung, wenn Leute ihre eigene Sicherheit suchen und Gefahr und Unbill vermeiden wollen. Das geschieht so: begibt sich jemand zu einem Turnier, ist er entschlossen zu kämpfen, und diese Entschlossenheit ist noch gegenwärtig, wenn er seine Lanze ergreift. Nähert er sich aber seinem Gegner, rät ihm sein Instinkt, dem Kampf aus dem Wege zu gehen; sogleich aber widerspricht dem seine Entschlossenheit, und dieser innere Kampf setzt sich die ganze Zeit fort, während der er seinen Angriff reitet; manchmal zieht ihn sein Instinkt von seiner Angriffslinie fort und lässt ihn seine Lanze weghalten, um nur nicht mit dem Gegner zusammenzutreffen. Und sobald er seinen Gegner verfehlt hat, ist der Tjostierer sehr enttäuscht von sich selbst und ist bereit, beim nächsten Mal entschlossener aufzutreten. Wenn er sich aber an anderen Turnieren beteiligt, entscheidet sein freier Wille, lieber diesem schwachen und schlechten Instinkt zu folgen, als seiner festen mannhaften Entschlossenheit …

Was die zweite Art betrifft, bei der du versagen kannst – weil dich nämlich Furcht dazu bringt, von deiner Angriffslinie abzuweichen – ist ebenfalls von der Schwäche des Fleisches verursacht; aber da gibt es folgenden Unterschied: Die erste erwähnte Gruppe entscheidet einfach, den Kampf zu vermeiden und die Lanze zur Seite zu ziehen, die letzte Gruppe indessen ist entschlossen, fest zu bleiben, und indem sie sich selbst und ihren gesamten Körper versteifen, schließen sie die Augen, und es gelingt ihnen nicht, mit ihrem Gegner zusammenzutreffen; oder auch, indem sie ihre Körper versteifen, verkrampfen sie ihren Arm zu stark und nötigen damit die Lanze, von ihrem Ziel abzuweichen …

Der letzte Fehler kommt von dem Bestreben in einer Vorteilslage gegenüber dem Gegner zu sein, hierbei wirkt der Instinkt so, Gefahr zu vermeiden, aber dennoch den Gegner zu treffen und zu verwunden. Wenn sich diese Vorteilslage nicht ergibt, zieht es ein solcher Tjostierer vor, das Zusammentreffen gänzlich zu verfehlen … Das geschieht unabhängig davon, wer den Wettkampf bestreitet, wogegen sie kämpfen oder welche Art Pferde sie reiten …

Damit du die oben beschriebenen Einstellungen vermeidest, musst du deiner Vernunft und deinem Verstand folgen. Bedenke, in welcher Richtung deine Handlungen ablaufen sollen und zwinge dich, mit Hilfe deiner Anstrengungen, deiner Vernunft und deiner Erfahrung, diesen Weg zu gehen … Erinnere dich an deine frühere Entschlossenheit, den Kampf zu bestehen, als du zum ersten Mal in die Schranken rittest; erinnere dich während des gesamten Angriffs daran und erlaube nicht, dass du davon abgebracht wirst. Erinnere dich, wie selten sich Unfälle aus Zusammenstößen dieser Art ergeben im Vergleich zu Unfällen beim »juego de cañas« (Spiel mit Stöcken), bei der Jagd oder beim Kampf in der Schlacht – und auf all das lassen sich die Leute ohne sonderliche Furcht ein. Dasselbe solltest du dann auch beim Tjostieren empfinden, und du wirst schon vorher auf Fehler oder Stürze vorbereitet sein und wirst nicht darauf aus sein, dem Zusammentreffen mit deinem Gegner auszuweichen. Und wenn du dich fest an diese Entscheidung hältst und gänzlich entschlossen bist, ihr zu folgen, wirst du schließlich deinem Gegner entgegentreten. Um dich vor der Neigung einer allzu großen Verkrampfung bei der Vorbereitung des Treffens zu bewahren, magst du eine von drei Möglichkeiten wählen: entweder du bringst dich und die Lanze in eine entspannte Lage, oder du straffst dich so kräftig, dass es schwierig wird, diese Haltung über längere Zeit beizubehalten, und wenn es dann zum Treffen kommt, wirst du bereits entspannter sein. Die dritte Möglichkeit ist, die Lanze ein wenig locker zu halten, und wenn du dich anspannst, um Mut zu schöpfen, kommt die Lanze ganz natürlich in die richtige Position.

Was nun den Wunsch betrifft, sich durch unbillige Vorteile zu schützen: dies sollte jeder vernünftige Tjostierer vermeiden. Er sollte immer bedenken, wer er selbst ist, wer sein Gegner, sein Pferd, die Lanze, die er benutzt und dann seinen Gegner angreifen. Und wenn du denkst, du hast einen Vorteil, dann senke deinen Schild, denn ich meine, du kannst kein guter Tjostierer sein, wenn du nicht bereit bist, einige Risiken einzugehen. Darüberhinaus kannst du die beiden folgenden Ratschläge annehmen. Zum ersten: wenn du deine Lanze unter dem Arm senkst im Falle dein Gegner ist nicht zu nahe – richte deine Lanze etwas unter den Punkt, den du treffen willst. Dies geschieht aus zwei Gründen: einmal, um besser den Punkt sehen zu können, auf den du treffen willst; sodann, damit du dich zwingst, die Lanze beim Absenken nicht noch tiefer abfallen zu lassen. Der zweite Ratschlag ist – und das ist die vornehmliche Methode, ein Ziel zu treffen –, dass du deine Augen fest auf das Ziel heftest und deinen Körper und deinen Willen fest bleiben lässt, bis du glaubst sehen zu können, dass die eiserne Spitze deiner Lanze im beabsichtigen Ziel ankommt«.

Duarte beschließt den Hauptteil seines Abhandlung mit einigen Bemerkungen zur Rolle der Dienstleute zu Fuß, die wiederum ein unerwartetes Licht auf die Schwierigkeiten werfen, mit denen ein Tjostierer zu kämpfen hat; die Probleme der Sicht, des Aufsitzens und Absitzens waren offenkundig erheblich, selbst bei guten Turnierkämpfern:

»Und obgleich ich so viel darüber geschrieben habe, wie man tjostieren soll, erscheint es mir doch angemessen, auch etwas über die Dienerschaft zu Fuß zu schreiben, obwohl das nichts mit der eigentlichen Fertigkeit des Tjostierens zu tun hat; aber ich habe gesehen, dass vielen Tjostierern so schlechte Dienste geleistet werden, ungeachtet der großen Anzahl von Leuten, die sie um sich haben. Wenn ein Turnierkämpfer drei Bedienstete hat, so soll er je einen an jedem Ende der Mittelplanke aufstellen und einen in der Mitte. Die Männer an den beiden Plankenenden müssen auf drei Dinge achten: zum ersten, wenn der Kämpfer nach seinem Angriff wendet, muss er ihn im Abstand von der Planke halten und ihm helfen, sicher zu wenden, denn ich habe viele Tjostierer gesehen, die sich ihre Füße verletzten, weil sie zu eng an der Planke wendeten, insbesondere, wenn es keinen Schutz am Ende der Planke gab, wie es heutzutage üblich ist. Diese Tjostierer stoßen dann mit ihren Füßen an die Mittelplanke. Zum zweiten muss er dem Reiter helfen, seine Füße von den Sporen zu nehmen, wenn er das wünscht. Zum dritten, er muss helfen, das Pferd an dem Platz ruhig zu halten, wo der Reiter es will. Und der Mann an der Mitte der Planke hat drei Aufgaben zu erfüllen: zum ersten, den Kämpfer im Auge zu behalten und ihm sofort zu helfen, wenn er nach dem Zusammenprall Unterstützung benötigt; zum zweiten, die Lanze aufzuheben und dem Stallburschen zu übergeben; zum dritten, alle Teile der Rüstung aufzuheben, die im Verlauf des Treffens heruntergefallen sind, und sie den Männern an den Enden der Planke in die Hand zu geben. Ganz gleich, wie viele Diener du haben magst, sie müssen immer in drei Gruppen aufgeteilt sein, und jede muss eine dieser Aufgaben wahrnehmen. Sie werden dir dann weitaus nutzbringender sein, als wären sie alle zusammen um dich herum.«

Duartes Hinweis, dass ein Turnierkämpfer seinen Gegner nicht übervorteilen soll, findet sich, in unterschiedlichem Kontext, auch in anderen Quellen. Diego Gutierre de Gamez notiert, dass die Franzosen mit Lanzen gleicher Länge kämpften und dass nur drei Handwerksmeistern erlaubt war, sie zu verfertigen. Die Paragrafen mancher Turnierforderungen des 15. Jahrhunderts schreiben vor, dass nur

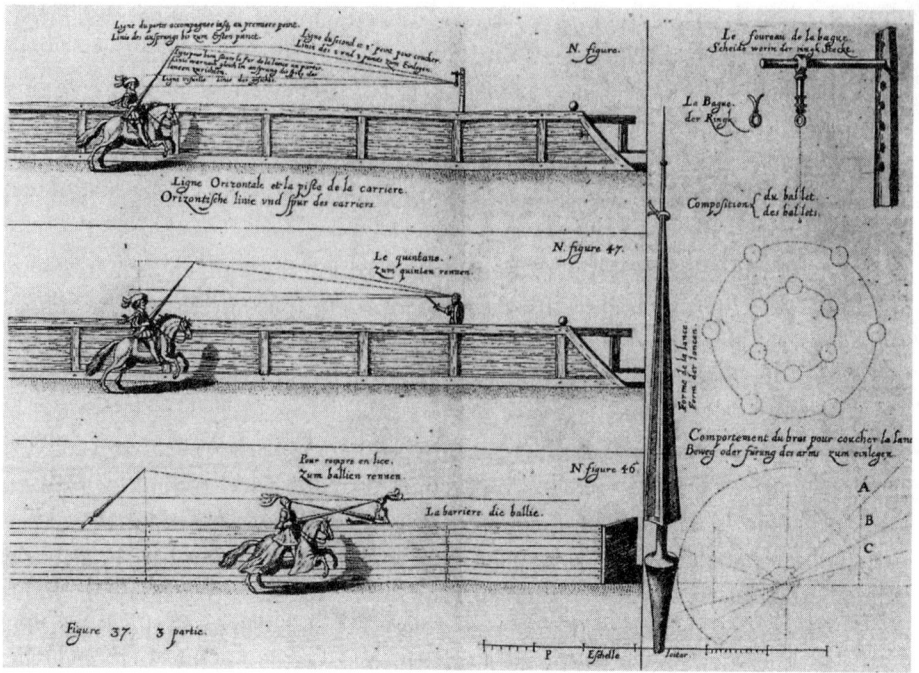

Die Techniken des Ringrennens (oben), der Quintana (Mitte), des Tjostierens (unten).
(Fotomas Index, London)

vom Verteidiger bereitgestellte Lanzen und Schwerter verwendet werden dürfen,
und dass der Angreifer das Recht der ersten Wahl haben muss. Im Jahre 1481 kor-
respondiert Albrecht Achilles von Brandenburg mit Wilhelm von Jülich über die
Ausrichtung des Hochzeitsturniers, über die Standards bei den Rüstungen und
über die Abmessungen der Lanzen – 11 Fuß lang vom Krönlein an der Spitze bis
zum Handschutz.[88] Wie schon gesagt, wurden auch bei den deutschen Turniergesellschaften die einzusetzenden Waffen bis ins Einzelne festgelegt. Da verwundert
es nicht, dass 1464 ein Ritter an einen Freund schreibt und ihn nach einer »ver-
borgenen Kunst« fragt, mit der er im Turnier einen Vorteil herausholen könne!

Das Turnier als gesellschaftliches Ereignis
und die Anwesenheit von Damen

Die Begeisterung für Turniere beschränkte sich nicht nur auf die teilnehmenden
Ritter. Das Turnier war seit dem frühen 13. Jahrhundert ein herausragendes gesellschaftliches Ereignis, und die Anwesenheit von Damen bei solchen Veranstaltungen
gilt als selbstverständlich, auch wenn sie selten direkt erwähnt wird. Das Turnier
Pedros II. von Aragón in Montpellier zu Ehren seiner Gattin ist der früheste Beleg

für eine Schirmherrschaft von Damen. Um 1270 hält der Markgraf von Este ein Turnier zu Ehren einer anwesenden Dame, und Damen waren auch bei Roger Mortimers Turnierfest in Kenilworth im Jahre 1249 sowie 1285 in Chauvency zugegen. 1315 wurden in Basel zahlreiche Damen verletzt, als die Zuschauertribüne einstürzte, und es wurde bei dieser Gelegenheit eine Menge Schmuck gestohlen. In den 1330er-Jahren waren Damen regelmäßig als Zuschauerinnen bei englischen Turnieren zugegen; 1331 brach die Zuschauertribüne in Cheapside zusammen und verletzte wiederum zahlreiche Damen. Man kann daraus schließen, dass die Errichtung von Tribünen mit der Anwesenheit von Damen im Zusammenhang stand – man wollte ihnen nicht zumuten, sich unter die bunte Menge der ebenfalls zuschauenden Stadtbevölkerung zu mischen. Wir erhalten auch Nachricht von individueller Turnierbegeisterung, wie etwa im Falle der Gräfin von Luxemburg in Chauvency und der zweiten Frau Johanns von Böhmen, Beatrix; man sagt er habe sie nur wegen eben dieser Liebe zum Turnier geheiratet.[89] In den 1480er-Jahren veranstaltete Friedrich von Brandenburg ein Turnier zur Unterhaltung seiner Mutter, die sich von einer Krankheit erholte. Es ist ein ungewöhnlicher Fall, von einer Frau zu hören, die sich weigerte, beim Turnier zuzuschauen: Olivier de la Marche überliefert, dass Isabella von Burgund im Jahre 1449 nicht bei einem pas d'armes dabei sein wollte, »und ich habe nie gesehen, dass sie sich einen Fußkampf angeschaut hätte.« Andere Damen kamen allein aus gesellschaftlichen Gründen: Die Forderung Dorotheas von Mecklenburg, mit einer goldverzierten Kutsche zu einem Turnier des Jahres 1467 fahren zu dürfen, unterstreicht die gesellschaftlich-repräsentative Seite eines Turnierfestes.

Von Anfang an waren Turnier und Tanz miteinander verbunden, und das schon seit den Tagen des Guillaume le Maréchal; getanzt wurde auch in Kenilworth und bei den Turnieren Eduards III. In Chauvency versammelte man sich jeden Abend zum Tanz, und die Damen tanzten am letzten Tag in Erwartung des Turnierbeginns miteinander. Der Tanz war ein wichtiger Bestandteil der spanischen und burgundischen Turniere und geriet auch in die Formalien der deutschen Turniergesellschaften: wer sich während des Turniers regelwidrig verhalten hatte, wurde vom Tanz ausgeschlossen, ebenso solche, die ohne Erlaubnis oder ohne gebührende Qualifikation am Turnier teilnahmen.

Die Preise wurden traditionell von Damen überreicht: der Turnierpreis Guillaumes in Form eines kapitalen Hechts wurde ihm von der örtlichen Burgherrin übersandt, und eine Dame übergab auch den Bären als Preis eines Turniers in London im Jahre 1216. Sir John Tiptoft sagt, Preise zu gewähren, habe traditionell im Ermessen der Damen gestanden, und wiederum finden wir diese Gepflogenheit im *frauendank* der deutschen Turniergesellschaften formalisiert. Indessen, dass die Damen in Ferrara 1438 selbst zu einem Wettkampf um Preise antraten, dürfte die Ausnahme gewesen sein: nach dem Ende der Turnierkämpfe, »rannten alle Damen auf dem Turnierplatz. Sie mussten so weit laufen, wie ein Mann einen Stein schleudern konnte.« Die Preise waren am Ende der Strecke ausgelegt und bestanden aus drei Stücken feinen Tuches. Hier zumindest hätte man es mit einem klaren Sieger zu tun gehabt; bei der komplizierten Trefferzählung und dem Durcheinander bei einem Turnier, kann die Rolle der Frauen bei der Beurteilung des Turnierausgangs nur eine zeremonielle gewesen sein, die eigentliche Bewertungsarbeit wurde von den Verantwortlichen für die Organisation oder von den Turnierrichtern selbst vorgenommen, wie der Abhandlung Renés von Anjou zu entnehmen ist.

Der andere soziale Aspekt der Turniere bestand in ihrer Funktion als Spektakel, in das häufig Frauen einbezogen wurden. Das Thema der Frau als Inspirationsquelle geht in der Literatur auf die *Historia regum Britanniae* des Geoffrey von Monmouth zurück und erreicht seinen Höhepunkt im Versroman über Lancelot und Guinevere des Chrétien de Troyes, in dem Guinevere, unsicher über die Identität eines Ritters, der inkognito in den Schranken auftrat, diesem durch einen Boten mitteilen lässt, er möge schlecht kämpfen: wenn er er sich auf der Stelle vom Sieger zum Besiegten wandele, dann wisse sie, dass er Lancelot sei. Vielleicht wegen dieser engen Beziehung in den Romanen zwischen Guinevere und dem Turnier, standen die Turniere von Le Hem im Jahre 1278 unter der Leitung einer Dame in der Rolle der »Königin Guinevere«. Wir haben bereits die »Rundtafeln« als häufige Turnierform erwähnt, und Sarrasins Dichtung über Le Hem führt uns ein nach deutlich theatralischen Gesichtspunkten konzipiertes Turnierfest vor Augen, das durchaus typisch für solche Veranstaltungen gewesen sein dürfte. Bei den Turnieren auf Zypern von 1223 sollen die Leute des Hofes die Abenteuer König Artus' und seiner Ritter »nachgespielt« haben, und in Le Hem spielen Ritter ähnliche Rollen: Graf Robert von Artois gab den Löwenritter Yvain, und ein anderer übernahm die undankbare Rolle des Kay, König Arthus' übellauniger Seneschall. Eine hässliche Magd trat als Bote auf, und alle Herausforderer mussten von einer Dame geleitet werden und mussten tjostieren, bevor man ihnen Zutritt bei Hofe gewährte.

Der literarische Rahmen des Tafelrundenturniers führte auf direktem Wege zur Welt des Theatralischen, und entsprechend traten die Turnierkämpfer in vielerlei Verkleidung auf. Ulrich von Liechtenstein ist das früheste Beispiel dafür; seiner Dame Venus stellt sich ein als Mönch verkleideter Ritter entgegen. Seine schockierte Reaktion auf die Aufmachung seines Herausforderers impliziert, dass solch unfromme Verkleidung offenkundig noch als etwas Ungewohntes angesehen wurde. Bei den Festlichkeiten anlässlich der Krönung König Heinrichs in Akkon trat 1286 die Gruppe der Herausforderer als Nonnen und Mönche auf. Die Serie von Turnieren in geistlichem Ornat des 14. und 15. Jahrhunderts wurde bereits erwähnt. Die Kostüme dürften einfach genug gewesen sein, so dass man sie über der Rüstung tragen konnte, waren also nicht mehr als ein Überkleid, vielleicht versehen mit einer besonderen Helmzier und mit Wappen, vielleicht mit besonderen Abzeichen auf der Pferdedecke und dem Geschirr zum Hinweis auf die dargestellte Figur. Schon die normalerweise üblichen Helmzierden waren ja eine Art Kostüm; so war es von der gewohnten Gewandung der Turnierritter nur ein kurzer Schritt bis hin zu anderen Kostümen und Identitäten.

Rudimentäre theatralische Szenerien innerhalb des Turniergeschehens finden wir bereits zu einem recht frühen Zeitpunkt. Das vielleicht berühmteste Beispiel ist die Rundtafel von Winchester Mitte des 13. Jahrhunderts; auch wenn wir nicht vollständig sicher sein können, ob man ein Tafelrundenturnier im Auge hatte, scheint doch hier der Ursprung zu liegen. Die Ehrenbäume beim Nordhausen-Turnier von 1263 und seinen Nachfolgern sind eine einfache, frühe Form theatralischer Szenerie, ähnlich auch wie das Schloss aus Zeltplanen beim Mortimer-Turnier von 1328. Die eigentliche Konzeption einer Szenerie als wichtiges Element theatralischer Darbietung entwickelte sich erst im ausgehenden 14. Jahrhundert. Das Prinzip wird von vielen Turnieren dieser Epoche übernommen, teilweise im Zusammenhang mit dem Königseinzug und teilweise – in den Forderungsturnieren des 15. Jahrhunderts – als Dramatisierung der Romanliteratur. Auch die Zuschauer auf Tribünen verliehen dem Turnier eine theatralische Qualität, wie sie nur wenige Veranstaltungsereignisse des Mittelalters aufzuweisen hatten, einmal abgesehen von den Mysterienspielen der mittelalterlichen Stadtgilden.

Das Turnier begann als gänzlich informelle Angelegenheit, als militärische Übung für Ritter und Knappen oder als Scheinkrieg; mit dem Beginn des 16. Jahrhunderts hatten Form und Formalismus die Regie übernommen, und das Turnier geriet zu einem sorgfältig vorausgeplanten Ereignis, das zu besonderen Zeitpunkten und Gelegenheiten veranstaltet wurde – ein Geschehen mit eigenen literarischen und dramatischen Konventionen. Der Höhepunkt des Turniers liegt im 15. Jahrhundert, als sich die Wirklichkeit des Krieges und der jenseits der militärischen Übung liegende Überbau ritueller und theatralischer Neuerungen noch die Waage hielten. Somit schließt sich der Kreis dort, wo wir unsere Entdeckungsreise begannen – bei der Vermählung Philipps des Guten mit Isabella von Portugal. Dort verbanden sich Prachtentfaltung und Rittertum und machten das Turnier zu einem der großen Augenblicke mittelalterlichen Lebens.

Knappen zu Fuß trainieren mit der Lanze und einem Turnierkarren: aus dem Alexanderroman von 1344. (Bodleian Library, MS 264 f.82v.)

Epilog

Das Turnier erhielt sich bis in die zweite Dekade des 17. Jahrhunderts in einer Form, die die Ritter der drei zurückliegenden Jahrhunderte immer noch als ihren Lieblingssport erkannt hätten. Aber mit dem Ausbruch des Dreißigjährigen Krieges und mit der gewandelten Einstellung der Fürsten ihrem höfischen Gefolge gegenüber, verschwinden auch der letzte militärische Zweck sowie die Funktion als integrativer Sport innerhalb einer als gleichrangig empfundenen Ritterschaft. Maximilian mag das Turnier zwar zu einer Spezialität des kaiserlichen Hofes gemacht haben, aber er kämpfte mit Knappen und Leuten seines Hofes als Gleicher unter Gleichen. Die absolutistischen Herrscher des ausgehenden 16. und beginnenden 17.Jahrhunderts konnten sich auf diese Ebene nicht herabbegeben; sie mussten herausgehoben und im Rahmen theatralischer Spektakel glorifiziert werden, die – wenn sie überhaupt den Namen Turnier verdienten – lediglich die ritualisierte Inszenierung von Turnierkämpfen zum Gegenstand hatten. In seiner Beschreibung eines für Don Juan d'Austria veranstalteten Turniers in Piacenza 1574 beschreibt Antonio Bandinelli auf 43 Seiten ausführlich Aufmachung und Erscheinung eines jeden Turnierteilnehmers in einem Umzug auf Festwagen, während er die eigentlichen Kämpfe mit gerade zwanzig Zeilen abtut. Das theatralische Element hat den eigentlichen Sport verdrängt.

Der Held des Turniers im ausgehenden 16. und beginnenden 17. Jahrhunderts ist der Fürst selbst. Der mächtige Ansporn, durch persönliche Tüchtigkeit Ruhm, Ehre oder die Liebe einer Dame zu gewinnen, hatte sich verloren, denn der Fürst duldete keinen Rivalen, keine Stars auf dem Turnierplatz. Zu Beginn des 16.Jahrhunderts hatte Baldassare Castiglione in seinem einflussreichen Werk *Il Cortigiano* (*Der Höfling*) geschrieben:

»… was sportliche Spiele betrifft, so gibt es einige, die kaum jemals betrieben wurden, außer in der Öffentlichkeit, darunter Tjostieren, Turnieren und Wettschießen sowie alle anderen, bei denen Waffen verwendet werden. Wenn nun unser Höfling daran teilnehmen muss, hat er es so einzurichten, dass er aufs Beste mit Pferd, Waffen und Kleid ausgerüstet ist, damit ihm da an nichts fehlt; und wenn er nicht den Eindruck hat, dass alles so gut ist wie es sein muss, darf er um keinen Preis daran teilnehmen, denn wenn es ihm nicht gelingt, sich vorteilhaft darzustellen, kann er sich nicht damit entschuldigen, indem er sagt, dies sei nicht seine Profession. Als Nächstes soll er wohl darauf achten, welche Art Zuschauer anwesend und wer seine Mitkämpfer sind, denn es wäre einem Edelmann nicht zuträglich, irgendeine ländliche Veranstaltung, bei der Zuschauer und Teilnehmer dem gemeinen Volk angehören, mit seiner Person zu ehren.«

Ein anderer Faktor dieses Richtungswechsels im Turnierwesen war die Entwicklung des Schaureitens. Ein guter Reiter wurde im Mittelalter immer bewundert; so erregte Gaston IV. von Foix im Turnier von Nancy 1443 wegen seiner Reitkunst allgemeine Bewunderung. Der Unterschied aber zwischen dem Buch Duartes von Portugal und den Werken der neapolitanischen Reitmeister der 1550er-Jahre besteht darin, dass die Anweisungen zu einer praktischen Fertigkeit in die ritualisierte, ja kunstähnliche Form des »Pferdekarussels« umgewandelt wurden. Dies verknüpfte sich ganz natürlich mit den rituellen Elementen des Turniers, dem inszenierten Einzug der Turnierkämpfer, den Paraden, und nahm bei diesen Ereignissen schließlich einen zentralen Platz ein. Das Kriegsgeschehen wurde imitiert, aber nicht durch einen wirklichen Ausscheidungskampf, sondern durch ein vorher eingeübtes Scheingefecht, das nur durchführbar war, wenn die Reiter genügend eingeübt waren, dieselben Manöver bei jeder Vorstellung aufzuführen – das Ergebnis lässt sich am besten mit »Pferdeballett« umschreiben. Das *carroussel*, wie diese neue Form der Unterhaltung jetzt genannt wurde, beschreibt am besten Claude-François Menstrier in seiner Abhandlung über dieses Thema. Im Carroussel von Paris im Jahre 1606 etwa, begegnet uns eine Mischung zwischen reinem Schauspiel, Symbolismus und ein wenig Turnierkampf. Das Carroussel wurde bei Dunkelheit im Hof des Louvre inszeniert; dabei nahmen vier Mannschaften von Rittern teil, die die vier Elemente repräsentierten. Der Umzug der Ritter des Wassers bestand unter anderem aus zwölf Sirenen, »einer Fontänenmaschine« und einem Wagen mit Meeresgöttern, danach folgten die zwölf Ritter. Das Feuer wurde dargestellt von vier auf Ambosse schlagenden Schmieden, von Feuerwerk und dem Gott Vulkan. Das Element der Luft verursachte jedoch größere Schwierigkeiten; so erschien Juno als Göttin der Luft auf einem Wagen, angefüllt mit einer großen Menge Vögel. Ein Zug von Mohren und zwei Elefanten verwies auf die Ritter der Erde. Als alle vier Mannschaften versammelt waren, fochten die Ritter einzeln, in Paaren, zu dritt und dann alle zusammen: »Sie alle brachen in der *mêlée* Lanzen, Kurzschwerter, Spieße, Pfeile und Schilde, jeder hielt Fackeln in der Hand, und dann kehrten sie zum Hôtel de Bourbon zurück.«

Noch im frühen 17. Jahrhundert wurde das Turnier von den Theoretikern als nützliche Übung für den Krieg angesehen, es war aber nur eines unter anderen Trainingsmöglichkeiten. Mittelalterliche Autoren, wie Johannes (João) I. von Portugal in seinem *Livro da Montaria*, hatten die Jagd als Training für den Krieg vorgeschlagen, da sie Beweglichkeit und Reitkunst sowie den Gebrauch von Waffen erforderte: die Jagd hatte Wurzeln in der Antike und hat das Turnier mehrere Jahrhunderte lang überdauert.

Das Turnier als Waffenübung wurde eher vom Fechten abgelöst. Es hatte seinen Ursprung im Italien und Deutschland des ausgehenden 14. Jahrhunderts, war zunächst die Domäne professioneller Schwertkämpfer und bezog sich auf die gesamte Bandbreite defensiver Techniken vom Ringen bis zum Kampf mit Waffen. Ähnlich wie das Turnierwesen in seiner Frühzeit, wurde auch das Fechten allgemein von den Obrigkeiten missbilligt, auch wenn sich im Verlauf des 15. Jahrhunderts die

Das Turnier in Eglington von 1839. Der Turnierplatz und der Massenkampf. Diese idealisierten Bilder haben nur wenig mit jener gänzlich verunglückten Veranstaltung gemein, die bei strömendem Regen auf einem morastigen Platz stattfand.

deutschen Schwertkämpfer in Gilden, den *Marcusbrüdern*, organisierten. Fechten entwickelte sich erst zum aristokratischen Zeitvertreib, als das Element des Ringens verschwand und der reine Schwertkampf zur anerkannten Kampfform wurde. Die alten, schweren Schwerter, die als Hiebwaffe konzipiert waren, wichen eleganten, von den italienischen Fechtmeistern entwickelten Stichwaffen. Diese Fechtmeister wurden mit ihren behänden, schnellen Bewegungen und ihren tödlichen Degen zu Meistern dieser Kunst. Die neue Mode verbreitete sich schnell in Frankreich und Spanien, fand jedoch im England des ausgehenden 16. Jahrhunderts nur wenige Anhänger. Es entwickelte sich bisweilen zum modernen Kurzschwertfechten, war aber grundsätzlich eine Technik für das Duell – mit dem es eng verbunden war –sowie für den spontanen Kampf, fand aber keine Verwendung in der Schlacht, wo im 17. Jahrhundert Artillerie, Langschwert und Pike die dominierenden Elemente waren.

Das Verschwinden des Harnischs im späten 17. Jahrhundert bedeutete, dass jeder Versuch, ein richtiges Turnier auszurüsten, aus Kostengründen nahezu unmöglich geworden war; der Harnisch für ein *carroussel* war dagegen oft nicht mehr als die Nachahmung einer Rüstung. Das 18. Jahrhundert erfand die Parade als alternative und weniger kostspielige Methode, Macht und Prestige eines Herrschers darzustellen. Am Ende des 18. Jahrhunderts beförderte lediglich das erneute Interesse an mittelalterlichen Dingen ein Wiederaufleben des Sports. Das meiste hatte jedoch theatralischen Charakter, wie etwa die Festlichkeiten unter König Gustav III. von Schweden. Selbst das berühmteste dieser neuzeitlichen Turniere, das von Eglinton in Schottland 1839, verdankte vieles literarisch geprägtem Idealismus, auch wenn die Teilnehmer ernsthafte Anstrengungen unternahmen, die alten Techniken genau zu erlernen. Dem Turnier ging eine Reihe von Proben in London voraus, bei denen das Tjostieren weitaus beeindruckender verlief, als am Tag des eigentlichen Turniers – wegen eines furchtbaren Sturmes, der die ganze Veranstaltung regelrecht vom Platze fegte. Wäre Eglinton ein Erfolg geworden, hätten in England sicherlich noch weitere derartige Turniere folgen können, auch wenn die enormen Kosten vermutlich abschreckender wirkten als die verheerenden Regengüsse. Man sagt, mehr als ein Teilnehmer habe sich in der Bond Street, in den Geschäften der Rüstungshändler, finanziell ruiniert.

Die kleineren Formen des Turnier, das Stechen auf die Quintanpuppe oder das Ringelstechen erhielten sich bis ins 19. Jahrhundert hinein; man begegnet ihnen noch heute im ländlichen Italien als genuine Überbleibsel. Carroussels waren bis ins 19. Jahrhunderte traditionelle Bestandteile königlicher und fürstlicher Festveranstaltungen. In Italien gab es in den 1880er-Jahren doch noch genügend diesbezüglichen Enthusiasmus, dass in einer Villa bei Rom ein Turnierplatz, vermutlich für das Quintanspiel, gebaut wurde. Turniere gab es sogar jenseits des Atlantiks, vor allem in den Südstaaten der USA sowie in Maryland, wo es bis heute der für diesen Bundesstaat typische, offizielle Sport geblieben ist. Bei allem aber ging es um eine romantische Wiederbelebung ritterlicher Ideale.

Heutzutage werden Turniere von professionellen Stuntmen aufgeführt, aber die Seele des Sports – der engagierte Kampf um persönlichen Ruhm – ist verloren: Solche Showturniere werden niemals mehr die echte Begeisterung des mittelalterlichen Originals einfangen können, die wirklichen Gefahren beim Kampf, das aufregende Schauspiel in einer Zeit, in der Farbigkeit und Prachtentfaltung selten waren. Das Turnier und seine Ideale gehören zu einer vergangenen Welt des Ruhms, zu den Pergamentseiten mittelalterlicher Handschriften und vor allem zum Reich der Fantasie, die allein noch jene außergewöhnlichen Ereignisse mit Leben erfüllen kann.

Danksagung

Bei einem so weit über Zeiten und Orte gespannten Untersuchungsgegenstand waren wir auf die Mithilfe zahlreicher Wissenschaftler angewiesen, die uns den rechten und richtigen Weg wiesen, die vielen anfallenden Probleme zu lösen. Besonderen Dank schulden wir Harry Jackson von der University of St. Andrews, der uns bei der Bearbeitung des deutschen Turnierwesens bereitwillig seine Zeit und sein Wissen zur Verfügung stellte und uns mit der Bereitstellung verstreuten Materials und der Durchsicht des gesamten Textes wertvolle Hilfe leistete; Martin Jones vom King's College, University of London, las die Endkorrektur und versah sie mit hilfreichen Anmerkungen. Professor Werner Paravicini von der Universität Kiel (heute Direktor des Deutschen Historischen Instituts in Paris) machte uns freundlicherweise das in England nicht vorhandene Material zugänglich. Bei den Passagen über Spanien und Portugal sind wir insbesondere Frau Amelia Hutchinson von der University of Salford zu Dank verpflichtet, da sie so freundlich war, die nicht unbedeutende Aufgabe der Übersetzung relevanter Abschnitte aus dem *Livro de Ensenença de Bem Cavalgar Toda Sela* König Duartes von Portugal zu übernehmen, des vielleicht bedeutendsten Einzeltextes für die wirklichen Vorgänge in den Schranken des Turniers, wie im letzten Kapitel dargelegt. Professor R.B.Tate von der University of Nottingham gab hilfreiche und willkommene Hinweise auf Quellen zur Frühzeit des spanischen Turnierwesens und kommentierte die entsprechenden Ergebnisse der Untersuchung. Für die Übersetzung von S.P.Uri's wichtigem, auf Niederländisch verfassten Artikel über das Turnier des 12. Jahrhunderts danken wir Maria C. van Mastrigt. Eric Elstob nahm sich, trotz seiner Beschäftigung mit rein neuzeitlichen Fragen, die Zeit, uns (von Tokio aus) die Übersetzung des einzigen schwedischen Artikels über das Turnier zuzusenden, den wir ausfindig machen konnten. Neil Wright von der Cambridge University entwirrte mit gewohntem Geschick einige Knoten des mittelalterlichen Latein. Für den Hinweis auf ein Turniergebet des 16. Jahrhunderts danken wir Jeremy Griffiths. Simon Jarvis übergab uns Aufzeichnungen ein Vortrags von Professor Sydney Anglo bei der Society of Antiquarians, der uns nicht zugänglich war. Dr. Susan Stern half uns bei der Beschaffungen von fotokopiertem Material der Universitätsbibliothek Frankfurt. Last but not least hat sich Miss Cecilia N.Earecksson aus Pennsylvania der beträchtlichen Mühe unterzogen, Informationen über Turnierveranstaltungen in Maryland aufzufinden.

Das grundlegende Material für dieses Bucht stammt aus den Beständen der London Library, der Cambridge University Library, der Bodleian Library und der British Library. Unser Untersuchungsgegenstand brachte es mit sich, dass viele hundert Titel eingesehen werden mussten; wir danken besonders für die erfreuliche Effizienz, mit denen sie besorgt wurden.

Hilfe bei der Fahndung nach Manuskripten und bei der Beschaffung von Photographien wurden uns von Dr. Eva Irblich von der Österreichischen Nationalbibliothek, Dott. Angela Bussi Dillon von der Biblioteca Laurenziana in Florenz und Dr. Bruce Barker-Benfield von der Bodleian Library in Oxford großzügig gewährt.

Neben diesem besonderen Dank haben wir uns für weniger materielle Hilfen zu bedanken, für informelle Unterhaltungen, Hinweise, ermutigende Worte seitens unserer Kollegen; sollten wir in der obigen Aufstellung einen Namen ausgelassen haben, den wir hätten erwähnen sollen, können wir uns nur damit entschuldigen, dass es sich hier um ein langfristiges und weit reichendes Projekt gehandelt hat. Sicherlich sind uns Fehler unterlaufen; uns bleibt nur zu hoffen, dass sie nicht allzu häufig auftreten, und wir bedanken uns bei all denen, die dazu beigetragen haben, ihre Zahl zu vermindern.

Anmerkungen

Barker, Tournament Juliet Barker, The Tournament in England, Woodbridge 1986.
BLVS   Bibliothek des literarischen Vereins in Stuttgart
CDS   Chroniken der deutschen Städte
Cripps-Day   F.-H.Cripps-Day, The History of the Tournament in England, London 1918
EETS   Early English Text Society
MGH SS   Monumenta Germaniae Historicae: Scriptores
PL   Patrologia Latina, ed. J.-P. Migne
RHGF   Recueil des Historiens des Gaules et de la France
RS   Rolls Series
RTM   Das ritterliche Turnier im Mittelalter: Beiträge zu einer Kulturgeschichte des Rittertums, hg. v. Josef Fleckenstein (Veröffentlichungen des Max-Planck-Instituts für vergleichende Geschichte 49), Göttingen 1985
SHF   Société de l'Histoire de France
Vale, Edward III   Juliet Vale, Edward III and Chivalry, Woodbridge 1982

Erstes Kapitel

1 Nithard, Carolingian Chronicles, ed.J.W.Scholz, Michigan 1970, 164 (MGH SRG in us.schol., 44, 1907; dt.Übers.: R.Rau Ausgewählte Quellen zur deutschen Geschichte d. Mittelalters und d. Neuzeit 5, 1955).
2 Vergil, Aeneis, 5.Buch, V. 580–587; dt.Übers.v. J.Götte (Sammlung Tusculum), 7.Aufl. 1988.
3 Lambert von Ardres, Chronicon Ghisnense et Ardense, ed. D.Godefroy, Paris 1855, 49.
4 Anna Comnena, The Alexiad, ed. & engl.Übers. v.E.R.A.Sewter, Harmondsworth 1979, 416.
5 L'Histoire de Guillaume le Maréchal, ed. P.Meyer, Paris 1901, II, 2773–5, 3681–3.
6 Gaufredus Malaterra, De rebus gestis Roberti Guiscardi, Ducis Calabriae et Rogerii, Comitis Siciliae, in: Thesaurus Antiquitatum et Historiarum Siciliae, ed.J.G.Graevius, Amsterdam 1723, IV, Buch II, Kap. 23, Sp. 26.
7 Recueil des chroniques de Touraine, ed. André Salmon (Société archéologique de Touraine, Collection des documents sur l'histoire de Touraine I), Tours 1854, XVI, 125, XXXVIII, 189.
8 Anna Komnene (vgl. Note 4).
9 Barker, Tournament, 152–154, wo die Wendung »nach Abenteuer suchen«ausführlich diskutiert wird.
10 Robert der Mönch, Historia hierosolymitana, in: C. du Fresne du Cange, Glossarium mediae et infimae Latinitatis, Paris 1840, VII. Dissertations sur l'Histoire de Saint Louys VII, 33.
11 MGH SS, XXI, 608, Sp.I; die Quelle ist nicht über jeden Zweifel erhaben, denn es handelt sich um die Kopie einer Textvariante des Chronicon Hanoniense des Giselbert von Mons (13. Jh.) aus dem 15. Jh.
12 J.-F. Le Marignier, Recherches sur l'hommage en marche et les frontières féodales, Lille 1945, 162.
13 Facsimiles of Royal and other charters in the British Museum, ed. G.F.Warner & H.J.Ellis, London 1923, I, Nr. 12.
14 Galbert von Brügge, Histoire du meurtre de Charles le Bon, ed. H.Pirenne, Paris 1891, 9.

15 Otto von Freising, Gesta Frederici seu rectius Chronica, hg.v. F.J.Schmale, Berlin 1965, 158 (lat.-dt.)

16 C.-J. Hefele & H.Leclercq, Histoire des Concils, Paris 1912, V, I, 729.

17 Raymund von Peñafort, Summa de Poenitentia et Matrimonio, Farnborough 1967, 161.

18 Cripps-Day, 39.

19 Hefele & Leclercq (vgl. Note 16), V,2, 1102.

20 The Historia Regum Britannie of Geoffrey of Monmouth, ed. Neil Wright, Woodbridge 1985, 112 (engl. Übers.v. Lewis Thorpe, Harmondsworth 1966, 229–230).

21 Wilhelm von Malmesbury, Historia Novella, ed. K.R. Potter, Oxford 1955, 48–49. Die gesamte Frage der gemeinsamen Terminologie von Kriegswesen und Turnier im frühen und mittleren 12. Jahrhundert bedarf weiterer Erörterung; vgl. H.-M.Jones Die tjostiure uz vünf scharn (Willehalm, 362,3), in: Studien zu Wolfram von Eschenbach, Festschrift für Werner Schröder, hg.v. J. Heinzle & K. Gärtner, Tübingen 1989.

22 L'Histoire de Guillaume le Maréchal (vgl. Note 5), II, 175–178.

23 Ordericus Vitalis, angeführt bei John Beeler, Warfare in England 1066–1189, Cornell 1966, 108.

24 History of the Priory of Wigmore, in: Dugdale, Monasticon VI, i, 349.

25 Wilhelm von Newburgh, Historia Rerum Anglicarum, in: Chronicles of the Reigns of Stephen, Henry II and Richard I, ed. R.Howlett (RS), London 1885, II, 422–423.

26 Otto von Freising, Gesta Frederici (vgl. Note 15), 180.

27 Rahewins Fortsetzung von Otto von Freising, Gesta Frederici (vgl. Note 15), 532.

28 Hefele & Leclercq (vgl. Note 16), V, 1102.

29 Lambert von Ardres, Chronicon Ghisnense (vgl. Note 3), 215–217.

30 Roger von Hoveden, Chronica, ed. W. Stubbs (RS), London 1869, II, 166; Robert von Gloucester, Metrical Chronicle, ed. W.A. Wright (RS), London 1887, II, 735.

31 L'Histoire de Guilaumme le Maréchal (vgl. Note 5), II, 1374–80.

32 Ebda., II, 3381–3425.

33 Chrétien de Troyes, Erec et Enide, II, 2135–2170 (Arthurian Romances, engl. Übers. v. D.D.R. Owen), London 1987, 28–29.

34 L'Histoire de Guillaume le Maréchal (vgl. Note 5), II, 2723 ff.

35 Ebda., II, 7209–32.

36 Ebda., II, 2840 ff., 3102 ff.

37 Giselbert von Mons, La Chronique, ed. L.Vanderkindere, Brüssel 1904, 97–98.

38 Ebda., 101–102.

39 Roger von Hoveden, Chronica (vgl. Note 30), II, 276–278.

40 MGH SS XXIII, 155–156.

41 Herbert Grundmann, Zur Vita S.Gerlaci eremitae, in: Deutsches Archiv für die Erforschung des Mittelalters 18, 1962, 541.

42 MGH SS XXV, 220–221 (Ex gestis Sanctorum Villariensium). Wir danken Neil Wright für die Bereitstellung der Übersetzung.

43 MGH SS XXIV, 299 (Historia monasterii Viconiensis).

44 Wilhelm von Newburgh, Historia Rerum Anglicarum (vgl. Note 25), II, 422–423.

45 Foedera I, 65. Zu einer ausführlichen Diskussion des Dekrets und seiner Bedeutung, vgl. Barker, Tournament, II, 53–56.

46 Foedera, I, 65.

Zweites Kapitel

1 Ralph von Coggeshall, Chronicon Anglicanum, ed.J.Stevenson (RS), London 1875, 172–173.

2 Matthaeus Paris, Chronica Majora, ed. H.R. Luard (RS), London 1872–1883, II, 614–615.

3 Ebda., II, 650.

4 Curia Regis Rolls 1219–1220, VIII, 158.

5 Rotuli Litterarum Clausarum, ed. T. Hardy, London 1833, I, 539, 545, 547.

6 Curia Regis Rolls 1225–1226, XII, 451.

7 Calendar of Close Rolls 1227–1231, 113.

8 Annales Monastici, ed. H.R. Luard (RS), London 1866, III, 130 (Annals of Dunstable).
9 Calendar of Patent Rolls 1225–1232, 492.
10 Matthaeus Paris, Chronica Majora (vgl. Note 48), III, 404; IV, 157–160; 200–202.
11 Ebda., V, 17–18, 83.
12 Ebda., V, 265.
13 Ebda., V, 367–368.
14 Ebda., V, 557.
15 William Rishanger, Chronicon, ed. H.T. Riley (RS), London 1965, 31–32; Annales Monastici (vgl. Note 54), IV, 161–162 (Wykes).
16 Ebda., IV, 212.
17 Copy of a Roll of Purchases for a Tournament at Windsor Park in the Sixth Year of Edward I, ed. S.Lyons, in: Archaeologia 1st Series, 17, 1814, 297–310.
18 Chronicles of the Reigns of Edward I and Edward II, ed. W. Stubbs (RS), London 1882, I, 104 (London Annals); Annales monastici (vgl. Note 8), IV, 489 (Wykes).
19 Records of the Wardrobe and Household 1285–1286, ed. B.F. & C.R. Vyerly, London 1977, 5–7, 20, 22, 26, 34, 47; Account of the Expenses of John of Brabant and Henry and Thomas of Lancaster 1292–1293, ed. J. Burtt, in: Camden Miscellany II, Camden Society, Old Series 55, London 1853, 4–7, 10, 12.
20 Calendar of Patent Rolls 1301–1307, 86; Calendar of Close Rolls 1302–1307, 66; Calendar of Fine Rolls I, 543–544.
21 Annales Monastici (vgl. Note 8), III, 282 (Annals of Dunstable); IV, 281, 445 (Wykes); Walter von Hemingburgh, Chronicon, ed. H.C. Hamilton, English Historical Society, London 1849, II, 8; London annals (vgl. Note 18), I, 104; Vita Edwardi Secundi, ed. N. Denholm Young, London 1957, 6.
22 R.S.Loomis, Edward I: Arthurian Enthusiast, in: Speculum 28, 1953, 118–119.
23 Vita Edwardi Secundi (vgl. Note 21), 2,4; Johannes von Trokelowe, Annales, ed. H.T.Riley (RS), London 1866, 65; Chronicles of the Reigns of Edward I ... (vgl. Note 18), I, 264 (Annales Paulini).
24 Ebda., I, 267; Chronicles of the Reigns of Edward I ... (vgl. Note 18), I, 157 (London annals).
25 Die fälschlicherweise Stepney zugeschrieben Turnierrolle von Dunstable ist abgedruckt in: Collectanea topographica et genealogica IV, London 1837, 63–72; J.R. Maddicott, Thomas of Lancaster 1307–1322, Oxford 1970, 96–103.
26 Vita Edwardi Secundi (vgl. Note 21), 6.
27 Calendar of Close Rolls 1323–1327, 133; Scrope and Grosvenor Roll, ed. N.H. Nicolas, Chester 1879, I, 144.
28 Dugdale Monasticon VI, 352; Robert von Avesbury, De gestis Edwardi Tertii, ed. E.M. Thompson (RS), London 1889, 284.
29 Chronicles of the Reigns of Edward I ... (vgl. Note 18), I, 352–353 (Annales Paulini).
30 Ebda., I, 353–354; Avesbury (vgl. Note 28), 285–286.
31 Die zweite Turnierrolle ist abgedruckt in: Collectanea (vgl. Note 25), 389–395; Adam Murimuth, Continuatio Chronicarum, ed. E.M. Thompson (RS), London 1889, 123–124, 223–224; Geoffrey le Baker, Chronicon, ed. E.M. Thompson, Oxford 1889, 75.
32 Andreas von Wyntoun, Original Chronicle, ed. F.J. Armours, Scottish Text Society, Edinburgh 1903–1914, VI, 93, 129; Sir John Gray of Heton, Scalacronica, ed. J.Stevenson, Edinburgh 1836, 155.
33 Henry Knighton, Chronicon, ed. J.R. Lumby (RS), London 1895, II, 23.
34 Wyntoun (vgl. Note 32), VI, 104–105.
35 Jean le Bel, Chronique, ed. J. Viard & E. Deprez, SHF, Paris 1904, II, 2–4.
36 Murimuth (vgl. Note 31), 124, 230.
37 Calendar of Patent Rolls 1343–1345, 196.
38 N.H.Nicolas, Observations on the Institution of the Most Noble Order of the Garter, in: Archaeologia 31, 1846, 37, 38–39, 40–41, 42.
39 Eulogium Historiarum, ed. F.Haydon (RS), London 1858–1863, III, 227; Le Bel (vgl. Note 35), II, 240; Issues of the Exchequer: Henry III to Henry IV, ed. F. Devon, London 1837, 69.

40 Murimuth (vgl. Note 31), 155–156, 231; The Brut, or Chronicles of England, ed. F.W.D. Brie (EETS 1906–1908), II, 296; W.H.St. John Hope, Windsor Castle: an architectural history, London 1913, I, 98, 112–118; 122–124; Nicolas, Observations (vgl. Note 38), 42–53; Le Roman de Perceforest, Paris 1528, II, 520–529; Barker, Tournament, 92–95.

41 The Brut (vgl. Note 40), II, 309; Johann von Reading, Chronica, ed. J. Tait, Manchester 1914, 131–132.

42 Ebda., 150–151.

43 Barker, Tournament, 92.

44 Chronicon a Monacho Sancti Albani, ed. E.M. Thompson (RS), London 1874, 332–333; PRO MS DL 28/1/1 fos.3v, 4r; Stow's Survey of London, ed. C.L. Kingsford, Oxford 1908, II, 30–31; Barker, Tournament, 100, 184 ff.; D.Sandberger, Studien über das Rittertum in England (Historische Studien 310), Berlin 1937, 67–68.

45 Rotuli Scotiae, ed. D. Macpherson, London 1814–1819, II, 87, 117, 119.

46 Wyntoun (vgl. Note 32), VI, 359–362; Calendar of MSS relating to Scotland, ed. J. Bain, Edinburgh 1888, IV, Nr. 404, 410, 411.

47 The Brut (vgl. Note 40), II, 348, Stow's Survey (vgl. Note 44), II, 31.

48 Barker, Tournament, 184–185, The Brut (vgl. Note 40), II, 343; Historia Vitae et Regni Ricardi Secundi, ed G.B. Stow, 1977, 131–132.

49 Adam von Usk, Chronicon, ed. E.M. Thompson, London 1904, 41; Historia Ricardi (vgl. Note 48), 169; Pageant of the Birth, Life and Death of Richard Beauchamp …, ed. Viscount Dillon & W.H.St. John.Hope, London 1914,9.

50 Barker, Tournament, 97–98.

51 Wyntoun (vgl. Note 32), VI, 420–421.

52 Chronique du Religieux de St.Denys, ed. M.L. Bellaguet, Paris 1839, V, 408, 410–414.

53 Journal d'un Bourgeois de Paris, ed. A. Tuetey, Paris 1881, 140.

54 Inventaires et documents: actes du Parlement de Paris, ed. M. Boutaric, Paris 1863, I, 19 (Nr. 233a).

55 Parisse, RTM, 210.

56 Flores Historiarum, ed. H.R. Luard (RS), London 1890, II, 456, 466.

57 Ebda., III, 30–31; Knighton (vgl. Note 33), I, 265–266.

58 Sarrazin, Le Roman du Hem, ed. F. Michel, in: Histoire des Ducs de Normandie et des Rois d'Angleterre, SHF, Paris 1840; Vale, Edward III, 12–16.

59 Parisse, RTM, 210.

60 Vale, Edward III, 22.

61 Jacques Bretel, Le Tournoi de Chauvency, ed. M. Delbouille, Lüttich 1932; Vale, Edward III., 22.

62 Les Olim ou Registres des Arrets, ed. le Comte Beugnot, Paris 1839–1848, I, 161; Inventaires (vgl. Note 58), 220, Nr. 2292.

63 Les Olim (vgl. Note 62), I, 405; Ordonnances des Roys de France, ed. M. de Laurière, Paris 1723, I, 328.i

64 Ebda., I, 420, 421 f., 426, 434–435, 493.

65 Ebda., I, 509–510.

66 Ebda., I, 539 f., 643 f.

67 Corpus Iuris Canonici, hg. A. Friedberg, Leipzig 1881, II, Sp. 1215.

68 Le Bel (vgl. Note 35), II, 194–197; H. Brush, La Bataille de Trente Anglais et de Trente Bretons, in: Modern Philology 9, 192, 513–541; 10, 1912, 82–115.

69 Knighton (vgl. Note 33), II, 76–77.

70 Brush (vgl. Note 68), 9, 513.

71 Jean Froissart, Œuvres, ed. Kervyn de Lettenhove, Brüssel 1866, VI, 22.

72 Ebda., XII, 51, 59.

73 Knighton (vgl. Note 33), II, 260; Foedera VII, 580.

74 Froissart (vgl. Note 71), XIV, 151.

75 Le livre des faits du … Jean le Maigre, dit Boucicault, in: Collection complète des mémoires relatifs à l'histoire de France, ed. M.Petitot, Paris 1819, VI, 424–431; Wyntoun (vgl. Note 32), VI, 348–354.

76 Bibliothèque Nationale MS Fond français 21809, 15

77 Froissart (vgl. Note 71), XIV, 151.

78 Religieux de St.Denys (vgl. Note 51), I, 568–598.
79 Froissart (vgl. Note 71), XIV, 20–25.
80 Gutierre Diez de Games, El Victorial: Crónica de Don Pero Niño, ed. Juan de Mata Carriazo, Madrid 1940, 237 (engl. Übers. Joan Evand, The Unconquered Knight, London 1928, 142–143).
81 Inventaires mobiliers et extraits des comptes des ducs de Bourgogne, ed. Bernhard Prost, Paris 1902–1908, II, 509, 513, 527, 558.
82 MGH Scriptores XXIII, 937 (Alberich von Troisfontaines).
83 Balduin von Condé, Dits et Contes, ed. A.Scheler, Brüssel 1866, I, 47–49, 55–58, 168–170.
84 Vale, Edward III, 31.
85 Annales Monastici (vgl. Note 8). III, 388–389.
86 A. Behault de Doron, Le Tournoi de Mons de 1310, in: Annales de Cercle Archéologique de Mons 38, 1909, 103–250.
87 Le Bel (vgl. Note 35), I, 33–35.
88 R. Withington, English Pageantry, Cambridge Mass. 1918, I, 94.
89 R.S. Loomis, Chivalric and Dramatic Imitations of Arthurian Romance, in: Medieval Studies in Memory of A.K. Porter, Cambridge Mass., 1939, I, 87.
90 M.Lucien de Rosny, L'Epervier d'Or, Valenciennes 1839, 12.
91 Ebd., 42, Note 1.
92 Ebd., 6–8.
93 Ebd., 23–24.
94 Vale, Edward III, 29.
95 Ebd., 40.

Drittes Kapitel

1 MGH SS XXX, 602 (Cronica Reinhardsbrunnensis).
2 Zur Bedeutung dieses Wortes vgl. Die Königsaaler Geschichtsquellen, hg.v. Johann Loserth, in: Fontes rerum Austriacarum, Scriptores (Wien 1875), VIII, 404, wo in der Überschriftzeile zu lesen ist: *De tabula rotunda, sive foresta.*
3 MGH SS XXX, 608 (Cronica Reinhardsbrunnensis).
4 Hg. V. R. Bechstein, Leipzig 1888; die Auszüge sind übersetzt bei J.W.Thomas, Ulrich von Liechtenstein's Service of Ladies (Chapel Hill, N.C., 1969). Die Strophen werden von uns zitiert. In den folgenden Fußnoten markieren wir die ins Englische übersetzten Strophen mit einem Sternchen.
5 Frauendienst 600
6 Beispielsweise Toulouse 1280, Nürnberg 1290, Lübeck 1340; vgl. Kap. 8
7 Frauendienst 1557 ff
8 Frauendienst 1517
9 Frauendienst 1453–4
10 Frauendienst 1560
11 Frauendienst 995–99
12 Frauendienst 492–522
13 Frauendienst 1520
14 Frauendienst 588–592
15 Frauendienst 707–9
16 Frauendienst 630–40
17 Frauendienst 1575–1609
18 MGH SS XXIII 950 (Alberich von Troisfontaines).
19 MGH SS XVII 204 (Annales Colmarienses Maiores).
20 MGH SS XXV 480 (Chronicae principum Saxoniae).
21 Annales Vetero-Cellense, hg.v. J.O. Opel (Mittheilungen der deutschen Gesellschaft zur Erforschung vaterländischer Sprache I,ii), Leipzig 1874, 206; MGH Chroniken II, 563 (Braunschweigische Reimchronik).
22 Die ‚Laaer Briefsammlung‘, hg.v. Max Weltlin (Veröffentlichung des Instituts für Österreichische Geschichtsforschung XXI), Wien 1975, 104.

23 Ebd., 108
24 Ebd. 122; wir danken Herrn Neil Wright für den Vorschlag, ,mascella' durch ,ascella' zu ersetzen und damit zur Erhellung des Textes beizutragen.
25 Ebd., 126
26 MGH SS IX 711, 731 (Kalendarium Zwetlense Continuationes).
27 Die Chroniken der niedersächsischen Städte: Magdeburg (CDS VII), Leipzig 1869, 168–169. Zu den Zinnfiguren vgl. Ernst Nickel, Der Alte Markt in Magdeburg, in: Deutsche Akademie der Wissenschaften zu Berlin, Schriften der Sektion für Vor- und Frühgeschichte, Berlin 1964, XVIII, 139.
28 Chronica de gestis principum (von Volkmar von Fürstenfeld), in: Fontes rerum germanicarum, hg.v. J.F. Boehmer, Stuttgart 1843, 14–15.
29 Rudolf von Ems, Weltchronik, zitiert aus Werner Meyer-Hofmann, Psitticher und Sterner, in: Basler Zeitschrift für Geschichte und Altertumskunde 67, 1967, 9.
30 Ebd., 10, 18.
31 Matthias Neuenburg, Cronica, in: Fontes rerum germanicarum, hg.v. J.F. Boehmer, Stuttgart 1868, IV, 189.
32 Ebd., 191
33 Die Königsaaler Geschichtsquellen (s.oben Fußnoten 2), 404–405
34 Ebd., 413–414
35 Chronographia regum Francorum, hg.v. H. Moranvillé (SHF), Paris 1891, I, 274, 462.
36 Die Königsaaler Geschichtsquellen (s.oben Fußnoten 2), 450
37 Ebd., 520
38 Matthias von Neuenburg (vgl. Fußn. 32)
39 Sigmund Meisterlin in: Chroniken der fränkischen Städte, Nürnberg III (CDS III), Leipzig 1864, 161.
40 Chronik 1368–1406 in: Chroniken der schwäbischen Städte, Augsburg I (CDS IV), Leipzig 1865, 54.
41 G.L.Kriegk, Deutsches Bürgerthum im Mittelalter, Frankfurt 1868, 586.
42 Die Kölner Stadtrechnungen des Mittelalters, hg.v. R. Knipping (Publikationen der Gesellschaft für Rheinische Geschichtskunde XV,ii, Bonn 1897 II, 35, 37, 42, 43, 111, 117, 184, 258, 318, 320, 321, 327, 353, 358.
43 Urkundenbuch der Stadt Göttingen bis zum Jahre 1400, hg.v. Gustav Schmidt, Hannover 1863, Neudr. Aalen 1974, 243–245, 258–260.
44 Urkundenbuch der Stadt Strassburg: VI. Politische Urkunden von 1381–1400, hg.v. Johannes Fritz, Strassburg 1899, 318–320.
45 Basler Chroniken, hg.v. August Bernoulli, Basel 1895, V, 62, 120–121.
46 Christopher Lehmann, Chronica der freyen Reichs Stadt Speier, Frankfurt 1711, 827.
47 Georg Rüxner, Thurnierbuch: das ist warhaffte eigentliche und kurze Beschreibung von Anfang: Ursachen: Ursprung: und Herkommen des Thurnier … in Teutscher Nation, nachgedruckt bei Sigmund Feyerabend, Frankfurt 1578, CLVII.
48 Crónica de los reyes de Castilla, in: Biblioteca de autores españoles, ed. Cayetano Rosell, 66, 68 (Nachdr. Madrid 1953), II, 529.
49 Die beste Darstellung der Turniergesellschaften ist die von Werner Meyer in RTM 500–512; vgl. auch Kap. 8 mit einer ausführlicheren Diskussion des Themas.
50 Cronbergsches Diplomatarium, hg.v. O. Freiherr von Stotzingen, in: Annalen für Nassauische Altertumskunde und Geschichtsforschung 37, 1907, 217; die Daten wurden der heutigen Zählung angeglichen und errechnete Jahreszahlen beigefügt.
51 Deutsche Privatbriefe des Mittelalters, hg.v. Georg Steinhaufen, Berlin 1899, I, 23–24.
52 Ebd., I, 173.
53 Ebd., I, 69
54 Die Geschichten und Taten Wilwolts von Schaumburg, hg.v. Adalbert von Keller (BLVSL), Stuttgart 1859, 26; The Diary of Jörg von Ehingen, übers.v. Malcolm Letts, London 1926, 26.
55 Pero Tafur, Tavels and Adventures, engl. Übers.v. Malcolm Letts, London, 1926, 209; Karl Stehlin, Ein spanischer Bericht über ein Turnier in Schaffhausen im Jahr 1436, in: Basler Zeitschrift 14, 1914, 145 ff; W.Schauffelberger, Der Wettkampf in der alten Eidgenossenschaft (Schweizer Heimatbücher), 1972, 47 ff.

56 Erich Haenel, Der saechsischen Kurfuersten Turnierbucher ..., Frankfurt am Main 1910, reproduziert 40 doppelseitige Bögen aus diesen drei Büchern.
57 Bayerische Staatsbibliothek, München, MS Cgm 1931.
58 Hans Burgkmaiers Turnier-Buch, hg.v. J.von Hefner (Nachdr. Dortmund 1978). Sowohl der ältere wie der jüngere Burgkmair wirkten an den beiden Büchern mit, die in diesem Band zusammengefasst sind.
59 Livre de tournois; Vat.Ross. 711 der vatikanischen Bibliothek, Faksimile ed. Lotte Kurras, Freiburg 1984.
60 Heide Stamm, Das Turnierbuch des Ludwig von Eyb (Cgm 961) (Stuttgarter Arbeiten zur Germanistik 166), Stuttgart 1986, 56 ff.
61 Rüxner, Anfang ... des Thurniers (vgl. Fußnote 48)
62 Aufgenommen in Hans Burgkmaiers Turnierbuch (s. oben Fußnote 59)
63 Livre de Tournois, 21 (s. Fußnote 61)
64 München, Bayerische Staatsbibliothek, MS Cgm 1930, 7v-8
65 Ebd., 10v-11
66 Ebd., 20v-21
67 Eine nützliche Darstellung der Maximilian-Turniere ist W.H.Jackson, The Tournament and Chivalry in German Tournament Books of the Sixteenth Century and in the Literary Works of Emperor Maximilian I., in: The Ideals and Practice of Medieval Knighthood, ed. Christopher Harper-Bill u. Ruth Harvey, Woodbridge/Dover, N.H., 1986, 58–68.
68 V. Grünpeck, Die Geschichte Friedrichs III. und Maximilians, übers.v. C.Ilgen (Die Geschichtsschreiber der deutschen Vorzeit: fünfzehntes Jahrhundert III), Leipzig 1899, 56–57.

Viertes Kapitel

1 Carmen de bello balearico, angeführt bei L.A. Muratori, Antiquitates italicae medii aevi, Mailand 1739, II, 834.
2 Thomas Szabó, RTM, 352.
3 RIS XV, 23n (Cronica senese).
4 Martin da Canal, La Chronique des Venitiens, ed. Giovanni Galvani, in: Archivio storico italiano, Florenz 1845, 8, 656–661.
5 Pompeo G. Molmenti, La storia di Venezia nella vita privata (Neudr. Triest 1976), I, 231.
6 Dekret vom 17. Juni 1367, zitiert bei Giambattista Galliccioli, Delle memorie venete antiche profane ed ecclesiastiche, Venedig 1795, I, 231.
7 Le rime di Folgore di San Gemignano, ed. Giulio Bavone (Neudr. Bologna 1968), 39.
8 Ebd., 13.
9 RIS XIV, 1141 (Annales Cesenates).
10 RIS XII v55 f. (Chronica de novitatibus Padue ...).
11 RIS XIII, 683 (Giovanni Vitali).
12 RIS XVIII, 52 (Matteo Griffoni, memoriale historicum de rebus bononiensium).
13 RIS XXIV, 124 f., 138, 148 (Bonamente Aliprandi, Cronica da Mantua).
14 Eugene L.Cox, The Green Count of Savoy, Princeton 1967, 98–99.
15 Ebd., 362–363.
16 Luigi Cibrario, Della giostra corsa in Torino, in: Opuscoli (Opere scelte di scrittori italiani del secolo XIX), Turin 1841, 5–7, 14–17.
17 Ebd.
18 Nicolas Jorga, Philippe de Mézière 1327–1405 et la croisade au XIVe siècle (Bibliothèque de l'école des hautes études 110), Paris 1896, Neudr. London 1973, 243–244.
19 RIS XVII, 450 (Cronica Carrese).
20 Ebd., 439.
21 Ebd., 142–143, 499.
22 Heywood (vgl. Note 218), 100–105, 118–119.
23 Ebd., 149–150, 181–182.
24 Ebd., 192.
25 Riccardo Truffi, Giostre e cantori di giostra, Rocca S.Casciano 1911, 90–91.

26 Angaben für die Jahre 1392, 1396, 1415, 1419, 1427–4129, ebda., 165–167; für 1406 aus RIS XIX, 950–952 (Diario fiorentino).
27 Cherubino Ghirardacci, Della historia di Bologna, parte seconda, Bologna 1657, 458.
28 RIS XVII (vgl. Note 12), 96.
29 Truffi (vgl. Note 25), 153–154.
30 Ebd., 160–161.
31 Francesco Petrarca, Lettere senile, volgarizzate da Giuseppe Fracassetti, Florenz 1869, I, 227–236.
32 Truffi (vgl. Note 25), 146–150.
33 Curiosità d'archivio: tumulto suscitatosi in Pavia in occasione d'una giostra …, in: Archivio storico lombardo 2, 1875, 323–324.
34 Truffi (vgl. Note 25), 68–69.
35 Giuseppe Mazzatini & Fortunato Pintor, Inventari die manoscritti delle biblioteche d'Italia, Florenz 1901, XI, 27–29.
36 Giulio Porro, Nozze di Beatrice d'Este e di Anna Sforza, in: Archivio storico lombardo 9, 1882, 529–534; zu Leonardo: Edmondo Solmi, Frammenti letterari di Leonardo da Vinci, Florenz 1904, 223–224.
37 Ramón Muntaner, The Chronicle of Muntaner, engl.Übers. v. Lady Goodenough (Haklyut Society Series II, XLVII, L), London 1920–1921, I, 10.
38 T.N.Bisson, The medieval crown of Aragon, Oxford 1986, 75.
39 Artikel XIII der Cortes von Tarragona 1235: Item statuimus quod non fiant tornejamenta voluntaria nisi fuerint in guerra, in: Cortes … de Aragón y de Valencia y principado de Cataluña, Madrid 1896, I, 130.
40 Los fueros de Aragón, ed. Gunnar Tilander (Skrifter utgivna av Kungl. Humanistiska Vetenskapssamfundet i Lund 15), Lund 1937, 139, 598.
41 Vgl. Kap. 8.
42 Alfonso X. »o Sábio«, Cantigas de Santa Maria, ed. Walter Mettmann, Coimbra 1961, II, 239. Das Gedicht basiert auf einer französischen Erzählung über Marienwunder.
43 Muntaner (vgl. Note 37), I, 59.
44 Bernard Desclot, Chronicle of the Reign of King Pedro III of Aragon, engl. Übers. v. C.L.Critchlow, Princeton 1934, 18–19.
45 Muntaner (vgl. Note 37), I, 93.
46 Ebd., II, 398.
47 Ebd., I, 404, 419.
48 Ebd., II, 433–434; weder bei Muntaner noch beim Übersetzer herrscht Klarheit über die Einzelheiten der geschilderten Vorgänge: es wird nicht deutlich, ob es sich um ein Fußturnier mit Stöcken oder um ein Reiterturnier mit Lanzen handelt. Letzteres ist eher wahrscheinlich.
49 Vgl. J.N.Hillgarth, The Spanish Kingdoms 1250–1516, Oxford 1976, I, 234–236.
50 Quellen über ein größeres Turnier in Aragón nach 1328, als Turnierkämpfer (bornadores) bei der Krönung Alfons' IV. auftraten, waren nicht aufzufinden (Muntaner, II, 719). Die umfängliche Kompilation des Jeronimo Zurita, Analeš de la Corona de Aragón, die Hauptquelle für die spätere Geschichte Aragóns, scheint Turniere gänzlich ignoriert zu haben.
51 Zum Folgenden vgl. D'A.J.D. Boulton, The Knights of the Crown, Woodbridge 1987, 53–54; der originale Text steht in den Crónicas de los Reyes de Castilla (vgl. Note 190), I, 231–232.
52 Diego Ortiz de Zúñiga, Anales eclesiasticos y seculares de … Sevilla, Madrid 1795, II, 202.
53 Crónicas de los Reyes de Castilla (vgl. Kap. 3, Note 49), I, 293.
54 Ebd., I, 429.
55 Ebd., I, 472.
56 Catálogo del Archivio General de Navarra: sección de comptos, documentos X, 1376–1377, ed. José Ramón Castro, Pamplona 1955, Nr. 1147, 1174, 1180; sonstige Details in Carlos Claveria, Historia del Reino de Navarra, 3.Aufl., Pamplona 1971, 504–505.
57 Games, El Vitorial (vgl. Kap. 2, Note 80), 139.
58 Lope Barrientos, Refundición de la crónica del halconero, ed. Juan de Mata Carriazo, Madrid 1946, 29, 36.
59 Crónica de Don Alvaro de Luna, ed. Juan de Mata Carriazo, Madrid 1940, 28–31.

60 Pedro Carillo de Huete, Crónica del halconero de Juan II, ed Juan de Mata Carriazo, Madrid 1946.
61 Ebd., 10.
62 Crónicas de los Reyes de Castilla (vgl. Note 190), II, 423, 427, 429; Crónica de don Alvaro de Luna (vgl. Note 59), 53.
63 Barrientos (vgl. Note 58), 46, 56.
64 Crónica del halconero (vgl. Note 60), 130–131.
65 Ebd., 24–26; Barrientos (vgl. Note 58), 59–66; Gutierre Diez de Games (vgl. Note 57), 328–329; Crónicas de los Reyes de Castilla (vgl. Kap. 3, Note 49), II, 446–447. Dass der König als Gottvater mit Rittern als zwölf Apostel (oder Heilige) auftraten, überliefert nur die erste der drei Quellen; die letzte Quelle berichtet, der König und seine Ritter seien als Jäger erschienen; Alvaro de Lunas Turnier sei das letzte des Gesamtturniers gewesen; Labandeira (vgl. Note 67) sagt, der Condestable sei als Erster aufgetreten, nennt aber seine Quelle nicht.
66 Crónica del halconero (vgl. Note 60), 147–148, Crónicas de los Reyes de Castillia (vgl. Kap. 3, Note 49), 512.
67 Zahlreiche Werke befassen sich mit dem Passo Honroso; die Standardedition (mit Bibliographie) ist Pero Rodríguez de Lena, El passo honroso de Suero de Quiñones, ed Amancio Labandeira Fernandez, Madrid 1977.
68 César Alvarez Alvarez, El condado de Luna en la baja edad media, León 1982, 88–93.
69 Barrientos (vgl. Note 58), 109, ist der einzige Chronist, der die Anwesenheit von zwei Quiñones erwähnt; der originale Text der Crónica del halconero (vgl. Note 60) enthält eine ganz ähnliche Aufstellung, und es ist möglich, dass die Namen nach dem Passo Honroso eingefügt wurden; vgl. auch Crónica de don Alvaro de Luna (vgl. Note 269), 144–145.
70 Zum Folgenden vgl. Pero Rodríguez de Lena (vgl. Note 67), passim.
71 Fernandez, Einleitung, ebd., 16–18; Crónicas de los Reyes de Castilla (vgl. Kap. 3, Note 49), II, 656.
72 Enrique de Leguina, Torneos, jineta, rieptos y desafios, Madrid 1904, 21.
73 Crónicas de los Reyes de Castilla (vgl. Kap. 3, Note 49), II, 656; Leguina (vgl. Note 72), 19.
74 Ebd., II, 529.
75 Crónica de don Alvaro de Luna (vgl. Note 59), 221.
76 Hechos del Condestable don Miguel Lucas de Iranzo, ed. Juan Mata de Carriazo, Madrid 1940, 55–56.
77 Fernão Lopez, Crónica de João I, ed. M. Lopes de Almeida & A. de Magalhães Basto, Lissabon 1948, II, 232–235, 250.
78 Ebd., 224.
79 Vgl. Kap. 8.
80 Jean le Fèvre, Sieur de St. Rémy, Chronique, ed. F. Morand (SHF), Paris 1876–1881, I, 209–211.
81 Luis de Camões, Os Lusiadas, ed. J.D.M. Ford (Harvard Studies in Romance Language 22), Cambridge Mass. 1946, 396–397.
82 Garcia de Resende, Chronica dos valerosos e insignes feitas del rey dom Ioa II de gloriosa memoria, Lissabon 1622, 79–84.
83 Die Chroniken der niederdeutschen Städte, Lübeck I (CDS XIX), Leipzig 1884, 477.
84 Zum Folgenden vgl. Åke Meyerson, Adligt Nöje: tornering och ringränning under äldre Vasatid, in: Fataburen 1939, 137–148. Wir danken Eric Elstob für die Anfertigung der Übersetzung.
85 Erik Fügedi, Turniere im mittelalterlichen Ungarn, in: RTM 390–400.
86 Boulton (vgl. Note 261), 36–37.
87 Steven Runciman, A History of the Crusades, Harmondsworth 1965, II, 354.
88 Nikephoras Gregoras, Rhomaische Geschichte, dt. Übers. v. Jan-Louis van Dieten (Bibliothek der Griechischen Literatur 9), Stuttgart 1979, II, 251–252.

Fünftes Kapitel

1 Vgl. B. Guenée & F.Lehoux, *Les entrées royales françaises de 1328 à 1515*, Paris 1968, 11 ff; Roy Strong, *Art and Power*, Woodbridge & Los Angeles 1984, 7 ff.

2 Guenée & Lehoux, 47, Fußnote 1

3 Jorga, Philippe de Mézières (Kap. 4, Note 18), 144–201. Wir zitieren nur Quellen, wo wir von Jorgas Bericht abweichen

4 Petrarca, *Lettere senile* (Kap. 4, Note 31), II, 236n. Fracasettis Quelle konnte nicht ermittelt werden.

5 Seine Anwesenheit in Angoulême wird nur von Froissart erwähnt, dessen Darstellung zur Herrschaft des Schwarzen Prinzen in Aquitanien äußerst unzuverlässig ist, wie Richard Barber an anderer Stelle nachgewiesen hat (in: *Froissart: Historian*, ed. J.J.N.Palmer, Wooodbridge & Totowa, N.J., 1981, 28–31).

6 Dokumente über die Turniere von 1390, 1391 und 1411 werden in der Bibliothèque Nationale, MS. Fonds français 21809, 16–55 aufbewahrt.

7 *Journal d'un Bourgeois de Paris* (Kap. 2, Note 53), 201 (1424), 277 (1431).

8 Richard Vaughan, *Philip the Good*, London 1970, 146.

9 *La Chronique d'Enguerran de Monstrelet*, ed. L.Douet d'Arcq (SHF), Paris 1857–62, IV, 306–308.

10 *Society at War*, ed. C.T.Allemand, Edinburgh 1973, 25–27.

11 Monstrelet, VI, 68–73.

12 Olivier de la Marche, *Mémoires*, ed. H. Beaune & J.d'Arbaumont (SHF), Paris 1883, I, 282–335.

13 René d'Anjou, *Le livre du cueurs d'amours espris*, engl. Zusammenfassung mit Einführung von F.Unterkircher, London 1975.

14 Guillaume Leseur, *Histoire de Gaston IV, comte de Foix*, ed. Henri Courteault (SHF), Paris 1893, I, 144–170.

15 Vgl. M. Vulson de la Colombière, Le vray théâtre d'honneur et de chevalerie, Paris 1648, 81–84; der Text basiert auf einem verlorenen zeitgenössischen Bericht.

16 G.A.Crapelet, Le pas d'armes de la bergère, 2. Aufl., Paris 1835, passim; A. Lecoy de la Marche, Le Roi René, Paris 1875, II, 146–147.

17 Mathieu d'Escouchy, Chronique, ed. G. du Fresne de Beaucourt (SHF), Paris I, 244–263; Olivier de la Marche, Mémoires (vgl. Note 12), II, 118–123; M. Eudes, Relation du pas d'armes près de la croix pèlerine, in: Mémoires de la société des antiquaires de la Morinie 1, 1933, 302–337; Pagart d'Hermansart, Les frais du pas d'armes de la croix pèlerine 1449, ebd., 9, 1892–96, 126–134.

18 Georges Chastellain, Le Livre des Faits de Jacques de Lalaing, in: (Œuvres, ed. Kervyn de Lettenhove, Brüssel 1866, VIII, 188-246; Olivier de la Marche, Mémoires (vgl. Note 12), II, 142–203. Vgl. auch Alice Planche, Du tournoi au théâtre en Bourgogne, in: Le Moyen Age 81, 1975, 97–128.

19 Vaughan, Philipp the Good, 144–145, zitiert einen Brief von J. de Pleine.

20 Leseur, *Histoire de Gaston IV*, II, 39–59.

21 Felix Brassart, *Le pas du perron fée*, Douai 1874.

22 Text aus Richard Barber, *The Pastons*, London 1984, 140–141.

23 G.A.Lester, *Sir John Pastons »Grete Boke«*, Cambridge & Totowa N.J., 1984, 118–122. Die Schilderung des Kampfgeschehens ist in Cripps-Day, LV-LIX ediert.

24 Gordon Kipling, *The Triumph of Honour*, Leiden 1977, 117.

25 Olivier de la Marche, *Mémoires*, II, 123–201; eine andere, weniger detailreiche Version aus seiner Feder, *Traictie des nopces de monseigneur le duc de Bourgogne et de Brabant*, ebd., IV, 95–144.

26 Wilwolt von Schaumburg (Kap. 3, Note 55), 15

27 Bernd Prost (Ed.), *Traicté de la forme et devis comme on faict des tournois …*, Paris 1878, 55–95 und O.Cartellieri, *Der pas de la Dame Sauvage*, in: Historische Blätter 1, 1921, 47–54, über Sandricourt: A. Vayssière, *Le pas d'armes de Sandricourt*, Paris 1874.

28 Vayssière, 49–51.

29 Cripps-Day, 126–128

30 BL MS. Additional 21370 fo.2 ff.

31 Ebd., fo.7v.
32 Lefèvre de St. Remy (Kap. 4, Note 80), I, 211.
33 Monstrelet, V, 138–143; Vaughan, *Philipp the Good*, 146–147.
34 Lester, *Sir John Paston's »Grete Boke«*, 96–97, 92–95.
35 Vaughan, *Philipp the Good*, 148; Olivier de la Marche, *Mémoires*, II, 64–79; Escouchy, *Chronique*, I, 91–95; Chastellain, *Lalaing*, 164–179.
36 Ebd., 73–89.
37 Ebd., 111–154; *Crónicas de los Reyes des Castilla* (Kap. 3, Note 49), II, 656.
38 Olivier de la Marche, *Mémoires*, II, 124–126; Chastellain, *Lalaing*, 1881–186.
39 Lester, 103–107, 123–133; Sydney Anglo, *Anglo-Burgundian Feats of Arms: Smithfield, June 1467*, in: Guildhall Miscellany, 1965, 271–283.
40 Th. Zotz, in: RTM, 458–460; Wilwolt von Schaumburg (Kap. 3, Note 55).
41 Joycelyne G.Russell, *The Field of Cloth of Gold*, London 1969, 105–141; Sydney Anglo, *Le Camp du Drap d'Or*, in: Fêtes et Cérémonies au temps de Charles Quint, ed. Jean Jacquot (Les Fêtes de la Renaissance II), Paris 1960, 123–125.
42 Roy Strong, *Art and Power*, 91–94; Daniel Devoto, *Folklore et Politique au Châteaux Ténébreux*, in: Jacquot, 311–328.
43 Strong, 106–118.
44 Ebd., 53–54.
45 E.K. Chambers, *The Elizabethan Stage*, Oxford 1923, I, 148.
46 Übernommen aus den »Essays« in D.J. Bland, *The Barriers*, in: Guildhall Miscellany 6, 1956, 7.
47 Arthur Wilson, *The History of Great Britain* (1653), zitiert bei Roy Strong, *Henry, Prince of Wales*, London 1986, 153.

Sechstes Kapitel

 1 *Histoire des Concils* (Kap. 1, Note 16) V,i 729.
 2 Ebd., V,ii, 1002.
 3 Der hl.Bernhard an Abt Suger, zitiert bei G. Duby, *Le Dimanche de Bouvine*, Paris 1973, 112 (dt. *Der Sonntag von Bouwine 27.Juli 1214*, 1988/1996).
 4 Roger von Hoveden, *Chronica* (Kap.1, Note 30) III, 202
 5 *Annales Monastici* (Kap.2, Note 8), I, 271 (Burton-Annalen).
 6 Es könnte auch sein, dass sich die Dreijahresperiode allein auf die Verhängung der Exkommunikation bezieht und dass nach Ablauf dieser drei Jahre Turniere weiterhin verboten wären, dann aber unter Androhung der kirchlichen Begräbnisverweigerung.
 7 *Concilia Magnae Britanniae et Hiberniae 1268–1349*, ed. D. Wilkins, London 1737, II, 437–438.
 8 C.V. Langlois, *Un mémoire inédit de Pierre Dubois*, in: Revue historique, 1899, 88–90.
 9 *Corpus iuris canonici*, ed. A. Friedberg, Leipzig 1881, II, Sp. 1215.
10 *Annales Monastici* (Kap. 2, Note 8), III, 51 (Dunstable Annalen).
11 Foedera I, 301.
12 MGH SS XXIII, 155–156 (Chronicon Montis Sereni).
13 *Materials for a History of Thomas Becket*, ed. C.J. Robertson (RS), London 1881, V, 36.
14 Roger von Hoveden (Kap.1, Note 30), II, 309.
15 Ralph von Coggeshall (Kap.2, Note 1), 179, Annales Monastici (Kap. 2, Note 8), I, 119 (Tewkesbury-Annalen); Dugdale, Monasticon VI,i, 350, 351 (Wigmore-Chronik).
16 *Durham annals and documents of the thirteenth century*, ed. F.Barlow (Surtees Society CLV), Durham 1945, 96–97.
17 *Le Tournoi de Chauwency* (Kap.2, Note 61), passim.
18 Foedera I, 245–246.
19 Matthaeus Paris, Chronica Majora (Kap. 2, Note 2), V, 318–319. Zu späteren Beispielen für den Londoner Bischofshof als Turnierherberge, vgl. *Chronicles of the Reigns of Edward I and Edward III …*, ed.W. Stubbs (RS), London 1883, I, 354–345; Froissart (Kap. 2, Note 71), XIV, 261 ff.

20 René d'Anjou, *Traictié de la forme e devis d'ung tournoy*, in: Œuvres complètes, ed. M. le comte de Quatrebarbes, Angers 1843–1845, II, 19.

21 Sotheby's Verkaufskatalog vom 1. Dezember 1970 (Major J.R. Abbey), Abschnitt 2894 (S.82). Wir danken Jeremy Griffiths für diesen Hinweis.

22 Jakob von Vitry, *Exempla*, ed. T.Crane, London 1890, 62–64.

23 Robert of Brunne, *Handlyng Synne*, ed. F.J. Furnivall (Roxburghe Club), London 1862, 79, 144–146.

24 In A.Lecoy de la Marche, *La chaire française au moyen âge*, Paris 1886, 395–396.

25 Johannes Bromyard, *Summa predicantium*, Nürnberg 1518, fol. VIII (v), XXIX (v), XCII (r), CXCI (v), CCVII (r), CCXLI (r). Zusammenfassung bei G.R. Owst, *Literature and Pulpit in Medieval England*, Oxford 1961, 322–336.

26 Ebd., 333–334.

27 Ebd., fol. CXCI (v).

28 Walter Map, *De nugis curialium*, Ed. u. engl. Übers. von M.R. James, rev., C.N.L. Brooke & R.A.B. Mynors, Oxford 1983, 164–165; Thomas von Cantimpré, *Miraculorum et exemplorum memorabilium sui temporis libri II*, Douai 1605, II, 444–447.

29 Bei Ruth Harvey, *Moriz von Craûn and the Chivalric World*, Oxford 1961, 117.

30 Walter Map, *De nugis curialium*, (Note 25), 58–61; Bodleian Library, Oxford, MS Digby 11 fol. 128 (v).

31 *Les Chansons de Croisade*, ed. J. Bédier, Paris 1909, 10, 32–33, 104, 139. Diese Auffassung findet sich auch bei Ulrich von Liechtenstein in seinem *Frauendienst*; als ihn sein Knappe tadelte, weil er beabsichtigte, auf Kreuzfahrt zu gehen, um die Liebe seiner Dame zu gewinnen, rechtfertigt er sich damit, dass es gottgefällig sei, Frauen zu ehren und ihnen zu dienen, und deshalb hege er auch keinen Groll gegen ihn (Frauendienst, Str. 1324–1249).

32 *The Vision of Piers Plowman*, ed. W.W. Skeat (EETS), London 1950, 296–297, 322–323, 326.

33 Vgl. etwa Huon de Mery, *Le Tornoiement de l'Antechrist*, Reims 1851, 1–105; *Le Tournoiement d'Enfer*, ed. A. Langfors, in: Romania 44, 1915–17, 511–558.

34 Humbert von Romans, *De Eruditione Religiosorum Praedicatorum*, in: Maxima Bibliotheca Veterum Patrum 25, Lyon 1677, Buch II, Kap. LXXXV.

35 Geoffroi de Villehardouin, *La Conquête de Constantinople*, ed. M. Natalis de Wailly, Paris 1882, 4–6; MGH SS XXIII, 937 (*Chronica Alberici monachi Trium Fontium*); J.-J.N.Palmer, *England, France and Christendom*, London 1972, 185.

36 *Histoire de Guillaume le Maréchal* (Kap. 1 Note 5), I, 129

37 Th. Zotz in RTM 473, 486.

38 C.Devic & L.Vaissète, *Histoire génerale de Languedoc*, Toulouse 1885, IX, 528 ff.

39 *Crónicas de los reyes de Castilla* (Kap. 3, Note 49), I, 472.

40 Chrétien de Troyes, *Perceval*, übers. v. Nigel Bryant, Woodbridge 1985, 52–53.

41 *Urkundenbuch Göttingen* (Kap. 3, Note 34), 260.

42 *Kölner Stadtrechnungen* (Kap. 3, Note 43), 321.

43 *Chronica … Speier* (Kap. 3, Note 47), 827.

44 *Urkundenbuch der Stadt Strassburg* (Kap. 3, Note 45), 318.

45 Carl Theodor Gemeiner, *Reichsstadt Regensburgische Chronik*, Regensburg 1800–1824, III, 61–62.

46 *Basler Chroniken* (Kap. 3, Note 46), V, 62, 120.

47 Carl Theodor Gemeiner, *Reichsstadt Regensburgische Chronik*, Regensburg 1800–1824, II, 297–301.

Siebtes Kapitel

Die skizzierte Entwicklung der Turnierausrüstung fußt fast vollständig auf der Arbeit von Claud, *European Armour c.1066–c.1700*, London 1958; zusätzliche Informationen stammen aus C.H.Ashdown, *British and Foreign Arms and Armour*, London 1909 und R.C.Clephan, *The Defensive Armour and the Weapons and Engines of War of Medieval Times and the Renaissance*, London 1900 entnommen. Diese für das Studium ritterlicher Ausrüstung unverzichtbaren Quellen werden in den Fußnoten nicht angeführt; die Definitionen und Beispiele im Text beziehen sich jedoch weitgehen auf sie. Eine Spezialuntersuchung zur Turnierrüstung existiert nicht, aber Blair widmet in seinem Buch diesem Aspekt ein nützliches Kapitel. (Für die deutschen Bezeichnungen wurden u. a. Ortwin Gamber, *Ritterspiele und Turnierrüstung im Spätmittelalter*, in: J.Fleckenstein, Das ritterliche Turnier im Mittelalter, Göttingen 1985, 513–531, sowie dessen Artikel zum mittelalterlichen Waffen- und Rüstungswesen im *Lexikon des Mittelalters* Bd. I-IX, München 1980–1998 herangezogen, Anm.d.Übersetzers).

1 Vgl. etwa die Episode, in der Parzival gezwungen ist, sich nach dem Kampf den zähen Schmutz aus dem Gesicht zu wischen: Wolfram von Eschenbach, *Parzival*, ed & transl. H.M.Mustrad und C.E.Passage, New York 1961, 166.

2 *Histoire de Guillaume le Maréchal*, ed. P. Meyer, Paris 1901, III, 3102 ff.

3 Vgl. S. 72, 73.

4 Matthew Paris (Matthaeus Paris), *Chronica Majora*, ed. H.R. Luard (RS), London 1872–83), II, 650.

5 Thomas von Cantimpré (Kap. 2, Note 28), II 446–447

6 Matthew Paris, *Chronica Majora*, V, 557.

7 *Copy of a roll of purchases for a tournament at Windsor Park in the sixth year of Edward I*, ed. S.Lysons, in: Archaeologia, First series XVIII, 1814, 302–305.

8 Bodleian Library, Oxford, MS Eng.Hist. B 229, fol. 4; Antoine de La Sale in *Traités du Duel Judiciaire*, ed. B. Prost, Paris 1872, 210–211.

9 Blair, *European Armour*, 157.

10 British Library MS Additional 46919 fol. 86v-87r.

11 Jean, sire de Joinville, *Mémoires*, ed. M.F.Michel, Paris 1859, 96.

12 Blair, *European Armour*, 157.

13 Vgl. beispielsweise *An armourer's bill, temp. Edward III*, ed. H. Dillon, in: The Antiquary XX (Juli-Dezember 1890), 150.

14 Ebd.

15 F.Buttin, *La lance et l'arrêt de la cuirasse*, in: Archaeologia 99, 1965, 77–178, bes. 102.

16 *An armourer's bill*, 150. Dies ist keineswegs die einzige Erwähnung von Rasthaken; das 1322 kompilierte Güterinventar Roger Mortimers listet einen solchen auf, es gibt aber noch andere Beispiele, Vgl. *An inventory of the effects of Roger de Mortimer*, ed. A. Way, in: Archaeological Journal XV, 1858, 359.

17 *An armourer's bill*, 150.

18 *An inventory of the effects of Roger de Mortimer* (vgl. Note 16), 359.

19 British Library, MS Stowe Charter, 622.

20 British Library, MS Additional 21357 fol.4.

21 *An inventory of the goods and chattels belonging to Thomas, duke of Gloucester*, ed. Viscount Dillon u. W.H.St. John Hope, in: Archaeological Journal 54, 1897, 305.

22 Truffi (Kap.3, Note 25)

23 Deutsche Privatbriefe (Kap. 3, Note 52)

24 Rodríguez de Lena, Passo Honroso (Kap. 4, Note 67)

25 Auch wenn Fußsoldaten aufgrund gewohnheitsrechtlich anerkannter Regeln vom Turnierplatz verschwanden, wurden sie auch aufgrund offizieller Erlasse, wie in den *Statuta Armorum* von 1292, verboten.

26 Im *Florilège des Troubadours*, ed. A. Berry, Paris 1930, 360, wird der Mönch von Montaudon entsprechend zitiert, der am Ende des 12.Jahrhunderts schrieb.

27 *Histoire de Guillaume le Maréchal* (Kap. 1, Note 5) I, 1310–12.

28 Matthew Paris, *Chronica Majora* (Kap. 2, Note 2) V, 318–319.

29 Vgl.den Bericht über das Turnier von St. Inglevert (S. 58-60) oder den »Pas de la Fontaine des Pleurs« (S. 156).

30 *Du Costume Militaire des Français en 1446*, ed. René de Belleval, Paris 1866, 1–12.

31 René d'Anjou (Kap. 6, Note 20), II, 13.

32 Antoine de La Sale (Note 124 oben), 193–221

33 Cripps-Day, 111 und Note 2

34 *Deutsche Privatbriefe* (Kap. 3, Note 52), I, 87.

35 Ebd., I, 118.

36 Ebd., I, 316.

37 Chastellain, »Lalaing« (Kap. 5, Note 18), 195.

38 *Cartulaire des comtes de Hainaut*, ed. Leopold Devillers, Brüssel 1881, V, 627.

Achtes Kapitel

1 Lucien Clare, *La quintaine, la course de bague et le jeu des têtes*, Paris 1983, 63.

2 *Hechos de Miguel de Iranzo* (Kap. 4, Note 76), 73.

3 Wirnt von Gravenberg, *Wigalois*, zitiert bei Jackson in RTM, 264, Note 27. Zur Diskussion über den *bohort* in Deutschland, vgl. Jackson in RTM 263–266; für Italien, vgl.Szabó in RTM 354–255, zu den späteren Formen Barker, *Tournament in England*, 148–149.

4 *La règle du Temple*, ed. H.Curzon (SHF), Paris 1886, 184.

5 *Annales Ceccanenses*, zitiert bei Szabó in RTM, 354, Note38.

6 *Annales Veronenses*, ebd.

7 Ramón Lorenzo, *La traducción gallega de la Crónica general y de la Crónica de Castilla*, Orense 1975–77, II, 253 f.

8 CDS XIX, Lübeck I (Kap. 4, Note 83), 102 f.

9 *Los fueros de Aragón* (Kap. 4, Note 41), 139.

10 Archaeologia XVII (Kap. 2, Note 17), 303.

11 La Marche, *Mémoires* (Kap. 5, Note 12), III, 163.

12 Ortwin Gamber in RTM, 530.

13 Truffi (Kap. 4, Note 25), 71–72, Fußnote.

14 *Chronica monasterii de Melsa*, ed. E.A.Bond (RS), London 1968, i, 279.

15 J. de Mailles, *The Right Joyous … History of … Chevalier Bayard*, engl.Übers. v. Sara Coleridge, London 1906, 84–86 (Kap. XXIII).

16 *The Chronicle of James I, King of Aragon … (written by himself)*, engl. Übers. v. John Forster, London 1883, 387.

17 Froissart (Kap. 5, Note 71), IV, 44–46.

18 Ebd., VI, 22.

19 Vgl. Kap. 4, Note 27

20 Vgl. Kap. 1, Note 20

21 John of Marmoutier, *Historia Gaufredi Ducis Normannorum …*, in: Chroniques des comtes d'Anjou, ed. L.Halphen & R.Poupardin, Paris 1913, 180.

22 MGH SS IX, 711, 731 (*Continuationes Kalendarii Zwetlense*); XVIII, 724 (*Annales Parmenses Maiores*).

23 RIS XIV, 1141 (*Annales Cesenates*).

24 Ramon Llull, *The Boke of the Ordre of Chyvalry*, übers. v. Wiliam Caxton, ed. A.T.P. Byles (EETS 168), London 1925, 75.

25 RIS XXIV, xiii, 124f, 141 (*Cronica di Mantua*).

26 Molmenti, *La Storia di Venezia* (Kap. 4, Note 5).

27 Thomas, *Service of Ladies* (Kap. 3, Note 4), 15–16

28 Vgl. Kap. 4, Note 44

29 *Königsaaler Geschichtsquellen* (Kap. 3, Note 2).

30 RHGF XIV, 445 (Lambert von Ardres).

31 MGH SS XXV, 480 (*Chronicae principum Saxoniae*); XXV, 546 (*Balduini Ninovensis Chronicon*).

32 Vgl. Kap. 2, Note 13.

33 Matthias von Neuenburg, *Cronica* (Kap. 3, Note 32).

34 *Petite chronique française de l'an 1270 à l'an 1356*, ed.M.Douet d'Arcq (Mélanges publiés par la société des bibliophiles françois III), Paris 1867, 18–20.

35 *Politische Correspondenz des Kurfürsten Albrecht Achilles*, hg.v. Felix Priebatsch (Publikationen aus den K. Preussischen Staatsarchiven 67), Leipzig 1897, II, 254–257.

36 Gemeiner, *Regensburgische Chronik* (Kap. 6, Note 45), II, 474.

37 *Die Geschichte ... Wilwolts von Schaumburg* (Kap.3, Note 55).

38 *Hans Burgkmeiers Turnier-Buch* (Kap. 3, Note 59), 61 ff.

39 John Aubrey, *The Natural History of Wiltshire*, ed. J.Britton, Devizes 1847, 88.

40 *Inventaires mobiliers des ducs de Bourgogne* (Kap. 2, Note 81), II, 409, 415, 483.

41 PL CLXXXV, 157 (*Life of St.Bernhard of Clairvaux* von Wilhelm von St. Thierry, ca. 1140–1145).

42 Vale, *Edward III*, 172; MGH SS XXX, 608 (*Cronica Reinhardsbrunnensis*).

43 *Kölner Stadtrechnungen* (Kap. 3, Note 43), 37 (Fußnote).

44 Truffi (Kap. 4, Note 25), 146–150.

45 Folgore di San Gemignano (Kap. 4, Note 7), 13–14.

46 René d'Anjou (Kap. 6, Note 20), II, 16.

47 *Eulogium Historiarum* (Kap. 2, Note 39), III, 227.

48 Ludwig Rockinger, *Briefsteller und Formelbücher des eilften bis vierzehnten Jahrhunderts* (Quellen zur bayerischen und deutschen Geschichte 9.i), München 1863, 162.

49 *Annales Monastici* (Kap. 2, Note 8), III, 216–218.

50 *Chroniken der schwäbischen Städte: Augsburg I* (CDS IV), Leipzig 1865, 54.

51 Richard Barber, *Edward Prince of Wales and Aquitaine*, London 1978, 184.

52 *Urkundenbuch der Stadt Göttingen* (Kap. 3, Note 44), 234–235, 258–260, 291–292.

53 Vale, *Edward III*, 25

54 München, Staatsbibliothek MS Cgm 1930, fos 5v-6.

55 René d'Anjou (Kap 6, Note 20), LXXVIII.

56 Jackson in RTM, 55.

57 Pero Tafur, *Travels* (Kap. 3, Note 56), 208–209.

58 Wilwolt von Schaumburg (Kap. 3, Note 55), 48–52.

59 Meyer-Hofmann, *Psitticher und Sterner* (Kap. 3, Note 29), 18.

60 Karl-Ludwig Ay, *Altbayern von 1180 bis 1550* (Dokumente zur Geschichte von Staat und Gesellschaft in Bayern 52), München 1977, 230–231.

61 Alfred Friese, *Die Ritter- und Turniergesellschaft mit dem Esel*, in: Archiv für Hessische Geschichte und Altertumskunde 24, 154ff.

62 Werner Meyer, RTM, 506–508.

63 Priebatsch, *Albrecht Achilles* (Note 23), III, 47.

64 *Deutsche Privatbriefe* (Kap.3, Note 53), I, 187.

65 Ebda. I, 240.

66 Abgedruckt in L.A. von Gumppenberg, *Die Gumppenberger auf Turnieren*, Würzburg 1882, 125–131.

67 RHGF XV, 511 (Briefe des Abtes Suger).

68 Geoffroi de Charny, *Demandes pour la jouste ...* «, Brüssel, Bibliothèque Royale Albert Ier, MS 11125, fos 41–50v; Jean Rossbach, *Les demandes pour la jouste, le tournoi et la guerre*, unveröffentliche Dissertation, Université Libre de Bruxelles 1961–62. Eine Kopie befindet sich in der Bibliothèque Royale Albert Ier.

69 Meyer-Hofmann, *Psitticher und Sterner* (Kap. 3, Note 29), 18, Note 82.

70 L.A. von Gumppenberg, *Die Gumppenberger auf Turnieren*, Würzburg 1882, 62–66.

71 Sir John Tiptoft, *Ordinances, Statutes and Rules*, in: Cripps-Day, XXVIIff.

72 Sidney Anglo, *Archives of the English Tournament: Score Cheques and Lists*, in: Journal of the Society of Archivists 2, 153–62.

73 Molmenti, *La Storia di Venezia*, I, 189

74 *Endres Tuchers Baumeisterbuch der Stadt Nürnberg*, hg.v. Matthias Lexer (BLVS LXIV), Stuttgart 1862, 255.

75 Russel, *The Field of Cloth of Gold* (Kap. 5, Note 41), 110–112.

76 *Crónica del halconero* (Kap. 4, Note 60), 19.

77 Vaughan, *Philipp the Bold*, London 1962, 183.

78 *The Travels of Leo of Rozmital ...*, übers. und hrsg. von Malcolm Letts (Hakluyt Society Second Series CVIII), Cambridge 1957, 173.

79 RHGF XIV, 570 (Giselbert von Mons).

80 Blair, *European Armour* (Anmerkung zu Kap. 7), 61 und Fußnote 8.

81 J.F. Verbruggen, *The art of warfare in western Europe during the Middle Ages*, übers. v. S. Willard & S.C.M. Southern, Amsterdam 1977, 38–39.

82 W.H. Jackson in RTM, 376

83 Barker, *Tournament in England*, 173.

84 Gamez, *El Vitorial* (Kap. 2, Note 80), 142–144.

85 René d'Anjou, LXXIII.

86 La Marche, *Mémoires*, 142–144.

87 *Livro da Ensinança ...*, ed. J.M. Piel, Lissabon 1944 (auch für die folgenden Zitate bis S. 251).

88 *Deutsche Privatbriefe,* 150–151.

89 J.Macek in RTM 376.

AUSGEWÄHLTE LITERATUR

Juliet Barker, The Tournament in England 1100–1400, Woodbridge 1986.

Joachim Bumke, Höfische Kultur, 2 Bde, München 1986.

Ph. Contamine, A. Ranft, F. Cardini, P. Schreiner, Artikel »Turnier«, in: Lexikon des Mittelalters, München & Zürich, Bd. 8, 1997, Sp. 1113–1118.

M. Vale, War and Chivalry, 1981.

Juliet Vale, Edward III and Chivalry: Chivalric Society and ist Context, 1270–1350, Woodbridge 1982.

Georges Duby, Guillaume le Maréchal oder der beste aller Ritter, Frankfurt a. M. 1986.

Josef Fleckenstein (Hg.), Das ritterliche Turnier im Mittelalter: Beiträge zu einer vergleichenden Formen- und Verhaltensgeschichte des Rittertums (Veröffentlichungen des Max-Planck-Instituts für Geschichte 80), Göttingen 1985.

William Henry Jackson, The Tournament and Chivalry in German Tournament Books of the Sixteenth Century and in the Literary Works of Emperor Maximilian I, in: The Ideals and Practice of Medieval Knighthood: papers from the first and second Strawberry Hill conferences, ed. Christopher Harper-Bill & Ruth Harvey, Woodbridge 1986.

Maurice Keen, Das Rittertum, München & Zürich 1987, Neuausg. 1999.

Alan Young, Tudor and Jacobean Tournaments, London 1987.

Lotte Kurras, Ritter und Turniere. Ein höfisches Fest in Buchillustrationen des Mittelalters und der frühen Neuzeit, Stuttgart & Zürich 1992.

A. Ranft, Die Turniere der vier Lande: Genossenschaftlicher Hof und Selbstbehauptung des niederen Adels, in: Zeitschrift für die Geschichte des Oberrheins 142, 1994, 83–102.

P. Schreiner, Ritterspiele in Byzanz, in: Jahrbuch der Österreichischen Byzantinistik 46, 1996, 225–239.

Abbildungsverzeichnis

(zu eingehenden Angaben über Herkunft, Signaturen, Bildmotive und Datierung s. die Bildlegenden auf den genannten Seiten)

London, British Library (BL): S. 11, 27, 39, 40, 59, 64, 93, 10, 125, 126, 132, 134, 139, 141, 154, 169, 170, 173, 230, 238 – Oxford, Bodleian Library: 46, 49, 56, 57, 140, 166, 180, 255 – Foto MAS, Barcelona S. 14, 28, 38, 105 – Fotomas Index, London S. 15, 19, 175, 252 – Paris, Bibliothèque Nationale: 31, 34, 55, 133, 137, 142f., 144, 150, 206, 227, 228 – Foto Musées Nationaux, Paris: S. 61 – Foto Schweizerisches Landesmuseum, Zürich: S. 65, 203 – München, Bayerische Staatsbibliothek: S. 69, 138 – Foto Marburg: S. 71 – Universitätsbibliothek Heidelberg: S. 72, 73, 129, 130, 131 – Universitätsbibliothek Basel: S. 82 – Karlsruhe, Badische Landesbibliothek: S. 84 – Nürnberg, Germanisches Nationalmuseum: S. 85, 195, 205 – London, Radio Times Hulton Picture Library: S. 89, 146 – Haenel, Der saechsischen Kurfürsten Turnierbücher, 1910: S. 91 – Jb. der Kunsthist. Sammlungen 6, Wien 1888: S. 92 – Photo Scala: S. 97, 99, 107, 141, 177, 241, 245 – Heywood, From Palio to Ponte, London 1908: S. 101 – J. Bellini, The Louvre Sketchbook, Woodbridge 1986: S. 108 – Brussel/ Bruxelles, Kon. Bibl./Bibl. Royale: 132 – Wien, Österreichische Nationalbibliothek: S. 135f. – London, Victoria & Albert Museum: S. 148 – New York, Pierpont Morgan Library: S. 192 – München, Staatliche Graphische Sammlung: S. 233.

Es konnten leider nicht alle Rechteinhaber ermittelt werden. Der Verlag ist bereit, berechtigte Ansprüche angemessen zu vergüten.

Personenregister

Adolf von Berg 84
Aigue, Philibert von 153
Alberich von Troisfontaines 74
Albert, Markgraf von Ferrara 100
Albrecht Achillles, Markgraf von Brandenburg 84, 86, 210, 220, 225, 234, 252
Alençon, Herzog von 178
Alfons I. von Aragón und Neapel 104, 151
Alfons IV. von Aragón 219
Alfons X. von Kastilien 110
Alfons XI. von Kastilien 112, 113
Amadeus VI. von Savoyen (»Der Grüne Graf«) 98, 100
Amadeus VII. von Savoyen (»Der Rote Graf«) 100
Amadeus VIII. von Savoyen 100
Anna von Böhmen 50
Anna Komnene 22, 24
Andreas II. von Ungarn 123
Andronikos III. Palaiologos, Kaiser von Byzanz 124
Antoine, Bastard von Burgund 160, 162, 171
Arnold, Graf von Ardres 30, 220, 224
Astley, John 167, 168, 242
Aston, Sir Richard 167

Bacon, Francis 178, 179
Balduin von Condé, Spielmann 62
Balduin von Hennegau 35, 224
Balthazar, Galeotto 168
Bandinelli, Antonio, 256
Bayard 172, 216
Bazentin, Herren von 53
Béarn, Bernhard von 155
Beauchamp, Richard, Earl von Warwick 51, 167
Beauffremont, Pierre de 149, 167
Beaumont, John 49, 58
Bellini, Jacopo 108
Benci, Bartolomeo 106, 107
Bernhard von Clairvaux 182, 222
Blanche von Lancaster 49
Bombasio, Tommaso 104
Boncompagni von Florenz 191
Boniface, Johann von 157
Boucicaut, Jean 58, 148
Boyle, Philipp 167
Bretel, Jacques 54
Brézé, Pierre de 152
Bromyard, Johannes 187, 188
Brun von Schönebeck 75, 76
Buckingham, Earl von 58
Burgkmair, Hans 17, 87, 88, 221
Burley, Simon 199
Camões, Luis de 122
Carrara, Francesco Novello da 101, 218
Carrara, Marsilio di 96

Castiglione, Baldassare 256
Castellnau, En Gisbert de 111
Charny, Gottfried von 236
Châtillon, Rainald von 124
Chrétien de Troyes 17, 30, 32, 33, 34, 66, 181, 193, 213, 254
Claramunt, Asbert von 120
Clemens V., Papst 183
Clifford, Thomas
Coelestin III., Papst 182
Cornwall, John 166, 167
Corrigo, Beatrice de 96
Corvinus, Matthias 124
Courtenay, Piers 58, 59
Cranach, Lucas d.Ä. 87, 89
Cueva, Beltrán de la 121

Despenser, Hugh 63
Dietrich von der Lausitz, Markgraf 35
Don Juan d'Austria 256
Dorothea von Mecklenburg 253
Douglas, William 47
Duarte (Eduard) von Portugal 116, 122, 242, 243, 249, 251, 257
Dubois, Pierre 183, 184
Du Guesclin, Bertrand 58, 217

Edmund, Prinz v. England 43
Edmund, Earl von Kent 44
Eduard I. von England 13, 31, 43, 43, 44, 52, 53, 55, 111, 199, 214, 220, 225
Eduard II. von England 13, 44, 191, 219
Eduard III. von England 39, 40, 45, 48, 49, 50, 56, 57, 128, 193, 201, 202, 222, 223, 225, 253
Eduard IV. von England 171
Eduard, Prince of Wales (der »Schwarze Prinz«) 48, 98, 228
Eleonore von Aquitanien 30
Elisabeth I. von England 178
Engien, Robert d' 63
Erich XIII. von Pommern 123
Erich XIV. von Schweden 123
Este, Beatrice d' 108
Este, Taddea d' 101
Eu, Graf von 220

Fadrique, Don 113
Fazes, Luis de 117
Fernando de Guevara 82
Flandern, Grafen von 62
Folgore di San Gimignano 96, 223
Frances, Nicolas 118
Francesco Giovanni, Francesco di 103
Franz I. von Frankreich 172, 174, 240
Franz II. von Frankreich 90

Friedrich I. Barbarossa 29, 95, 218
Friedrich II., Kaiser 191
Friedrich von Antvorden, Graf 36
Friedrich von Brandenburg 207, 253
Friedrich II. von Österreich, Herzog 72
Friedrich der Schöne, Herzog von Österreich 78
Friedrich, Herzog von Staufen 25
Froissart, Jean 51, 60, 128, 242
Fugger, Katharina 88, 221

Galbert von Brügge 25
Gamez, Gutierre Díaz de 240, 243
Gaston IV., Graf von Foix 152, 153, 158, 159, 257
Gaveston, Piers 191
Gaufredus Malaterra 23, 24
Geoffrey von Monmouth 26, 27, 213, 218, 254
Giles de Argentine 44
Gómez, Suero 120
Gonzaga, Carlo 104
Gonzaga, Federico 104
Gonzaga, Francesco I. 206
Gottfried von Bretagne 30, 35, 185, 224
Gottfried von Mandeville 41, 185
Gottfried von Preuilly 23, 24
Guevara, Fernando de 82, 121
Guillaume le Maréchal (William the Marshal) 30,
31, 33, 34, 35, 41, 68, 69, 207
Gustav II. Adolf von Schweden 123
Gustav III. von Schweden 259
Gustav IV. Adolf von Schweden 123
Guzmán, Diego de 121, 170, 171
Guzmán, González de 117

Hédouville, Louis de 164
Heinrich I. der Vogler 21, 88
Heinrich VII., Kaiser 77
Heinrich I. von England 28
Heinrich II. von England 28, 29
Heinrich III. (der Junge König) von England 30,
32, 42, 43, 181, 185, 224
Heinrich IV. von England (Heinrich Bolingbroke)
50, 51, 52, 165, 166, 193, 240
Heinrich V. von England 52, 145
Heinrich VI. von England 145, 167
Heinrich VIII. von England 90, 172, 174
Heinrich II. von Frankreich 176
Heinrich (Enrique) II. Trastámara von Kastilien
113, 114
Heinrich IV. von Kastilien 116, 121
Heinrich von Champagne 30, 181
Heinrich, Earl von Derby 47, 48
Heinrich von Lancaster 232
Heinrich der Erlauchte, Markgraf von Meißen 74
Heinrich von Wolfratshausen 29
Heinrich von Zypern 219
Hennegau, Seneschall von 165, 166, 167
Huete, Pedro Carillo de 115
Humbert von Romans 190
Iranzo, Miguel Lucas de 121, 213
Isabella von Burgund 253
Isabella von Portugal 9, 10, 219, 220, 241

Jakob (Jaime) I. von Aragón 109, 110, 111, 217
Jakob I. von England 178
Jakob (Jaime) III. von Mallorca 191
Jakob von Vitry 187
Jean le Bel, Chronist 57
Jean le Fèvre 10, 11, 122, 241
Jeanne (Johanna) von Navarra 51
Johann von Luxemburg, König von Böhmen 78,
79, 218, 243
Johann Ohneland, Kg. v. England 29, 41, 191
Johann II. der Gute, von Frankreich 39, 218
Johann (Juan) II. von Kastilien 13, 114, 118, 121,
122, 170
Johann von Luxemburg, Graf von St.Pol 155, 156,
159, 161
Johann I. »der Große« von Portugal 122
Johann von Brabant 43, 63, 220
Johann I. Markgraf von Brandenburg 74
Johann von Bretagne 43
Johann von Hennegau 63
Johann, Graf von Holstein 214
Johann von Marmoutier 218
Johann, Graf von Nevers 222
Johannes V. Palaiologos 124
Johannes I. von Portugal 257
Johannes XXII., Papst 55, 184
John of Gaunt 49, 114, 122
Joinville, Jehan de 201
Jörg von Ehingen 86

Kadolt von Wehing 75
Karl der Kahle 21, 23, 94
Karl IV., Kaiser 79, 128
Karl V., Kaiser 175
Karl IV. der Schöne, von Frankreich 79
Karl VI. von Frankreich 58, 60, 128, 145, 223
Karl VII. von Frankreich 145, 152, 167
Karl I. von Ungarn 123, 124
Karl II. von Anjou 61, 94
Karl der Kühne, Herzog von Burgund 145, 159,
161, 164, 220
Karl der Gute von Flandern 25
Karl II. von Navarra 114
Karl, Herzog von Nyköbing 123
Katzenelnbogen, Graf von 220, 225
Kleve, Adolf von 157, 159, 161, 162, 222
Konrad, Markgraf von der Lausitz 185
Konrad, Herzog von Staufen 25
Konrad von Schellenberg 234
Kronberg, Herr von 18, 83, 221

Lalaing, Jacques de 121, 156, 157, 158, 170, 171,
210
Lalaing, Philippe de 158
La Marche, Olivier de 149, 151, 160, 163, 168, 171,
222, 253
Lambert von Ardres 21, 220
Lantefry von Landerpach 74
La Sale, Antoine de 153, 209, 230
Lena, Pero Rodríguez de 120
Leo von Rozmital 82

Leonardo da Vinci 109
Léoncourt, Isabella von 153
Léoncourt, Philipp von 153
Leopold I., Herzog von Österreich 35, 65, 78
Leopold III., Herzog von Österreich 81
Leutfried von Eppenstein 70
Lindsay, David 51
Lionel, Herzog von Clarence 100
Llull, Ramon (Raymundus Lullus) 218
Longueval, Herren von 53
Lorenz von Verona 94
Louis de Beauvaus 154
Ludwig der Deutsche 21, 23, 94
Ludwig VII. der Bärtige von Bayern-Ingolstadt
Ludwig IV. von Thüringen (der Heilige) 67, 217
Ludwig IX. von Frankreich (der Heilige) 53, 54, 191
Ludwig XI. von Frankreich 145
Ludwig von Anjou 61
Ludwig, Graf von Blois 190
Ludwig von Looz, Graf von Chiny 54
Luna, Alvaro de 114, 115 117, 118, 120, 121, 218, 224
Luria, Roger de 111

Magnus II. Eriksson von Schweden 123, 219
Malaspina, Saba 94
Malatesta, Pandolfo 96, 218
Manuel Komnenos, Kaiser von Byzanz 51, 124
Map, Walter 189
Maria von Champagne 30
Marshal, Gilbert 186
Massy, Piers de 167, 242
Matthaeus Paris 207
Matthias von Neuenburg 78, 79
Matthew de Berghefelde 42
Maximilian I. , Kaiser 15, 17, 87, 90, 91, 172, 210, 216, 256
Medici, Giuliano di Piero de' 107
Medici, Katharina von 177
Medici, Lorenzo de' 103
Meinhard, Herzog von Bayern 223
Meinhard von Görz 70
Mendoza, Iñigo López de 117
Mendoza, Ruy Díaz de 120
Menstrier, Claude-François 257
Merlo, Juan de 167
Monstrelet, Enguerrand de 149, 165, 167
Montacute, William 45
Montone, Braccio da 102, 103
Morley, Robert 45, 48
Mortimer, Hugh 28, 186
Mortimer, John 186
Mortimer, Roger 45, 110, 202, 253
Muntaner, Ramon 109, 110, 111

Neckam, Alexander 214
Niño, Pero 114, 117, 118, 120, 240
Nithard 94

Obizzo, Markgraf von Este 94
Ostendorfer, Hans 87

Otto von Braunschweig, Herzog 80
Otto von Freising 25, 29
Otto von Haslowe 75

Paston, Sir John 159, 160
Péan Gatineau 24
Pepys, Samuel 13
Pero Niño 60
Perrers, Alice 50
Peter II. von Aragón 109, 110, 252
Peter III. von Aragón 111, 219
Peter I. von Kastilien 113, 191
Peter I. von Zypern 127, 128
Petrarca, Francesco 104, 105, 106, 128, 217
Philippa von Hennegau 45
Philipp II. 176
Philipp III. von Frankreich 111, 191
Philipp IV. der Schöne, von Frankreich 55, 56, 57, 63, 64, 183
Philipp V. von Frankreich 55
Philipp VI. von Frankreich 45, 79, 127, 191, 219, 219
Philipp von Flandern 30, 32, 33, 34, 181, 224, 242
Philipp II. der Kühne, Herzog von Burgund 210
Philipp III. der Gute, Herzog von Burgund 9, 10, 12, 145, 146, 147, 151, 157, 167, 219, 220, 222, 241, 242
Poitiers, Philipp von 162
Poliziani, Angelo 107
Piers Gaveston 44

Quadros, González de 114
Quiñones, Suero de 117, 118, 119, 120, 148

Randulf von Chester, Earl 28
Raoul de Nesle 53, 199, 201
Raymund von Peñafort 26
Renaud de Roye 61
René von Anjou 16, 145, 151, 152, 153, 155. 163, 186, 223, 225, 226, 228, 230, 231, 237, 239, 240, 243, 254
Riario, Girolamo, Kardinal 105, 223
Richard I. Löwenherz, von England 30, 36, 37, 38, 41, 52, 216
Richard II. von England 50, 51, 58, 243
Richard Marshal 42
Robert von Artois 54
Robert de Brunne 187
Robert von Gloucester, Earl 27 , 42, 43
Robert Guiscard 23
Robert der Mönch 24
Robert de Quincey 43
Rocabertí, Vizegraf 111
Roger, Graf v. Sizilien 23
Rozmital, Leo von 242
Rudolf von Guînes, Graf 21
Rudolf I. von Habsburg 75, 76, 219, 232
Rudolf IV., Herzog von Österreich 128
Rupert von der Pfalz, Bischof 82
Rutebeuf 189
Rüxner, Georg 21, 88

Saavedra, Pedro Vásquez de 149
Sachsen, Kurfürsten von 87
Sancho IV. von Kastilien 111
Sanseverino, Galeazzo 108, 109
Sarrasin, Spielmann 54, 254
Scala, Can Grande della 96
Schildhard von Rechenberg
Schlick, Kaspar 88
Sforza, Anna 108
Sforza, Giangaleazzo 109
Sigismund, Kaiser 88
Simon de Montfort 43
Stephan von Blois, Kg.v.England 27, 28, 29
Stúñiga, Lope de 119
Suero de Quiñones 17
Suger von St.Denis 235

Taddeo Pepoli, Giovanni di 96, 97
Tafur, Pero 86, 87, 231
Tedbald (Thibaut), Graf von Champagne 190
Ternant, Philippe de 168
Thomas, Earl von Norfolk 44
Thomas von Cantimpré 189, 214
Thomas von Chartres 187
Tiptoft, Sir John 237, 253
Torquato Tasso 177
Tuers, Hugo 75

Ugo, Vizegraf von Pisa 94
Ulrich von Liechtenstein 67, 68, 69, 70, 71, 72, 74,
74, 75, 95, 149, 219, 254

Vauldray, Claude de 161, 163, 164, 172
Vergil 21
Visconti, Bernabò 100
Visconti, Filippo Maria 104
Visconti, Galeazzo II. 100
Visconti, Gian Galeazzo 100, 102
Vourapag, Georg 82, 121

Waldemar Atterdag von Dänemark 219
Waldemar, Herzog von Schleswig 219
Walther, Marx 88, 89, 223, 229
Waltmann von Setenstete 67, 68
Wasa, Gustav 123
Wenzel IV. von Böhmen 79, 219
Wichmann von Magdeburg, Erzbischof 35, 36, 185
Wilhelm IV., Herzog von Bayern 87
Wilhelm III., Herzog zu Sachsen 84
Wilhelm von Clinton 45
Wilhelm Langschwert 43
Wilhelm von Malmesbury 27
Wilhelm von Newburg 28, 37
Wilhelm von Valence 42
William de Oddingseles 42
Wilwolt von Schaumburg 86, 163, 221, 231
Woodville, Anthony, Lord Scales 171, 172
Wotton, Henry 178
Wuersung, Marx 88

Zeno, Rainieri, Doge von Venedig 219